KB058697

문
샷

THINK LIKE A ROCKET SCIENTIST
THINK LIKE A ROCKET SCIENTIST
THINK LIKE A ROCKET SCIENTIST
THINK LIKE A ROCKET SCIENTIST
THINK LIKE A ROCKET SCIENTIST
THINK LIKE A ROCKET SCIENTIST

문샷

극한상황에서
더 크게 도약하는
로켓과학자의
9가지 생각법

THINK LIKE A ROCKET
THINK LIKE A ROC
THINK LIKE A ROCKET SCIENTIST
THINK LIKE A ROCKET SCIENTIST
THINK LIKE A ROCKET SCIENTIST
THINK LIKE A ROCKET SCIENTIST
THINK LIKE A ROCKET SCIENTIST
THINK LIKE A ROCKET SCIENTIST
THINK LIKE A ROCKET SCIENTIST
THINK LIKE A ROCKET SCIENTIST
THINK LIKE A ROCKET SCIENTIST
THINK LIKE A ROCKET SCIENTIST
THINK LIKE A ROCKET SCIENTIST
THI

오잔 바롤 지음 | 이경식 옮김

RHK
알에이치코리아

문샷 Moonshot

본래는 '달탐사선의 발사'를 의미하지만,
달을 제대로 보기 위해 망원경을 제작하거나
성능을 개선하는 것이 아니라
달탐사선을 제작하기로 하는 식의
혁신적이고 통 큰 계획을 일컫는 말로 두루 사용된다.
이렇듯, 세상을 바꿀 창의적이고 대담한 발상을
'문샷 사고 Moonshot Thinking'라고 한다.

이 책에 쏟아진 뜨거운 찬사

"로켓과학자처럼 생각하자고 해서 로켓과학을 하자는 말이 아니다. 재치 있는 문장과 통찰을 주는 조언, 생기 넘치는 여러 일화로 가득한 이 필독서는 세상을 바라보는 당신의 눈을 바꾸어놓을 것이다. 아울러 당신에게 세상을 바꿀 힘을 줄 것이다."

_수전 케인(《콰이어트Quiet》 저자)

"많은 것이 걸린 승부를 앞두고 있을 때, 정체 모르는 것들로부터 위협받을 때, 자기 앞에 닥친 문제를 도저히 극복할 수 없을 때, 바로 이때 당신에게는 슈퍼히어로가 필요하다. 오잔 바롤이 바로 그 슈퍼히어로다. 그는 로켓과학자의 여러 인지기술을 통달하는 방법을 일러준다. 그가 쓴 이 무한히 매혹적인 책을 읽는다면, 당신의 생각은 훌쩍 커지고, 더 좋아지고, 한층 대담해질 것이다."

_다니엘 핑크(미래학자, 《드라이브Drive》 저자)

"이 책은 단지 사람의 마음을 사로잡는 데 그치지 않는다. 오잔 바롤의 실용적인 통찰로 가득한 이 눈부신 데뷔작은 문제에 접근하는 당신의 방식을 바꿀 것이다. 모든 해결책이 담겼다."

_애덤 그랜트(와튼스쿨 조직심리학 교수, 《오리지널스Originals》 저자)

"당신은 당신이 생각하는 것보다 더 똑똑하다. 오잔 바롤은 그 사실을 증명하듯 당신의 능력을 한껏 끌어올린다. 과거에는 도저히 할 수 없다고 생각했던 것들까지 할 수 있는 수준으로 역량을 높여준다."

_세스 고딘(《마케팅이다This Is Marketing》 저자)

"《블랙스완》의 나심 탈레브가 《생각에 관한 생각》의 대니얼 카너먼을 만난 것 같다."

_클라라 샤이(스타벅스 이사)

"오잔 바롤은 이 책으로 독자가 심지어 폭풍의 소용돌이 속에서조차도 보다 나은 의사결정을 내릴 수 있는 그리고 거대한 도약을 할 수 있는 도구를 제공한다. 이 책을 읽고 나면 당신도 자기만의 문샷을 꿈꾸게 될 것이다."

_크리스 길아보(《100달러로 세상에 뛰어들어라The $100 Startup》 저자)

"나는 오잔 바롤을 사랑한다. 그는 뛰어난 정신과 따뜻하고 친절한 마음 그리고 오늘날의 세상에 활기를 불어넣어줄 정신의 소유자이다."

_닐 파스리차(《아무것도 하지 않고도 모든 것을 얻는 법 The Happiness Equation》 저자)

"오잔 바롤은 내가 애호하는 사상가이다. 당신 역시 분명 매혹적인 이 책에 빠져들 것이다. 재미있는 이야기와 명쾌한 문장 덕분에 생각에 대한 이 매뉴얼을 읽기가 한층 즐겁다. 감히 말하지만, 이 책이 당신의 생각을 바꾸어놓을 것이다."

_셰인 스노(《스마트컷 Smartcuts》 저자)

"로켓과학자들은 당연히 기술 분야 전문가다. 그러나 그들은 또한 놀라운 몽상가다. 이 책을 읽고 나면 당신도 세상을 완전히 다른 눈으로 바라보게 될 것이다. 아울러, 미치광이 짓처럼 보일 수도 있는 당신의 거대한 꿈을 실현하는 데 도움을 받을 것이다."

_줄리안 거스리(《Xprize 우주여행의 시작 How to Make a Spaceship》 저자)

"비판적 사고의 필독서. 멋진 책이다."　　　　　　　　_바바라 오클리(오클랜드대학교 공학 교수)

"스마트하고 위트 넘친다. 그의 명석한 분석은 복잡한 과학원리를 평범한 우리 일상에 기막히게 적용한다."

_〈퍼블리셔스 위클리 Publishers Weekly〉

"로켓과학자, 법학 교수, 연설가 등 다양한 저자의 배경은 이 책을 대중과학서, 자기계발서, 회고록이 적절히 혼합된 매력적인 가이드로 만들었다."　　　_〈커커스리뷰 Kirkus Reviews〉

"가설을 관찰하고 발전시키고 필요에 따라 수정하는 과학적 방법이 수세기 동안 살아남은 것은 그 효과가 명백하기 때문이다. 그리고 진정한 로켓과학자 오잔 바롤이 보여주듯이 이 접근법에 더한 무한한 호기심은 화성착륙선을 설계할 때나 저녁메뉴를 정할 때나 모두 유용하다!"

_〈디스커버 매거진 Discover Magazine〉

들어가는 글

문샷 사고가 세상을 바꾼다

1962년 9월 라이스대학교 스타디움에는 사람들이 빽빽히 들어차 있었다. 그들 앞에 우뚝 선 존 F. 케네디John F. Kennedy 대통령은 1960년대가 끝나기 전, 달에 사람을 보냈다가 안전하게 지구로 귀환시키겠다고 약속했다. 믿을 수 없을 만큼 야심만만한 이 약속은 그야말로 원조 '문샷Moonshot'이 되었다.

케네디가 이 연설을 할 때는 달 착륙에 필요한 수많은 기술이 아직 개발되지도 않은 시점이었다. 그때만 하더라도 대기권 바깥에 나가본 미국인은 아무도 없었다.[1] 우주선 2대가 우주에서 도킹한 적도 없었다.[2] 미항공우주국National Aeronautics and Space Administration, 이하 NASA은 달 표면이 우주선의 무게를 지탱할 수나 있을지 혹은 통신시스템이 과연 달에서 작동하기나 할지 몰랐다.[3] NASA 관계자의 말을 빌리자면, 그때 우리는 "달

궤도는커녕 지구궤도도” 알지 못했다.[4]

달에 착륙하는 것은 말할 것도 없고, 달궤도에 진입하는 데만도 엄청 난 정확성이 요구되었다. 그 시점에 “우주선을 달에 착륙시키겠다”는 말은 8.5m나 떨어져 있는 복숭아에 다트를 던져 복숭아 속살은 조금도 건드리지 않고 껍질만 살짝 벗겨내겠다는 말과 같았다.[5] 게다가 그 복숭아(달)는 우주에서 빠른 속도로 움직이는데 말이다. 지구궤도로 재진입할 때 우주선은 2° 이내의 오차범위라는 정밀한 각도로 들어와야 했다. 즉 동전 옆면에 나 있는 180개의 주름 중에서 단 하나를 맞힐 만큼의 정확성이 필요했다. 그렇게 하지 못하면 대기권에 너무 세게 부딪쳐 바삭하게 타버릴 수도, 물수제비를 뜨는 돌멩이처럼 대기권 바깥으로 되튕겨 나갈 수도 있었다.[6]

케네디는 정치인으로서 자기 앞에 놓인 과제들에 대해 놀랍도록 솔직했다. 우주선을 달까지 데리고 갈 거대한 로켓은 “아직 발명되지도 않은 새로운 합금으로 만들어질 것이며, 경험했던 것보다 몇 배나 더 큰 열과 압력에도 견딜 수 있어야 하고, 또 세계에서 가장 정확한 시계보다도 더 정확하게 조립된 다음 (…) 미지의 천체를 향해 지금까지 단 한 번도 시도하지 않았던 임무를 띠고 발사될 것”이라고 설명했다.[7]

그랬다, 로켓을 만드는 데 들어갈 금속조차 아직 발명되지 않았을 때였다. 무작정 텅 빈 우주 속으로 뛰어들면서, 그렇게 날아가는 동안 몸에서 날개가 생겨나길 기대했던 것이다.

그런데 기적적으로 날개가 생겨났다. 케네디가 그 약속을 한 지 7년도 지나지 않은 1969년, 우주비행사 닐 암스트롱Neil Armstrong이 인류를 대표해 달 표면에 첫발을 내디뎠다. 라이트 형제Wright brothers가 첫 비행에 성공했을 때(이때 라이트 형제의 비행기는 12초 동안 비행하면서 약 37m를 날았다) 6살이던 아이는, 인간이 달에 착륙했다가 무사히 지구로 귀환할 정도로 비행기술이 발전했을 때 72살이 되어 있었다.

로켓과학자처럼 생각한다는 것

인간의 생애라는 길지 않은 시간 동안 이룩된 이 거대한 도약에는 흔히 '기술의 승리'라는 칭송이 뒤따른다. 그러나 사실은 그렇지 않다. 이는 로켓과학자들이 불가능한 것을 가능하게 만드는 데 사용하는 특정한 '사고과정Thought Process'의 승리다. 과학자들이 초음속 우주선을 우주공간 너머 수백만 마일이나 떨어진 곳의 정확한 지점에 보냄으로써 행성과 행성 사이에서 수십 개의 홀인원을 기록할 수 있었던 것도 바로 이 사고과정 덕분이다. 다른 행성을 정복하는 길로 인간을 점점 더 가깝게 데리고 간 것 역시 바로 이 사고과정이다. 그리고 우주여행을 저렴한 여행상품으로 만들어줄 것 역시 바로 이 사고과정이 될 것이다.

로켓과학자처럼 생각한다는 것은 세상을 전혀 다른 관점으로 바라본다는 말이다. 로켓과학자는 상상할 수 없는 것을 상상하고, 풀 수 없는 문제를 푼다. 실패를 승리로 바꾸고, 약점을 강점으로 바꾼다. 온갖 실패와 사고를 극복할 수 없는 장애물로 바라보지 않고, 얼마든지 풀 수 있는 수수께끼로 바라본다. 맹목적인 신념에 따라 움직이지 않고, 자기 생각을 끊임없이 의심하는 마음에 따라 움직인다. 그들이 설정한 목표는 단기적인 성과가 아니라, 장기적인 돌파구다. 그들은 규칙이란 고정된 것이 아니고, 기본설정은 얼마든지 바꿀 수 있으며, 언제든 새로운 경로를 만들어낼 수 있음을 알고 있다.

내가 이 책에서 당신과 나누고자 하는 몇몇 통찰은 모든 과학 분야에선 일상적인 것이다. 그러나 그 발상들은 로켓과학에 들어가는 엄청난 예산만큼이나 거대한 규모를 바탕으로 한다. 아닌 게 아니라, 로켓을 한 번 발사할 때마다 수억 달러의 예산이 들어가지 않던가.

로켓 발사의 핵심은 작은 원자폭탄의 폭발 규모를 조절하는 것이다. 이 '조절'이야말로 핵심적인 단어다. 로켓은 엄청난 화염을 뿜어낸다. 한 발자국만 잘못 내디디거나 단 하나의 계산착오만 있어도, 최악의 상황이 벌어질 수 있다. 민간 우주개발업체 스페이스엑스가 설립된 직후 이곳에 합류했던 로켓과학자 톰 뮬러Tom Mueller도 이렇게 말했다.

"로켓엔진에 불을 붙였을 때 일어날 수 있는 일은 1,000가지나 되는데, 그중 바람직한 경우는 딱 1가지뿐이다."[8]

지구에서 우리가 당연하게 여기는 모든 것이 우주에서는 뒤집어지곤 한다. '뒤집어진다'는 말은 실제로도, 비유적으로도 맞는 표현이다. 무자비한 우주로 정교한 우주선(이 우주선은 수백만 개의 부품 그리고 길이를 모두 합치면 수백 km나 되는 전선으로 구성되어 있다)을 쏘아올릴 때 일어날 수 있는 잠재적인 실패요소는 수없이 많다.[9] 그리고 어떤 일이 일어나면(사실, 이런 일은 필연적으로 일어날 수밖에 없다) 로켓과학자들은 소음으로부터 신호를 철저하게 분리한 다음(의미 있는 정보를 '신호'라고 하고, 의미 없는 정보를 '소음'이라고 한다 – 옮긴이) 문제요인으로 짐작되는 것들로 곧바로 나아가야 하는데, 그것들이 수천 개나 될 수 있다. 최악의 경우, 이 문제들은 우주선이 인간의 통제범위를 벗어난 시점에 나타난다. 문제가 터지고 나면, 자동차 엔진룸을 살피듯이 후드를 열고 안을 자세히 들여다보고 말고 할 상황이 아니라는 말이다.

현대에는 로켓과학자의 사고가 필수적이다. 눈이 핑핑 돌 정도로 세상이 빠르게 진화하고 있으니, 여기에 발맞추어 계속 빠르게 흐름을 따라잡아야 한다. 일상에서 복잡하고도 낯선 문제와 수시로 맞닥뜨리는 우리가 제한된 시간 안에 이런 문제를 붙잡고 씨름할 수 있다면 더할나위 없이 유리한 강점을 누릴 수 있을 것이다.

로켓과학자처럼 생각하면 누구나 엄청난 이득을 볼 수 있음에도, 우리는 흔히 이를 천재가 아닌 평범한 사람에겐 불가능한 것이라고 생각한다(그래서 우리는 고도의 지능이 요구되는 일이 아니란 뜻으로 '그것은 로켓과학이 아니다'라는 표현을 쓰기도 한다). 팝가수 엘튼 존Elton John의 곡 '로켓맨Rocket Man'의 가사에 등장하는 인물은 화성임무 책임자로 선발되었음에도 불구하고 "나는 이것과 관련된 과학을 알지 못한다"고 탄식한다.[10] 알베르트 아인슈타인Albert Einstein과 함께 대서양을 건넜으며 나중에 이스라엘 초대 대통령이 되는 차임 바이츠만Chaim Weizmann이 한 말은 또 어떤가. 두 사람은 아침마다 갑판에서 만나 마주 앉았고, 아인슈타인이 상대성이론을 설명할 때 바이츠만은 2시간 동안이나 그 이야기를 들었다. 대서양을 건너는 여행이 마침내 끝났을 때 그는 "아인슈타인이 상대성이론을 잘 알고 있음을 확신했다."[11]

이 책으로 나는 당신에게 상대성이론을 가르칠 생각도, 로켓 추진과 관련된 세부사항을 설명할 생각도 없다. 로켓과학 이면의 과학원리를 이야기할 생각이 전혀 없다는 말이다. 이 책에는 어떤 그래프나 수식도 없다. 로켓과학이라는 알 듯 말 듯 한 주제 뒤에는 창의성 및 비판적인 생각에 대한 끊임없이 변화하는 통찰들이 웅크리고 있는데, 이는 천체물리학과 관련된 그 어떤 학위 없이도 누구든 포착할 수 있다. 천문학자 칼 세이건Carl Sagan이 말했듯이, 과학은 "지식의 어떤 체계라기보다는 그것을 넘어서는 어떤 사유방식"이다.[12]

이 책을 다 읽고 난 당신은 로켓과학자가 되어 있지는 않겠지만, 로켓과학자처럼 생각하는 것이 어떤 것인지는 알게 될 것이다.

로켓과학자처럼 생각할 때 벌어지는 일

대학교에는 로켓과학이라는 전공이 없으며, '로켓과학자'라는 공식적인 직업명도 없다. 대신, 이 용어는 우주여행과 관련된 과학 및 기술을 언급하는 말로 통상 사용되며, 나도 이 책에서 그런 폭넓은 의미로 이 말을 사용하려 한다. 우주에 대해 연구하고 조사하는 이들 그리고 우주비행과 관련된 하드웨어를 실용적으로 설계하는 공학자들, 이 두 부류의 과학자들이 내가 탐구하려는 대상이다.

나도 한때는 그런 사람이었다. 나는 '화성표면탐사로버Mars Exploration Rovers' 프로젝트를 수행하는 팀의 일원이었는데, 이 프로젝트는 2003년 화성에 '로버Rover(행성 표면을 굴러다니며 탐사하는 차—옮긴이)' 2대를 보냈다. 그때 나는 운영시나리오를 짜고, 착륙지점 선정을 도왔으며, 화성 사진을 찍기 위한 코드를 만들었다. 로켓과학 분야의 일을 했던 과거는 내 경력 가운데 가장 흥미로운 부분으로 남아 있다. 내가 강연자로 나설 때면 나를 소개하는 사람은 예외 없이 "이분의 가장 흥미로운 경력은 과거에 로켓과학자로 일했다는 것입니다"라고 말한다. 이 말이 나오는 순간 사람들은 입을 딱 벌리면서 놀라움을 감추지 못한다. 심지어 강연주제까지 깡그리 잊어버리기도 한다. 그 모습을 보고 있자면 무슨 생각을 하는지 금방 알아차릴 수 있다.

'딴 얘기는 관두고 그냥 제발 로켓과학 이야기나 해주세요.'

그렇다, 우리는 로켓과학자를 꽤 좋아한다. 정치인을 경멸하고 변호사를 조롱하면서도 로켓을 설계하고 완벽한 조화 속에 광활한 우주공간으로 로켓을 쏘아올리는 실험실의 천재들은 흥미롭게 바라본다. 목요일 저녁마다 괴짜 천체물리학자들이 등장하는 TV시트콤 〈빅뱅이론*The Big Bang Theory*〉은 시청률 상위목록에 오른다. 극 중에서 레슬리가 '루프양자중력 이론(시공간을 양자화시켜 중력을 설명하려는 이론—옮긴이)'보다는 '끈 이론(만물의 최소 단위가 점 입자가 아니라 '진동하는 끈'이라는 이론—옮긴이)'을 더 좋아한다는 이유로 레너드를 내버릴 때 수천만 명이 폭소를 터트린다. 3개월간 300만 명 넘는 미국인이 일요일 밤마다 〈베첼러*The Bachelor*〉보다는 〈코스모스*Cosmos*〉를 선택했다. 달콤하고 낭만적인 이야기보다는 암흑물질과 블랙홀을 선호했다는 말이다.[13] 〈아폴로 13 *Apollo 13*〉에서 〈마션 *The Martian*〉까지, 〈인터스텔라 *Interstellar*〉에서 〈히든 피겨스*Hidden Figures*〉까지, 로켓과학 관련 영화들은 박스오피스의 상위권을 꾸준히 지켰으며 많은 상을 휩쓸었다.

그런데 사람들이 로켓과학자를 좋게만 상상하는 것과 달리, 사실 그들이 알아낸 것과 세상의 나머지 부분이 알아낸 것 사이에는 거대한 간극이 존재한다. 비판적 사고와 창의성은 저절로 생기는 게 아니다. 우리는 큰 그림 보기를 망설이며, 불확실성의 손을 잡고 춤추기를 꺼리고, 또 실패를 두려워한다. 구석기 시대에는 이런 태도가 필요했다. 독성 물질이 들어간 식량이나 포식자 들과는 될 수 있으면 멀리 떨어져 있는 것이 안전했기 때문이다. 그러나 지금 같은 정보화 시대에 진짜 두려워해야 할 대상은 바로 버그, 즉 컴퓨터시스템이나 프로그램의 오류다.

우리는 자기의 비판적 사고근육을 훈련하지 않고, 다른 사람들이 내린 결론을 무비판적으로 받아들인다. 그러다 보니 비판적 사고근육은 시간이 지남에 따라 위축되고 만다. 누군가가 확신을 가지고서 어떤 주장을 할 때 그 주장에 기꺼이 의문을 제기하지 않는다면, 민주주의는 부패하고 잘못된 정보는 널리 퍼지게 마련이다. 대안적인 사실이 보도되고, 여러 사람이 이것을 입에서 입으로 전하면 그것은 어느새 진실이 되어버린다. 이로써 사이비 과학과 진짜 과학을 구분할 수 없게 된다

'일상의 모든 문제에 로켓과학자처럼 접근하는 비로켓과학자 군단을 만들어내는 것.'

이 책을 쓰겠다고 마음먹으면서 설정했던 목표다. 이런 접근법을 취할 때 당신은 인생의 진정한 주인이 될 수 있다. 그 모든 가정과 고정관념, 판에 박힌 사고패턴을 의심하면서, 다른 사람이 장애물로 바라보는

것을 절호의 기회라고, 즉 내 의지에 따라 얼마든지 현실을 바꿀 기회라고 여기게 될 것이다. 온갖 문제들에 이성적으로 접근하게 될 것이며, 현상태를 재규정하는 혁신적인 해법을 고안해 낼 것이다. 또 잘못된 정보와 사이비 과학을 완벽하게 걸러줄 멋진 도구를 장만하게 될 것이다. 이에 따라, 미래에 놓인 문제를 극복해 나갈 길을 찾게 될 것이다.

당신이 기업의 리더라면, 올바른 질문을 하게 될 것이며 올바른 의사결정도구를 사용하게 될 것이다. 무작정 새로운 유행을 좇지 않고 경쟁자가 하고 있다는 바로 그 이유만으로 어떤 일을 그대로 따라 하진 않을 것이다. 경쟁우위의 강점을 탐구하고 다른 사람이 불가능하다고 여기는 것을 기어이 성취해 낼 것이다. 나아가 로켓과학적 사고를 사업모델에 적용하게 될 것이다.

월스트리트는 지금 투자를 예술에서 과학 차원으로 전환하기 위해, 이른바 금융 분야의 로켓과학자로 불리는 이들을 채용하고 있다.[14] 또한 선도적인 소매유통업자들 역시 불확실한 시장에서 돌풍을 일으킬 제품이 무엇일지 예측하며 로켓과학적 사고를 사용한다.[15]

이 책은 매우 실용적인 차원에서 접근한다. 로켓과학자처럼 생각하면 어떤 점이 좋은지, 그저 설교만 하지 않는다. 이 책은 당신이 로켓 발사를 준비하는 관제센터에 서 있든 이사회 회의장에 앉아 있든 거실에 있든 간에, 곧바로 로켓과학적 사고를 구사할 수 있는 구체적이고도 행동가능한 전략을 제시한다. 이런 원리들을 얼마나 폭넓게 적용할 수 있는지 생생하게 입증하기 위해 로켓과학 분야의 재미있는 일화들을 역사, 경영, 정치, 법률 등의 일화와 함께 엮어 흥미진진하게 구성했다. 이 과정에서 로켓과학적 사고방식이 어떤 것인지 선명하게 드러날 것이다.

이런 원리들을 행동으로 옮기는 데 도움을 주고자 내 웹사이트에 무료로 이용할 수 있는 자료를 올려놓았는데, 이를 이 책의 중요한 연장선이라고 생각하면 된다. 'ozanvarol.com/rocket'을 방문해 다음을 찾아보기 바란다.

- 각 장의 핵심 요약.
- 이 책에서 다룬 전략을 실행할 때 유용한 워크시트, 도전과제, 연습문제.
- 이 책에서 소개한 원리를 보강해 줄 추가적인 팁과 자료가 담긴 주간 뉴스레터 구독신청서(구독자들이 이 주간 뉴스레터를 "내가 매주 고대하는 유일한 이메일"이라고 부른단 사실을 참고 바란다.)
- 내 개인 이메일 주소. 여기로 느낀 점을 보내도 되고, 그냥 "안녕하세요!"라며 인사만 건네도 좋다.

발사 → 가속화 → 궤도 진입

비록 책 표지에 내 이름이 번듯하게 나오긴 하지만, 이 책은 다른 많은 거인의 어깨 위에 서 있을 뿐이다. 이 책은 내가 화성표면탐사로버 프로젝트에 함께했던 경험, 수많은 로켓과학자를 상대로 한 인터뷰, 과학과 경영을 비롯한 다양한 분야에서 진행했던 수십 년간의 연구조사 등을 기반으로 했다. 한편, 많은 산업 분야(법률, 유통업, 제약업, 금융서비스 등)

에 종사하는 전문가를 대상으로 로켓과학적 사고를 주제로 강연을 하러 자주 여행을 다니면서, 이런 원리들이 다른 분야에선 어떻게 적용될 수 있을지 끊임없이 생각하며 기존의 내 생각을 새롭게 고쳐왔다.

앞으로 로켓과학에서 뽑은 9개의 주요 원리를 설명할 것이다. 다른 것도 중요하지만, 가장 쉽게 적용할 수 있는 그 9개에만 초점을 맞추기로 했다. 당신은 로켓과학이 이룩한 가장 자랑스러운 쾌거와 재앙에 가까운 온갖 고난에서 교훈을 얻게 될 것이다.

이 책은 로켓이 우주로 발사되는 3단계에 맞춰 구성되어 있다.

1단계는 '발사'로, 당신의 사고에 불을 붙이는 데 집중하는 단계다. 우선 로켓과학자들이 불확실성을 기꺼이 껴안으며 이것을 자기 강점으로 전환하는 데 사용하는 전략을 제시할 것이다. 그런 다음에는 '제1원리 First Principles(이미 증명되었거나 증명이 필요 없는 자명한 진리 – 옮긴이)'를 토대로 한 추론으로 넘어갈 것이다. 이 과정에서 기업이 사업적 발상을 풀어낼 때 저지르는 가장 큰 실수가 무엇인지, 눈에 보이지 않는 규칙이 당신의 사고를 어떻게 옭아매고 있는지, 더하는 게 아니라 빼는 것이 어째서 창의성의 열쇠인지 알게 될 것이다. 그 후, '사고실험 Thought Experiment(머릿속에서 생각으로 진행하는 실험 – 옮긴이)'과 '문샷 사고 Moonshot Thinking'를 살펴볼 것이다. 사고실험과 문샷 사고는 로켓과학자와 혁신적인 기업가, 세계 정상급 연주자 들이 스스로를 수동적인 관찰자에서 능동적인 참가자로 바꾸어놓기 위해 사용하는 전략이다. 이를 통해 그리스신화 속 이카루스와 달리, 태양에 조금이라도 더 가까이 날아가는 것이 어째서 더 안전한지, 단 하나의 단어를 사용하는 것만으로 창의성이 어떻게 가속화하는지, 대담한 목표를 향해 분투하는 과정에서 맨 먼저 무엇을 해야 하는지 깨달을 것이다.

2단계는 '가속화'로, 1단계에서 만들어낸 발상을 밀어붙이는 단계다. 여기서는 발상의 틀을 다시 짜고, 이 발상을 재규정하는 방식을 탐구하며, 또 올바른 질문을 할 때 비로소 올바른 해답을 얻을 수밖에 없는 이유를 탐구한다. 그다음에는 당신이 옳다고 인정하도록 다른 사람을 설득하는 데서 벗어나 자신이 잘못되었음을 입증하는 식으로 접근의 틀 자체를 바꿈으로써, 자기 발상의 맹점을 어떻게 포착할 것인지 살펴볼 것이다. 당신의 발상이 최고임을 확신하기 위해 로켓과학자처럼 검증하고 실험하는 방법을 일러줄 것이다. 이 과정에서 우주비행사 훈련전략을 배워 프레젠테이션이나 제품 출시를 밀어붙일 수 있을 것이다. 그리고 1999년 화성극지착륙선이 착륙에 실패한 원인이 되었던 설계결함과 똑같은 문제 때문에 아돌프 히틀러Adolf Hitler가 권좌에 오르게 된 배경을 들을 수 있을 것이다. 수십만 명이나 되는 미숙아의 생명을 구한 아주 단순한 전략이, 한 차례 취소되었던 화성표면탐사로버 프로젝트를 부활시켰던 과정도 알게 될 것이다.

마지막 3단계는 '궤도 진입'이다. 이 단계에서는 자신의 잠재력을 온전하게 해방하는 최종적인 요소로 성공과 실패가 모두 꼽혀야 하는 이유를 깨닫게 될 것이다. "빨리 실패하고 자주 실패하라Fail fast, fail often"라는 주문이 재앙을 부를 수밖에 없는 이유, 기업들이 실패에서 배우지 않는 이유에 대해서도 알게 될 것이다. 당신은 성공과 실패를 동일하게 다룰 때 얼마나 큰 이득이 돌아오는지, 최고의 성과를 내는 사람들이 그 어떤 방해 없이 이어지는 성공을 도리어 심각한 경고신호로 받아들이는 이유가 무엇인지도 확인할 수 있을 것이다.

이 3단계까지 모두 끝내고 나면 세상이 당신 생각을 규정하지 않고 당신 생각이 세상을 결정하게 만들 수 있다. 또 단순히 '상자 바깥에서' 생각하지 않고 그 상자를 당신의 의지대로 마음껏 주무를 수 있을 것이다.

외부에서 내부를 바라보며

이 책을 쓴 이유와 관련해, 짤막하게나마 내 개인적인 이야기를 할 필요가 있을 것 같다. 이런 종류의 책을 서술할 때는 어릴 때 망원경을 손에 넣었다거나, 별을 사랑했다거나, 로켓과학에 인생을 걸었다거나, 그래서 그 엄청난 열정이 이 책에서 정점을 찍는다거나 하는 식의 구성, 그런 깔끔하고 선형적인 이야기 흐름이 가장 잘 맞고 그럴듯할 것이다.

그러나 이 책은 전혀 그렇지 않다. 어릴 때 나에게도 시시한 쌍안경 같은 망원경이 하나 있긴 했다. 그런데 이 망원경을 제대로 활용한 적은 단 한 번도 없다(어쩌면 이것은 로켓과학에서 법학계로, 다시 교육계로 옮겨 가게 될 내 경력에 대한 일종의 암시가 아니었을까 싶다). 나는 로켓과학계에 몸담았지만, 지금은 그곳을 떠나 있다. 내가 로켓과학을 경험하게 되었던 것은 행운과 탁월했던 멘토, 몇 가지 훌륭한 의사결정 그리고 한두 개의 사무적인 착오가 이리저리 뒤섞여 나타난 결과다.

나는 그야말로 상투적이기 짝이 없는 몇 가지 이유로 미국에 왔다. 터키 이스탄불에서 성장할 때 미국은 내게 꿈 같은 곳이었다. 나에게 미국은 인기 TV 시트콤 〈완벽한 이방인Perfect Strangers〉의 래리 사촌과도 같은 존재였다. 이 시트콤에서 래리는 동유럽에서 막 미국 시카고로 이주한 사촌형제 발키에게 미국의 모든 것을 가르치려고 하고, 두 사람은 행운을 축복하기 위해 '기쁨의 춤'을 춘다. 또 내게 미국은 〈외계인 알프ALF〉(외계인 알프가 전형적인 미국 가정인 태너 가족과 함께 살면서 벌어지는 일들을 다룬 TV드라마-옮긴이)에서 털북숭이 외계인 알프에게 쉼터를 제공하고 고양이 사료를 먹이려고 애쓰는 태너 가족이기도 했다.

그때 나는 미국에 발키나 알프 같은 존재를 위한 자리가 마련되어 있다면 어쩌면 나를 위한 자리도 마련되어 있을지 모른다고 생각했다.

평범한 집안에서 태어난 나는 더 나은 인생의 기회를 잡길 바랐다. 나의 아버지는 버스기사인 할아버지와 주부인 할머니를 도와 6살 때부터 일하기 시작했다. 아버지는 동 트기도 전에 일어나서 막 인쇄된 신문을 팔고 나서야 등교했다. 어머니는 터키의 시골에서 성장했는데, 외할아버지는 양치기로 살다가 공립학교 교사가 되었다. 역시 교사이던 외할머니와 함께 손수 벽돌을 쌓아 지은 학교에서 아이들을 가르쳤다.

내가 어릴 때는 전기 공급이 원활하지 않아서 자주 정전사고가 일어났는데, 정전이 되어 사방이 깜깜해지면 어린 나는 공포를 느끼곤 했다. 그때마다 아버지는 내가 공포에 떨지 않도록 일부러 재미있는 놀이를 생각해 냈다. 그중 하나가 촛불을 켜고 축구공을 가지고 와서 지구(축구공)가 태양(촛불)을 어떻게 공전하는지 재현해 보인 것이었다.

그게 내가 맨 처음 들은 천문학 강의였다. 천문학에 완전히 빠져버린

나는 밤이면 바람이 반쯤 빠진 축구공을 여러 개 두고서 우주와 관련된 꿈을 꾸기 바빴다. 그러나 낮에는 매우 획일적인 교육체계에 꼼짝없이 얽매인 학생으로 살았다. 초등학교 때 담임교사는 우리를 이름으로 부르지 않았다. 대신 학생마다 번호를 하나씩 부여했다. 가축에게 부여하는 식별번호와 전혀 다를 게 없었다. 우리는 154번이나 359번 같은 번호를 부여받았다(내 번호는 밝히지 않겠다. 이 번호는 내가 가지고 있는 유일한 은행계좌 비밀번호이기 때문이다. 말이 나왔으니 하는 말이지만 "비밀번호를 자주 바꾸어주십시오"란 경고는 정말이지 짜증 난다). 우리는 똑같이 생긴 교복을 입고 등교했다. 빳빳한 흰색 칼라가 달린 연청색 교복이었다. 남학생은 모두 까까머리였다.

학교 가는 날마다 우리는 애국가를 불렀으며, 터키에 우리의 모든 것을 바치겠다고 다짐하는 '학생의 맹세'를 낭송했다. 얼마나 자주 낭송했던지 틀리려고 해도 절대로 틀릴 수 없는 정도였다. 공익을 위해 자기 자신을 포기하겠다는 것과 자기만의 독특한 개성을 억누르겠다는 것, 획일성을 기꺼이 받아들이겠다는 것이 바로 그 맹세의 내용이었다.

획일성 주입. 이는 교육의 최우선이었다. 4학년 때 나는 머리를 깎지 않는 심각한 잘못을 저질렀다. 이 일로 교도소장 직함이 더 잘 어울릴 듯한 불도저 같은 교장이 불같이 화를 냈다. 교장은 평소와 다름없이 두발검사를 하다가 기준보다 더 자란 내 머리카락을 보고는 콧구멍 막힌 코뿔소처럼 씩씩댔다. 그러더니 여학생의 머리에서 머리핀을 하나 뽑아 내 머리에 꽂았다. 획일성을 거부한 죄를 물어 공개적으로 망신을 준 것이다.

획일성은 교육계가 최악이라고 여기던 것에서 우리를 차단했다. 예컨대, 학생들이 큰 꿈을 꾸면서 복잡한 문제에 대한 흥미로운 해법을 찾아내려는 성가신 야심에 사로잡히지 않게 하는 것. 칭찬받고 성공하는 학생은 반대의견이나 창의적인 생각을 가진 아이도, 선구자도 아니었다. 권력자의 비위를 맞추고, 복종이 몸에 밴 아이였다.

규칙을 따르고 연장자를 공경하며 기계적인 암기문화가 지배하는 곳에서 상상력과 창의성이 자리 잡을 공간은 없었다. 이런 것은 오로지 책을 읽으면서 혼자 힘으로 가꾸어야 했다. 책은 나의 도피처였다. 나는 돈이 생기는 대로 책을 샀다. 책을 읽을 때도 페이지를 함부로 접지 않을 정도로 조심스럽게 다루었다. 그렇게, 레이 브래드버리Ray Bradbury와 아이작 아시모프Isaac Asimov, 아서 C. 클라크Arthur C. Clarke 등이 쓴 공상과학소설 속 등장인물을 통해 대리경험을 하면서 살았다. 또 찾아볼 수 있는 천문학 서적을 모두 찾아 탐독했으며, 내 방을 아이슈타인 같은 과학자의 포스터로 도배했다. 원본 〈코스모스〉 시리즈가 담긴 낡은 비디오에서는 칼 세이건이 내게 말을 걸곤 했다. 그가 무슨 말을 하는지 전혀 알아듣진 못했지만, 그래도 귀를 기울이고 열심히 들었다.

나는 프로그램의 코드 작성법을 독학했으며, 천문학에 바치는 디지털 연애편지라 할 수 있는 '스페이스랩스Space Labs'란 웹사이트를 만들었다. 그리고 서툴기 짝이 없는 초등학생 수준의 영어로 우주에 대해 알고 있는 모든 것을 적었다. 비록 내 그 모든 코딩기술이 내 사랑을 성사시키는 데 도움이 되진 않았지만, 이는 추후 내 인생에서 결정적으로 중요한 가치가 있는 것으로 판명된다.

나에게 로켓과학은 '도피'와 같은 의미였다. 터키에서 내가 걸어갈 길은 이미 정해져 있었다. 그러나 로켓과학의 최전선인 미국에서는 모든 가능성이 무한하게 열려 있었다.

17살 때 나는 마침내 '탈출속도Escape Velocity(물체가 천체 표면에서 탈출할 수 있는 최소한의 속도 – 옮긴이)'에 도달했다. 코넬대학교 입학허가증을 받은 것이다. 어린 시절 나의 우상이던 칼 세이건이 한때 천문학 강의를 했던 바로 그 학교였다. 나는 투박한 악센트와 몸에 딱 달라붙는 유럽식 청바지, 본 조비Bon Jovi를 예찬하는 취향으로 무장한 채 코넬대에 첫발을 디뎠다.

코넬대에 도착하기 직전, 천문학과가 어떻게 구성되어 있는지 미리 조사한 나는 천문학과의 스티브 스퀘어스Steve Squyres 교수가 탐사선을 화성에 보내는 NASA 예산지원 프로젝트를 책임지고 있다는 사실을 알게 되었다. 스퀘어스는 대학원생 자격으로 세이건 교수 휘하에서 조교로 일한 적도 있었다. 이런 사실은 나에게 너무도 기쁜 소식이었다.

조교를 구한다는 공고도 나지 않은 상황에서 나는 스퀘어스 교수에게 이메일로 "교수님 밑에서 일하고 싶다"는 간절한 바람을 적어 이력서와 함께 보냈다. 그가 나를 받아줄 가능성은 거의 없었다. 그러나 나는 아버지가 해준 최고로 도움되는 말 하나를 기억하고 있었다.

"복권에 당첨되려면 우선 복권을 사야 하지 않겠니?"

그래서 나는 복권을 샀다. 그리고 놀랍게도 스퀘어스가 답장을 했다. 면접을 보겠다는 것이었다. 고등학교 때 익힌 코딩기술이 좋은 인상을 준 덕분에, 나는 '스피릿Spirit'과 '오퍼튜니티Opportunity'란 이름의 로버 2대를 화성에 보내는 프로젝트팀의 일원이 됐다! 혹시라도 무언가가 잘못되어 모든 것이 물거품이 될지 모른다는 생각에, 난 서류에 적는 내 이름을 세 번이나 확인했다.

불과 3주 전만 하더라도 나는 터키에서 우주에 대한 백일몽을 꾸고 있었다. 그런데 이젠 그 모든 것이 이루어지는 현장에 서 있었다. 나는 내면의 발키를 불러내어 기쁨의 춤을 추었다. 미국이 자신의 '정신Spirit'과 '기회Opportunity'를 내게 줄 거란 기대가 더는 상투적인 것이 아니었다.

코넬대학교 우주과학동 4층, 사람들이 '화성의 방Mars Room'이라 부르던 그 방에 처음 들어가던 순간을 나는 지금도 생생하게 기억한다. 그 방의 모든 벽면은 온갖 도식과 화성사진으로 도배되어 있었다. 두통을 유발하는 음울한 형광불빛에 창문도 없는 무질서한 방이었지만, 나는 그 방을 무척 사랑했다. 그곳에서, 나는 로켓과학자처럼 생각하는 법을 배워야 했다. 그것도 빠르게. 처음 몇 달은 다른 사람의 대화를 경청하고, 산더미처럼 쌓인 문서를 읽고, 또 온갖 두문자어의 뜻을 익히면서 보냈다. 남은 시간에는 토성에 탐사선 카시니-하위헌스호를 보내서 토성 및 토성의 위성을 탐사하는 계획과 관련된 일도 했다.

그런데 시간이 지나면서 천체물리학에 대한 열정이 시들기 시작했다. 강의실에서 공부하는 이론과 실제 세계 사이에 강력한 불일치가 존재한다고 느꼈다. 지금도 그렇지만 나는 언제나 이론적인 축조작업보다는 실용적인 응용작업에 더 많은 흥미를 느낀다. 로켓과학을 관통하는 사고과정에 대해 배우는 걸 무척 사랑하긴 했지만, 내가 들어야 할 과목은 군이 수학이나 물리학은 아니었다. 나는 도우 반죽은 좋아해도 쿠키는 좋아하지 않는 그런 제빵사인 셈이었다. 수학이나 물리학에 관한 한 나보다 훨씬 더 뛰어난 동기들이 있었다. 나는 내 경험에서 건져 올린 비판적 사고의 기술을 'E=mc²'이라는 메마른 계산식이 아니라, 보다 실용적인 목적에 사용할 수 있으리라 생각했다.

화성과 토성 계획 일을 계속하는 한편 다른 선택지가 없을지 탐색하던 나는 어느 사이 사회학 쪽으로 멀리 오게 됐고, 결국 로스쿨로 진학해야겠다고 마음먹었다. 그러자 다른 누구보다도 어머니가 반겼는데, 어머니는 친구들이 툭하면 하는 "점성술사 아들에게 운세 좀 봐달라고 해줘"란 부탁에 넌더리를 내고 있었다.

나는 로스쿨로 궤도를 수정한 뒤에도, 천체물리학 분야에서 4년간 있으면서 획득했던 도구를 여전히 가지고 있었다. 로켓과학에서 쓰이는 비판적 사고의 기술을 이용, 로스쿨 역사상 가장 높은 학점을 기록하며 그곳을 수석으로 졸업했다. 졸업 후에는 그토록 바라던 미국 제9연방순회항소법원에서 일했으며, 개업 변호사로도 2년간 일했다.

그러다 다시 강단으로 궤도를 수정했다. 로켓과학 분야에서 획득했던 비판적 사고와 창의성에 대한 통찰을 나누고 싶었기 때문이다. 터키에서 겪은 획일적인 교육에 대한 반감과 좌절을 떠올리면서 나는 꿈을 크게 꾸고, 당연하다 여겨지는 가정을 의심하며, 빠르게 달라지는 세상을 능동적으로 바꾸어나갈 힘을 학생들에게 불어넣고자 했다. 그러다 내가 가르치는 대상이 내 강의에 등록한 학생만으로 제한된다는 사실이 못내 걸렸다. 결국 이런 통찰을 세상 사람들과 공유하기 위해 온라인 플랫폼을 만들었다.

종착지에 도달하기 전까지는 내가 과연 어디를 향해 가고 있는지 전혀 알지 못했다. 이제 와 깨달은 사실이지만, 종착지는 시작부터 정해져 있었다. 난 온갖 곳을 향해 달려가곤 했지만, 그 과정에도 공통된 맥락은 늘 작동하고 있었다. 지금까지 로켓과학에서 법학으로, 다시 글 쓰고 강연하는 것으로 종잡을 수 없이 바뀐 내 인생에서 무엇보다 중요한 목표는 단 하나, 로켓과학자처럼 생각하는 도구를 개발하고 이를 다른 사람에게 나누어주는 것이었다. 쉽게 이해되지 않는 까다로운 개념을 평범한 언어로 바꾸는 데는 외부에서 내부를 바라보는 사람, 즉 로켓과학자가 어떻게 생각하는지 알고 그 과정을 낱낱이 해부할 수 있는 동시에 그 세계로부터 멀리 떨어져 있는 사람이 필요하다. 지금 내부자와 외부자의 경계선 위에 서 있는 나 자신을 보니, '내가 이 책을 쓰려고 인생을 그렇게 살아왔구나' 하는 생각이 든다.

세상을 바꿀 힘

이 원고를 쓰고 있는 현재의 세상은 극도의 혼돈에 빠져 있다. 그러나 온갖 갈등에도 불구하고 로켓과학의 관점에서 보자면, 우리를 갈라놓는 것보다는 묶어주는 것이 더 많다. 깜깜한 우주에서 지구를 바라보면, 푸른색과 흰색이 섞여 있는 이 지구에는 그 어떤 경계선도 보이지 않는다. 지구상에 살아 있는 모든 것은 빅뱅의 흔적을 가지고 있다. 로마의 시인이자 철학자 루크레티우스Lucretius는 "우리는 모두 천상의 씨앗에서 갑자기 나타났다"고 했다. 과학자 빌 나이Bill Nye도 이렇게 말한다.

"지구의 모든 사람은 우주공간을 빠른 속도로 돌진하는 직경 1만 2,742km의 축축한 바위 위에 중력으로 꼼짝 못 한 채 붙들려 있다. 그러니 혼자서 뭘 해보려 해도 애초 불가능하다. 우리는 모두 한배를 타고 있다."[16]

우주의 광대함은 우리 인간이 가진 전 지구적 관심사에 적절한 맥락을 부여하고, 우리를 하나의 인간정신으로 연결해 준다. 지난 수천 년간 똑같은 밤하늘을 올려다보면서 멀리 떨어진 별을 바라보고, 지난 수천 년의 시간을 돌아보고, 그러면서도 여전히 이런 질문을 던지는 우리….

"우리는 누구인가? 우리는 어디에서 왔고 또 어디로 가는가?"

1977년 발사된 보이저 1호의 임무는 목성과 토성 그리고 그 너머에 있는 태양계의 먼 부분을 인류 역사상 최초로 사진으로 찍고 관련 자료를 지구로 전송하는 것이었다. 이 무인탐사선이 태양계의 끝자락에서 자기 임무를 완수했을 때, 세이건은 카메라를 태양계 바깥이 아니라 반대로 돌려 지구를 찍도록 해야겠다고 생각했다. '창백한 푸른 점Pale Blue Dot'으로 불리는 저 유명한 사진은 지구를 그야말로 작은 픽셀 하나로 묘사한다. 세이건의 기념비적인 표현에 따르면 "지구는 태양 반사광 속에 둥둥 떠다니는 (그래서 잘 보이지도 않는) 작은 먼지 티끌"이다.[17]

우리는 자신을 모든 것의 중심이라고 생각하곤 한다. 그러나 지구 바깥의 우주에서 바라보면 지구는 "거대하게 확장하는 우주적 암흑 속의 외로운 점 하나"일 뿐이다. 세이건은 '창백한 푸른 점'의 보다 깊은 의미를 성찰하며 이렇게 말한다.

"인류 역사에서 그저 작은 점의 극히 일부를 지배했던 무수한 장군과

황제가 잠깐의 영광과 승리를 누리려고 죽였던 사람들, 그들이 흘린 피의 강물을 한번 생각해 보라. 저 작은 픽셀의 한쪽 구석에 있는 사람들이 같은 픽셀의 다른 쪽 구석에 있는, 겉모습을 거의 분간도 할 수 없는 사람들에게 저지른 수많은 만행을 생각해 보라.”

로켓과학은 우주에서 우리가 얼마나 제한된 역할을 할 뿐인지에 대해 깨달음을 주며, 서로에게 좀 더 따뜻하고 친절해야 함을 상기시킨다. 우리가 이 세상에 살아 있는 시간은 그야말로 눈 한 번 깜박하는 짧은 순간이다. 이 짧은 순간을 소중하게 만들어야 하지 않을까?

로켓과학자처럼 생각하는 법은 단지 세상을 바라보는 방법만 바꿔주지 않는다. 이 방법을 배운 당신에게는 세상을 바꿀 힘도 생겨날 것이라 장담한다.

차례

1단계 발사

2단계 가속화

3단계 궤도 진입

1단계

발사

- 불확실성의 영향력을 제어하는 법
- 제1원리를 토대로 그다음을 추론하는 법
- 사고실험을 통해 돌파에 불붙이는 법
- 당신의 인생과 비즈니스를 완전히 변화시킬 문샷 사고법

1장 불확실성과 춤출 시간

: 의심이 지닌 초능력에 대하여

> 천재는 망설인다.
> - 카를로 로벨리Carlo Roveli

대략 1,600만 년 전, 거대한 소행성 하나가 화성과 충돌했다. 그 충격으로 화성 표면에 있던 바위 파편 하나가 우주로 튀어나와 화성에서 지구까지 멀고 먼 여행을 시작했다. 이 운석은 1만 3,000년 전에 남극 대륙에 있는 앨런 힐스Allan Hills란 곳에 떨어졌으며, 1984년 스노모빌 경주 때 발견되었다고 해 'ALH 84001'이라는 이름을 얻었다. 이 운석에 놀라운 비밀이 없었더라면, 아마도 세상 사람들은 시끄럽게 법석을 떨며 연구를 하느니 어쩌니 하다가 이 운석을 금세 잊어버렸을 것이다.[1]

수천 년 동안 인류는 똑같은 질문을 놓고 곰곰이 생각해 왔다.

"우주에는 우리밖에 없을까?"

우리 조상들은 사색에 잠겨 하늘을 올려다보면서 자기가 우주의 하층 계급자나 추방자일지 모른다는 생각을 했을 것이다. 기술이 발전하자,

우리는 우주 저 너머의 또 다른 문명에서 보내고 있을지 모를 어떤 메시지를 포착하겠다는 기대를 안고서, 우주에서 방출되는 신호에 귀를 기울였다. 그리고 태양계에 존재할지도 모를 생명의 존재와 흔적을 찾고자 우주선을 보냈다. 그때마다 늘 허탕만 쳤다.

그러나 1996년 8월 7일, 여태까지와는 다른 일이 일어났다.

바로 그날, 과학자들은 ALH 84001에서 생명체의 흔적을 발견했다고 발표했다. 많은 언론은 이것이야말로 다른 행성에 생명체가 살고 있다는 증거라고 보도했다. CBS는 과학자들이 "그 운석에서 단세포구조를 포착했는데, 이는 어쩌면 작은 화석일 수도, 과거 생물활동의 화학적 증거일 수도 있다"라고 보도했다.[2] CNN의 초기 보도는 이 구조들이 "작은 구더기들"처럼 보인다면서 그것이 복잡한 유기체의 흔적일 수도 있음을 암시한 NASA 한 소식통의 발언을 인용했다.[3] 이 같은 언론의 폭주로 전 세계에 존재론적인 흥분 상태가 일어나자, 미국의 빌 클린턴Bill Clinton 대통령이 나서서 이와 관련한 기자회견까지 열었다.[4]

그러나 거기에는 사소한 문제가 있었다. 그 증거가 결정적이지 않다는 점이었다. 흥분에 떨었던 그 모든 뉴스의 토대가 된 논문은 근원적인 불확실성을 솔직하게 드러냈다. 예를 들어, 이 논문의 제목 일부는 "화성 운석 ALH 84001에 나타난 유물의 생물학적 활동 '가능성'"이었다(강조는 내가 한 것이다).[5] 이 논문의 초록은 이 운석에서 관찰된 특징이 "과거 화성 생물체의 화석 잔해일 수도 있다"고 분명하게 지적하면서도 "무기질 형성물일 수도 있다"고 강조했다. 즉, 그 물질의 분자가 화성에 존재하는 박테리아의 산물이 아니라 비생물학적인 활동(예를 들면, 침식 같은 지질학적 과정)의 흔적일 수도 있다는 것이다. 이 논문은 그 증거가 그저 생명체와 "양립할 수 있는 가능성"을 나타내는 것일 뿐이라고 결론 내렸다. 그러나 이 미묘한 차이는 미디어를 통해 전달되는 사이 수많은 2차 번역을 거치며 대충 얼버무려졌다.

모든 것은 밝혀질 수 있는 만큼 최대한 밝혀졌다. 적어도 불확실성을 다루는 이 책의 관점에서 보자면 확실히 그렇다. 그로부터 20년 넘는 세월이 지난 뒤에도 불확실성은 여전히 어슬렁거리고 있다. 연구자들은 그 운석에서 발견된 분자들이 화성 생명체(박테리아)의 증거인지 아니면 비생물학적 활동의 결과인지를 놓고 여전히 입씨름을 벌인다.[6]

언론이 틀렸다고 말하는 편이 솔깃하다. 그러나 이 역시 그 운석의 발견에 대해 발표한 애초의 기자회견처럼 과장된 것이다. 정확하게 말하면, 우리는 사람들이 고전적인 실수, 즉 실제로는 전혀 확실치 않은 것을 확실하게 보이도록 만드는 실수를 저지른 것이다.

이 장에서는 불확실성과 맞서 싸우기를 멈추고, 불확실성이 가진 힘을 활용하는 방법을 이야기한다. 불확실성에 집착할 때 어떻게 엉뚱한 길로 나아가게 되는지, 어째서 모든 과정은 불확실한 조건들 속에서 일어나는지 설명할 것이다. 불확실성과 관련해 아인슈타인이 저질렀던 최대의 실수를 '폭로'할 것이며, 수백 년간 이어온 수학적 수수께끼의 해법에서 무엇을 배울지 이야기할 것이다. 또, 로켓과학이 판돈이 큰 게임을 닮을 수밖에 없는 이유, 명왕성이 일개 행성으로 강등된 데서 배울 점, NASA의 엔지니어들이 결정적으로 중요한 사건이 진행될 때면 일종의 의식과도 같이 땅콩을 우적우적 씹어먹는 까닭에 대해서도 다룬다. 마지막으로, 로켓과학자와 우주비행사 들이 불확실성을 관리할 때 쓰는 몇 가지 전략과 그 적용방법을 제시하며 이 장을 마무리할 것이다.

확실성을 향한 숭배

제트추진연구소Jet Propulsion Laboratory는 캘리포니아 패서디나에 있는 과학자 및 엔지니어 들의 작은 도시다. 이곳은 지금까지 수십 년간 행성을 오가는 우주선의 운영을 책임져왔다. 화성착륙 동영상을 본 적 있다면, 아마도 제트추진연구소의 임무지원구역 내부도 보았을 것이다.

화성착륙이 이루어질 때, 이 관제센터에서는 카페인에 찌든 과학자와 엔지니어 들이 여러 줄로 나란히 앉아 땅콩을 씹어대면서 자기 콘솔로 마구 쏟아지는 데이터를 뚫어져라 바라본다. 동영상으로 이 장면을 보다 보면, 그들이 평정심을 유지하는 것처럼 착각하기 십상이다. 그러나 사실 그들은 평정심을 이미 잃은 상태. 그저 스포츠를 중계하는 아나운서처럼 자기가 확인한 사항을 보고하고 있을 뿐이다.

화성에서 보낸 신호 하나가 빛의 속도로 지구에 도달하는 데는 평균 약 12분이 걸린다.[7] 지구의 관제센터에 있는 어떤 과학자가 무언가 문제를 포착하고 눈 깜박할 사이에 대응한다면, 그 지시가 화성에 도달하기까지는 다시 12분이 걸린다. 그러니까 신호가 한 번 왕복하는 데는 24분이 걸린다. 그러나 우주선이 화성의 대기권 최상층에서 화성 표면까지 내려가는 데는 약 6분밖에 걸리지 않는다. 결국 관제센터에서 할 수 있는 것이라곤 그 우주선에 미리 지시를 내려둔 다음, 아이작 뉴턴Issca Newtom을 운전석에 앉히는 것뿐이다.

바로 이 시점에 땅콩이 들어온다. 1960년대 초 제트추진연구소는 달을 연구할 목적으로 '무인레인저The Unmanned Ranger' 임무를 맡았다. 레인저 우주선은 달 표면을 근접 촬영해 그 이미지들을 지구로 전송한 다음 달에 추락하는 것으로 되어 있었다.[8] 그런데 처음 6회의 계획이 모두 실패로 돌아가자 "일단 쏘아 올리고 나서 무작정 기다리는" 대책 없는 접근법을 채택했다며, 제트추진연구소에 비난이 쏟아졌다.[9] 다행히, 그 뒤로 착륙계획이 성공했는데, 이때 제트추진연구소의 어떤 엔지니어가 우연히 땅콩을 먹고 있었다. 이후 땅콩은 착륙이 진행될 때마다 제트추진연구소의 통제실에 반드시 있어야만 하는 것이 되었다.

오로지 합리적이고 이성적인 것만을 따지면서 '미지의 것'을 탐구하는 데 평생을 바쳐온 로켓과학자들이, 결정적인 순간에 땅콩 봉지를 탈탈 털며 확실성을 찾는다. 그들 중에는 마치 땅콩만으론 충분하지 않다는 듯, 다 낡은 행운의 청바지를 입거나 예전에 성공했을 때 가지고 있던 물건을 부적처럼 소중히 간직하는 이도 많다.[10]

착륙이 기대한 대로 성공하면 관제센터는 난리가 난다. 냉정함이나 침착함이라곤 찾아볼 수 없다. 엔지니어들은 불확실성이라는 괴물을 이겼다는 기쁨에 펄쩍펄쩍 뛰고 하이파이브를 하고 허공으로 주먹질을 하고 서로 힘찬 포옹을 하고 또 기쁨의 눈물을 마구 흘린다.

사람은 모두 불확실성에 대해 공포를 느끼도록 프로그램되어 있다. 미지의 것을 두려워하지 않던 우리의 조상은 날카로운 이빨을 가진 포식자들의 먹이가 되었고, 불확실성을 위협적인 것으로 바라보았던 조상들만이 오래도록 살아남아 우리에게 유전자를 물려주었다. 현대에 이르러 우리는 불확실한 곳에서 확실성을 찾는다. 혼돈 속에서 질서를, 모호함 속에서 올바른 답을, 복잡함 속에서 확신을 찾는다. 이를 역사학자 유발 하라리 Yuval Harari는 다음과 같이 표현했다.

"우리는 세상을 이해하려고 노력하기보다 통제하려고 노력하는 데 훨씬 더 많은 시간과 노력을 들인다."[11]

우리는 단계별 공식, 즉 지름길이나 단칼의 해결책을 찾는다. 즉 올바른 땅콩 봉지를 찾는다. 시간이 흐름에 따라 우리는 미지의 것과 상호작용하는 능력을 잃는다. 이런 접근법은, 밤중에 잃어버린 열쇠를 가로등 불빛 아래서 찾는 술 취한 사람이 주인공인 고전적인 이야기를 상기시킨다. 이 사람은 자기가 거리의 어두운 곳 어딘가에서 열쇠를 잃어버린 것을 알고 있으면서도 굳이 가로등 불빛 아래서만 그 열쇠를 찾는다. 거기는 불빛이 있어서 밝기 때문이다.

확실성을 향한 이런 열망은 겉보기에 안전할 것 같은 해법들, 즉 가로등 불빛 아래에서 잃어버린 열쇠를 찾는 방법만을 쓰게 한다. 어두운 곳으로 걸어가 열쇠를 찾는 위험을 지는 대신 현재 상태에 머물게 하는 것이다. 마케터들을 보라. 늘 똑같은 도구와 접근법을 사용하면서 다른 결과를 기대한다. 성공하겠단 야망을 품은 기업가들은 안정적인 듯 보이는 '매출'이란 확신을 뿌리치지 못하고 장래성 없는 일에 매달린다. 제약회사들은 치매를 완벽하게 고쳐줄 새로운 약을 개발하는 대신, 그저 약간의 개선점을 가미한 비슷한 약만 개발하려 든다.

그러나 획기적인 돌파가 이루어지는 시점은 해답의 확실성을 희생할 때, 즉 자전거 보조바퀴를 떼어내고 위험을 감수할 때, 가로등 아래를 벗어나 깜깜한 곳으로 나아갈 때다. 익숙한 것에만 머물기를 고집하다 보면 예상치 못한 일을 결코 만날 수 없다. 위대한 '미지의 것'과 춤추는 사람들, 평온함 대신 위험을 찾아 나서는 사람들만이 성공할 수 있다.

'해답'은 종착점이 아니라 시작점

17세기 수학자 피에르 페르마Pierre Fermat는 책 귀퉁이에 메모 하나를 휘갈겼는데, 이 메모는 300년 넘는 세월 동안 수많은 수학자를 좌절의 구렁텅이로 몰아넣었다.[12]

페르마는 방정식 '$x^n+y^n=z^n$(n은 3 이상의 정수)'을 만족하는 양의 정수 x, y, z는 존재하지 않는다고 주장하면서, 그 책의 여백에다 "나는 이 방정식을 기적적으로 증명했지만, 여백이 너무 좁아 그 내용을 따로 적지는 않는다"고 썼다. 그가 남긴 글은 그게 다였다.

페르마는 죽었고, '페르마의 마지막 정리'라 불리는 문제의 증명법도 페르마와 함께 사라졌다. 페르마가 남긴 이 어려운 문제 때문에 수백 년간 수많은 수학자가 골머리를 앓았고(그 수학자들이 페르마가 좀 더 여백이 큰 책을 가지고 있었으면 얼마나 좋았을까 탄식했음은 말할 것도 없다) 페르마의 마지막 정리를 증명하는 데 모두 실패했다.

그러나 앤드루 와일즈Andrew Wiles가 그 문제를 풀었다!

평범한 10살 어린이는 수학책 읽기가 재미있다고 말하지 않는다. 그러나 와일즈는 평범한 10살 어린이가 아니었다. 그는 잉글랜드 케임브리지의 동네 도서관에서 수학책이란 수학책은 모조리 다 읽었다.

어느 날, 와일즈는 페르마의 마지막 정리만을 다룬 책을 보고는 너무도 간명하면서 증명하기는 매우 어려운 그 이론의 수수께끼에 완전히 매혹되었다. 그렇지만 그 증명을 전개해 나갈 수학적인 기술이 부족했던 탓에 그는 이 정리를 옆으로 밀쳐두었다, 20년이 넘는 세월 동안.

그러다 수학 교수가 된 뒤, 그 이론을 다시 붙들고 남몰래 7년간이나 씨름했다. 그리고 케임브리지에서 열린 한 학회에서 수백 년간 수수께끼로 남아 있던 페르마의 마지막 정리를 증명했다고 공식적으로 발표했다. 이 발표로 수학계는 극도의 초조와 혼란의 도가니가 되었다. 서던캘리포니아대학교의 컴퓨터학 교수이자 튜링상Turing Award(수학자 앨런 튜링Alan Turing을 기리고자 컴퓨터과학에 업적을 남긴 이에게 수여되는 상 – 옮긴이) 수상자인 레너드 애들먼Leonard Adleman은 그 일을 이렇게 평가했다.

"수학계에 일어난 역대 가장 흥미로운 사건으로 꼽을 수 있다."

심지어 〈뉴욕타임스The New York Times〉조차 그 내용을 1면에 실으면서 "수학의 오랜 수수께끼에 드디어 '유레카!'가 찾아왔다"고 외쳤다.[13]

그러나 이 축하는 너무 일렀다. 와일즈는 증명과정의 결정적인 부분에서 1가지 실수를 했다. 이 실수는 와일즈가 증명내용을 발표하기 전에 동료평가를 받으며 확인됐다. 다른 수학자의 도움으로 이 실수를 바로잡고 1년 뒤에야, 와일즈는 비로소 그 증명을 완벽하게 정리했다.

와일즈는 페르마의 마지막 정리를 증명하게 된 과정을, 깜깜한 저택을 이리저리 헤매는 것에 비유했다. 첫 번째 방에서 출발해 온갖 물건들을 더듬어보고 찔러보고, 그것들에 부닥치기도 하면서 여러 달을 보냈다. 이렇게 방향도 모른 채 무작정 혼돈 속을 헤매다가 마침내 전등 스위치를 찾은 후, 깜깜한 다음 방에 들어가 그 모든 과정을 반복했다. 이런 돌파야말로 "암흑 속에서 넘어지고 구르는 일이 반복된 여러 달 가운데 정점(그런 시도들이 없었으면 존재할 수도 없었을 정점)이었다"면서.

아인슈타인도 자신의 발견과정을 이와 비슷하게 설명했다.

"우리가 최종적으로 확인하는 결과는 거의 자명해 보인다. 그러나 어둠 속에서 '느껴지긴 하지만 표현할 순 없는 진리'를 탐색하는 오랜 세월, 모든 것이 선명하게 이해되는 지점에 도달하기까지의 강렬한 바람, 확신과 포기의 반복은 오로지 그런 것을 온전히 직접 경험한 사람만이 알 수 있다."[14]

어떨 때 과학자는 깜깜한 방에서 계속 넘어지기만 한다. 평생 탐구했어도 기대하던 결과는 얻지 못할 수 있다. 전등 스위치를 찾았더라도 불을 켰을 때 그 빛이 방의 일부분만을 비출 뿐이며, 빛이 닿지 않는 공간이 훨씬 더 넓다는 사실이 새롭게 드러날 수도 있다. 그러나 그들에게는 깜깜한 방에서 부딪치고 넘어지는 것이 환한 복도에 앉아 있는 것보다 훨씬 더 흥미롭다.

학교는 과학자가 모두 전등 스위치까지 곧바로 나아간다는 잘못된 인상을 주입하곤 한다. 올바른 교과과정도, 과학을 공부하는 옳은 방법도, 표준화 시험에서 정답을 도출하는 공식도 하나밖에 없다고 가르친다. '물리학의 원리들' 같은 우아한 제목을 단 교과서는 '그 원리들'을 300쪽에 걸쳐 마법처럼 풀어낸다. 그리고 권위 있는 어떤 인물이 강단에 올라가 그 '진리'를 우리에게 떠먹여준다. 이론물리학자인 데이비드 그로스David Gross는 노벨상 수상 연설에서 다음과 같이 설명했다.

"교과서는 우리가 방황하고 헤맸던 이런저런 대안 경로, 옳다고 믿었던 잘못된 단서, 수많은 오해 들을 흔히 무시하고 빼버린다."[15]

우리는 뉴턴의 '법칙들'을 배운다. 그러나 그 법칙들이 장엄한 신의 뜻이나 뉴턴이라는 천재가 깨우친 단 한 번의 번뜩임을 통해 나타나기라도 한 것처럼 배울 뿐, 뉴턴이 그 법칙들을 끝없이 탐구하고 수정하며 보냈던 그 긴 세월을 살피진 않는다. 뉴턴이 끝내 확립하지 못한 그 법칙들은 물리학 강의실에서 오가는 1차원적인 이야기에는 포함되지 않는다. 이렇게 우리의 교육체계는 과학자들의 인생 이야기를 납에서 금으로 바꾸어놓고 있다.

성인이 되어서도 우리는 각각의 질문에는 단 하나의 해답이 있을 뿐이라고 믿는다. 혹은 그렇게 믿는 척한다. 이 해답은 이미 우리보다 훨씬 더 똑똑한 누군가에게 발견됐다고, 그러므로 해답은 구글 검색에서 얼마든지 찾아볼 수 있으며 "더 큰 행복을 누리는 3가지 비밀"이란 최근 기사나 자칭 인생코치라는 사람으로부터 얼마든지 얻을 수 있다고 믿는다.

그런데 문제가 있다. 해답은 이제 더는 희소성 있는 상품이 아니며, 온갖 지식은 과거 그 어느 때보다 가격이 저렴해졌다. 어떤 '사실'을 확인하는 순간(구글이나 알렉사Alexa, 시리Siri가 해답을 뱉어내는 순간) 세상은 이미 저만치 앞으로 나아가 버린다.

이제는 해답이 시의적절하지 않은 경우가 너무도 많다. 올바른 질문을 시작하려면 먼저 몇 가지 해답을 알고 있어야만 한다. 그러나 그 해답은 발견으로 향하는 로켓의 발사대로만 기능해야 한다. 즉, 그 해답은 종착점이 아니라 시작점이다. 전등 스위치가 있는 곳으로 곧바로 나아가는 경로를 통해 정답을 찾으려 한다면, 조심해야 한다. 개발 중인 약이 효과가 있는 게 확실하다면, 변호를 맡은 고객이 무혐의로 석방될 게 확실하다면, 화성탐사선이 화성에 무사히 착륙할 게 확실하다면, 당신의 일자리는 남아나지 않을 것이다!

불확실성을 최대한 활용하는 능력이야말로 가장 잠재성 큰 가치를 창조한다. 우리의 행동을 추진하는 연료는 신속한 카타르시스를 향한 열망이 아니라, 흥미진진한 음모여야 한다. 확실성이 끝나고 불확실성이 시작되는 바로 그 지점에서, 비로소 전진과 발전이 시작된다.

확실성에 대한 집착은 또 다른 부작용을 낳는다. 그 집착은 '알려지지 않은 알려진 것들'이라 불리는 요술거울을 통해 우리의 비전을 왜곡한다.

알려지지 않은 알려진 것들

2003년 2월 12일 미국과 이라크 사이에 긴장이 한창 고조되던 중, 미국 국방부장관 도널드 럼스펠드Donald Rumsfeld가 언론 브리핑 현장에 섰다. 그는 한 기자로부터 (추후 미국이 이라크 침공의 구실로 삼게 되는) 이라크의 대량살상무기 증거에 대해 질문을 받았다. 통상적인 답변은 "조사를 계속하고 있다"거나 "국가안보와 관련된 문제여서 밝힐 수 없다"와 같은 판에 박힌 정치적인 표현이었을 것이다. 그러나 럼스펠드는 그러지 않고 로켓과학적인 비유를 꺼내들고 이렇게 말했다.

"이미 알려졌다고 알려진 것들이 있습니다. 우리가 알고 있다고 알고 있는 것들이 있습니다. 우리는 또한 알려진 알려지지 않은 것들이 있음을 알고 있습니다. 즉 우리가 알지 못하는 몇 가지 것들이 있음을 우리는 알고 있습니다. 그러나 또 알려지지 않은 알려지지 않은 것들, 즉 우리가 알지 못한다는 사실을 알지 못하는 것들도 있습니다."[16]

이 발언은 널리 웃음거리가 되었지만(부분적으로는 논란이 많았던 정보 출처 때문에 그랬다) 정치적인 발언이란 점에서 보자면 놀라울 정도로 정확했다. 럼스펠드는 자서전 《알려진 것과 알려지지 않은 것*Known and Unknown*》에서 그 용어들을 NASA의 행정관이던 윌리엄 그레이엄*William Graham*에게 처음 들었다고 인정했다.[17] 그러나 럼스펠드는 그 발언에서 '알려지지 않은 알려진 것들'이라는 하나의 범주를 빠뜨렸다.

실인증*Agnosia* 환자는 자신이 고통받는 의학적 상태를 인지하지 못한다. 예를 들어, 연필을 놓고 집어 들라고 해도 이들은 집어 들지 않는다. 피곤하다거나 연필이 필요 없다는 이유에서다. 심리학자 데이비드 더닝*David Dunning*이 설명하듯이 "그들은 자기의 마비증세를 전혀 알지 못한다."[18]

알려지지 않은 알려진 것들은 이런 실인증과 같다. 이는 자기환상의 세상이다. 이 범주에서 우리는 자신이 알고 있는 것을 안다고 생각하지만 실제로는 모른다. 진리를 확신한다고, 즉 우리가 디디고 선 땅이 안정적이라고 생각하지만, 실제로는 살랑거리는 미풍만 불어도 뒤집어질 수 있는 깨지기 쉬운 판 위에 서 있는데 말이다.

아닌 게 아니라, 이런 상태에 놓여 있음을 발견하는 경우는 생각보다 많다. 우리는 미묘한 차이를 놓고 세세하게 따지는 것을 회피한다. 그 결과, 공개토론은 입증된 사실과 가능성 큰 추정을 구분하는 엄정한 체계 없이 진행된다. 우리가 아는 것 가운데 많은 것이 정확하지 않으며, 어떤 부분에서 증거가 부족한지 깨닫기란 늘 쉽지 않다. 이런 상황에서 우리는 어떤 의견을 가지고 있는 척하는 데 달인이 되었다. 그렇게 미소를 흘리며 고개를 끄덕이고 허풍을 떨면서 임시적인 해답으로 나아간다. '성공할 때까지 속여라'라는 말을 줄곧 들어왔으며, 또 속이는 데 이미 전문가가 된 우리는 해당 주제에 대해 위키피디아를 잠깐 살펴보고 알 수 있는 것보다 별로 더 많이 알고 있지 않으면서도, 모든 것을 다 아는 양 짐짓 과시하며 확신을 갖고 명쾌하게 대답하려 한다. 내 확고부동한 믿음과 완전히 정반대인 명백한 진리가 존재한다는 걸 모른 채, 자신이 안다고 생각하는 것을 아는 척한다.

역사학자 대니얼 부어스틴Daniel J. Boorstin은 "새로운 발견을 가로막는 거대한 장애물은 무지가 아니라 알고 있다는 착각"이라고 썼다.[19] 모르면서 아는 척하는 태도가 눈과 귀를 막아 외부에서 보내는 올바른 신호를 차단한다. 확신이 눈과 귀를 가려 자기가 마비 상태라는 사실조차 인식하지 못하게 한다. 자기만의 진리를 많이 말할수록(이때는 열정도 더 커지고 손짓과 표정도 더 요란해진다) 이 사람의 자아는 고층건물처럼 크게 부풀어 오르며 그 아래에 놓인 것을 덮어버려 보이지 않게 만들고 만다.

자아와 자만심은 문제의 한 축이다. 다른 축은 불확실성을 싫어하는 심리다. 철학자 아리스토텔레스Aristoteles가 말했듯이, 자연은 진공을 혐오

한다. 그는 진공이 형성되면 곧 그 주변의 물질이 그 진공을 채워버린다고 주장했다. 이 원리는 물리학의 범위를 넘어 다른 곳에도 적용된다. 이해의 진공이 존재할 때, 즉 우리가 미지의 것과 불확실성의 세상에 발을 디디고 있을 때 온갖 신화와 이야기가 그 진공을 빠르게 채워버린다. 이 현상을 심리학자 대니얼 카너먼Daniel Kahneman은 이렇게 설명한다.

"우리는 의심이 계속되는 상태에선 살아갈 수 없다. 그래서 가장 그럴듯한 이야기를 지어내고 그게 진실인 양 믿으며 살아가는 것이다."[20]

이야기는 불확실성에 대한 공포를 완벽하게 치료해 주고, 우리가 가진 이해 가운데 비어 있는 부분을 메워준다. 혼돈을 질서로, 복잡성을 단순명쾌함으로, 우연을 인과관계로 바꾼다. 당신의 자녀가 갑자기 자폐증 증상을 보이는가? 그렇다면 2주 전에 아이에게 맞힌 예방주사를 의심하면 된다. 화성 표면에서 인간 얼굴의 형상이 보이는가? 이집트인이 기자 피라미드를 건축할 때 우연히 도움을 주기도 했던 고대문명이 화성에 만들어놓은 정교한 작업이라고 믿으면 된다. 갑작스러운 집단 발병 끝에 사망한 사람들의 몇몇 사체에서 경련이 나타나는가? 이것이 바이러스와 사후경직 때문임을 알아내기 전에 우리 조상은 뱀파이어의 소행이라고 결론 내렸으며, 또 그 결론에 만족했다.[21]

불확실성 범벅인 현실보다 그럴듯하고 안정적인 이야기를 선호할 때, 사실은 불필요해지고 잘못된 정보는 넘쳐난다. 가짜뉴스는 현대에 들어 새롭게 나타난 현상이 아니다. 멋진 이야기와 뒤죽박죽인 데이터가 함께 있으면, 누구나 멋진 이야기에 사로잡힌다. 그 생생한 이미지들은 일종의 '이야기 짓기 오류Narrative Fallacy(복잡한 사건을 설명하기 위해 그럴듯한

48

이야기를 지어내고 또 그것을 믿는 인간의 특성 – 옮긴이)'로 우리에게 깊고 오래가는 울림을 만들어낸다. 남성형 대머리가 햇볕에 너무 긴 시간 노출되어 생긴다는 이야기는, 정말이지 수도 없이 들린다. 우리는 이런 이야기에 빠져 논리고 의심이고 간에 모두 다 내팽개친다.

권위자들은 이런 이야기를 무서운 진리로 바꾸어놓는다. 민주적으로 선출된 혐오기계가 그릇된 확신을 불확실한 세상에 주입할 힘을 가진 이상, 모든 사실은 그 기계를 막을 수 없게 된다. 비판적인 사고를 거부하고 자기 모습에 자부심을 가진 목소리 큰 선동가가 확신에 차 결론을 내리고, 그 결론은 공개담론을 지배하게 마련이다.

이 선동가는 목소리 크기와 확신의 강도를 점점 높여가면서 자신의 부족한 지식을 보완한다. 세상에 드러나는 사실을 해석하려 애쓰던 사람이 결국 혼란 속에 힘없이 늘어질 때, 선동가는 평온함을 제공한다. 이들은 모호함이 우리를 성가시게 만들거나 미묘한 차이가 명쾌하고도 인상적인 문구를 방해하도록 내버려두지 않는다. 우리는 이들이 쏟아내는 매끄럽고 명쾌한 의견을 기꺼이 받아들여 비판적 사고의 부담을 어깨에서 털어내고, 행복해진다.

철학자 버트런드 러셀Bertrand Russell의 말처럼 현대의 문제는 "멍청한 사람은 자신만만하고 똑똑한 사람은 의심으로 가득 차 있다"는 데 있다. 물리학자 리처드 파인만Richard Feynman도 노벨상을 받은 뒤, 자기가 "혼란에 빠진 원숭이"일지도 모른다며 주변의 모든 것에 호기심을 갖고 접근했는데, 그 덕에 다른 사람이 보지 못했던 미묘한 차이를 볼 수 있었다고 말했다.

"틀릴 수 있는 해답을 안고 살기보다, 아무것도 모르는 상태로 사는 것이 한층 더 흥미롭다."

파인만의 이런 사고방식은 스스로의 무지를 인정할 줄 아는 상당한 수준의 겸손함이 있어야 가능한 것이다. "나는 모른다"는 그 끔찍한 말을 입 밖으로 낼 때면, 자아는 쪼그라들고 마음은 열리고 귀는 쫑긋 선다. 몰랐던 것을 배우고 성장하려면 자신이 모르는 것을 온전히 의식하는 '의식적인 불확실성'을 가져야 한다.

그렇다. 이런 접근법은 당신이 바라보길 원하지 않던 것을 환하게 비춰줄 수 있다. 그러나 평온한 마음으로 틀리는 것보다는 불편한 마음으로 불확실성에 사로잡히는 편이 훨씬 낫다. 세상을 바꾸는 사람은 혼란에 빠진 원숭이, 즉 불확실성을 감정하는 사람이 될 수밖에 없으니까.

불확실성이 창의성을 끌어낸다

"알려지지 않은 어떤 것이 우리가 모르는 어떤 것을 수행하고 있다. 우리 이론이 바로 그런 식이다."[22]

천체물리학자 아서 에딩턴Arthur Eddington이 1929년 양자이론을 설명하며 했던 말이다. 어쩌면 그는 우리가 우주 전체를 이해하는 것에 대해 말한 것일지 모른다.

천문학자들은 겨우 5%의 공간만 불이 켜진 어두운 집에서 살며 일하는 것과 마찬가지다. 우주의 대략 95%는 이름만으로 어딘가 불길한 느낌을 주는 '암흑물질Dark Matter'과 '암흑에너지Dark Energy'로 구성되어 있다.[23] 이 물질은 빛과 상호작용하지 않으므로, 우리는 이를 보거나 파악할 수 없다. 이것의 성질에 대해서는 알려진 바 없다. 그러나 이 물질은 다른 대상에 중력을 발휘하기 때문에 우리는 이 물질이 존재한다는 사실만큼은 알고 있다.[24]

물리학자 제임스 맥스웰James Maxwell은 "철저히 의식적인 무지는 진정한 지식 발전의 서곡"이라고 말했다.[25] 천문학자들은 지식의 경계선 너머까지 다다라 미지의 것의 대양으로 훌쩍 뛰어든다. 우주는 수수께끼의 한 꺼풀을 벗기면 또 다른 꺼풀이 나타나는 양파와도 같음을, 그들은 잘 안다. 극작가 조지 버나드 쇼George Bernard Shaw의 말처럼 "과학이 문제 1개를 풀 때마다 10개 넘는 문제가 새롭게 나타난다."[26] 지식의 몇몇 빈 공간이 채워지면 그 순간 다른 빈 공간이 생겨나는 것이다.

아인슈타인은 이처럼 수수께끼가 난무하는 현상을 "가장 아름다운 경험"이라고 묘사했다.[27] 물리학자 앨런 라이트맨Alan Lightman은 "과학자들은 알려진 것과 알려지지 않은 것 사이에 형성된 날카로운 벼랑에 서 있으며, 그 아찔한 광경을 내려다보는 두려움에서 공포의 전율이 아니라 환희의 전율을 느낀다"라고 썼다.[28] 과학자들은 자기의 총체적인 무지에 기겁하는 게 아니라 오히려 그것을 즐긴다. 불확실한 것은 과학자들이 행동으로 나서도록 그들을 소리쳐 불러댄다.

스티브 스퀘어스 교수는 불확실성 감정사다. 그는 내가 팀원으로 일할 때 화성표면탐사로버 프로젝트의 연구책임자였다. 미지의 것을 향한 그의 뜨거운 열정은 전염성이 강했다. 그의 사무실이 있던 코넬대학교 우주과학동 4층은 그가 나타날 때마다 뜨거워지곤 했다. 화제가 화성으로 옮겨가면 그의 눈은 불길이라도 이는 것처럼 반짝거렸다. 그는 리더의 품성을 타고난 사람이다. 그가 움직일 때마다 사람들이 그를 따라 움직인다. 훌륭한 지도자가 모두 그렇듯이 비난은 제일 먼저 나서서 받고 칭찬은 다른 사람과 나눈다. 한번은 어떤 프로젝트를 훌륭하게 수행한 공적을 인정받아서 상을 받았는데, 자기 이름을 지워버리고 힘든 일을 해주었던 부하직원들의 이름을 써넣고는 그 상을 그들 앞으로 돌렸다.

뉴저지 남부에서 태어난 스퀘어스는 과학자였던 양친에게 탐구 열정을 물려받았다.[29] 그의 호기심과 상상력을 가장 자극한 건 미지의 것들이었다.

"어린 시절, 집에는 15~20년쯤 된 낡은 지도책이 있었다. 그 지도책에는 많은 것이 그려져 있지 않은 지도도 실려 있었다. 그걸 보면서 완전히 비어 있어 온전히 채워져야 하는 부분이 있다면 얼마나 좋을까 하는 생각을 늘 했다."

그는 비어 있는 부분을 찾아 채우는 일에 자기 인생을 몽땅 바쳤다.

그는 코넬대학교 학부생 시절, '바이킹 프로젝트Viking Mission'에 참여하던 어느 교수가 맡은 대학원 수준의 천문학 강의를 들었다(이 프로젝트로 1976년 무인탐사선 바이킹 1호, 2호가 화성에 착륙했다). 학점을 받으려면 학기말 리포트를 제출해야 했다. 그는 리포트의 영감을 얻으려고 교정에 있는 어떤 방에 들어갔다. 바이킹 1호, 2호가 찍은 화성사진들이 먼지를 소복하게 뒤집어쓴 채로 걸려 있던 방이었다. 처음 그는 방에 들어가며 그 사진들을 15~20분 정도만 보고 나오려고 했다.

"그러나 나는 그 방에 4시간을 머물렀다. 방을 나오며 나는 남은 내 인생을 바쳐 하고 싶은 일이 무엇인지 정확하게 깨달았다."

그는 자신이 찾아 헤매던 비어 있는 캔버스를 발견했다. 많은 시간이 흐른 뒤에도 그의 마음에는 그 화성사진들이 자꾸만 떠올랐다.

"그것의 아름다움은 그 일을 아무도 하지 않았다는 데 있었다. 나는 거기에 이끌렸다."

미지의 것의 매력에 이끌려 스퀘어스는 코넬대학교의 천문학 교수가 되었다. 미지의 것을 탐구하면서 30년 넘는 세월을 보냈음에도 그는 여전히 "아무도 본 적 없는 어떤 것을 바라보는 데서 느끼는 짜릿한 흥분감. 그것을 향한 갈증은 채워지지 않았다"고 말한다.

그러나 미지의 것을 즐기는 사람은 천문학자만이 아니다. 또 다른 스티브인 스티븐 스필버그Steven Spielberg. 장면을 하나씩 찍을 때마다 스필버그는 압도적으로 거대한 불확실성에 사로잡히는 느낌이 든다고 말했다.

"새로운 장면을 찍을 때면 몸이 바싹 달아오르며 초조해진다. 배우의 대사를 듣고 내가 무슨 생각을 할지, 배우에게 내가 무슨 지시를 내릴지, 또 카메라를 어디에다 둘지, 나는 모른다."[30]

다른 사람이라면 똑같은 상황에 놓일 때 공황을 느낄지 모르지만, 스필버그는 그것을 "세상에서 가장 위대한 감정"이라고 말한다. 엄청난 불확실성이라는 조건만이 창의성을 최고조로 끌어낸다는 사실을 그는 잘 알고 있다.

모든 발전은 (로켓과학에서든 영화에서든 혹은 빈 곳을 채워나가는 일에서든) 깜깜한 방에서 일어난다. 그러나 사람들은 대부분 어둠을 무서워

한다. 빛이라는 편안함을 포기하는 순간 공황이 시작된다. 다가올 묵시록을 기다리면서 우리는 그 깜깜한 방을 최악의 공포와 비상용품으로 채운다. 그러나 불확실성이 핵폭발로 인한 버섯구름을 만들어내는 경우는 드물다. 불확실성은 기쁨과 발견과 잠재력의 온전한 실천으로 이어진다. 불확실성은 예전에 그 누구도 하지 않았던 일을 하는 것 그리고 다른 사람이 한 번도 보지 않았던 것을 (적어도 짧은 순간이나마) 발견하는 것을 의미한다. 불확실성을 적이 아니라 친구로 대할 때 인생은 훨씬 더 풍성해진다.

게다가 가장 깜깜한 방에는 한 방향이 아닌 양방향으로 통하는 문이 있다. 미지의 것을 찾는 수많은 여행은 얼마든지 되돌릴 수 있다. 버진그룹의 회장 리처드 브랜슨Richard Branson은 이렇게 썼다.

"그곳을 여기저기 돌아다니면서 어떤 느낌인지 살피고, 그곳이 기대만큼 잘 돌아가지 않는다면 다시 돌아나오면 된다."[31]

방에 들어가 문을 잠그지만 않으면 된다, 이는 항공사 버진애틀랜틱을 설립하며 그가 취한 접근법이다. 그는 보잉과 계약하면서 자기가 산 비행기를 띄우지 못하게 될 때는 계약을 원점으로 되돌리겠다는 단서조항을 달았다. 즉, 일방통행으로 보이는 길을 쌍방통행으로 만들어, 항공업계라는 방에 들어갔다 그 방이 마음에 들지 않으면 다시 나올 수 있도록 조치를 취해뒀던 것이다.

그런데 '여기저기 돌아다닌다'는 것은 올바른 비유가 아니다. 불확실성 감정사는 깜깜한 방을 그냥 돌아다니지 않는다. 그는 춤을 춘다. 이 춤은 매끈하고, 친밀하며, 또 불편하고, 아름다울 정도로 밀착하는 탱고에 가깝다. 그들은 빛을 발견하는 최상의 방법이 불확실성을 걷어내는 게 아니라 불확실성이 벌린 두 팔에 안기는 것임을 잘 안다.

불확실성 감정사는 밝혀진 결과를 놓고 하는 실험은 실험이라고 할 수 없음을, 동일한 해답의 재탕은 전진이 아님을 안다. 잘 닦인 길만 탐구한다면, 놀이법을 모르는 놀이를 피하기만 한다면, 앞으로도 계속 정체된 상태로 남아 있을 것이다. 어둠 속에서 춤출 때, 전등 스위치가 어디에 있는지 모를 때(심지어 전등 스위치가 있는지 없는지조차 모를 때)라야 비로소 전진과 발전이 시작될 수 있다.

맨 먼저 혼돈, 그다음에 돌파. 춤이 멈추면 전진도 멈춘다.

모든 것의 이론은 존재할 수 있을까

아인슈타인은 일생의 대부분을 불확실성과 탱고를 추며 보냈다.[32] 그는 상상 속에서 갖가지 사고실험과 누구도 하지 못했던 온갖 질문을 하며, 우주의 가장 깊은 곳에 잠겨 있던 수수께끼들을 풀었다.

그러나 만년에 이르러 그는 점점 확실성을 찾기 시작했다. 우주의 작동원리를 설명하는 법칙이 2개란 사실이 못내 마음에 걸렸다. 하나는 큰 대상을 설명하는 상대성이론, 또 하나는 아주 작은 것을 설명하는 양자역학이었다. 그는 이 불일치에 통일성을 부여해 그 모두를 설명해 주는 단 하나의 일관성 있는 아름다운 방정식 조합을 만들고 싶었다. 그것이 바로 '모든 것의 이론Theory of Everything(중력, 전자기력, 약력, 강력 등 자연계의 힘 4가지를 1가지로 통합하는 가상이론 – 옮긴이)'이었다.

양자역학의 불확실성은 특히 아인슈타인을 성가시게 만들었다. 이와 관련해 과학작가 짐 배것Jim Baggott은 다음과 같이 설명한다.

"양자 이전의 물리학은 언제나 '이것'을 하고 또 '저것'을 얻는 것에 관한 것이었다. 그러나 새로운 양자역학은 우리가 '이것'을 할 때 비로소 특정한 확률로만 '저것'을 취한다고 말하는 것처럼 보인다. (심지어 그때조차도 특정한 환경에서는) 우리는 '또 다른 것'을 취할 수도 있다."[33]

아인슈타인은 하나의 통합된 이론이 불확실성을 해소하고 자신이 "사악한 양자Evil Quanta"라 부르는 것과 맞닥뜨리지 않도록 보장할 거라는 자칭 광신자로 남았다.[34] 그러나 아인슈타인이 하나의 통합된 이론을 단단하게 붙잡을수록 찾고자 하는 해답은 점점 더 매끄럽게 그의 손을 빠져나갔다. 아인슈타인은 확실성을 찾는 과정에서 예전에 가지고 있던 경이감을 잃어버렸다. 동시에, 실험을 통한 열린 마음도 함께 잃어버렸다.[35]

불확실성의 세계에서 확실성을 찾는 것은 인간적인 탐색의 모습이다. 우리는 모두 절대적인 것, 작용/반작용, A는 필연적으로 B로 이어진다는 식의 인과관계를 갈망한다. 근사치 계산이나 파워포인트에서는 하나의 변수가 직선으로 단 하나의 결과를 낳는다. 그러나 현실에선 전혀 다르다. 미묘한 차이가 훨씬 많이 나타난다. 초기에 아인슈타인은 빛이 광자로 구성되어 있다면서 "내가 보기에는"이라는 문구를 사용했다.[36] 찰스 다윈Charles Darwin도 진화론을 제시하면서 "내가 생각하기에는"이라는 단서를 붙였다.[37] 마이클 패러데이Michael Faraday도 자기장이론을 제시하면서 자기가 경험했던 "망설임"을 이야기했다.[38] 케네디는 인간을 달에 보내겠다고 약속할 때 우리가 미지의 바닷속으로 뛰어든다는 사실을 인정했다. 케네디는 "이는 어떤 점에서 보면 믿음과 비전의 행동입니다. 어떤 편익이 우리를 기다릴지 모르기 때문입니다"라고 설명했다.

이 발언들은 선동과 설득의 차원에서는 효과적이라고 할 수 없다. 그러나 조금이나마 진리에 더 가까이 다가가 있다는 점에서는 미덕이 분명하다. 리처드 파인만은 다음과 같이 설명한다.

"과학적 지식은 확실성이 변화하는 정도(예를 들어, 어쩐지 가장 확실한, 어쩐지 확실한 것에 가까운, 절대적으로 확실하지는 않은)를 나타내는 진술의 집합체다."[39]

제기되는 모든 질문에 확정적인 해답을 내놓는 '모든 것의 이론'이 존재하지 않는 편이, 나로선 위안이 된다. 이론과 방법은 여러 가지다. 화성에 탐사선이 착륙하는 올바른 방법은 2개 이상이다. 이 책을 구성하는 올바른 방법도 1가지가 아니다. 기업의 규모를 키워나가는 올바른 방법 역시 마찬가지다.

아인슈타인은 확실성을 찾는 과정에서 스스로 자기의 발목을 잡았다. 그러나 '모든 것의 이론'을 추구한 그의 모습은 그의 연구성과만큼이나 시대를 앞서나간 것이었다. 오늘날 많은 과학자가 아인슈타인의 바톤을 이어받아, 물리법칙에 대한 이해를 하나로 묶어주는 어떤 중심적인 발상을 찾던 그를 뒤따르고 있다. 이런 노력 가운데 일부는 전망이 밝지만 아직 열매를 맺지는 못했다. 미래에 나타날 획기적인 돌파구는 오로지, 과학자들이 불확실성을 포용하고 전진의 기본 추동력 중 하나인 '비정상적인 것'을 면밀하게 들여다볼 때에만 가능하다.

변칙성을 포착하는 눈

윌리엄 허셜William Herschel은 18세기 독일 태생의 작곡가로 나중에 영국으로 이주했다.[40] 그는 피아노와 첼로, 바이올린을 연주하는 다재다능한 음악가로 빠르게 입지를 다졌으며, 교향곡을 24개나 작곡했다. 그러나 다른 분야에서의 또 다른 작곡작업이 그의 음악경력을 압도했다.

허셜은 수학에 매료되었다. 대학교육을 받지 않은 그는 해답을 찾고자 책으로 눈을 돌려 삼각법, 광학, 기계학 관련 책을 닥치는 대로 읽었다. 허셜은 망원경 만드는 법을 다룬 책들을 읽고는 자기 지역에 살던 망원경 제작자에게 망원경 만드는 법을 가르쳐달라고 부탁했다. 그러곤 하루에 16시간씩 거울을 갈았다. 척박한 땅을 옥토로 만드는 과정이었다.

1782년 3월 13일 허셜은 자기가 직접 만든 망원경으로 밤하늘에서 서로 가깝게 딱 붙어 있는 별들, 즉 '쌍성Double Stars'을 찾았다. 그는 또 황소자리에서 쌍둥이자리와의 경계선 가까운 지점에 자기 위치를 벗어난 것처럼 보이는 특이한 물체가 있음을 포착했다. 그 특이한 현상에 이끌린 허셜은 며칠 뒤 다시 그 물체를 관찰하고는 그 물체가 '배경항성Background Stars'과 반대 방향으로 움직였음을 알아차렸다.

"그것은 혜성이다. 자기 자리를 바꾸었기 때문이다."[41]

그의 이 초기 판단은 잘못된 것이었다. 그 물체는 꼬리를 가지고 있지 않았으므로, 혜성일 수 없었다. 게다가 혜성이면 으레 타원궤도를 돌게 마련인데, 그렇지도 않았다.

당시 태양에서 가장 먼 곳에 있는 태양계 행성은 토성으로 인식되었다. 과학자들은 토성 너머에 행성이 존재하지 않는다고 믿었다. 그러나 허셜의 발견으로 기존 이론이 틀렸음이 입증되었다. 이미 알려진 태양계의 끝에서 새로운 전등 스위치가 발견됨에 따라 태양계의 범위가 2배로 넓어졌다. 허셜의 '혜성'은 새로운 행성으로 밝혀졌고, 이후 '하늘의 신'이란 뜻의 '천왕성Uranus'이란 이름이 붙었다.

천왕성은 제멋대로 운동하는 행성이었다. 천왕성의 운동속도는 변덕스럽게 빨라지기도, 느려지기도 했다. 천왕성의 운동은 뉴턴의 중력법칙을 거부했다. 뉴턴의 중력법칙은 지구상의 물체부터 우주의 행성궤도까지 모든 것의 운동을 예측했지만, 천왕성의 운동은 이것을 가지고도 예측할 수 없었다.[42]

프랑스의 수학자 위르뱅 르 베리에Urbain Le Verrier는 이 비정상적인 변칙성에 이끌려 토성 너머에 또 다른 행성이 존재할지 모른다는 가정에 파고들기 시작했다. 그는 이 행성이 천왕성을 끌어당기고 있을 것이며, 두 행성이 각각 차지한 위치에 따라 천왕성을 세게 끌어당겨 천왕성의 운동속도를 빨라지게 하거나 반대로 천왕성을 밀어내 천왕성의 운동속도를 느려지게 할지도 모른다고 추정했다. 그는 오로지 수학만을 사용해(르 베리에와 같은 시대를 살았던 물리학자 프랑수아 아라고François Arago의 표현을 빌리면 "오로지 자기 펜촉만을 가지고서") 또 다른 행성을 발견했다. 이 새로운 행성인 '해왕성Neptune'은 나중에 르 베리에가 예측했던 위치에서 1° 이내의 범위 안에 있는 것으로 확인되었다.[43] 이 놀라운 일치는 거의 160년 전, 뉴턴이 썼던 일련의 법칙들에 의해 도출되었다.

해왕성이 발견되면서 태양계 너머에조차 뉴턴의 법칙이 적용되는 것으로 보였다. 그러나 태양에 상대적으로 더 가까운 행성인 수성과 관련해서는 문제가 있는 것 같았다. 이 행성은 뉴턴의 법칙에 의해 예측된 궤도를 돌지 않았다. 이는 하나의 일탈, 즉 규칙을 증명함에 있어 하나의 예외로 치부하고 넘어갈 수 있었다. 수성은 뉴턴의 법칙이 유일하게 빗나가는, 그것도 아주 조금만 빗나가는 행성처럼 보였기 때문이다.

그러나 이 사소한 변칙성은 뉴턴의 법칙이 가진 중요한 문제를 덮고 있었다. 아인슈타인은 수성의 궤도를 정확하게 예측하는 새로운 이론을 만들기 위해 그 작은 결함에 매달렸다. 뉴턴은 중력을 묘사하면서 "사물들은 서로 끌어당긴다Things attract each other."라고 하는 거친 모델에 의존했다.[44] 이와 달리, 아인슈타인의 모델은 "물질은 시간과 공간을 둘러싼다Stuff wraps space and time."는 식으로 한층 더 복잡했다.[45] 아인슈타인의 말을 이해하기 위해 볼링공 하나와 당구공 몇 개를 트램펄린 위에 올려놓는다고 상상해 보자.[46] 무거운 볼링공이 트램펄린의 표면을 곡선으로 만들면, 상대적으로 가벼운 당구공들이 볼링공 있는 곳으로 이동할 것이다. 아인슈타인에 따르면 중력도 이처럼 작용한다. 즉 중력이 시공간 구조를 둘러싼다는 말이다. 덩치 큰 볼링공(태양)에 가까울수록(수성이 태양에 가장 가까이 있는 행성이다) 시공간을 둘러싸는 힘은 더 커지고, 뉴턴의 법칙에서 일탈하는 규모도 더 커진다.

이런 사례가 보여주듯이 깜깜한 방에서 전등 스위치가 있는 지점으로 나아가는 경로는, 당신이 어떤 변칙성을 알아차릴 때 마음속 스위치가 꺼지는 것에서 시작된다. 그러나 우리는 변칙성을 알아차리도록 교육받지 않았다. 어릴 때부터 물건을 담을 좋은 바구니 혹은 나쁜 바구니 중 하나를 골라야 한다고 배웠으니까. 양치질을 하고 손 씻는 것은 좋은 행동이고 낯선 사람이 흰색 밴에 태워주겠다고 하는 것은 나쁜 행동이다. 이와 관련해 지구과학자 토머스 체임벌린Thomas Chamberlin은 이렇게 썼다.

"아이들은 좋은 행동에선 오로지 좋은 것만 기대하고, 나쁜 행동에선 오로지 나쁜 것만 기대하지 않는다. 나쁜 행동에서 좋은 것을 기대하거나 좋은 행동에서 나쁜 것을 기대하는 것은 아이의 사고법과는 근본적으로 상충된다."[47]

우리는 아시모프가 했던 말처럼 "완벽하지 않으며 완벽하게 옳지 않은 모든 것은 전적으로 그리고 딱 그만큼 나쁘다"고 믿는다.[48]

이렇게 과도할 정도로 단순화하는 편이, 어린아이가 세상을 인식하는 데 도움이 되긴 한다. 문제는 성인으로 성장하고 나서도 이 잘못된 이론의 틀을 깨고 그 바깥으로 나가지 못한다는 것이다. 그저 직육면체의 말뚝을 원형 구멍에 넣으려고 헛된 시도를 하면서 또 사물과 사람 들을 깔끔하게 정리되는 범주로 분류하면서, 무질서한 세상에 질서를 부여했다는 환상에 빠진다.

인생은 불확실성이 없더라도 충분히 힘든 과정이니, 비정상적인 것을 무시함으로써 불확실성을 제거해 버린다. 그 변칙성은 극단적인 예외이거나 측정상의 실수임이 분명하다고 스스로를 설득하면서, 그런 것은 애초에 존재하지도 않는 것으로 여긴다. 이런 태도에는 엄청난 대가가 따른다. 물리학자이자 철학자인 토머스 쿤Thomas Kuhn은 "발견은 어떤 것이 올바를 때 나타나는 게 아니라 엉망일 때, 즉 사람들이 당연한 것으로 기대하던 것이 아닌 특이한 일이 일어날 때 나타난다"라고 설명한다.[49] SF

소설가 아시모프가 "유레카!"라는 외침이 과학에서 가장 흥미로운 표현이란 논리를 반박하고 나선 일은 유명하다. 그는 과학적인 발견이 흔히 비정상적인 것을 발견하곤 "그것 참 재미있네"라고 말할 때 시작된다고 봤다.[50] 그러고 보면 양자역학, 엑스선, DNA, 산소, 페니실린 등의 발견은 모두 과학자가 변칙성을 무시하지 않고 포용함으로써 가능했다.[51]

아인슈타인의 둘째 아들은 아인슈타인에게 왜 아버지가 유명한지 물었다. 이 질문에 아인슈타인은 다른 사람이 놓치고 마는 변칙성을 포착하는 자기 능력을 언급하면서 다음과 같이 말했다.

"눈먼 딱정벌레가 구부러진 가지의 표면을 기어갈 때 이 딱정벌레는 자기가 기어가는 길이 구부러졌는지 알아차리지 못한다. 나는 이 딱정벌레가 알아차리지 못한 것을 알아차렸으니 행운이다."[52]

아인슈타인의 이 답변이 상대성이론을 가리킨다는 사실은 두말할 필요가 없다.

그러나, 행운은 준비된 사람을 좋아한다. 미묘한 단서(예를 들어, 전체 데이터와 다른 것이 존재한다든가, 어떤 설명이 형식적이고 피상적으로 보인다든가, 관찰한 사실이 이론과 전혀 다르다든가 하는 일)에 관심을 기울일 때 비로소 낡은 패러다임은 새로운 패러다임에 길을 내주고 물러나게 마련이다.

불확실성을 포용할 때 전진과 발전이 일어나듯이, 전진 그 자체도 불확실성을 만들어낸다. 하나의 발견이 일어날 때 이 발견은 자동으로 또 다른 의문을 제기하기 때문이다.

명왕성의 강등을 바라보며

행성 발견에 관한 한 아마추어 천문학자들은 이 분야 전문가들을 뺨쳐 왔다. 1920년대 캔자스의 20세 농부 클라이드 톰보Clyde Tombaugh는 100년도 더 전에 허셜이 그랬듯이 틈틈이 망원경을 만들었다.[53] 이렇게 만든 망원경으로 화성과 금성을 관찰하고 그 운동을 그림으로 그리곤 했던 톰보는 애리조나에 있는 로웰천문대가 행성천문학을 연구한다는 걸 알고는 자기가 그린 그림들을 충동적으로 거기에 보냈다. 그의 그림을 보고 강한 인상을 받은 로웰천문대의 천문학자들은 그에게 일자리를 제안했다.

그리고 1930년 2월 18일. 하늘을 찍은 사진들을 비교하던 톰보는 앞으로 나왔다가 뒤로 빠졌다가 하는 희미한 점 하나를 포착했다. 그것은 해왕성 뒤에 있는 행성으로 밝혀졌다. 태양에서 가장 멀리 떨어져 있는 이 행성에는 지옥의 신 이름을 딴 명왕성Pluto이란 이름이 붙었다.

그런데 무언가 정상적이지 않았다. 새로 발견된 이 행성은 점점 쪼그라들고 있었다. 1955년 천문학자들은 명왕성이 지구와 비슷한 크기일 것이라고 생각했다. 그런데 13년 뒤인 1968년의 측정결과로는 명왕성의 크기가 지구의 20%밖에 되지 않았다. 명왕성은 계속 쪼그라들었고 1978년의 측정치로는 깃털처럼 가벼웠다. 지구의 0.2%밖에 되지 않았다. 명왕성은 태양계의 다른 행성보다 훨씬 작았음에도 불구하고 너무 성급하게 행성으로 판정받았던 것이다.

다른 점도 명왕성이 과연 행성이라고 할 수 있을까 하는 의심을 크게 키웠다. 천문학자들은 해왕성 너머에 있으며 명왕성과 크기가 거의 같은 둥근 물체들을 계속해서 우연히 발견했다. 그러나 이를 행성이라 부르진 않았다. 명왕성이 이보다 아주 조금 더 크다는 게 그 이유였다.

오락가락하는 기준은 2003년 10월 새로운 발견이 있을 때까지 계속되었다. 그해, 명왕성보다 큰 것으로 측정된 새로운 행성이 발견되었다. 태양에서 가장 먼 곳에 있는 열 번째의 태양계 행성이 발견된 것이다. 이 행성에는 불화와 다툼의 신 에리스Eris의 이름이 붙었다.[54]

에리스는 이름값을 하려고 그랬는지 엄청나게 많은 갈등을 유발했다. 에리스가 발견되기 전, 천문학자들은 '행성'이란 용어를 정의하는 데 골머리를 앓을 이유가 없었지만 에리스가 등장하고 나선 상황이 달라졌다. 우선, 에리스가 행성인지 아닌지 판정해야 했다. 이 일은 하늘에 있는 물체들을 정의하고 범주화하는 천문학자단체인 국제천문연맹International Astronomical Union에 떨어졌다. 2006년 회의에서 천문학자들은 행성의 정의를 안건으로 투표했는데, 그 결과 명왕성과 에리스 모두 행성의 기준조건에 미달했다. 국제천문연맹은 아주 간단한 투표를 거쳐 명왕성에게서 행성의 왕관을 뺏어버렸다. 문화, 역사, 교과서, 미키마우스의 개(이름이 명왕성을 뜻하는 '플루토'다-옮긴이) 그리고 수많은 행성 암기법까지 모두 하수구에 처박히는 처지가 되었다. "My Very Educated Mother Just Served Us Nine Pizzas(나의 고학력 어머니가 우리에게 피자 9판을 사주셨다)"라는 태양계 행성암기법 역시 쓰레기통에 들어갔다('Mercury(수성)' 'Venus(금성)' 'Earth(지구)' 'Mars(화성)' 'Jupiter(목성)' 'Saturn(토성)' 'Uranus(천왕성)' 'Neptune(해왕성)' 'Pluto(명왕성)'를 순서대로 암기하기 위한 문구 – 옮긴이).

언론은 사악한 의도를 가진 한 무리의 천문학자가 모든 사람이 좋아하던 제일 작은 행성을 레이저로 쏘아 하늘에서 날려버린 것처럼 묘사했다.[55] 명왕성 강등 운동을 이끌던 캘리포니아공과대학의 마이크 브라운Mike Brown 교수도 다를 게 없었다. 그는 "명왕성은 죽었다"라고 언론에 천명했다. 버락 오바마Barack Obama 대통령이 오사마 빈 라덴Osama bin Laden이 암살됐다고 발표할 때만큼의 진지함을 담아서.[56]

명왕성이 강등되기 전까지만 하더라도 자기가 명왕성의 팬인지 몰랐던 수천 명의 팬이 분노로 으르렁거렸다. 온라인 청원이 쇄도했다.[57] 미국언어연구회American Dialect Society는 2006년 '올해의 단어'로 '명왕성되다Plutoed'를 선정할 것인지 말 것인지를 두고 투표를 했다. 이 단어의 뜻은 '누구 혹은 어떤 것의 지위나 가치를 깎아내리다'였다.[58] 그리고 "Mean Very Evil Men Just Shortened Up Nature(비열하고 매우 사악한 사람들이 자연의 수명을 단축시켰다)"라는 새로운 행성 암기법이 등장했다.[59]

여러 주의 정치인들은 명왕성의 강등을 놓고 입법 행동을 밀어붙여야 한다고 판단했는데, 특히 분개한 일리노이 상원은 명왕성이 "부당하게 강등됐다"는 결의안을 통과시켰다.[60] 한편 뉴멕시코 하원은 "뉴멕시코의 찬란한 밤하늘을 수놓으며 지나갈 때 명왕성은 행성으로 선포될 것"이라고 선언하면서 한층 더 세련된 솜씨를 발휘했다.[61]

명왕성은 우리가 알고 있던 우주 질서의 중심에 있었다. 유한하며 변하지 않는 행성의 숫자는 우주의 광대한 불확실성에 어떤 확실성을 보장해 주었다. 교사가 학생들에게 가르칠 수도, 표준화된 시험문제로 출제될 수도 있는 구체적인 대상이었다. 그런데 그야말로 하룻밤 사이에 우주가 우리의 발 아래에서 뒤흔들렸다. 만일 명왕성이 행성이 아니라면, 즉 우리가 70년 넘게 당연한 진리로 여겼던 것이 거짓이라면, 이것 말고 논란의 대상이 될 것은 또 무엇이 있겠는가?

우주적 부당함을 외치는 이 비명들은 결정적인 사실 하나를 무시했다. 명왕성은 지금껏 태양계에서 강등된 최초의 별이 아니며, 이 우주적 강등을 비난하는 역풍 역시 역사적으로 보면 처음이 아니라는 것이다. 최초의 영예를 안은 대상은, 바로 우리가 사는 지구다. 모든 사람이 지구가 우주의 중심이라고 생각할 때 니콜라우스 코페르니쿠스Nicolaus Copernicus 는 지구가 그저 일개 행성일 뿐이라며 그 지위를 강등시켰다. 그는 이렇게 썼다.

"우리가 보기에 태양에게 적합해 보이는 움직임은 태양에선 나타나지 않고, 오히려 지구에서 나타난다. 지구는 다른 행성과 마찬가지로 태양 주변을 공전한다."

다른 행성과 마찬가지로! 우리는 특별하지 않고, 만물의 중심도 아니며, 그저 평범하다는 것이다. 코페르니쿠스의 발견은 명왕성의 강등과 흡사하게, 사람들이 가진 확실성 및 우주 속 자기의 위치를 뒤흔들었다. 그 결과, 코페르니쿠스의 지동설은 거의 한 세기 동안 박해를 받았다.

더글러스 애덤스Douglas Adams의 웃기고 재미있는 소설《은하수를 여행하는 히치하이커를 위한 안내서 The Hitchhiker's Guide to the Galaxy》에는 슈퍼컴퓨터 '딥소트Deep Thought'가 "인생과 우주와 모든 것에 대한 궁극적인 질문의 해답"을 요청받는다. 딥소트는 750만 년이란 긴 세월 동안의 깊은 생각 끝에 명쾌하지만 궁극적으로 아무런 의미 없는 대답인 42를 제시한다. 이 책의 팬들은 이 숫자가 가리키는 상징적인 의미를 찾으려고 지금도 온갖 노력을 기울이고 있다. 하지만 나는 거기에 의미 따위는 전혀 없다고 생각한다. 애덤스는 인간이 확실성을 얼마나 갈망하고 또 거기에 매달리는지 조롱하기 위해 그런 식의 대답을 마련했을 뿐이다.

9개라는 행성의 숫자는 42라는 숫자만큼이나 아무런 의미가 없음이 드러났다. 천문학자에게 오늘 하루는 연구실에서 보내는 또 하나의 날일 뿐이다. 과학은 행성에 대한 이런저런 감정이나 정서, 비이성적인 집착에는 신경 쓰지 않았다. 물론 천문학자들 내부에 반론도 있었지만, 대부분은 다음 쟁점을 향해 자리를 옮겨갔다. 논리가 감정을 이겼고, 새로운 표준이 마련되었으며, 9개는 8개가 되었다. 그리고 이야기는 끝났다.

명왕성의 암살자인 마이크 브라운은 이 행성의 강등 사건을 적개심의 원천이 아니라 교육의 기회로 보았다. 그는 또 명왕성의 탄생(발견)과 죽음(강등) 이야기는 인생에서와 마찬가지로 과학에서도 올바른 해답의 길이 일직선인 경우가 거의 없는 이유를 학생들에게 설명하려 하는 교사에게 좋은 소재가 될 것이라 생각한다.

'행성Planet'의 어원도 이런 점을 분명하게 해준다. 이 단어는 그리스어로 '방랑자'를 뜻하는 단어에서 파생되었다. 고대 그리스인은 하늘을 올려다보다가 상대적으로 고정되어 있는 별들의 여러 위치를 거슬러 움직이는 물체들을 포착하곤, 그것을 '방랑자'라고 불렀다.[62]

행성과 마찬가지로, 과학자도 방랑한다. 격변은 전진을 촉진하고 전진은 더 큰 격변을 낳는다. 사상가인 랄프 왈도 에머슨Ralph Waldo Emerson은

"사람들은 정착하길 소망하지만, 불안정한 떠돌이 생활을 해야만 정착에 대한 소망을 가슴에 품는다"고 썼다.[63] 과거에 집착하는 사람들은 세상이 점점 앞으로 나아감에 따라서 뒤처지고 만다.

명왕성의 강등 이야기가 보여주듯이 우리는 아무리 미약한 불확실성이라도 경고로 받아들이는 경향이 있다. 불확실성을 평온하게 받아들일 수 있는 열쇠는, 진짜로 우리에게 경고신호를 보내는 것과 그렇지 않은 것을 가려내는 것이다. 이것을 잘 하려면 까꿍 놀이가 필요하다.

판돈이 큰 까꿍 놀이

소형핵폭탄의 폭발력을 가진 로켓이 제대로 작동할지 모르는 채로 이 로켓의 조종석에 앉아 있다고 상상해 보라. 우주비행사들은 그런 상태를 '화요일'이라고 부른다.

NASA 최초의 유인우주선 머큐리를 우주로 발사했던 아틀라스로켓은 너무 조잡해 공포의 대상이었다. 전직 우주비행사이자 나중에 비운의 아폴로 13호 계획의 우주선 사령관이 되는 짐 로벨Jim Lovell은 다음과 같이 회상했다.

"아틀라스로켓은 케이프 커내버럴(케네디우주센터가 있는 곳의 지명 – 옮긴이)에서 하루걸러 한 번씩 폭발했다. 아틀라스로켓을 가까이하는 게 경력을 끝내는 지름길 같았다. 그래서 나는 그렇게 했다."[64]

나치 출신으로 나중에 미국 우주계획의 최고설계자가 되는 베르너 폰 브라운Wernher von Braun은 아틀라스로켓을 언급하면서 이렇게 말했다.

"존 글렌John Glenn(미국 최초로 우주궤도를 돈 우주인 – 옮긴이)이 그 기계에 탈 거라고? 그렇다면 이륙하기 전에 조종석에 앉은 것만으로 당연히 훈장을 받아야지."[65]

우주비행이 인간의 신체조건에 어떤 충격을 얼마나 줄지 거의 알 수 없었으므로, 혹시라도 무중력 상태가 시야를 왜곡할지도 모른단 우려에 글렌은 20분에 한 번씩 시력검사표를 읽으라는 지시를 받았다. 글렌이 지구궤도를 비행하는 것이 어떤 경험일지 궁금해하는 독자가 있을 텐데, 과학작가인 매리 로치Mary Roach가 했던 재담을 빌려 살짝 귀띔하자면, 그것은 "마치 안과 진료를 받는 것과 같았다."[66]

대중문화에서 로벨이나 글렌 같은 우주비행사는 위험을 무릅쓰길 좋아하고 허풍을 떨며 또 위험한 로켓의 조종석에 태연하게 앉을 정도로 배짱 좋은 아주 잘나가는 사람으로 묘사된다. 이런 캐릭터는 드라마에도 적격이다. 그러나 사실 우주비행사에 대한 그런 선입견은 잘못된 것이다. 우주비행사가 평정심을 유지하는 것은 초인적인 강심장을 가져서가 아니라 불확실성을 줄여줄 지식을 활용하는 데 통달했기 때문이다. 이와 관련해 우주비행사 크리스 해드필드Chris Hadfield는 이렇게 말한다.

"매우 중요한 상황과 높은 스트레스 속에서 평정심을 유지하려면 지식이 필수적이다. 실패 가능성과 정면으로 부닥칠 수밖에 없는 상황, 실패를 연구하고 분석하며 그것의 모든 요소와 결과를 해부할 수밖에 없는 상황이 실질적으로 도움이 된다."[67]

초기 우주비행사들 중 많은 이들은 허술한 로켓 조종석에 앉아서도 자기가 온전히 통제력을 갖고 있다고 느꼈다. 그 우주선 설계에 본인이 관여했기 때문이었다. 그러나 그들 역시 자기가 모르는 것이 무엇인지 알았다. 바로, 무엇을 걱정해야 하고, 무엇을 무시해야 하는지였다. 이런 인정이야말로 그 불확실성을 해소하는 첫 단계였다. '극미중력Microgravity(중력이 거의 없는 상태-옮긴이)'이 시력을 손상할지 모른다는 사실을 인정한 뒤, 글렌에게 시력검사표를 가지고 로켓에 탑승하라고 지시한 것처럼 말이다.

이 접근법은 또 하나의 잠재적인 강점을 가지고 있었다. 자신이 아는 것과 모르는 것이 무엇인지 알면, 불확실성을 계속 갖고 있어도 그에 대한 공포는 줄어들게 마련이다. 작가 캐롤라인 웹Caroline Webb은 "경계선을 불확실성 쪽으로 더 넓게 정할수록 남아 있는 모호함을 한층 잘 통제할 수 있을 것 같은 느낌이 든다"[68]고 말하기도 했다.

까꿍 놀이를 생각해 보자. 전 세계 사람들이 좋아하는 이 놀이는 다양한 버전으로 사실상 모든 문화권에 존재한다.[69] 언어는 제각기 다르지만 "리듬과 역학 그리고 함께 나누는 즐거움"은 모든 문화권에서 동일하다.[70] 낯익은 얼굴이 나타났다가 갑자기 두 손 뒤로 사라진다. 아기는 당황하며 어떻게 된 건가 생각한다. 그러나 이때 두 손이 걷히며 얼굴이 다시 나타나 세상의 질서가 회복된다. 곧 깔깔거리는 웃음이 이어진다.

그러나 더 많은 불확실성이 이어질 땐 웃음이 나타나지 않는다. 적어도 방금 전과 동일한 정도의 웃음은 나타나지 않는다.[71] 가려진 손 뒤에서 다시 나타난 얼굴이 이전과 다른 얼굴일 때 같은 얼굴일 때보다 갓난아기가 덜 웃었다는 사실을 밝힌 실험도 있다. 같은 얼굴이라 하더라도 다른 장소에서 나타날 때 역시, 아기는 덜 웃었다. 심지어 생후 6개월밖에 안 된 아기조차 상대방의 정체와 위치에 대해 어느 정도의 확실성을 기대하고 있었다. 변수가 예측하지 못한 방향으로 바뀌자 아기의 즐거움은 줄어들거나 사라졌다.

지식은 불확실한 상황을 '판돈이 큰' 까꿍 놀이로 바꾸어놓는다. 그렇다. 우주비행은 그저 웃자고 하는 놀이가 아니다. 목숨이 걸린 판이다. 그러나 우주비행사는 아기와 같은 방식, 즉 가리고 있던 두 손이 걷힐 때 그 뒤에서 누가 나타날지 알아내는 식으로 불확실성을 끌어안는다.

갓난아기든 우주비행사든 간에 우리가 즐기는 불확실성은 안전한 종류의 불확실성이다. 우리는 멀리서 바라보는 사파리를 좋아한다. TV 드라마 〈기묘한 이야기Stranger Things〉 속 등장인물의 운명을 점치는 것을, 편안한 소파에서 뒹굴거리며 스티븐 킹Stephen King의 최신작을 읽는 것을 좋아한다. 수수께끼는 풀릴 것이고, 살인자의 가면은 벗겨질 것이다. 그러나 누가 살인자인지, 이야기가 어떻게 전개될지 모를 때 혹은 화음이 마지막 크레셴도도 없이 유예될 때 우리의 피는 공포로 부글부글 끓는다.

우주비행사 크리스 해드필드도 다음과 같이 썼다.

"공포는 앞으로 닥칠 일을 알지 못하는 데서 그리고 앞으로 일어날 일을 자기가 통제할 수 없다고 느끼는 데서 나타난다. 어떤 사실을 알 때보다 알지 못해 무력감을 느낄 때 더 많은 공포를 느낀다. 무엇을 걱정해야 할지 확신하지 못할 때는 모든 것이 걱정스럽다."

무엇을 걱정해야 할지 결정하는 데는 영화 〈스타워즈Star Wars〉의 요다가 가지고 있던 시간을 초월한 지혜가 필요하다. 그 지혜는 바로 "공포를 없애려면 먼저 그 공포에 이름을 붙여라"이다.[72] 이렇게 물어라.

"나에게 일어날 수 있는 최악의 시나리오는 무엇일까? 내가 아는 것을 전제로 한다면 그 시나리오는 어떻게 보일까?"

걱정거리와 불확실성, 즉 당신이 아는 것과 모르는 것을 적어보라. 일단 커튼을 젖혀 '알려지지 않은 알려지지 않은 것들Unknown Unknowns'을 '알려진 알려지지 않은 것들Known Unknowns'로 바꿔놓고 나면, 그것들은 이빨 빠진 호랑이가 된다. 가면 벗겨진 공포를 바라볼 때의 느낌은 가면이 벗겨지지 않은 공포, 즉 불확실성을 대하는 느낌보다 훨씬 가볍다.

또한, 긍정적인 면을 잊지 마라. 최악의 시나리오를 생각하는 대신, 다음 질문도 자신에게 던져보자.

"나에게 일어날 수 있는 최상의 시나리오는 무엇일까?"

부정적인 생각은 긍정적인 생각보다 울림이 훨씬 더 크다. 심리학자 릭 핸슨Rick Hanson은 뇌가 부정적인 것에 대해선 벨크로처럼 뭐든 붙이려 하고, 긍정적인 것에 대해선 프라이팬 코팅처럼 뭐든 밀어낸다고 표현한다. 최악의 시나리오와 최상의 시나리오를 함께 생각하지 않으면, 뇌는 겉으로 보기에 가장 안전할 것 같은 경로로(즉, 아무 행동도 하지 않는 것으로) 나아가도록 우리를 유도한다. 그렇게 가만있는 바람에 잘못되는 일이 얼마나 많은가. 알려지지 않은 것을 향해 첫걸음을 떼어놓을 때 황금 항아리를 만날 가능성도 더 커지는 법이다.

진정으로 걱정해야 하는 게 무엇인지 결정하고 나서야, 당신은 비로소 로켓과학 각본집에 나오는 2개의 연극, 즉 '리던던시Redundancy(불필요한 중복)'와 '안전마진Margin of Safety(증권시장 용어로 내재가치와 시장가격의 차이를 뜻한다-옮긴이)'을 불러냄으로써 리스크 완화조치를 취할 수 있을 것이다.

리던던시가 불필요한 중복이 아닌 이유

일상생활에서 리던던시는 경멸적인 뜻을 담고 있다.[73] 그러나 로켓과학에서는 이것이 성공과 실패 혹은 삶과 죽음을 갈라놓을 수 있다. 우주 분야에서 말하는 리던던시는 전체 임무를 훼손할 수 있는 하나의 실패 요소를 회피하기 위해 만들어둔, 일종의 '백업(여분)'을 뜻한다. 우주선은 온갖 것이 잘못된 상황에서도 아무런 문제 없이 작동하도록, 즉 실패하더라도 실패가 되지 않도록 설계되어 있다. 사람들이 타고 다니는 자동차에 스페어타이어가 하나씩 실려 있거나 비상 브레이크가 장착되어 있는 것과 마찬가지 이유다. 자동차가 펑크 났다거나 브레이크가 고장 났다고 하더라도 대안이 마련되어 있으므로 운전자는 얼마든지 계속해서 주행할 수 있다.

예를 들어, 스페이스엑스의 팰컨 9호 로켓은 엔진이 9개나 장착되어 있다. 이 엔진들은 서로 충분히 떨어져 있어 설령 하나가 고장 나더라도 우주선이 임무를 완수할 수 있다.[74] 여기서 중요한 점은 엔진이 잘못되더라도 다른 부품에 해를 끼쳐 임무를 위험에 빠뜨리지 않고 자기만 '우아하게' 망가지도록 설계되어 있다는 사실이다. '플라이트 컴퓨터Flight Computer(우주선이나 항공기에 내장된 컴퓨터-옮긴이)'는 엔진 고장을 염두에 두고 로켓궤도를 설정한다. 그래서 로켓은 엔진 하나가 고장 나더라도 우주선을 정상 궤도에 올려놓는다.[75]

리던던시는 또한 우주선의 컴퓨터에도 사용된다. 지구에서 컴퓨터는 자주 고장 나는데, 진동, 충격, 수시로 바뀌는 전류, 급변하는 기온 등으로 인해 스트레스 지수가 높은 우주 환경에서는 고장 날 확률이 한층 높아진다.[76] 우주선에 컴퓨터를 탑재할 때 동일한 소프트웨어를 구동하더라도 지상보다 4배나 되는 중복을 감수하는 이유가 바로 여기에 있다. 이렇게 탑재된 4대의 컴퓨터는 과반수 투표제를 통해 무엇을 할 것인지를 놓고 개별적으로 '투표'한다.[77] 이에 따라 1대의 컴퓨터가 고장 나 엉뚱한 소리를 하면 나머지 3대의 컴퓨터가 그 의견을 무시한다(로켓과학은 생각보다 훨씬 민주적이다).

리던던시가 작동하려면 각각은 독립적으로 기능해야 한다. 컴퓨터 4대를 우주선에 탑재하는 것이 멋져 보일 수 있지만, 사실 이 컴퓨터들은 동일한 소프트웨어를 사용하므로 소프트웨어 버그 하나가 컴퓨터 4대를 동시에 먹통으로 만들 수 있다. 그래서 우주선은 다섯 번째 백업 시스템을 마련해 두는데, 이는 컴퓨터 4대의 납품업체가 아닌 다른 업체가 다른 소프트웨어를 탑재해 만든 것이다. 이로써 기존 4대의 컴퓨터가 소프트웨어 버그로 못 쓰게 되면, 우주선은 백업 시스템을 작동시켜 무사히 임무를 수행한다.

리던던시는 좋은 보험이긴 하지만 '수확 체감의 법칙The Law of Diminishing Returns'을 따른다. 즉 특정 수준을 넘어서면 추가되는 리던던시에 따라 로켓의 복잡성과 무게와 비용이 필연적으로 늘어난다. 보잉747도 엔진

4개가 아니라 24개를 탑재할 수 있지만, 이렇게 되면 이코노미석에 앉아 로스앤젤레스에서 샌프란시스코까지 가는 승객이 1만 달러(약 1,100만 원, 이하 1달러당 1,100으로 환산)나 되는 요금을 치러야 한다.

과도한 리던던시는 도리어 역효과를 낼 수도 있다. 리던던시는 실패 요소를 추가시킨다. 보잉 747에 탑재된 엔진들이 서로 적절히 떨어져 있지 않으면 엔진 하나가 폭발할 경우 그 충격으로 인해 다른 엔진이 망가질 수 있다. 이는 엔진 하나가 추가되는 것에 따라 커지는 리스크다. 이 리스크를 감안해 보잉은, 엔진 수가 적어질수록 사고위험도 그만큼 낮아진다는 결론을 내리고, 777 기종에는 엔진을 4개 대신 2개만 탑재하기로 했다.[78]

한편 리던던시가 안전을 확실하게 보장하는 것처럼 보이지만, 이 안전으로 인해 오히려 사람들은 엉성한 결론을 내릴 수도 있다. 설령 무언가가 잘못되더라도 이에 대비하는 안전장치가 충분히 마련되어 있다고 잘못 생각하기 때문이다. 즉 리던던시는 좋은 설계를 위한 대체재가 될 수 없다. 한번 생각해 보자.

"내 인생의 리던던시는 무엇일까?" "우리 회사에서 마련해 둔 스페어 타이어와 비상 브레이크는 어디에 있을까?" "소중한 팀원이나 주요 협력업체 혹은 고객을 잃는다면 어떻게 대처해야 하나?"

설령 부품 하나가 고장을 일으켜 못쓰게 된다 하더라도 로켓이 멈추지 않고 계속 작동해 임무를 완수할 수 있도록, 우리는 나만의 로켓시스템을 설계해야 한다.

다양하고 유연한 대비책

로켓과학자는 리던던시를 추가하는 것 외에도 안전마진을 구축함으로써 불확실성에 대처한다. 예를 들어, 우주선을 만들 때 필요 이상 튼튼하게, 단열 강도도 훨씬 높게 만든다. 이런 안전마진 덕에 우주의 불확실한 환경이 예상보다 더 위험하더라도 우주선은 안전하게 보호된다.

중요한 일일수록 안전마진도 높여야 한다. 실패확률이 높은가? 일이 잘못될 경우 치러야 할 대가가 큰가? 한 방향으로만 열리는 문인가 아니면 양방향으로 열리는 문인가? 한 방향의 문 같은 돌이킬 수 없는 의사결정을 내린다면 안전마진을 더 높이 설정해야 한다.

우주선을 놓고 우리가 내리는 의사결정은 대부분 물리거나 돌이킬 수 없다. 우주선이 발사되고 나면 하드웨어를 리콜할 기회는 전혀 없다. 그러므로 우주선에 탑재하는 도구는 다목적 사용이 가능해야 한다. 즉, 양방향 문이어야 한다.

화성표면탐사로버 프로젝트로 돌아가 보자. 이 프로젝트는 스피릿과 오퍼튜니티라는 2대의 로버를 2003년 화성에 올려놓았다. 이 로버들이 화성에 착륙했을 때 우리가 무엇을 보게 될지에 대해서는 엄청난 불확실성이 존재했다. 그래서 우리는 '스위스 군용 칼Swiss Army Knife(스위스 군인들이 사용했던 다목적 칼—옮긴이)' 식의 접근법을 택했다. 즉, 다양한 도구를 장착해서 로버가 최대한 유연하게 주어진 상황에 대처하고 최대치의 능력을 발휘할 수 있게 했다. 2대의 로버는 화성 표면을 둘러볼 여러 대의 카메라, 토양과 바위성분을 분석할 분광계, 근접 촬영용 마이크로스코픽 이미저Microscopic Imager, 바위를 깨서 내부를 노출시키는 망치 기능을 할 연삭공구 등을 갖추었다.[79] 또 로버가 비록 하루에 약 2m밖에 이동하지 못하는 끔찍히 느린 속도지만 다른 곳으로 이동하며 탐사활동을 할 수 있도록 만들었다.

우리는 화성궤도선들이 두 로버가 탐사활동을 벌일 지점을 찍은 스냅사진을 보며, 화성 표면에서 로버들이 겪을 일을 어느 정도 예상했다. 그러나 그 예상은, 스티브 스퀘어스의 표현을 빌리자면 "완전히, 총체적으로, 완벽하게 빗나갔다."[80] 결국 우리는 화성이 우리에게 던져준 문제, 예상과 전혀 다른 그 문제를 해결하기 위해 로버에 탑재된 여러 도구를 사용하는 법을 배웠다.

우주선에 탑재한 도구들이 다목적으로 잘 설계되었다면 이는 의도했던 범위를 훌쩍 뛰어넘는 여러 기능을 수행할 수 있다. 2006년 3월 스피릿 전면의 오른쪽 바퀴가 고장 나자 조종사들은 로버의 수명을 연장하려고 후진으로 운전했다.[81] 그리고 2011년 로버 큐리오시티가 화성을 탐사할 때 기계적인 문제로 드릴이 작동하지 않자, 엔지니어들은 작동되는 다른 부분을 이용해 드릴 작업을 하는 새로운 방법을 찾아냈다.[82] 이때 지구에서는 새로운 드릴 기술을 검증한 뒤 큐리오시티에 그 기술을 쓰라는 지시를 전송했다. 이 기술은 화성에서도 멋지게 통했다.

이 같은 접근법이 달로 향하던 아폴로 13호 우주비행사들의 목숨을 구했다. 아폴로 13호는 달 가까이 다가가자 산소탱크가 폭발했는데, 그 바람에 전력 및 사령선(우주선에서 우주비행사가 탑승해 지내는 공간-옮긴이)에 공급되는 산소가 부족해졌다. 3명의 비행사는 사령선에서 탈출해 달착륙선으로 옮겼는데, 이 달착륙선은 지구로 귀환하는 구명선 역할을 했다. 그러나 우주비행사 2명을 달궤도에서 표면까지 왕복시킬 목적으로 설계된 거미 형상의 이 달착륙선에 3명이 타자, 곧 선내 이산화탄소 농도가 위험 수치까지 치솟았다. 사령선에는 이산화탄소를 흡수하는 육면체의 통이 여러 개 있었지만, 이는 달착륙선의 원형 환기장치에는 맞지 않았다. 그러나 비행사들은 지구에서 보내는 도움에 힘입어 신축성 있는 양말과 강력 접착테이프를 이용해 육면체 통을 둥근 구멍에 끼워 넣는 방법을 터득했다.[83)]

바로 여기에 우리 모두에게 유용한 교훈이 있다. 불확실성에 맞닥뜨린 이들은 흔히 지금 당장 문제해결에 나서지 않을 핑곗거리를 만든다.

"난 자격이 없어." "준비가 안 된 것 같아." "딱 맞아떨어지는 인맥이 없어." "충분한 시간이 없어."

우리는 제대로 효력이 입증된 접근법(예를 들면, 업무 만족도 높여주고 억대 연봉도 보장하는 그런 해결책)을 찾아내기 전에는 시작조차 하지 않으려고 한다. 그러나 절대적인 확실성이라는 건 신기루일 뿐이다. 살다 보면 불완전한 정보를 자기 의견의 토대로 삼아야 하고, 개략적인 데이터만 가지고서 의사결정을 내려야 하는 상황에 맞닥뜨리게 마련이다. 스퀘어스도 다음과 같이 인정했다.

"우리 탐사선이 화성에 착륙했을 때 우리는 무엇을 해야 할지 몰랐다. 과거에 아무도 이런 걸 해본 적 없는데 어떻게 알 수 있었겠는가?"

착륙지점에 대한 확실한 정보를 갖고 그에 맞는 도구를 완벽하게 설계할 때까지 기다렸다가 화성탐사를 시작했다면 우리는 결코 화성 표면에 탐사선을 올려놓지 못했을 것이다. 분명, 불확실성과 기꺼이 탱고를 추겠다는 마음가짐을 가진 다른 누군가가 우리를 제치고 먼저 결승 테이프를 끊었을 거다.

13세기 신비주의 시인 루미Rumi가 지적했듯이, 길은 걷기 시작한 다음에야 비로소 모습을 드러낸다. 윌리엄 허셜은 명왕성을 발견하게 되리라곤 전혀 생각지 않은 채로 이미 망원경을 만들고 초보자용 천문학 서적을 읽었다. 앤드루 와일즈는 호기심이 장차 어디까지 뻗어나갈지 전혀 모르는 상태에서 페르마의 마지막 정리를 기술한 책을 집어 들었다. 스티브 스퀘어스는 자기의 텅 빈 캔버스를 찾는 걸음이 장차 화성까지 닿을 줄 모른 채로 이미 걷기 시작했다.

비밀은, 선명한 경로가 보이기 전에 먼저 걷기 시작하는 것이다. 바퀴가 고장 나고 드릴이 부러지고 산소탱크가 폭발하더라도, 우선 걷기 시작하라. 후진 기어로 이동하는 법을 배울 수도, 초강력 접착테이프로 재앙을 막을 수도 있을 테니, 우선 걸어라. 뉴턴의 제1법칙처럼 움직이는 물체는 계속 움직이려고 하므로 일단 가기 시작하면 계속 가게 될 테니, 우선 걸어라. 당신의 작은 발걸음이 결국 거대한 도약이 될 테니, 우선 걸어라. 쉬워서가 아니라 어려우니까, 우선 걸어라. 앞으로 나아갈 유일한 방법이니, 우선 걸어라.

2장 〉 제1원리에서 출발하라

: 모든 위대한 혁신의 공통점

'독창성Originality'은
'독창적인 기원Origin'으로
돌아가는 것이다.
- 안토니 가우디Antoni Gaudi

일명 '스티커쇼크Sticker Shock', 즉 의외의 비싼 가격을 확인했을 때의 충격은 대부분의 실리콘밸리 기업가에게 통하지 않는다.

그런데 테슬라의 CEO 일론 머스크Elon Musk가 화성에 우주선을 보내려고 로켓을 알아보던 중 바로 이 스티커쇼크를 경험했다. 미국 시장에서 로켓에 매겨진 가격은 1억 3,000만 달러(약 1,430억 원)였다.[1] 이는 우주선과 승객, 화물은 포함하지 않은, 발사체에 한정된 가격이었고, 다 포함하면 비용은 훨씬 커졌다.

머스크는 러시아에서 행운을 시험해 보기로 했다. 그는 핵탄두가 탑재되지 않은 해체된 대륙간탄도미사일ICBM을 물색하려고 러시아를 여러 차례 찾았다. 보드카를 마시며 러시아 관리들과 회의할 때는 2분에 한번씩 "우주를 위하여! 미국을 위하여! 우주 속의 미국을 위하여!"라고 건

배를 외쳤다. 그러나 러시아 관리들이 미사일을 2,000만 달러(약 220억 원)라고 했을 때 머스크에게 그 건배는 야유로 바뀌었다. 돈이 많은 그에게도 로켓 비용은 너무 비쌌다. 우주사업은 도저히 불가능했다. 그는 다른 접근법을 구사하지 않고는 승산이 없음을 깨달았다.

남아프리카공화국 출신의 머스크는 어린 시절부터 변신을 좋아해서 한동안 이쪽 일을 하다가 어느날 갑자기 저쪽 일을 하곤 했다. 12살 때 생애 처음으로 비디오게임을 만들어 팔았고, 17살 때 캐나다로 이주했고, 그 뒤 다시 미국으로 이주해 펜실베이니아대학교에서 물리학과 경영학을 전공했다. 그러다 스탠퍼드대학교에서 박사과정을 밟던 도중 학업을 포기하고 동생 킴발Kimbal과 창업했다. 이때 만든 회사 '집2 Zip2'는 인터넷 기반의 지역정보 제공업체였다. 아파트를 임대할 형편이 되지 않던 머스크는 사무실에서 대충 방석을 깔고 잤으며, 세수와 샤워는 지역 YMCA 건물에서 해결했다.

28살이던 1999년 집2를 컴팩에 매각하면서 곧바로 수백만 달러의 부자가 된 그는 이 돈으로 온라인은행 '엑스닷컴'을 구축하는 데 투자했다. 추후 엑스닷컴은 '페이팔'로 이름이 바뀌었다. 페이팔이 이베이에 인수될 때 머스크는 1억 6,500만 달러(약 1,815억 원)를 챙겼다.

그런데 이 거래가 타결되기 전, 머스크는 이미 브라질 리우데자네이루 해변에 가 있었다. 그는 은퇴 이후의 삶을 계획하지도, 댄 브라운의 최신작을 설렁설렁 읽으며 소일하지도 않았다. 그가 휴가를 즐기며 읽은 책은《로켓 추진의 기본원리 Fundamentals of Rocket Propulsion》였다. 또다시 새로운 분야에 뛰어들 준비를 하고 있었던 것이다.

한창때의 우주산업은 혁신의 전위대였다. 그러나 머스크가 우주산업에 뛰어들 생각을 할 무렵은 항공우주산업에 속한 기업들이 가망 없는 상태로 과거에 발목 잡혀 있던 때였다. 우주산업은 '무어의 법칙Moor's Law'이 통하지 않는 특이한 기술산업이다. 인텔 창업자인 고든 무어Gordon Moore의 이름을 딴 이 법칙에 따르면 컴퓨터의 능력은 2년에 2배씩 발전한다. 1970년대에 방 하나를 가득 채울 만큼 컸던 컴퓨터가 지금은 주머니에 쏙 들어가고 남을 만큼 작아졌으며, 천공카드 입력방식 때보다 훨씬 많은 정보를 처리하고 저장한다. 그러나 로켓기술은 이 무어의 법칙과 거리가 멀었다. 이를 머스크는 다음과 같이 설명했다.

"내년에 나올 소프트웨어는 올해의 소프트웨어보다 더 나을 것이 확실하다. 그러나 로켓은 그렇지 않다. 로켓의 가격은 해마다 엄청나게 올라가기만 한다."[2]

이런 추세를 간파한 게 머스크가 처음은 아니었지만, 그는 어떤 식으로든 행동에 나선 최초의 인물 중 하나였다.

머스크는 화성을 식민지로 만들어 인류를 지구가 아닌 다른 행성에도 거주시키겠다는 담대한 목표를 가지고 스페이스엑스를 설립했다. 그러나 머스크의 자금은 미국이나 러시아 시장에서 로켓을 살 수 있을 만큼 넉넉지 않았다. 그래서 벤처투자자를 대상으로 투자설명회를 열었다. 그들은 쉽게 설득되지 않았다. 이에 대해 머스크는 "지구에 있는 모든 벤처투자자에게 우주는 안전지대에서 멀리 벗어나 있기 때문"이라고 설명했다. 스스로도 스페이스엑스의 성공확률은 10%밖에 되지 않는다고 보았던 그는 친구들에게도 이 회사에 투자하라고 권하지 않았다.

머스크는 자신의 접근법이 매우 잘못되었음을 깨닫고선 포기할까 망설이기도 했다. 그러나 마음을 고쳐먹고는 제1원리로 돌아가기로 결심했다. 그 원리들이 바로 이번 장에서 다룰 내용이다.

'제1원리 사고First-principles Thinking'의 작동방식을 설명하기 전에 우선 이를 방해하는 2가지 요소부터 살펴봐야 한다. 당신은 지식이 미덕이 아니라 악덕이 될 수 있는 이유와 로마 시대에 살았던 어떤 도로공학자가 결과적으로 NASA의 우주선 폭을 결정하게 된 과정을 배울 것이다. 또 당신을 붙잡고 놓아주지 않는 보이지 않는 규칙과 이를 제거할 방법을 알게 될 것이다. 아울러 나는 제약업계의 어느 대기업과 미 국방부 역시 동일한 전략을 사용해 외부 위협을 막아냈던 과정을 설명하면서, 회사를 죽이는 게 회사를 살릴 최상의 방법이 될 수 있는 이유를 설명할 것이다. 더하는 게 아니라 빼는 것이 오히려 혁신 성공의 열쇠인 이유를 알아보고, '멘탈모델Mental Model(자기 자신, 다른 사람, 환경, 자신이 상호작용하는 사물들에 대해 사람들이 갖는 모델 – 옮긴이)'이 인생을 단순화하는 데 도움될 수 있음을 지적할 것이다. 이런 내용을 모두 익히고 나면, 제1원리 사고를 인생에 적용하는 실용적인 전략으로 무장할 수 있다.

지식이 휘두르는 독재

내가 좋아하는 영화 〈애니멀 하우스Animal House〉는 사건의 배경이 되는 대학교의 설립자 에밀 파버Emil Faber의 조각상을 줌인하는 장면으로 시작한다. 이 조각상에는 허구의 인물 파버가 했다는 지극히 평범한 말 "아는 것은 좋은 것이다"가 새겨져 있다. 이는 실제 대학 설립자들의 말을 패러디한 것인데, 그들은 영감을 주는 좌우명이 자기 이름과 꼭 연결되어야만 한다는 강박적인 생각을 가졌던 게 분명하다. 사람들이 아무리 비웃더라도 파버의 말이 옳다는 데는 의심의 여지가 없다. 적어도 지식을 팔아 생계를 꾸리는 노동자인 내가 보기에, 그의 말은 명백한 진리다.

그러나 지식을 미덕으로 만들어주는 자질이 동시에 이를 악덕으로 만들 수도 있다. 지식은 꼴을 형성시킨다. 지식은 정보를 준다. 그것은 우리가 세상을 바라보는 온갖 틀, 라벨, 범주, 렌즈를 창조한다. 그것들은 유용하다. 그것들은 우리가 세상을 인지하는 '인지적 지름길Cognitive Shortcut'을 제공한다. 또 우리를 한층 효율적이고 생산적으로 만들어준다.

그러나 주의를 기울이지 않으면, 그것은 우리의 비전을 왜곡할 수 있다. 예를 들어, 로켓의 시장가가 매우 높다는 사실을 알게 되면, 대규모 자금에 접근할 수 있는 수단을 가진 강력한 정부나 대기업만이 로켓을 만들 수 있다고 생각할 수 있다. 지식이 부지불식간에 우리를 관습의 노예로 만드는 것이다. 관습적인 사고는 곧 관습적인 결과로 이어진다.

내가 처음 강의를 할 때였다. 로스쿨 1학년 필수과목 중 형사소송법 강의가 있었는데, 나는 이게 좀 이상했다. 이 강의는 탄탄한 기초가 필수적인, 매우 어려운 강의였기 때문이다. 어떤 선배 교수와 점심을 먹으면서 그 얘기를 하자, 그는 보던 신문을 내려놓고는 무슨 말도 안 되는 질문을 하느냐는 투로 이렇게 말했다.

"우리는 지금까지 늘 그렇게 해왔거든."

수십 년 전 어떤 사람이 그렇게 커리큘럼을 짰다는 게 이 방식을 고수해야 하는 충분한 이유란 말이었다. 그때 이후, 아무도 손을 들고 커리큘럼이 그렇게 만들어진 이유를 묻지 않았던 셈이다.

현 상태는 초강력 자석과 같다. 사람들은 다르게 진행될 수 있는 방식에 편견을 가지며, 현재의 방식에는 편안함을 느낀다. 만일 현 상태에 집착하는 우리 모습에 어떤 의심을 품는다면, 변화를 회피하는 태도를 찬양하는 다음의 속담이나 격언을 살펴보기 바란다.

"못 쓸 정도로 고장 나지 않았다면, 그냥 써라.""괜히 평지풍파 일으키지 마라.""강을 건너는 도중에 말을 갈아타지 마라.""아무리 악마라도 익히 아는 사람이 좋다."

'디폴트Default(기본설정)'는 엄청난 힘을 발휘한다. 심지어 로켓과학 같은 첨단산업에서도 그렇다.

지금까지 해왔던 것이 앞으로의 할 일을 규정한다는 이런 발상을 '경로 의존성Path Dependence'이라고 부른다. 예를 하나 들어보자. 우주선은 지금껏 인류가 발명한 가장 복잡한 기계장치 중 하나로 꼽힌다. 그런데 이 우주선에 동력을 제공하는 엔진의 폭은 2,000년도 더 전인 로마 시대에 도로를 만들던 사람이 결정해 둔 결과다.[3] 진짜로 그렇다. 로켓의 엔진 폭은 약 143.5cm인데, 이는 로켓 엔진을 유타에서 플로리다로 이동시킬 철도의 폭이 그렇기 때문이다. 이 철도의 폭은 영국의 전차선로의 폭을 토대로 한 것이고, 이는 다시 로마인이 닦은 도로의 폭을 토대로 한 것이다.

우리가 일반적으로 사용하는 키보드의 자판 배열은 애초 설계부터 비효율적이었다. 예전 타자기는 타이핑 속도가 너무 빠르면 종이에 글자를 찍는 글자쇠들이 엉켜버렸다. 그래서 타이핑 속도를 일부러 늦추기 위해 '쿼티QWERTY' 자판이 만들어졌다('쿼티'라는 이름은 자판에 나란히 놓인 글자 6개를 따서 만들어진 이름이다). 또, 마케팅 목적으로 '타이프라이터 TYPEWRITER'란 단어를 구성하는 글자들을 맨 윗줄에 배치해서, 영업사원이 브랜드명을 빨리 타이핑해 기계가 어떻게 작동하는지 고객에게 보여줄 수 있게 했다.

물론, 지금은 글자쇠들이 엉킬 일이 없다. 또한 군이 'TYPEWRITER'를 최대한 빠른 속도로 칠 필요도 없다. 그러니 쿼티 자판을 훨씬 더 효율적이고 인체공학적인 배열의 자판으로 대체할 수 있다. 그런데도 여전히 쿼티 자판은 자판계를 지배하고 있다.

변화에는 큰 비용이 들 수 있다. 쿼티 자판 말고 다른 자판을 쓰려면 타이핑을 원점에서 다시 배우기 위해 시간과 노력을 들여야 한다(실제로 이렇게 한 이들은 그 변화에 들인 시간과 노력이 전혀 아깝지 않다고 주장한다). 때로는 변화가 전보다 나쁜 결과를 불러오기도 한다. 그러나 대부분의 사람은 변화가 주는 편익이 이에 동반되는 비용보다 훨씬 크더라도, 변화를 거부하고 현재의 디폴트 상태를 고집하곤 한다.

기득권도 현재 상태를 강화한다. 〈포천Fortune〉 선정 500대 기업 고위 경영진은 혁신을 꺼린다. 보상이 분기별 단기성과와 연동되어 있어서다. 장기적으론 어떨지 몰라도 혁신은 일시적인 악영향을 줄 수 있고, 이럴 경우 그들이 받는 보상액이 줄어들게 마련이다. 이에 대해 작가이자 사회비평가인 업튼 싱클레어Upton Sinclair는 이렇게 말했다.

"어떤 사람의 봉급액이 그 사람의 무지에 달렸을 때, 이 사람이 자기 무지를 깨게 만들기란 어렵다."

당신이 1900년대 초 미국 디트로이트에서 말 사육자로 살았다면, 아마도 당신은 강하고 빠른 말을 키우는 다른 사육자를 경쟁자로 여겼을 것이다. 10년 전 택시회사를 운영했다면, 아마도 다른 택시업체를 경쟁자로 여겼을 것이다. 공항 보안업체를 운영한다면, 가장 기본적인 위험은 신발에 폭탄을 숨기고 있는 사람에게서 나온다고 여기고 모든 사람이 신을 벗게 해 테러를 '해결'할 것이다.

각각의 경우, 과거는 미래를 떠내려 보냈다. 과거는 꾸준히 흘러간다. 결국 빙산과 충돌할 때까지.

연구결과를 보면, 사람은 나이가 들면서 점점 더 많이 규칙에 얽매인다.[4] 모든 일은 정해진 대로 돌아간다. 일과도 반복된다. 우리는 낡아빠진 상투적 선전문구를 반복하고, 똑같은 직업에 매달리고, 늘 똑같은 사람을 상대로 말하고, 똑같은 TV프로그램을 보고, 똑같은 제품을 쓴다.

눈이 많이 쌓인 길일수록 벗어나기 힘들다. 이미 확립된 방법을 가지고는 출구를 볼 수 없다. 작가 로버트 루이 스티븐슨Robert Louis Stevenson은 이에 대해 "도로가 만들어질 때 이 도로가 교통량을 끌어들이는 방식, 즉 해마다 점점 더 많은 사람이 도로를 다니게 하고 이 도로를 보수해 살아있게 만드는 방식을 보면 신기하기 짝이 없다"[5]라고 썼다.

우리는 우리의 프로세스와 루틴들을 교통량을 끌어모으는 도로처럼 대한다. 2011년 100개 넘는 미국계 기업 및 유럽계 기업을 조사해 보니 "지난 15년간 온갖 절차들, 수직으로 켜켜이 쌓인 층들, 인터페이스 구조들, 의견조정 단위, 의사결정 승인 등의 양은 50%에서 350%로 증가했다."[6] 바로 여기에 문제가 있다. 프로세스란 개념 자체가 본질적으로 과거 지향적이다. 어제 일어난 문제들에 대한 대응으로 개발된 프로세스를 성스러운 것으로 취급한다면, 이는 전진을 방해할 수 있다. 긴 시간이 흐른 후, 조직은 낡은 절차들로 동맥경화에 걸릴 것이다.

이런 절차를 따르는 행위는 성공의 보증수표로 여겨진다. 아마존의 CEO 제프 베이조스Jeff Bezos도 "젊은 기업인이 '우리는 프로세스를 잘 따랐으니까 뭐' 같은 말로 나쁜 결과를 방어하려 드는 모습은 흔히 보이는 풍경"이라고 말한다. 그러면서 "정신을 바짝 차리지 않으면 프로세스 자체가 목적이 될 수도 있다"고 경고한다. 그러나 굳이 표준절차를 폐기하고 기업을 무질서한 상태로 밀어넣을 필요는 없다. 오히려 베이조스처럼 "우리가 그 프로세스를 소유하는가 아니면 그 프로세스가 우리를 소유하는가?"라고 묻는 습관을 들일 필요가 있다.[7]

알고 있는 것을 모두 털어내고 새로 시작해야만 할 때가 있다. 수백 년간 풀리지 않았던 페르마의 마지막 정리를 풀었던 수학자 앤드루 와일즈는 다음과 같이 말했다.

"수학자가 되고 싶은 사람은 기억력이 지나치게 좋으면 안 된다. 이전에 시도했던 접근법을 깡그리 잊어야 하니까."[8]

에밀 파버의 말이 결국 맞긴 맞다. 지식은 좋은 것이다. 그러나 지식은 사람에게 정보를 제공해야지, 사람을 구속해선 안 된다. 지식은 대상을 선명하게 밝혀줘야지, 모호하게 만들어선 안 된다.

지식의 독재는 문제의 일부일 뿐이다. 우리는 자신이 과거에 수행한 것뿐 아니라 다른 사람이 과거에 수행한 것에 의해서도 구속된다.

타인의 성공경로를 밟는다는 것

인간은 유전적으로 자기가 속한 무리를 따르도록 프로그램되어 있다. 수천 년 전, 자기 부족에 대한 순응은 생존의 필수요소였다. 순응하지 않는 사람은 소외되거나 배척되거나 심한 경우 방치되어 죽음을 맞았다.

현대에는 대부분의 사람이 무리 중에서 돋보이길 갈망하며 자신이 다른 사람과 뚜렷하게 구분되는 취향과 세계관을 가지고 있다고 믿는다. 다른 사람의 선택에 관심 가질 수도 있으나, 자신의 결정은 순전히 자기가 내린다고 주장한다.

그러나 연구결과는 그렇지 않다고 말한다. 한 연구에서 참가자들은 어떤 다큐멘터리영화를 본 뒤, 다음과 같은 질문을 받았다.

"그 여자가 체포될 때 경찰관은 몇 명이었나? 그 여자가 입은 드레스의 색깔은 무엇인가?"[9]

참가자들은 혼자 그 질문에 답했고, 다른 참가자의 반응은 보지 못했다. 며칠 뒤, 그들은 재실험에 응했다. 이번엔 다른 참가자의 반응을 볼 수 있었다. 다만 연구자들은 함정을 하나 파두었다. 몇몇 대답이 틀리도록 의도적으로 설정했던 것이다.

결과는 흥미로웠다. 대략 70%의 비율로 참가자들은 정답을 버리고 나머지 사람들의 오답을 따라갔다. 심지어 연구자들이 참가자들에게 그

집단의 대답이 틀렸다고 말해준 뒤에도, 틀린 '사회적 증거Social Proof(집단 내의 다른 사람이 옳다고 생각하는 것을 증거로 삼아 거기에 동조하는 현상-옮긴이)'가 얼마나 강력했던지 참가자의 40%는 재실험 때도 여전히 그 잘못된 대답을 고수했다.

획일성에 저항할 때는 정서적인 괴로움과 고통이 뒤따른다. 어떤 신경학 연구는 비획일성이 편도체를 활성화해 해당 연구자들이 "독립의 고통"이라 묘사하는 것을 생성한다는 사실을 입증했다.[10] 이런 고통을 회피하고자 우리는 독창성에 립서비스를 하지만, 결국 우리는 타인이 하는 행동의 부산물이 된다. 중국 속담처럼 개 1마리가 무언가를 보고 짖으면, 그 소리를 듣고 개 100마리가 짖는 셈이다.

기업은 가장 최근에 번개 쳤던 곳에 피뢰침을 세워두고 다시 번개가 치기를 기다린다. 전에 통한 방법이니까, 한 번 더 해보자. 한 번 더. 한 번 더…. 예전과 똑같은 마케팅을 해보자, 거대한 성공을 거두었던 로맨스 소설과 똑같은 공식을 써보자, 영화 〈분노의 질주Fast and Furious〉의 열일곱 번째 속편을 만들자. 특히 불확실한 상황에서는 동료나 경쟁자 들이 우리가 모르는 어떤 것을 알고 있단 생각에 그들을 모방하려 들게 된다.

이 전략은 단기적으론 통할지 몰라도 장기적으론 재앙을 불러들인다. 유행의 바람은 변화무쌍하며 트렌드는 일시적이다. 시간이 흐르고 나면 모방품은 원래의 것을 낡은 것으로 만든다. 어떤 사람을 영광으로 인도했던 길이 다른 사람을 재앙의 구렁텅이로 인도한다. 반대로, 누군가를 재앙으로 인도했던 길이 다른 사람을 영광으로 인도한다. 프렌드스터와 마이스페이스는 둘 다 흐지부지 끝나고 말았지만 페이스북의 시가총액은 2019년 중반 기준 5,000억 달러(약 550조 원)가 넘는다.

다른 사람이 이룩한 것을 학습하는 것이 엄청난 가치가 있음은 분명하다. 모방이야말로 우리 인간의 가장 오래된 교사다. 모방은 걷는 법, 신발끈 매는 법 등 모든 것을 가르친다. 몇만 원밖에 안 되는 책을 통해, 누군가가 평생에 걸쳐 알아낸 진리를 깨우칠 수도 있다. 그러나 학습과 맹목적인 모방 사이에는 중요한 차이가 있다.

다른 사람의 성공경로를 그대로 '복사하기-붙여 넣기' 할 수는 없다. 당신이 리드칼리지를 중퇴한 뒤, 캘리그래피 수업을 듣고, LSD를 좀 하면서 선불교에 잠깐 심취했다가, 아버지의 집 주차장에서 회사를 차렸다고 해서 제2의 애플을 창업할 수는 없다. 워런 버핏Warren Buffett이 말했듯이, "사업에서 가장 위험한 5개 단어는 '다른 모든 사람이 그걸 한다Everybody else is doing it.'이다." 이런 원숭이 식의 접근법을 따른 사람들이 복잡한 시장 한가운데에서 경쟁을 펼친다. 가장자리에서는 경쟁이 덜 치열함에도 불구하고. 구글 엑스Google X의 애스트로 텔러Astro Teller 대표도 이렇게 말했다.

"기존 기술을 개선하려고 노력한다는 것은 자기보다 먼저 나온 모든 사람과 경연대회를 치르는 것이나 마찬가지다. 끼어 봐야 그다지 득이 되지도 않는 경연대회인데…."11)

일론 머스크는 처음 로켓을 사려고 했을 때 자기가 바로 이 경연대회에 참가하고 있음을 깨달았다. 그의 생각은 과거 다른 사람들이 했던 행동으로 오염되어 있었다. 그래서 그는 물리학 훈련 및 제1원리에 따른 추론으로 되돌아가기로 마음먹었다.

머스크에 대해 한마디 덧붙이자면, 그의 이름은 이상하게도 어떤 강력한 의견을 불러일으키는 것 같다. 누군가는 그를 현실판 '아이언맨'으로, 즉 누구보다 인간성을 잘 확장할 수 있는 흥미로운 사람으로 여긴다. 또 누군가는 그를 실리콘밸리의 호사가로 여긴다. 세상을 구하겠다는 회사들을 만들긴 했지만, 이 회사들이 툭하면 재앙을 초래할 뿐이라는 것이다. 이들은 그를 트위터에 미래에 관한 온갖 제멋대로인 이야기를 쏟아내는(그래서 종종 곤욕을 치르는) 허풍선이로 보기도 한다.

나는 이 두 진영 중 어디에도 속하지 않는다. 머스크를 비난하거나, 머스크에게 집착하는 것 둘 다 그에게 피해를 준다고 생각한다. 다만, 제1원리 사고를 통해 수많은 산업을 뒤집고 늘 꿈꾸던 것을 실현한 그의 방식에서 교훈을 얻지 못한다면, 우리는 스스로에게 피해를 줄 뿐이다.

제1원리로 돌아가서

제1원리 사고의 시조는 아리스토텔레스다. 그는 제1원리를 "사물이 알려지는 최초의 토대"라고 정의했다.[12] 프랑스의 철학자이자 과학자인 르네 데카르트René Descartes는 제1원리를 의심할 수 있는 모든 것을 체계적으로 의심해 마지막까지 남는, 도저히 의심할 수 없는 진리라고 묘사했다.[13] 이것은 현 상태를 절대적인 것으로 여기지 않고 끝까지 의심하며 파헤치는 것이다. 당신의 독창적인 비전(혹은 다른 사람이 각각 가지고 있는 비전)이 당신이 나아가야 할 경로를 형성하게 두지 않고 그 비전을 긍정적으로 바라보는 모든 것을 포기하는 것, 즉 자기가 가진 생각과 성공경로를 포기하는 것이다. 분해하고 분석하려고 해도 도저히 더는 할 수 없는 요소가 남을 때까지, 빽빽한 숲을 헤치고 나가듯이 기존의 모든 가정을 가차없이 베어내는 것이다.

그 외 모든 것은 절충할 수 있다.

제1원리 사고는 누가 봐도 명백한 통찰을 보여준다. 철학자 아르투어 쇼펜하우어Arthur Schopenhauer는 "인재는 아무도 맞힐 수 없는 과녁을 맞힌다. 그러나 천재는 아무도 볼 수 없는 과녁을 맞힌다"라고 말했다. 제1원리 사고를 적용하는 사람은 다른 사람의 노래를 연주하는 커버밴드에서, 새로운 것을 창조하는 고된 아티스트로 탈바꿈한다. 작가 제임스 카스James Carse의 표현을 빌리면, 정해진 경계선 안에서만 연주하는 유한한 연주가에서, 경계선 위에서 연주하는 무한한 연주가로 변신한다.

러시아에서 빈손으로 돌아설 수밖에 없었던 머스크는 진리를 깨달았다. 다른 사람이 만든 로켓을 사려고 하면서 자신이 커버밴드처럼 굴고 있었던 것이다! 미국으로 돌아가던 비행기에서 머스크는 항공우주 분야 자문을 해주던 친구 짐 캔트렐Jim Cantrell에게 "생각해 보니 우리가 직접 로켓을 만들 수도 있겠어"라고 말했다.[14] 머스크는 캔트렐에게 자기가 줄곧 만지작거리던 숫자 가득한 스프레드시트를 보여주었다. 이때를 캔트렐은 다음과 같이 회상했다.

"나는 그걸 보고 '이럴 수가 있나!'라고 했다. 내 로켓 관련 서적을 그가 몽땅 빌려간 이유가 바로 그거였다."

머스크는 나중에 어떤 인터뷰에서 다음과 같이 설명했다.

"나는 물리학적인 어떤 틀에서 접근하려고 한다. 물리학은 제1원리에서부터 추론하는 방법을 가르쳐준다. 단순한 유추가 아니라."

즉, 다른 사람의 생각을 거의 그대로 베끼거나 흉내 내지 않는다는 뜻이다. 머스크에게 제1원리를 사용한다는 것은, 물리학의 여러 법칙에서 시작해 로켓을 우주로 쏘아올리려면 무엇인 필요한지 자기 자신에게 묻는다는 뜻이었다. 머스크는 로켓을 더는 분해할 수 없는 작은 부품이 될 때까지 모두 분해했다. 그리고 스스로에게 이런 질문을 던졌다.

"로켓은 무엇으로 구성되어 있을까? 항공우주산업용 알루미늄 합금, 여기에 약간의 티타늄과 구리, 탄소섬유. 그렇다면 이 소재들이 상품시장에선 얼마에 팔리고 있을까? 로켓의 소재 가격은 일반적인 로켓 가격의 약 2%. 정말 말도 안 되게 낮은 비율."

이런 가격 차이는 부분적으로, 우주산업의 일반적인 아웃소싱 문화 때문이었다. 항공우주업체는 하청업체에게, 이 하청업체는 다시 2차 하청업체에게 외주를 준다. 이런 현황에 대해 머스크는 "원청과 하청의 층은 4~5개나 된다. 즉 금속을 절단한다거나 원자의 형태를 잡아준다거나 하는 실제로 유용한 작업을 하는 사람을 만나려면 그렇게나 많은 층을 내려가야 한다"고 설명했다.

그래서 머스크는 차세대 로켓을 처음부터 직접 만들기로 결심했다. 스페이스엑스의 공장 내부를 보면, 티타늄 용접하는 일부터 우주선에 탑재할 컴퓨터를 제작하는 일까지 그 모든 작업이 이뤄지는 광경을 볼 수 있다. 스페이스엑스 로켓에 들어가는 부품의 대략 80%가 이렇게 내부에서 만들어진다. 이로써 스페이스엑스는 가격과 품질, 작업속도를 한층 더 강력하게 통제할 수 있게 되었다. 외부 협력업체가 거의 없다 보니, 스페이스엑스는 아이디어 실행에 걸리는 시간을 기록적으로 단축했다.

자체생산의 이점을 예로 들어보자. 한번은 톰 뮬러가 협력업체에 엔진밸브 제작을 주문했다. 업체 사람들은 비용 25만 달러(약 2억 7,500만 원), 기간 1년이 소요된다고 했다. 뮬러가 여름까지는 만들어야 하고 비용도 그보다는 싸야 한다고 했더니, 그들은 "알아서 잘해보세요, 행운을 빕니다"라고 하곤 가버렸다. 뮬러의 팀은 그 밸브를 직접 만들었다. 그것도 얼마 되지 않은 아주 적은 비용만 들여서. 나중에 여름쯤 되어 그 업체는 전화로 여전히 그 밸브가 필요한지 물었고, 뮬러는 이렇게 답했다.

"우리가 이미 만들었고 끝냈습니다. 품질도 좋고요. 이제 곧 하늘로 쏘아올릴 겁니다."[15]

NASA의 스페이스엑스 담당자인 마이크 호커척Mike Horkachuck은 뮬러의 이 접근법이 스페이스엑스 전체에 녹아 있음을 확인하곤 깜짝 놀랐다.

"매우 특이했습니다. 나는 NASA의 엔지니어가 설계와 관련된 거래나 의사결정을 할 때 부품비용을 따진다는 말을 한 번도 들어본 적이 없었거든요."[16]

스페이스엑스는 원재료 조달에도 창의성을 발휘했다. 어떤 직원은 로켓을 추적하고 조정하는 관측장비인 '세오돌라이트Theodolite'가 최신 버전이 너무 비싸다는 걸 발견하곤 이베이에서 2만 5,000달러(약 2,750만 원)에 구입했다. 또 다른 직원은 로켓 첨단부의 보호덮개인 '페어링Fairing' 소재를 구하려고 산업용 고철상을 뒤진 끝에 엄청난 양의 금속을 구입했다. 값싼 중고부품이라도 검증을 거쳐 품질만 확인되면 값비싼 새 부품 못지않게 잘 작동시킬 수 있다.

스페이스엑스는 다른 산업에서 사용하는 부품을 쓰기도 했다. 해치에 붙일 손잡이를 만드는 데 비싼 장비를 쓰는 대신, 욕실에서 사용하는 걸쇠 부품을 사용했다. 또 우주비행사가 사용할 안전벨트도 값비싼 맞춤형 제품을 설계하는 대신 경주용 자동차의 안전벨트로 대체했는데, 훨씬 더 착용감도 좋고 쌌다. 또, 로켓에 탑재할 컴퓨터로, 100만 달러(약 11억 원)나 되는 특수 컴퓨터 대신 ATM에서 사용되는 것과 같은 유형의 5,000달러(약 550만 원)짜리 컴퓨터를 썼다. 우주선에 들어가는 총비용과 비교하면 이런 금액은 별것 아니지만 "그런 비용을 다 합치면 엄청난 차이가 난다"고 머스크는 말한다.

이런 값싼 부품들 중 다수는 한층 더 안전성이 높다. 예를 들어, 스페이스엑스에서 사용된 연료분사기를 보자. 대부분의 로켓엔진은 샤워꼭지 설계를 사용한다. 이 경우, 여러 개의 분사기가 연료를 연소실로 뿜는다. 그런데 스페이스엑스는 분사기가 하나밖에 없는 이른바 '핀틀엔진Pintle Engine'을 사용하는데, 이는 정원용 물뿌리개 호스의 노즐과 모양이 비슷하다. 값싼 핀틀은 또한 불완전 연소의 가능성을 줄여주는데, 불완전연소가 나타나면 로켓과학자들이 말하는 '예정에 없던 급격한 분해(사람들은 이것을 '폭발'이라고 말한다)' 현상이 일어날 수도 있다.

제1원리 사고를 한 덕에 스페이스엑스는 로켓과학에서 오랜 세월 금과옥조로 여기던 또 하나의 가정에 의문을 제기할 있었다.[17] 수십 년간 대기권 밖으로 쏘아올렸던 로켓 대부분은 안전하게 회수되지 못했다. 우주선은 궤도에 올라가 있다가 바다에 떨어지거나 대기 중에서 연소되었다. 때문에, 늘 새 로켓을 만들어야 했다. 이는 거대한 민간항공기를 한 차례 비행 후 불태우는 것과 마찬가지였다. 로켓에 들어가는 비용은 보잉 737 1대에 들어가는 비용과 비슷하지만, 737을 타는 것이 훨씬 싸게 먹힌다. 로켓은 한 번밖에 못 타지만, 보잉737은 계속 탈 수 있으니 말이다.

이 문제의 해결책은 명백하다. 로켓도 비행기처럼 하면 된다. NASA의 우주선 선체 가운데 일부를 회수할 수 있게 만드는 것도 이런 이유에서다. 우주선을 궤도에 올려놓는 고체로켓추진체Solid Rocket Boosters, SRB는 임무를 마친 뒤 우주선에서 분리돼 낙하산을 펼치고, 대서양에 떨어진 뒤에 수거되고 재사용된다. 우주비행사를 태운 궤도선회우주선도 임무를 마친 뒤 지구로 귀환해 수거되고 나중에 재사용된다.

로켓 재사용이 경제적인 의미를 가지려면 최대한 신속하고 완전해야 한다. '신속해야 한다'는 것은, 임무를 마친 뒤 재활용부품이 최소한의 검사나 정비만을 필요로 해야 한다는 뜻이다. '완전해야 한다'는 것은, 우주선에 들어간 모든 부품이 기능을 상실할 정도로 마모되어선 안 된다는 뜻이다.

그러나 우주왕복선의 경우 재사용은 신속하지도, 완전하지도 않았다. 검사와 정비에 들어가는 비용이 너무 컸다. 우주 왕복비행이 그다지 많지 않음을 고려하면 더 그렇다. 한 차례 왕복비행에는 "120만 개 넘는 제각기 다른 절차들"이 필요해 시간상으로는 여러 달이 걸렸고 비용도 우주선을 새로 만드는 것보다 비쌌다.[18]

결국, 우주선 재사용은 나쁜 발상이라 결론 내릴 수 있을 것이다.

"NASA에서도 안 통했는데, 우리에게도 안 통하겠지."

이 추론은 잘못된 것이다. 재사용 가능성은 우주왕복선이라는 단 하나의 사례연구를 토대로 한 것이다. 그러나 문제는 왕복선 그 자체에 있지, 재사용할 수 있는 모든 우주선에 있는 게 아니었다.

로켓은 층층이 쌓인 복수의 단Stage으로 구성된다. 스페이스엑스의 팰컨 9호 로켓은 2단이다. 1단은 9개의 엔진을 탑재한 14층 높이의 로켓 본체다. 1단은 중력과 싸워 우주선을 발사대에서 허공으로 밀어올린 뒤 분리되어 아래로 떨어지며 그 뒤를 2단이 잇는다. 엔진 1개가 탑재된 2단은 엔진을 가동해 우주선을 계속 위로 올려보낸다. 팰컨 9호에서는 1단이 가장 비싼 부분으로, 총비용의 약 70%가 여기에 집중된다. 그러므로 1단만 회수해 재사용한다 해도 엄청난 예산을 절감할 수 있다.

그러나 로켓의 회수와 재사용은 결코 쉬운 일이 아니다. 1단은 우주선에서 분리된 후 뒤로 공중제비를 넘고, 엔진 3개에 점화해서 낙하속도를 늦추고, 착륙지점을 찾아낸 다음, 거대한 몸체를 지상에 똑바로 부드럽게 내려야 한다. 스페이스엑스가 배포한 보도자료에 따르면, 이는 "태풍이 부는 가운데 손바닥 위에 고무 빗자루를 올려놓는 것"과 같다.[19]

2015년 12월 팰컨 9호 로켓의 1단이 우주선을 궤도에 올려놓은 뒤 지상으로 수직착륙하는 데 성공했다. 스페이스엑스의 경쟁사로 제프 베이조스가 설립한 민간 우주비행업체인 블루오리진 역시 그해 5월 우주여객선 뉴셰퍼드의 재사용 가능한 로켓이 우주선을 궤도에 올려놓은 뒤 지상에 안착했다. 그때 이후 두 회사는 우주선 발사 뒤에 회수한 로켓을 재사용해 왔다. 이로써 예전에는 무모한 실험으로만 여겨지던 것이 이제는 당연한 것으로 자리 잡았다.

제1원리 사고에 따른 혁신 덕분에 블루오리진과 스페이스엑스는 우주비행의 비용을 극적으로 낮추었다. 예를 들어, 스페이스엑스는 우주비행사들을 국제우주정거장International Space Station, ISS으로 실어나를 때 한 차례 비행에 1억 3,300만 달러(약 1,463억 원)의 예산이 소요될 것으로 추정하는데, 이는 과거 우주왕복선 발사에 들던 예산 4억 5,000만 달러(약 4,950억 원)의 3분의 1에도 미치지 못한다.

스페이스엑스와 블루오리진에겐 확실한 강점이 있다. 바로, 항공우주산업의 신참 기업이라는 것. 그들은 백지에서 시작할 수 있었다. 고정관념도, 오랫동안 굳어진 관행도, 반드시 지켜야 하는 유산도 없었다. 발목 잡힐 과거가 없었기에, 그들은 제1원리를 토대로 새롭게 로켓을 설계할 수 있었다.

사람들은 대부분 그런 사치와 거리가 멀다. 우리는 자기가 알고 있는 것, 과거 개척자들이 거쳐온 경로에서 필연적인 영향을 받는다. 자기 안에 녹아 있는 가정(고정관념)을 극복하기란 정말 어려운 일이다. 그 가정이 눈에 보이지 않을 때는 더욱 그렇다.

보이지 않는 규칙이 발목을 잡는다면

작가 엘리자베스 길버트Elizabeth Gilbert는 추종자들을 명상으로 이끄는 위대한 성인의 이야기를 들려준다.[20] 추종자들은 참선하며 막 무아無我의 경지로 들어설 때마다 "사찰 주변을 야옹거리고 가르릉거리며 돌아다니는 고양이 때문에" 정신이 산만해지곤 했다. 그러자 그 성인은 아주 단순한 해결책을 제시했다. 명상을 시작하기 전, 고양이를 기둥에 묶어 두는 것이었다. 이 행동은 얼마 뒤 관행이 되었다. 즉, "명상하기 전에는 고양이를 기둥에 묶는다"라는 규칙이 생겨난 것이다. 그런데 고양이가 수명이 다해 죽자 추종자들에게는 종교적인 위기가 닥쳤다. 기둥에 묶어 둘 고양이가 없으니 명상을 제대로 할 수 없었던 것이다.

이 이야기는 내가 '보이지 않는 규칙'이라 부르는 것을 생생하게 보여 준다. 바로, 불필요하게 규칙으로 굳어진 습관과 행동이다. 이는 서면화된 가시적인 규칙과 다르다. 명문화된 규칙은 표준적인 절차 속에서 올바른 것처럼 보이며, 또 얼마든지 수정되거나 삭제될 수 있다.

앞서 보았듯이, 명문화된 규칙은 바꿀 수 있어도 보이지 않는 규칙은 더 끈질기다. 이는 우리가 의식하지 못하는 사이에 우리의 사고를 구속하는 침묵의 살인자다. 우리를 '스키너의 상자Skinner Box(미국의 심리학자 스키너가 쥐의 학습과정을 연구하려고 고안한 상자 – 옮긴이)' 속 쥐로 만들어, 똑같은 레버만을 수도 없이 반복해 누르게 만든다. 우리는 그 상자를 직접 설계해 언제든 자유롭게 모험할 수 있지만, 그렇게 하지 못한다. 고양이 없이도 완벽한 명상을 할 수 있지만, 그런 사실조차 모른다.

오히려 우리는 스스로 설정한 한계를 지키려 애쓰며, 사태를 점점 악화시킨다. 얼마든지 다르게 할 수 있음에도, 우리의 공급망, 소프트웨어, 예산, 다양한 기술, 교육, 그 외 모든 것이 이를 허용하지 않는다. 그렇게, 자기에게 설정된 온갖 한계를 인정하면서 이를 계속 유지하려 든다.

"당신이 설정하고 있는 가정은 세상을 향한 당신의 창문이다. 그 창문을 깨끗하게 닦아내라. 그래야 밝은 빛이 안으로 들어올 수 있다."[21]

종종 아시모프의 말로 잘못 인용되곤 하지만, 이는 배우 앨런 앨다Alan Alda가 했던 말이다. 당신의 세계에 혹시 우화 속 고양이가 있진 않은가? 그 고양이는 무엇인가? 과거의 불필요한 유산 중 무엇이 생각을 흐리고 발전을 가로막는가? 주변 사람들이 다 한다는 이유만으로 당연히 해야 한다고 여기는 것이 무엇인가? 그 잘못된 가정에 의심을 품을 수 있는가, 더 나은 것으로 그 가정을 대체할 수 있는가?

식당이라면 당연히 고정된 건물과 주방, 식탁을 갖추어야 한다. 이 가정에 의문을 품자 푸드트럭이 등장했다. 동영상 대여점이라면 오프라인 매장과 연체료가 당연히 필요하다. 이 가정에 의문을 품자, 넷플릭스가 등장했다. 신제품을 출시하려면 은행 대출이나 벤처캐피털의 투자금이 당연히 필요하다. 이 가정에 의문을 품자, 크라우드펀딩업체인 킥스타터와 인디고고가 등장했다.

내가 하는 모든 것을 일일이 의심하며 살 수는 없다. 루틴은 날마다 해야 하는 수천 가지의 지겨운 의사결정 부담을 덜어준다. 예를 들어, 나는 날마다 점심을 똑같은 것으로 먹으며 똑같은 경로로 출근한다. 또 똑같은 방식으로 추론하며, 패션, 음악, 인테리어 설계 등에 관한 한 타인의 선택을 그대로 복제한다(그래서 우리집 거실은 크레이트앤배럴Crate & Barrel의 카탈로그에 나온 모습과 똑같다).

제1원리 사고는 가장 중요한 곳에만 적용해야 한다. 정신의 유리창에 쌓인 먼지를 닦아내고, 인생을 지배하는 보이지 않는 규칙을 가려내기 위해, 당신이 설정한 가정에 의문을 던져보라.

"이게 사실이 아니면 어떻게 되지?" "왜 나는 이것을 군이 이 방식으로 하고 있을까?" "나는 이것을 떨쳐낼 수 있을까? 혹은 이보다 더 나은 대체품이 있을까?"

내 가정을 계속 유지해야 하는 이유가 여러 개 떠오를지 모르니 조심하라. 경제학자 나심 니콜라스 탈레브Nassim Nicholas Taleb는 이렇게 썼다. "당신은 하나 이상의 이유를 떠올리면서까지 무언가를 하려고 스스로를 설득한다."22)

과거가 아니라 현재를 기준으로 당신의 의심을 지지하는 증거를 요구하라. 우리가 사로잡혀 있는 보이지 않는 규칙 중 많은 것이 더는 존재하지 않는 문제에 대한 대응으로 개발되었다. 명상가들의 고양이만 봐도 그렇다. 그러나 면역반응은 병원체가 사라진 뒤에도 오래 남는 법이다.

보이지 않는 규칙을 노출하는 가장 좋은 방법은 그것을 어기는 것이다. 도저히 성공하지 못할 것 같은 문샷을 시도하라. 요구자격이 없다 싶더라도 연봉 인상을 요구해 보라. 도저히 합격하지 못할 것 같은 직장에 지원서를 내보라. 그러다 보면 고양이가 없어도 얼마든지 명상할 수 있음을 깨달을 것이다.

제1원리 사고는 로켓이든 명상이든 어떤 제품이나 활동의 본질적인 요소를 찾아내고 새로운 어떤 것을 구축하기 위함이 아니다. 이 사고를 활용하면 당신 내면에 있는 원료를 찾아 '새로운 당신'을 만들 수 있다. 그러려면 자신의 의미를 위태롭게 만들지 모를 모험을 감행해야 한다.

자기 파괴의 리스크를 감당해야 하는 이유

코미디언 스티브 마틴Steve Martin이 처음 스탠드업코미디를 시작할 당시, 우스갯소리를 하는 데는 이미 입증된 공식이 하나 있었다.[23] 각각의 우스갯소리에는 반드시 촌철살인의 펀치라인이 동반되어야 한다는 것이었다. 로켓과학의 사례를 들면 다음과 같다.

질문: NASA에서는 사내 파티를 어떻게 합니까?

대답: 행성합니다They planet.('planet'은 '행성'이라는 뜻으로, 'plan it(계획을 세운다)'과 발음이 같다. 말장난인 셈이다 – 옮긴이).

마틴은 그 표준공식에 만족하지 않았다. 작정하고 들이민 펀치라인에 뒤따르는 웃음이 너무 반사적이라고 생각했다. 파블로프의 개처럼 관객은 펀치라인이 나올 때마다 본능적으로 웃음을 터트렸다. 그 말이 관객의 웃음을 유도하지 못하면 코미디언은 자기가 터뜨린 얼음폭탄의 결과를 지켜보며 당혹스럽게 서 있어야 했다. 때문에 그는 이것이 코미디언이나 관객 모두에게 좋지 않다고 보았다.

그래서 마틴은 제1원리로 돌아가, 스스로에게 물었다.

"펀치라인을 하나도 넣지 않는다면?" "긴장을 유발하고 그 긴장을 끝까지 풀지 않는다면?"

그는 관객의 기대를 배신하기로 마음먹었다. 펀치라인을 동원하지 않고 이끌어내는 웃음이야말로 훨씬 더 강력할 것이라고 믿었다. 관객은 코미디언이 제시하는 장치에 휘둘리지 않고, 자기가 웃고 싶을 때 웃을 거라는 게 그의 생각이었다.

마틴은 모든 위대한 로켓과학자와 마찬가지로 자기 생각을 검증해 보았다. 어느 날 밤, 그는 무대에 올라 관객에게 자기가 '마이크 위의 코Nose on Microphone' 동작을 보여주겠다고 했다. 그러고는 한 걸음 앞으로 나아가 자기 코를 마이크에 올렸다. 몇 초 뒤, 한 걸음 물러나 "감사합니다!"라고 말했다.

여기에 펀치라인은 전혀 없었다. 관객은 침묵을 지키며 가만히 있었다. 전통적인 코미디에서 완전히 벗어난 그의 코미디를 보고 당황한 것이다. 그러나 곧 관객은 마틴의 행동을 뒤늦게 깨닫고는 웃음을 터트렸다. 마틴이 스스로 밝힌 목표는 "관객이 자기를 웃긴 게 무엇인지 묘사할 수 없도록 만드는 것, 즉 유머코드가 통하는 가까운 친구끼리 경험하는 그냥 재미있고 즐거운 상태를 만들어내는 것"이었다.

마틴의 제1원리 접근법에 대한 최초의 반응은 조롱이었다. 한 비평가는 스탠드업 코미디의 정석을 고집하면서 "코미디언이라 불리는 사람이라면 농담에 펀치라인이 들어가야 한다는 것쯤은 당연히 알아야 한다"라고 썼다. 다른 누군가는 마틴을 "로스앤젤레스 역사상 가장 형편없는 출연자"라고 묘사했다.

그 형편없는 출연자는 얼마 지나지 않아 가장 많은 돈을 벌어주는 출연자가 되었다. 관객과 비평가 들은 결국 그의 의도를 파악했으며, 마틴은 스탠드업코미디의 전설이 되었다.

그러나 전설의 자리에 올라선 그는 곧 사람들이 전혀 상상하지 못한 선택을 했다. 은퇴해 버린 것이다. 그는 자기가 스탠드업코미디 분야에서는 성취할 수 있는 건 모두 성취했음을 깨달았다. 거기서 더 한다 하더라도 그의 혁신은 기존 상태에서 조금 벗어난 수준에 머물렀을 것이다. 자신의 예술을 지키기 위해 그는 무대에서 내려왔다.

록그룹 레드핫칠리페퍼스Red Hot Chili Peppers가 앨범 〈캘리포니케이션Californi-cation〉에서 상기하듯이 파괴 역시 창조를 낳는다. 코미디 무대에서 내려온 마틴의 경력은 시들기는커녕 오히려 활짝 꽃을 피웠다. 이후 그는 많은 영화에 배우로 출연했고, 가수로 많은 앨범을 냈으며, 책을 출간하고, 시나리오를 썼다. 에미상과 그래미상, 미국코미디상을 받았다. 각 단계에서 그는 배웠고, 배운 것을 비웠고, 다시 또 배웠다.

마틴이 했던 것이 얼마나 힘든 일인지, 나도 직접 겪어봐서 잘 안다. 내가 처음 블로그와 팟캐스트를 시작하며 학계 바깥에서 학술적인 법률 기사를 쓰자, 친한 동료 교수는 내게 경고했다.

"자네가 하는 그런 행동이 자네의 학자적 면모를 망치고 있다네."

그 말에 작가 도나 마르코바Dawna Markova의 시 한 구절이 떠올랐다.

"나는 선택했네, 내 의미를 위험에 들게 하기로. 내게 다가오는 씨앗이 활짝 핀 꽃이 되어 떠나도록 위험하게 살기로."24)

거울 속의 자신을 보며, 우리는 스스로에게 나는 어떤 사람이고 어떤 사람이 되어선 안 되는지, 무엇을 해야 하고 무엇을 해선 안 되는지 등의 이야기를 들려준다. 우리는 자신에게 "난 진지한 학자이고, 진지한 학자는 블로그나 팟캐스트를 통해 대중을 상대하지 않는다"고 말한다. "난 진지한 코미디언이고, 진지한 코미디언은 잘나가는 스탠드업코미디 경력을 내동댕이치지 않는다"고, "난 진지한 기업가이고, 진지한 기업가는 성공할 가능성이 희박하고 위험하기만 한 항공우주사업에 재산을 쏟아붓지 않는다"고도 말한다.

이런 이야기는 확실히 스스로를 의미 있는 존재로 느끼게 해준다. 우리를 앞서 활동한 진지한 학자, 코미디언, 기업가 들과 이어준다. 그러나 우리가 그 이야기를 형성하는 게 아니라, 그 이야기가 우리를 형성한다. 시간이 흐른 뒤, 그 이야기는 우리의 정체성이 된다. 우리는 그 이야기를 바꾸지 않는다. 그 이야기를 바꾼다는 건 자기 자신을 바꾸는 것이기 때문이다. 우리는 그토록 열심히 쌓아올리려고 노력했던 모든 것을 잃을까 두려워하고, 다른 사람이 비웃을까 두려워하고, 스스로를 속일까 두려워한다.

다른 모든 것과 마찬가지로 자기의 의미를 담은 이야기는 그냥 이야기여야 한다. 그 이야기가 마음에 들지 않으면, 그 이야기를 바꾸면 된다. 더 좋은 건, 그 이야기를 몽땅 던져버리고 처음부터 새로 쓰는 것이다. 프랑스의 작가 아나이스 닌Anaïs Nin은 "피부를 바꾸려면 새로운 사이클로 진화해야 한다. 버리는 법부터 배워야 한다"라고 썼다.[25]

스티브 잡스Steve Jobs에게는 가진 것을 버리는 일이 원치 않게 일어났다. 1985년 잡스는 자신이 공동으로 창업했던 애플에서 쫓겨났다. 그때를 돌이켜보면서 잡스는 그것이 당시에는 무척 쓰라렸지만 "나에게 일어났던 가장 좋은 일"이었다고 했다. 애플에서 해고되며 잡스는 자기 역사의 족쇄에서 해방되었고, 원치 않긴 했어도 제1원리로 돌아갈 수 있었던 것이다.

"성공해 천국에서 유유자적 노닐다가 다시 초심자의 자리로 돌아가야 했다. 그 덕분에 나는 자유롭게 내 생애 가장 창의적인 기간 중 하나를 맞을 수 있었다."[26]

더는 무거운 짐이 그를 붙잡지 않았다. 그는 컴퓨터회사 넥스트를 창업하고, 픽사를 합병해 이 회사를 시가총액 수십억 달러의 회사로 성장시키는 창의적인 여정을 이어갔다. 그리고 1997년 애플로 귀환해 아이팟과 아이폰 같은 일련의 혁명적인 제품을 출시했다.

나 역시도, 좋은 의도로 내게 대중적인 글을 쓰지 말라고 한 친구의 조언을 뿌리치기란 괴로운 일이었다. 내가 잘못된 길을 들어선 게 아닐까, 예전에 걷던 그 길을 계속 걸어갔어야 했나, 하는 의심이 늘 나를 따라다녔다. 그러나 그 잘못된 의심이 시키는 대로 했더라면, 많은 것이 지금과 다를 것이다. 그중 하나를 꼽자면, 당신은 지금 이 책을 손에 들고 있지 않을 것이다.

행동하지 않을 때, 즉 자기 의미의 환상에 집착할 때 위험은 더 커진다. 지금 서 있는 자리를 버려야만 가고자 하는 다른 자리에 다다를 수 있다. 소설가 헨리 밀러Henry Miller의 말처럼 "자아의 마지막 공통분모를 뿌리치고 위로 올라가려면 탄화되고 광물화되어야 한다."[27]

자신의 의미를 위태롭게 하는 모험을 감행할 때, 당신은 본연의 모습을 바꾸지 않아도 될 것이다. 알게 될 것이다, 먼지와 잡동사니들이 모두 가라앉으면 어떤 아름다운 것이 솟아오를 것이다.

어느 식당이 바로 이 아이디어를 채택했다.

파괴를 향한 욕구

2005년 요리사 그랜트 애커츠Grant Achatz와 그의 동업자 닉 코코나스Nick Kokonas는 시카고에 식당 알리니아Alinea를 열었다. 이후 이 식당은 세계 최고의 미식 경험을 제공하게 된다.

"머리카락이 불붙은 것처럼 바삐 움직였다. 음식으로 무엇을 할 수 있는지 세상에 증명하고 싶었다."[28]

알리니아의 성업은 미식 세상이 어떤 곳인지를 빠르게 드러냈다. 이 식당은 30가지가 넘는 코스요리로 이른바 "음식 마술쇼"라고 불리는 경험을 고객에게 제공했는데, 이는 식사가 끝난 뒤에도 오래도록 고객의 마음과 혀에 남아 있었다.

알리니아는 전 세계적으로 찬사를 받았으며 상이란 상은 모두 휩쓸었다. 2011년에는 미슐랭 별 3개를 받았는데, 이 영예를 안은 식당은 시카고에서 딱 2곳, 미국을 통틀어 9곳밖에 되지 않았다. 알리니아는 문을 연지 10년째 되던 해인 2015년 가장 많은 수익을 올렸다.

축하행사가 예정되었다. 그러나 알리니아였기에, 전통적인 파티는 아니었다. 코코나스는 전혀 다른 스타일의 파티를 염두에 두고 있었다. 대형 망치가 동원되는 파괴의 파티였다.

한 인터뷰에서, 코코나스는 어떤 유명한 식당에서 정말 맛있는 음식을 먹었는데, 몇 년 뒤 다시 그 식당에서 그 음식을 먹고는 크게 실망했던 적이 있다면서 "같은 장소, 같은 의자, 같은 메뉴였습니다. 그런데 왜 음식이 그렇게 나빠졌을까요? 내가 변해서였을까요, 아니면 세상이 변해서였을까요?"라고 물었다. 이에 대한 대답은 물론 "둘 다"였다. 그는 "회사를 창업해 성공하기도 어렵지만, 이렇게 성공한 회사를 바꾸기는 그보다 더 어렵습니다"라고 덧붙였다. 변화를 추진하는 데 요구되는 힘은 너무도 크다. 특히 업계 정상에 있을 때는 더욱 그렇다. 그는 "점진적인 변화를 추진하긴 어렵습니다. 가끔씩 완전히 부수고 새로 만드는 게 더 낫습니다"라고 말한다.

이를 가슴에 새긴 코코나스와 애커츠는 파괴를 향한 욕구를 키워나갔다. 두 사람은 창의성의 절벽에서 아래로 뛰어내리기로 했다. 식당을 양말 뒤집듯이 완전히 뒤집기로 한 것이다. 알리니아는 5개월간 문을 닫고, 건물과 메뉴를 모두 바꿨다. 무려 수백만 달러를 들인 변화였다. 이를 두고 한 요리비평가는 다음과 같이 말했다.

"예전에 알리니아는 세상에서 가장 즐거운 수술실처럼 느껴졌다. 소독이 잘 되어 있고 철저하게 통제되는 그런 수술실 같은 느낌이 변화를 통해 어쩐지 한결 누그러졌다."[29]

새롭게 탄생한 식당은 예전처럼 탁월한 미식 경험을 제공하면서도, 이에 그치지 않고 재미와 즐거움까지 풍성하게 제공한다. 식도락가들은 새롭게 변신한 알리니아를 '알리니아 2.0'이라고 부르지만, 코코나스와 애커츠는 그냥 전처럼 알리니아라고 한다. 완전히 새로 만들어지긴 했지만, 핵심적인 정체성은(그리고 제1원리 사고에 충실한 창업자들의 신념과 실천은) 변하지 않고 남아 있어서다.

이는 매우 중요한 요소다. 올바른 사고과정이 동반되지 않는다면, 파괴 그 자체만으로는 충분치 않다. 이와 관련해 철학자 로버트 피어시 그Robert Pirsig는《선과 모터사이클 관리술 Zen and the Art of Motorcycle Maintenance》에서 이렇게 설명한다.

"어떤 공장이 완전히 무너졌다 하더라도 이 공장을 탄생시켰던 합리성이 여전히 남아 있다면, 이 합리성은 또 다른 공장을 낳을 것이다. 어떤 혁명이 체계적인 정부를 파괴한다 하더라도, 그 정부를 낳았던 사고의 체계적인 패턴이 훼손되지 않은 채 남아 있다면, 그 패턴은 창조의 과정을 반복할 것이다."[30]

사고의 밑바닥을 관통하는 패턴을 바꾸지 않는 한, 아무리 거대한 망치로 완전히 부순다 하더라도 동일한 것이 다시 나타날 거라는 말이다.

근본적인 사고패턴을 바꾸려면 이 일에 걸맞은 사람을 채용하는 것부터 시작해야 한다. 유능한 직원을 채용하고자 하는 코코나스는 면접 볼 때 "식당 경력이 20년인 사람을 원하지" 않는다. 그 오랜 경력에 따라붙는 것들이 제1원리 사고를 유지하는 데 방해물로 작용하기 때문이다. 너무 많은 식당 경험이 오로지 하얀색 식탁보만 떠올리게 만들 수도 있다는 것이다.

개혁의 바람을 일으키고 싶다면 그 일을 제대로 해줄 사람을 산업 외부에서 찾는 게 오히려 이치에 맞다. '식탁보는 무조건 하얀색' 같은 식의 보이지 않는 법칙, 창의적 사고를 구속하는 규칙 들에 눈이 가려지지 않은 사람은 기존 산업의 울타리 바깥에서 찾을 수 있다. 스페이스엑스는 초기에 자동차산업과 휴대폰산업 분야 종사자를 채용하곤 했다. 기술이 빠르게 변화해 빠른 학습과 적응이 요구되는 그런 산업 분야였다. 빠른 학습과 적응이야말로 제1원리 사고의 핵심이다.

코미디언 마틴과 식당 알리니아가 위대한 것은, 정상에 있을 때 스스로에게 망치질을 했다는 사실이다. 그러나 대부분의 사람은 마틴이나 알리니아처럼 행동할 배짱이 없다. 일이 술술 잘 풀릴 땐 그 상태에 안주해버린다. 그러나 제1원리로 돌아가는 건 생각만큼 어렵지 않다. 실제 '레킹볼Wrecking Ball(크레인 끝에 매달려 철거할 건물을 부수는 쇠공 – 옮긴이)' 대신 가상의 레킹볼로도 얼마든지 시도할 수 있다.

회사 죽이기 훈련

기업가 케네스 프레이저Kenneth Frazier의 이야기는 철저히 미국적이다. 잡역부의 아들이던 프레이저는 필라델피아의 노동자 계급이 사는 동네에서 성장해 펜실베이니아주립대학교에 이어 하버드 로스쿨을 졸업하며 계급의 정상에 올랐다. 이후 제약업계의 거인 머크의 법무팀에 들어간 그는 결국 CEO 자리에까지 오른다.[31]

프레이저는 머크에서 혁신을 촉진하고자 했다. 그러나 직원들에게 그저 혁신을 요구하는 대부분의 임원과 달리, 그는 과거에 한 번도 하지 않았던 것, 즉 머크를 파괴하라고 주문했다. 그는 회사의 임원들에게 머크의 가장 사나운 경쟁자 역할을 맡아 머크를 업계에서 쫓아낼 모든 아이디어를 내놓으라고 주문했다. 그다음에는 다시 원래 역할로 돌아와 그 위협을 피해나갈 전략을 마련하라고 지시했다.[32]

이것이 이른바 '회사 죽이기Kill-the-company' 훈련이다. 이 개념의 창시자

리사 보델Lisa Bodell은 "'내일'의 회사를 창조하려면 우선 '오늘' 존재하는 나쁜 습관, '사일로Silo('저장고'란 뜻으로, 회사 내에서 타 팀과 소통하지 않는 폐쇄적인 팀을 일컫는 말로도 쓰인다-옮긴이)', 억제 유전자 들을 파괴해야 한다"고 설명한다.[33] 나쁜 습관은 흔히 동일한 내적 시점을 적용하다 보니 떨쳐내기 어렵다. 보델은 이를 두고 마치 "자기 자신을 정신분석하는 것"과 같다고 말한다. 즉, 자신의 문제점이나 약점 들과 너무도 가까이 있다 보니, 그것들을 객관적으로 평가하지 못한다는 말이다.

'회사 죽이기'는 당신이 관점을 바꿔 당신의 규칙과 습관, 프로세스 들을 전혀 고려하지 않는 경쟁사의 역할을 수행하게 한다. '회사 죽이기'에 나선 사람은 제1원리 사고를 채택해야 하고, 새로운 신경회로를 써야 하고, 단순하고 진부한 이야기를 훌쩍 뛰어넘는 독창적인 아이디어를 내놓아야 한다. "상자 밖에서 생각해 봅시다"라고 말하는 것과 실제 상자 밖으로 나가 자기 회사나 제품을 파괴하려는 경쟁자의 관점에서 그것을 살피는 건 전혀 다르다. 회사 바깥으로 나가보는 이런 경험을 통해 자기 회사의 약점을 살핌으로써 우리는 자신이 '불타는 플랫폼Burning Platform(큰 위험을 감수하고 변화를 모색할 수밖에 없는 상황-옮긴이)' 위에 서 있음을 깨닫는다. 변화가 얼마나 절박하게 필요한지가 분명해지는 것이다.

미군 또한 '회사 죽이기' 훈련의 군사게임 버전을 활용한다. 이때 '우리 회사를 죽이는' 적은 냉전의 유산이라 할 수 있는 용어인 '홍군Red Team'이다. 시뮬레이션에서 홍군은 적이 되어 '청군Blue Team'의 임무를 무산시킬 방법을 찾아나선다. 이를 가르치는 패트릭 리너웨그Patrick Lieneweg 소령은, 그 과정이 군대만의 계급 환경에 존재하는 집단사고를 누그러뜨리는 데 결정적인 역할을 한다고 설명했다.

"지배적 개념에 의문을 제기하고, 가정을 검증하고, 비판적 질문을 함으로써 생각의 질을 높인다."

제프 베이조스 역시 아마존에서 비슷한 접근법을 채택하고 있다.[34] 전자책이 아마존의 종이책사업을 위협하자, 베이조스는 이를 외면하지 않고 오히려 적극적으로 끌어안았다. 그는 한 동료에게 아마존을 포함해 "책 파는 사람의 일자리를 없애버리는 게 자기 일인 양 해보라"라고 주문했다. 이를 통해 마련된 사업모델은 결국 아마존을 전자책시장의 최강자 자리에 올려놓았다.

나 또한 회사 죽이기 훈련을 로스쿨 강의실에서 적용해 보았다. 독재 정권을 주제로 한 강의에서, 나는 현대의 독재자들이 과거의 독재자들과 달리 공공연하게 억압적인 전술을 포기했다는 사실을 설명한다. 현대의 독재자들은 민주적인 선거를 통해 권력을 잡은 뒤, 겉보기에 합법적인 수단으로 민주주의를 잠식한다. 이들은 민주주의의 가면 뒤에 독재의 여러 전술을 숨긴다.

나는 그 어떤 나라도(미국도 예외 없이) 독재의 위협에서 벗어날 수 없다고 경고하고 싶었지만, 이 강의가 학생들 사이에서 진정 공감을 불러일으키지 못한다는 사실을 어느 순간 감지했다. 학생들은 오로지 낙후되고 부패와 무능이 만연한 먼 나라들 그리고 국가명이 '스탄'으로 끝나는 나라들에서만 독재정권이 들어선다고 생각했다.

그래서 나는 자유로운 방식으로 강의하기로 하고, 노트는 멀리 치워버린 후 학생들에게 사고실험을 하게 했다. 학생들에게 야심만만한 독재자가 되어 미국 민주주의를 파괴할 방법을 생각해 보라고 한 것이다. 그 다음, 다시 역할을 바꾸어 가장 심각한 위협에 대처하는 방안들을 마련해 보게 했다. 중요한 건, 미국 민주주의를 보호하는 것을 놓고 추상적으로만 얘기할 때는 긴급성이 선명히 드러나지 않는다는 점이다. 결국 미국의 민주주의체제는 엄청난 회복력을 보여왔다. 그런데 우리가 독재자 입장에서 미국 민주주의를 말살하려는 전략을 마련할 때 이 체제에 도사린 약점이 속속 드러난다. 이 체제의 약점을 깨달을 때 비로소 우리는 그것을 보호하는 일이 얼마나 긴요한지 깨닫는다.

회사 죽이기 훈련은 대기업이나 로스쿨 강의만을 위한 게 아니다. 이 훈련의 다양한 버전을 실생활에 적용할 수 있다. 다음과 같은 질문을 스스로에게 던지기만 하면 된다.

- 왜 사장이 나를 승진에서 누락시켰을까?
- 이 예비 고용주가 나를 고용하지 않은 것이 어째서 정당한 일인가?
- 소비자들이 경쟁사 제품을 구매하는 게 옳은 결정인 이유는 무엇일까?

이 질문에 답할 때는 "당신의 약점을 말하시오"와 같은 끔찍한 인터뷰 프롬프트를 보고 답하는 식으로는 말하지 마라. 이는 "저는 일을 너무 열심히 합니다" 같은 은근한 자랑식 답변을 유도하기 때문이다. 철저히, 당신을 승진자 명단에서 빼고, 채용자 명단에서 빼고, 경쟁사 제품을 구매하는 사람 입장에서 대답해야 한다. 스스로에게 다음과 같이 물어라.

"왜 그 사람은 그런 선택을 할까?"

그들이 멍청해서 그러는 게 아니다. 그들이 틀리고 당신이 옳아서도 아니다. 당신이 놓친 것을 그들이 보기 때문이다. 당신이 믿지 않는 것을 그들은 믿기 때문이다. 언제나 똑같은 옛날 각본에서 나오는 언제나 똑같은 계획을 가지고선 당신의 세계관 혹은 당신의 믿음을 바꿀 수 없다. 이 질문에 대해 좋은 대답을 하나 마련했다면, 이제 관점을 바꾸고 잠재적인 위협에 대처할 방안을 찾아라.

제1원리 사고를 실천하기 위해 언제나 실제 혹은 가상의 렉킹볼까지 동원할 필요는 없다. 때로는 면도칼 하나로도 충분하다.

뺄셈은 덧셈이다

전설에 따르면, NASA는 무중력 상태와 극한의 온도에서도 잘 써지는 볼펜을 개발하는 데 10년이라는 세월과 수백만 달러의 예산을 지출했다고 한다. 한편 소련은 연필을 사용했다.

'필기도구' 이야기는 일종의 신화다.[35] 연필심은 잘 부러지며 그 부스러기는 구석구석 들어가지 않는 곳이 없다. 이는 지구에선 문제가 없지만 우주선에선 다르다. 부러진 연필심은 무중력 상태의 허공을 떠돌다 결정적으로 중요한 장비에 끼거나 우주비행사의 눈에 들어갈 수 있다.

그러나 이 신화의 교훈은 여전히 유효하다. 아인슈타인의 말처럼 모든 것은 "가능하면 단순하고 적은 것"[36]으로 만들어져야 한다. 이 원리가 이른바 '오컴의 면도날Occam's Razor'이다. 난 이 이름이 불운하다고 생각한다. 마치 싸구려 공포영화 제목처럼 들려서다. 그러나 이는 14세기 철학자인 오컴의 윌리엄William of Ockham 이름을 딴 일종의 정신모델Mental Model로, 흔히 '가장 단순한 해법이 가장 정확한 해법'이란 규칙으로 일컬어지기도 한다.

그런데 가장 보편적인 이 설명은 잘못된 것이다. 오컴의 면도날은 반드시 지켜야 하는 원칙이 아니라 하나의 지도원리일 뿐이다. 또한 어떤 대가를 치르더라도 단순한 게 좋다는 뜻도 아니다. 다른 모든 조건이 동일하다면 단순한 게 좋다는 일종의 선호일 뿐이다. 이런 점에서 볼 때 "어떤 데이터를 똑같이 잘 설명하는 2개의 가설이 있을 땐 그중 단순한 것을 선택해야 한다"는 칼 세이건의 지적은 매우 타당하다.[37] 즉, "어딘가에서 발굽 소리가 들리면 유니콘이 아니라 말을 떠올려야 한다."[38]

오컴의 면도날은 제1원리 사고를 방해하는 너저분한 것들을 말끔히 잘라낸다. 가장 우아한 이론일수록 가정의 수가 적다. 가장 우아한 해법일수록 가장 많은 문제를 해결하는 데 가장 적은 요소를 사용한다"고 로켓과학자 데이비드 머레이David Murray는 말했다.[39]

단순한 것이 세련된 것이다. 예를 들어, 뉴턴의 운동법칙들은 단순함에 있어 시적인 수준이다. 뉴턴의 제3법칙을 보자.

"모든 운동에는 동일한 크기의 작용과 반작용이 존재한다."

인간이 하늘을 날기 수백 년도 전에 나왔던 이 단순한 법칙이 로켓이 우주에 다다르는 방식을 이미 설명했다. 로켓연료의 질량이 내려갈수록 로켓은 위로 높이 올라간다.

피터 아티아Peter Attia는 나와 인터뷰를 하며 "우리가 어떤 것을 많이 이해할수록 그것은 우리에게 덜 복잡하게 보인다. 이는 리처드 파인만의 고전적인 가르침"이라고 했다. 아티아는 기계공학자였다가 의사로, 현재는 인간 수명 및 건강전문가로 일한다. 그는 만일 "어떤 의학논문의 저자가 '다면적'이니 '다원적'이니 '복합적'이니 하는 단어를 동원해 자기가 이해한 내용을 설명한다면 이는 '우린 우리가 지금 이야기하는 것을 모른다'고 실토하는 것과 다름없다"고 말한다. 어떤 질병이나 전염병의 원인을 정확하게 안다면 그 설명은 "굳이 온갖 이야기를 할 것도 없고 아주 단순할 것이다."[40]

단순하면 실패할 지점도 적다. 복잡하면 잘못되기 더 쉽다. 이 원리는 로켓과학에도 통하지만 사업과 컴퓨터 프로그래밍, 인간관계에도 통한다. 어떤 것에든 하나의 요소를 추가할 때마다 실패할 가능성을 그만큼 더 추가하는 게 된다. 아폴로 8호의 안전책임자 말대로, 우주선은 560만 개의 부품으로 구성되어 있는데, "모든 부품의 신뢰도가 99.9%라 하더라도 5,600개의 결함을 예측할 수 있다."[41]

단순성은 또한 비용을 줄여준다. 아틀라스V 로켓(이 로켓은 지금껏 군사용 위성과 화성로버 등 많은 물체를 우주로 쏘아올렸다)은 비행 단계마다 최대 3가지 유형의 엔진을 사용한다.[42] 이런 복잡성이 비용을 한껏 높였다. 이와 관련해 머스크는 "1차 근사First-order Approximation에 비춰보면 생산 및 운영비용이 3배로 늘어났다"고 설명한다.

이와 달리, 스페이스엑스의 팰컨 9호 로켓은 동일한 알루미늄-리튬 합금 소재이며 동일한 직경의 동일한 엔진을 사용하는 2단계로 구성된다. 이런 단순성 덕에 적은 비용으로 대규모 생산이 가능하며 안전성도 한층 더 높다. 게다가 로켓이 발사되는 바로 그 위치에서 로켓을 수직으로 제작하는 다른 항공우주사와 달리, 스페이스엑스는 로켓을 수평으로 조립한다.[43] 이 때문에, 굳이 하늘을 찌르는 높은 구조물을 만들 필요 없이 일반적인 창고를 사용할 수 있다(20m 가까운 높이에서 로켓을 만들 때의 안전성 관련 쟁점은 더 말할 것도 없다). 머스크는 다음과 같이 말한다.

"지금까지 우리가 해온 모든 결정은 단순성을 고려했다. (…) 부품 수가 적게 들어간다는 것은 부품이 잘못될 가능성이 그만큼 줄어들고 또 구매해야 할 부품의 가짓수도 그만큼 줄어든다는 뜻이다."[44]

러시아인도 국제우주정거장에 승무원과 화물을 운송하는 데 사용됐던 우주선 '소유즈Soyuz(러시아의 유인·무인 우주선 – 옮긴이)'의 발사장치를 개발할 때 이와 비슷한 접근법을 택했다. 소유즈는 NASA의 우주왕복선보다 안전성이 더 높다고 평가된다. 부분적으론 이것이 "작동하기에 훨씬 단순하기 때문"이라고 우주비행사 크리스 해드필드는 썼다.[45] 또 다른 우주비행사 파올로 네스폴리Paolo Nespoli도 "때론 적게 하는 것이 더 낫다는 교훈을, 우리는 러시아인에게서 얻을 수 있다"[46]고 했다.

로켓이든 사업이든 이력서든, 어떤 시스템에서의 소음은 그것의 가치를 떨어뜨린다. 우리에게는 언제나 무언가를 보태고자 하는 유혹이 작동한다. 그러나 젠가(탑 쌓기 게임 – 옮긴이) 탑이 높을수록 무너질 위험도 그만큼 높아진다. 경제학자 E. F. 슈마허E. F. Schumacher는 아인슈타인의 말로 종종 잘못 인용되는 말을 토대로 "똑똑한 바보는 일을 더 크고 복잡하게 만들 수 있다. 그러나 이와 반대 방향으로 나아가는 데는 천재의 손길과 많은 용기가 필요하다"[47]라고 말했다.

항공우주 스타트업 악시온을 33세에 창업한 나탈리아 베일리Natalya Bailey는 이 정반대 방향으로 나아가는 운동의 선봉에 서 있다. 그녀는 오리건주 뉴버그에서 성장했는데, 어린 시절 집 바깥에 있던 트램펄린에 누워 밤하늘의 별을 바라보곤 했다. 반짝이던 그 수많은 별들 중에서 특히 하늘을 천천히 그러나 꾸준히 이동하는 별빛에 집중했던 그녀는 나중에야 그것이 버려진 로켓임을 알았다. 그녀는 내게 "그것이 내 마음을 흔들었답니다"라고 말했다.

이 트램펄린 관찰자는 마침내 대학에서 항공우주공학을 전공하고 우주선 추진 분야 박사학위를 받았다. 공부하는 동안 그녀는 전기에너지를 추진력으로 사용하는 로켓에 관심을 가졌다.

"모든 로켓은 동일한 원리로 작동합니다. 뒤로 뿜어내는 추진력이 우주선을 앞으로 나아가게 해주죠."

그녀가 뉴턴의 제3법칙을 언급하면서 했던 말이다. 전통적인 화학적 로켓에서 뒤로 뿜어내는 물질은 뜨거운 가스다. 그러나 전기에너지의 경우 이는 이온, 즉 전기가 충전된 분자다.

화학적인 로켓은 우주선을 궤도에 훌륭하게 올려놓는다. 강력한 양의 추진력을 빠른 속도로 만들 수 있기 때문이다. 이에 비해 전자식 로켓은 속도가 느리긴 하지만 에너지 효율은 10배에서 100배까지 높다. 전기 로켓에는 또한 유독한 압축연료나 압축탱크가 필요 없어서 한결 안전하다.[48] 베일리는 박사논문의 일부로 소형 전기추진엔진을 설계하기 시작했다. 이 연구는 추후 악시온의 토대가 되었다. 악시온이란 이름은《해리 포터Harry Potter》에 나오는 소환주문에서 따왔다.

악시온의 엔진은 위성이 지구궤도에 안착한 뒤 점화된다. 카드 1벌 크기의 이 엔진은 냉장고 크기의 위성을 밀어올려 궤도를 돌게 만들 수 있다. 이 엔진을 장착한 위성은 상대적으로 오래 궤도를 돌며, 지구궤도를 도는 1만 8,000개 가까운 우주 쓰레기와의 충돌을 피할 수 있다.[49] 이 기술은 또한 우주선을 다른 행성으로 보내는 데 도움이 되는 잠재력을 지니고 있다. 악시온의 기술 덕에 이제는, 일단 지구궤도에 올라선 우주선을 화성으로 보낼 때 거대한 연료탱크 대신 신발상자 크기의 엔진 및 연료체계를 이용할 수 있다.[50]

베일리는 자신의 엔진과 거의 비슷하다. 즉, 겸손하고 저평가되어 있지만 엄청난 힘이 있다. 스페이스엑스와 블루오리진이 로켓 개발에 초점을 맞출 때 베일리와 악시온팀은 그 로켓이 우주 속으로 멀리 날려보낼 인공위성에 초점을 맞추고 있다.

이런 사례들이 보여주듯이 단순한 것은 엄청나게 강력할 수 있다. 그러나 단순한 것을 쉬운 것과 혼동해선 안 된다. 많은 전문가들의 말처럼 "만일 내게 시간이 조금만 더 있었다면 더 짧은 편지를 썼을 것이다." 우리는 뉴턴의 법칙들과 악시온의 엔진이 가진 단순함을 존경하면서도, 다른 한편 과학자들이 엄청나게 많은 노력을 기울여 걸러내야만 하는 복잡한 사전작업은 보지 않는다.[51]

물리학은 로켓과학자들이 오컴의 면도날을 사용하도록 강제하는 경향이 있다. 무게와 공간은 우주선 설계의 가장 중요한 요소다. 우주선이 무거울수록 설계 및 발사에 많은 비용이 든다. 그래서 로켓과학자들은 끊임없이 스스로에게 질문을 던져 왔다.

"어떻게 하면 '이것'을 '저기'에 딱 맞출 수 있을까?"

그들은 쓸모없는 부분을 잘라내고, 더 줄일 수 없을 정도로 시스템을 줄이고, 임무를 수행하는 데 지장이 없는 범위 안에서 모든 걸 최대한 단순하게 만듦으로써 그 일을 해냈다.

하늘을 날고 싶다면 몸무게부터 줄여야 한다. 여기서 다시 한번 알리니아에게서 단서를 찾을 수 있다. 애커츠는 자기와 코코나스가 식당을 열었을 때를 이렇게 설명한다. "우리의 창의적인 방법 중 하나는, 우리 앞에 놓인 접시를 바라보며 '그다음에는? 그 밖에 우리가 또 무엇을 할 수 있을까? 무엇을 추가할 수 있을까? 이것을 더 낫게 하려면 무엇을 더 해야 할까?'와 같은 질문을 하는 것이었다."[52] 그러나 시간이 흐른 뒤, 두 사람은 기존의 접근법을 뒤집었다. "이제 우리는 끊임없이 '무엇을 제거할 수 있을까?'라는 질문을 하고 있다"고 애커츠는 말한다. 미켈란젤로Michelangelo도 이런 접근법으로 조각을 하며, "조각가는 넘쳐나는 불필요한 것을 제거하며 최종목표에 다가간다"[53]고 설명했다.

쓸데없는 과잉을 모두 지워버린 미래의 자기 모습을 생생히 그려보라. 그 그림은 어떻게 보이는가? 어느 혁신적인 CEO가 던졌던 그 질문을 자신에게 던져보라.

"이 사람을 채용하지 않았다면, 이 장비를 설치하지 않았다면, 이 프로세스를 수행하지 않았다면, 이 사업체를 인수하지 않았다면, 이 전략을 채택하지 않았다면, 어떻게 됐을까? 그랬어도 나는 지금과 똑같은 일을 하고 있을까?"[54]

예리한 물건이 다 그렇듯, 오컴의 면도날은 좋게 쓰일 수도, 나쁘게 쓰일 수도 있다. 어떤 경우에는 복잡한 해법이 보다 나은 결과로 이어진다. 미묘한 차이와 복잡성과 맞닥뜨린 상태에서, 단순성을 갈망하는 인간의 자연스러운 욕망을 인정하는 데 오컴의 면도날을 사용하지 마라. 문예비평가 헨리 루이스 멩켄Henry Louis Mencken이 당부했듯이 단순한 해법을 "깔끔하고, 그럴듯하고, 잘못된" 해법과 혼동해선 안 된다.[55] 그리고 단순함을 추구할 때라 하더라도 문제를 복잡하게 만드는 새로운 사실을 향해선 마음을 활짝 열어놓아야 한다. 우리가 취해야 할 까다로울 수밖에 없는 태도를 영국의 수학자이자 철학자인 알프레드 노스 화이트헤드Alfred North Whitehead는 다음과 같이 적절하게 표현했다.

"단순함을 추구하되 그것을 믿어선 안 된다."[56]

잘라내는 것은 온전하게 만드는 것이다. 뺄셈은 덧셈이다. 구속은 해방이다. 독창적인 것을 찾기 위해 기원으로 돌아가는 잘라냄의 미덕은, 당신이 필요로 하는 것이 경쟁자의 계획이나 롤 모델의 인생 이야기 속에서 저절로 발견되길 기다리고 있지 않음을 상기한다. 당신이 필요로하는 바로 그것은, 지금 바로 여기에 있다.

3장 · 마음이 마음껏 뛰어놀 수 있게

: 획기적인 돌파를 낳는 사고실험

> 나 자신과 내 사고법에 대해 살펴보면,
> 긍정적인 지식을 흡수하는 재능보다 상상할 줄 아는
> 재능이 더 큰 의미가 있다는 결론에 도달하게 된다.
> – 알베르트 아인슈타인

"한 줄기의 빛을 좇아가다 그 끝에 다다르면 어떤 일이 일어날까?"[1)]

16세 소년 알베르트 아인슈타인이 다니던 독일의 학교는 창의적인 사고를 희생하며 암기를 강조했다. 상상력이라곤 찾아볼 수 없던 이 학교에서 도망쳐 나온 뒤, 소년 아인슈타인은 이 질문을 놓고 골똘히 생각했다. 결국 소년이 간 곳은 시각화를 통한 학습을 주창했던 요한 하인리히 페스탈로치Johann Heinrich Pestalozzi의 교육원리에 입각한, 개혁주의적인 스위스 학교였다.

이 학교에 있는 동안 아인슈타인은 페스탈로치의 원리를 실천하며 한 줄기의 빛을 좇는 자신을 시각화했다. 그는 그 한 줄기의 빛을 따라잡기만 하면 정지된 빛줄기를 볼 수 있을 것이라 믿었다. 전자기장의 진동에 대한 맥스웰의 방정식과 어긋나는 이 믿음 때문에 아인슈타인은 (본인의 표현을 빌리면) "초자연적 긴장Psychic Tension"을 느꼈다. 해소되기까지 10년이 걸렸던 이 긴장은 결국 특수상대성이론을 낳았다.

나중에 일반상대성이론을 낳은 것은 "어떤 사람이 닫혀 있는 방에서 자유낙하를 한다면 그는 자기의 무게를 느낄까?"란 질문이었다. 아인슈타인이 "내 인생의 가장 행복한 생각"이라 불렀던 이 질문은 그가 스위스의 특허사무소에서 책상에 앉아 깜박 졸던 중 떠올랐다. 특허사무소의 서기로 일한 덕에 아인슈타인에게는 시각화 훈련이 저절로 착실히 이루어졌다. 특허출원을 평가하려면 각 발명이 현실에서 어떻게 작동할지 머릿속으로 상상해야만 했다. 새로운 사고실험을 하면서 그는 자유낙하를 하는 사람은 자기 무게를 느끼지 못하고, 자기가 무중력 상태에 있다고 여길 것이라 결론 내렸다. 이 결론은 그를 또다른 중요한 발견으로 이끌었는데, 바로 "중력과 가속도는 동일하다"는 것이었다.

아인슈타인은 자신의 거의 모든 획기적 돌파가 사고실험 덕이라고 생각한다. 평생에 걸쳐 그는 온갖 것을 대상으로 사고실험을 했다. 그중에는 "번개와 이동하는 기차, 가속도가 붙은 엘리베이터와 낙하하는 화가, 구부러진 나뭇가지를 기어가는 2차원의 눈먼 딱정벌레" 등이 있다.[2] 생각이 마음껏 뛰어놀게 둠으로써, 그는 물리학에서 의심할 수 없는 진리로 인정받던 여러 가정을 뒤집었으며, 대중에게 가장 인기 있는 과학자로 확실히 자리매김했다.

이 장에서는 사고실험의 힘을 다룬다. 아무것도 하지 않는 것이야말로 창의성에 불을 붙이는 열쇠가 되는 이유가 무엇인지, 대부분의 작업 환경이 창의적 잠재력을 자극하기는커녕 억누르는 이유가 무엇인지 설명할 것이다. 왜 사과와 오렌지를 비교해야 하는지, 왜 뉴턴이 가장 인기 없는 교수일 수밖에 없었는지도 이야기한다. 8세 소년이 던진 단순한 질문이 어떻게 10억 달러(약 1조 1,000억 원)짜리 작가를 만들었는지, 혁명적인 운동화와 시대를 통틀어 가장 위대한 록음악 곡의 공통점이 무엇인지 지적할 것이다. 마지막으로, '조합놀이Combinatory Play'란 기법을 이용해 획기적인 성과를 거두었던 과학자와 음악가, 기업가를 소개하며, 이 기법을 내 생활에 적용하는 방법도 알려줄 것이다.

마음의 실험실

사고실험은 대중문화에서 아인슈타인과 연관되곤 하지만, 사실 고대 그리스까지 거슬러 올라간다. 이후 철학, 물리학, 생물학, 경제학 등에서 획기적인 돌파를 낳으며 여러 분야로 확산되었다. 덕분에 로켓이 추진력을 얻고, 정권이 바뀌고, 진화생물학이 개발되고, 우주의 비밀이 풀리고, 혁신기업이 생겨났다.

사고실험은 사물이 각기 다르게 작동한다는 '평행우주Parallel Universe(동일한 모습을 가지고 같은 시간을 공유하는 수없이 많은 우주가 있다는 가상의 우주모형 — 옮긴이)'를 구축한다. 철학자 켄달 월턴Kendall Walton이 설명하듯이, 사고실험은 "우리가 특정한 가공의 세상을, 그것을 실행하거나 수행하거나 단순히 상상하는 것만으로 특정한 결과로 이어지는 일종의 상황 설정으로 상상하게 한다."[3] 사고실험을 통해 우리는 일상적인 생각을 초월하며, 현실 속 수동적인 관찰자에서 능동적인 행위자로 진화한다.[4] 뇌에 꼬리가 있다면 사고실험은 그 꼬리를 흔들 것이다.

정확한 주문을 외워야만 사고실험이 가능한 것은 아니다. 공식과 규칙은 제1원리 사고와 상반된다. 그러므로 잘 고안된 모든 사고실험은 해당 실험에 한해서만 잘 고안된 것일 뿐이다. 이 장에서 나는 당신이 사고실험을 수행할 올바른 조건을 만들어내도록 도울 것이다. 그러나 내 의도는 어디까지나 당신을 안내하려는 것이지, 구속하려는 것이 아니다.

우리는 과학자를 생각할 때 흔히 형광등 불빛이 가득한 실험실에서 실험실 가운을 입고 최첨단 현미경을 들여다보는 천재적인 사람을 상상하곤 한다. 그러나 많은 과학자에게는 마음의 실험실이 물리적인 실험실보다 훨씬 중요하다. 로켓이 우주선에 불을 당기듯이, 사고실험은 신경세포에 불을 당긴다.

세르비아계 미국인 발명가 니콜라 테슬라Nikola Tesla를 생각해 보자. 그의 사고실험은 그의 상상력에 힘을 주었고, 우리 생활에 힘을 주는 교류 전기시스템을 낳았다.[5] 테슬라는 모든 발명품을 머릿속에서 만들고 또 검증했다. 그는 "종이에 스케치하기 전에, 이미 그와 관련된 총체적인 아이디어가 머릿속에서 작동한다. 나는 실제 작업을 서두르지 않는다. 어떤 아이디어가 떠오르면 곧바로 상상 속에서 그 아이디어에 살을 붙여 나간다. 구조를 바꾸기도, 개선하기도, 운용해 보기도 한다, 발전기를 머릿속에서 돌리든 작업실에서 돌리든, 그건 전혀 중요하지 않다"[6]고 설명한다.

레오나르도 다 빈치Leonardo da Vinci도 마찬가지였다. 그가 공책을 사고실험의 도구로 사용한 건 유명한 사실이다. 그는 하늘을 나는 기계부터 교회 건축물에 이르는 온갖 다양한 공학설계를 물리적인 현실이 아니라 머릿속에서 해치웠다.[7]

잠깐 멈춰보자. 충격적으로 들릴지 모르지만, 우리는 단순히 생각만으로도 돌파구를 만들 수 있다. 구글도, 자기계발서도 필요 없다. '포커스 그룹Focus Group(여론조사 목적으로 뽑은, 각 계층을 대표하는 소수의 사람들-옮긴이)'이나 여론조사, 자칭 인생코치의 조언이나 비싼 수수료를 받는 전문가의 컨설팅도 필요 없다. 경쟁자를 보고 베낄 필요도 없다. 답을 찾기 위한 외부의 도움은 '앞으로 어떻게 될 수 있을까?'가 아니라, '지금 어떻게 되어 있나?'에 집중해 제1원리 사고를 방해할 뿐이다.

사고실험은 이런 외부 조사를 취한 다음, 이를 내면으로 향하게 한다. 아인슈타인은 "순수한 생각은 현실을 파악할 수 있게 한다"고 했다.[8] 생각은 단 한 번의 물리적 실험도 없이, 어떤 주장이 틀렸음을 입증할 수 있고, 어떤 것이 작동하거나 작동하지 않는 이유를 보여주며, 성공의 길로 나아가는 길을 환하게 밝힐 수 있다.

예를 들어보자. 공기저항이 없는 세계에서 무거운 볼링공과 가벼운 농구공을 같은 높이에서 동시에 떨어뜨리면 어느 공이 먼저 지면에 닿을까? 아리스토텔레스는 무거운 물체가 먼저 떨어질 거라고 믿었다. 이 이론은 이탈리아의 과학자 갈릴레오 갈릴레이Galileo Lalilei가 나타나기 전까지 거의 2,000년간이나 세상을 지배했다. 획일적인 순응주의자의 세상에서 부적응자였던 갈릴레오는 다양한 분야에서 독재적인 도그마에 도전했다. 갈릴레오는 아리스토텔레스의 이론과도 대결을 벌였다. 그는 질량이 클수록 가속도가 커진다는 사실을 믿지 않았다. 그래서 피사의 사탑 꼭대기에 올라가 무게가 다른 두 물체를 동시에 아래로 떨어뜨렸고, 이 두 물체가 동시에 지면에 닿는 것을 보고는 기쁨의 미소를 지으며 아리스토텔레스를 비웃었다.

이 이야기는 그가 실제로 하지 않았다는 사실만 빼면, 모두 사실이다.

이 이야기는 갈릴레오의 전기를 맨 처음 썼던 사람이 꾸며낸 것임이 나중에 밝혀졌다. 동시대의 역사가 대부분은 갈릴레오가 실제로 실험한 게 아니라 사고실험을 했다는 데 동의한다. 그는 무거운 포탄과 가벼운 머스켓 총탄을 줄로 연결한 다음, 이를 또 다른 포탄과 함께 높은 곳에서 동시에 떨어뜨리는 상황을 상상했다.[9] 만일 아리스토텔레스가 옳다면 포탄과 머스켓 총탄 연결체가 포탄보다 먼저 지면에 닿아야 했다. 그쪽이 더 무겁기 때문이다. 이는 연결체에서 가벼운 머스켓 총탄이 무거운 포탄을 잡아당겨 떨어지는 속도를 늦춘다는 것이고, 그렇다면 이 연결체는 단일 포탄보다 지면에 늦게 닿을 수밖에 없다는 뜻이다.

이 2개의 명제 모두 참이 될 수 없다. 이 연결체는 단일체의 포탄보다 더 빠르게 혹은 더 늦게 떨어질 수 없다. 이 사고실험은 아리스토텔레스 이론의 모순을 드러내며, 이것이 틀렸음을 입증한다. 사고실험만으로 돈 한 푼 들이지 않고서 오랜 세월 진리로 간주되던 이론이 폐기되고 새로운 이론이 들어설 자리가 생겨났다.

몇 세기 후, 갈릴레오의 사고실험은 달에서 검증받게 되었다. 1971년 우주선 아폴로 15호를 타고 가서 달 표면에 발을 디딘 우주비행사 데이비드 스콧David Scott이 달 표면에 서서 양손에 각각 들고 있던 사과와 깃털을 동시에 놓았다. 이 둘은 같은 속도로 낙하했으며 동시에 지면에 떨어졌다. 이에 대한 공식보고서는 그 결과를 놓고 "이 실험을 목격한 이들의 숫자와 지구 귀환의 성공 여부가 결정적으로 검증대상인 그 특정 이론의 타당성에 좌우된다는 사실로 미루어, 걱정이 사라질 만한 결과"라고 묘사했다.[10]

호기심은 어떤 사고실험에서든 간에 결정적으로 중요한 요소다. 갈릴레이가 사고실험을 하도록 등을 떠민 것도 호기심이며, 스콧이 달 표면에서 사고실험의 타당성을 검증하도록 만든 것도 호기심이다. 그러나 사회에서는 흔히 호기심이 위대한 미덕이 아니라 치명적인 악덕이 된다.

호기심이 '슈뢰딩거의 고양이'를 죽였다

고양이는 살아 있는 동시에 죽어 있을 수 있을까? 이것은 오스트리아의 물리학자 에르빈 슈뢰딩거Erwin Schrödinger가 저 유명한 사고실험을 통해 제기한 질문이다.[11] 슈뢰딩거의 목표는 양자역학에 대한 코펜하겐 학파의 해석이 가진 한계를 넓히는 것이었다. 그 해석에 따르면, 양자입자(예를 들어, 원자)는 제각기 다른 여러 상태의 결합 혹은 중첩 속에 존재한다. 달리 말해, 하나의 양자입자가 2가지 상태 혹은 2군데 장소에 동시에 존재할 수 있다는 것이다. 오로지 누군가가 그 입자를 관찰할 때 비로소 그 양자입자는 다양한 가능성 중 어느 하나로 결정된다.

슈뢰딩거는 코펜하겐 학파의 해석을 고양이에게 적용했다. 그의 사고실험에서 고양이는 핵물질이 붕괴하면서 발생하는 독가스가 임의로 방출되도록 설정되어 있는 밀폐된 상자 안에 들어 있다. 코펜하겐 학파의 해석이 맞다면 상자를 열기 전 그 고양이는 살았기도, 죽었기도 한 중첩 상태에 놓여 있을 것이다. 우리는 상자를 열어봤을 때에야 비로소 고양이가 살았는지 죽었는지 알 수 있다.

물론 이 결과는 매우 반직관적이지만, 슈뢰딩거의 사고실험 요지와는 정확하게 맞다. 슈뢰딩거는 코펜하겐 학파의 해석을 논리적 극단까지 끌고 가서 이 해석이 틀렸음을 입증하고자 했던 것이다.

그런데 이 사고실험에서 우리가 깨우쳐야 할 점이 하나 더 있다. 그 고양이를 죽인 것은 독가스가 아니었다. 그것은 호기심으로 가득 찬 관찰 행위, 남의 일에 관심 갖는 행위, (크리스마스이브에 부모가 준비한 선물을 몰래 열어보는 어린아이처럼) 상자 안의 상태를 확인하려 상자를 여는 행위이다. 이런 발상을 언급하는 영국의 속담으로 "호기심이 고양이를 죽였다"는 말이 있다. 러시아인은 한층 더 살벌하게 "호기심 많은 바바라는 장터에서 코가 잘려나갔다"라고 표현한다."[12]

'언제나 믿을 수 있는' 위키피디아에 따르면, 이런 관용표현은 "불필요한 조사나 실험의 위험성을 경고할 목적으로 사용된다." 고양이에 대한 것이든 장터에 간 러시아인에 대한 것이든 간에 호기심은 단지 성가시거나 불편한 데서 그치지 않는다. 질문이나 사고실험을 하는 사람은 현상태에 만족할 줄 모르는 성가신 문제아 정도가 아니다. 이들은 지독히도 위험하다. 할리우드의 유명 제작자 브라이언 그레이저Brian Grazer는 공동으로 쓴 책에서 이렇게 말했다.

"하늘이 왜 파란색이냐고 거리낌 없이 묻는 아이는 커서 훨씬 파괴적인 질문을 한다. 나는 종인데 너는 왜 왕이지? 태양이 정말 지구 둘레를 빙빙 돌까? 왜 피부 검은 사람은 노예고 피부 하얀 사람은 주인이지?"[13]

호기심은 곧 무지를 인정하는 것이기에, 우리는 호기심을 멀리하려 한다. 질문이나 사고실험을 한다는 것은 우리가 해답을 모르며, 또 이런 사실을 기꺼이 인정한다는 뜻이다. 그런데 자신의 무지를 기꺼이 인정하려는 사람은 거의 없다. 자신의 말이 바보 같은 소리로 들릴까 두려워하는 우리는 대부분의 질문이 묻기조차 창피할 만큼 너무 기본적인 것이라 여기며, 아예 질문을 하지 않는다.

게다가 '빨리 움직이고 온갖 것이 파괴되는' 이 시대에 호기심은 불필요한 사치로 보인다. 받은 편지함을 언제나 말끔히 비우는 정신, 활발히 정력적으로 움직이는 기풍, 그 속에서 '해답'은 언제나 효율적으로 보인다. 해답은 앞으로 나아갈 길을 환히 비춰주며 '라이프 핵Life Hack(생활을 더 편리하게 만들어주는 도구나 기술 – 옮긴이)'을 제공함으로써 해야 할 일 목록의 다음 항목으로 빠르게 넘어가게 해준다. 반면, 질문은 엄청나게 비효율적이다. 해답이 곧바로 나오지 않는 질문이 우리 삶에 한자리를 차지하고 들어갈 가능성은 거의 없다. 그렇잖아도 우리의 삶은 너무 빡빡하기 때문이다.

우리는 호기심에 대해 입에 발린 말만 할 뿐, 실제론 호기심을 억누르기 바쁘다. 기업은 혁신을 강화한다며 '창의성의 날'을 정해 프레젠테이션도 하고 비싼 돈을 들여 강연자를 초빙하기도 한다. 그러나 이 하루를 제외한 나머지 364일은 평소대로 산다. 직원들은 기존 경로에 문제를 제기하는 대가가 아니라 그 경로를 잘 지키는 대가로 보수를 받는다. 16개 산업 분야에 종사하는 노동자를 대상으로 한 어느 설문조사에 따르면, "응답자의 65%가 호기심이 새로운 아이디어를 찾아내는 데 꼭 필요하다고 했는데, 이 비율만큼의 응답자가 직무 관련 질문을 하면 안 될 것 같은 분위기를 직장에서 느낀다고 답했다."[14] 응답자의 84%는 고용주가 문서상으론 호기심을 장려한다고, 응답자의 60%는 현실에선 호기심을 드러내려 할 때마다 장애물에 가로막힌다고 답했다.

호기심을 표준으로 삼는 대신, 우리는 위기가 호기심을 부를 때까지 기다린다. 일자리가 끊어진 뒤에야 대체할 진로를 찾아보기 시작하며, 젊고 호전적이고 굶주린 경쟁업체로 인해 회사가 망할 지경에 이르러서야 새로운 생각을 함께할 사람들을 끌어모아 몇 시간이고 머리를 맞댄다. 그래봐야 성과는 없다. 해답을 찾기 위해 동일한 방법론, 동일한 브레인스토밍 접근법, 진부하기 짝이 없는 동일한 신경경로 들에 의존한다. 이렇게 해서 나온 혁신방안이 전혀 혁신적이지 않은 것도 놀라운 일은 아니다. 기껏해야 현 상태에서 그저 약간 바뀐 정도. 자기 무게를 이기지 못하고 무너진 대기업이나 관료조직에서는 호기심이 작동했던 흔적이라곤 눈을 씻고 찾아도 없다.

결과에 대한 두려움은 우리가 호기심을 회피하는 또 하나의 이유다. 알게 될지도 모를 사실을 두려워할 때, 우리는 심각한 질문을 하지 않는다(사람들이 심각한 병에 걸렸다고 진단받을까 봐 병원에 가길 꺼리는 것도 이런 이유에서다). 심지어 질문을 해봐야 아무것도 알아내지 못할까 봐 두려워한다. 결국, 우리는 사고실험 자체를 시간 낭비로 치부해 버린다.

우리는 또한 사고실험을 하려면 복잡한 정신훈련이나 신성한 영감이 필요하다고 여긴다. 제기할 가치가 있는 질문이었다면 아마 나보다 훨씬 똑똑한 누군가가 이미 제기했을 거라고 자기 자신에게 속삭인다.

그러나 사고실험은 천재의 전유물이 아니다. 아인슈타인처럼 전기로 충전된 듯한 헤어스타일을 한 사람만 사고실험을 할 수 있는 게 아니다. 아니라고 느낄지 모르겠지만 사실 우리는 모두 마음속으로는 실험가다. 우리의 잠재의식에는 진리의 무한한 가능성이 잠자고 있다. 겉보기에 필요없는 조사나 실험이야말로 당신이 실현해야 할 바로 그 가능성이다. 조지 버나드 쇼는 "한 해에 두세 번 이상 생각하는 사람이 별로 없다. 나는 한 주에 기껏 한두 번 생각하는 것만으로 세계적인 명성을 얻었다"[15]고 말하기도 했다.

바쁘게 움직이는 것과 창의성은 상반되는 개념이다. 받은 메일함을 말끔하게 비워버리는 동안 당신은 결코 획기적인 돌파구를 만들 수 없다. 목이 마르기 전에 우물을 파야 한다. 위기가 눈앞에 모습을 드러내기 전에 지금 당장 호기심을 가져야 한다. 호기심이 슈뢰딩거의 고양이를 죽일지 어쩔지는 모르지만, 그 덕에 당신은 목숨을 구할 수도 있다.

'평생 유치원'의 마음가짐

"왜 지금 찍은 그 사진을 볼 수 없는 거죠?"[16]
1943년 에드윈 랜드Edwin Land는 가족과 뉴멕시코 산타페에서 휴가를 보내고 있었다. 장차 폴라로이드의 공동창업자가 될 사람이자 카메라광인 그는 3살배기 딸을 찍고 있었다. 당시엔 즉석사진이 없었다. 필름을 암실에서 현상하고 인화하는 작업을 거쳐야만 했는데, 여기에는 여러 날이 걸렸다. 그날 정확히 무슨 일이 있었는지에 대해 여러 버전의 이야기가 있긴 하지만 널리 알려진 설명에 따르면, 랜드의 그 조숙한 딸 제니퍼가 던진 질문은 모든 것을 바꾸어놓았다.

"왜 지금 찍은 그 사진을 볼 수 없는 거죠?"

랜드는 딸의 이 질문을 가슴에 새겼다. 그러나 거대한 암실을 작은 카메라 안에 넣을 수는 없었다. 이 문제를 놓고 오랜 시간 고민하던 그는 사고실험을 했다.

'암실에서 필름을 현상할 때 쓰는 화학물질 담는 용기를 카메라에 장착하면 어떨까? 이 화학물질이 음화필름에 발린 다음 인화지에 놓이면 최종적인 이미지가 생성되지 않을까?'

이 기술을 완성하는 데는 여러 해가 걸렸지만, 결국 즉석사진은 그 사고실험에서 처음 시작되었다. 이 새로운 기술 덕에 사진기의 셔터를 누른 뒤 찍은 사진을 보는 데 며칠씩 걸리던 시간이 불과 몇 초로 줄었다.

비록 사고실험이 대부분의 어른에게 자연스럽게 나타나진 않지만 우리는 사실 이것을 어릴 때 통달했다. 세상이 온갖 사실, 메모, 해답 등을 우리의 머릿속에 욱여넣기 전, 우리는 진정한 호기심에 이끌렸다. 세상을 응시했고, 경외감에 사로잡혔으며, 그 어떤 것도 당연하게 받아들이지 않았다. 사회규칙을 몰랐고, 사고실험에 따라 세상을 바라보았다. 해답을 알고 있다는(혹은 알아야 한다는) 가정이 아니라, 무언가를 배우고

실험하고 흡수하겠다는 바람을 가지고서 인생에 접근했다.

내가 가장 좋아하는 이야기가 있다. 한 유치원 교사가 아이들이 그림 그리는 모습을 살피던 중, 한 아이에게 무엇을 그리냐고 물었다.

"신God을 그려요."

표준적인 교과과정에서 많이 벗어난 아이의 대답에 깜짝 놀란 교사는 이렇게 말했다.

"신이 어떻게 생겼는지는 아무도 모르잖아."

그러자 아이는 이렇게 말했다.

"조금만 있음 알게 될 거예요."

어른들은 대부분 깨닫지 못하는 우주적 진리를 아이들은 직관적으로 포착한다. 그 진리란 바로 모든 것은 하나의 게임, 거대하고 신기한 게임 이란 사실이다. 아이들이 좋아하는 책《해럴드와 보라색 크레파스*Harold and the Purple Crayon*》에서 4살배기 주인공은 그림을 그려 무언가를 창조하는 능력을 가지고 있다. 걸어갈 길이 없을 때 소년은 길을 그렸다. 길을 비춰줄 달이 없을 땐 달을 그렸다. 올라갈 나무가 없을 땐 사과나무를 그렸다. 이야기를 통해 그의 상상력은 사물을 세상에 존재하게 한다.[17]

사고실험은 당신만의 '현실왜곡장Reality Distortion Field(불가능한 일을 가능한 것으로 바꾸는 것. 스티브 잡스의 리더십을 일컫는 말로 종종 사용된다-옮긴이)'이며, 당신만의 모험게임이다. 즉 당신의 보라색 크레파스다.

보라색 크레파스는 아인슈타인이 애호하던 과학도구였다. 그는 어른이 되어서도 이 크레파스를 늘 가지고 다녔다.[18] 친구에게 보낸 편지에서 그는 "너와 나는 탄생이란 위대한 수수께끼 앞에서 호기심 충만한 어린아이처럼 언제나 그렇게 서 있어야 한다"고 썼다.[19] 이보다 수백 년 전, 뉴턴 역시 아인슈타인과 비슷하게 자기를 "바닷가에 앉아 장난을 치면서 노는 소년"으로 묘사했다. 그러고는 "진리의 대양은 밝혀지지 않은 채 내 앞에 펼쳐져 있다"[20]고 말했다.

아인슈타인과 뉴턴은 어른이 되어서도 어린 시절의 호기심을 그대로 간직했지만, 대부분의 사람은 그렇지 않다. 산업노동자를 배출할 목적으로 설계되어 획일적 순응을 강요하는 우리의 교육체계에 일부 비난의 화살이 돌아가야 한다. 또한 자연스러운 호기심은, 바쁘게 살며 중요한 문제는 이미 해결됐다고 믿는 선의의 부모에 의해서도 억압된다. 에드윈 랜드와 똑같은 상황에 놓였다고 상상해 보자. 우리는 짜증을 내며 딸의 질문이 터무니없다고 일축할지 모른다("참아, 제니퍼. 며칠 뒤 사진이 나올 때까지 잠자코 기다리는 법 좀 배워."). 혹은 16살 소년 아인슈타인이 전파 유도실험을 하는 걸 본 어머니와 똑같은 상황이라면 어떨까("네 방에 가서 자. 제발, 미친 소리 좀 그만 지껄이고.").

시간이 흘러 어른이 되면서 학자금대출과 주택담보대출 금액이 점점 불어나면, 우리의 호기심은 무사안일주의로 대체된다. 지적인 충동을 미덕으로, 장난스러운 충동을 악덕으로 여기게 된다. 그러나 지성과 놀이는 서로 보완관계이지 경쟁관계가 아니다. 즉, 놀이는 지성의 세계로 들어가는 문이 될 수 있다. 경영학자 제임스 마치James March는 중요한 논문 〈어리석음의 기술The Technology of Foolishness〉에서 이렇게 썼다.

"장난스러움은 대안이 될 수 있는 규칙의 가능성을 탐색하기 위한 고의적이고 일시적인 규칙 완화다. (…) 개인과 조직은 정당한 이유 없이도 무언가를 할 방법이 필요하다. 언제나 그렇게 하자는 것도, 일반적으로 그렇게 하자는 것도 아니며 다만 가끔씩 그렇게 하자는 말이다."[21]

자신의 신념을 향해 장난스러운 태도를 취할 때, 비로소 도전하고 변화할 수 있다.

'사고실험'이라는 말에서 중요한 단어는 '실험'이다. 실험이란 틀은 판돈의 크기를 줄여준다. 사고실험은 마음이란 통제된 환경에 모래상자 하나를 설정한다. 실험이 잘못되더라도 현실이 잘못될 일은 없다. 부수적인 피해도, 파급효과도 없다. 사고실험 시작 단계에서는 모든 것이 완벽하게 이루어질 거라고 생각하진 않으므로, 당신이 설정한 가정이나 편견, 공포 때문에 다칠 일이 전혀 없다.

어린 시절에 가졌던 호기심을 회복할 때 독창성은 한껏 높아질 수 있다. 이를 뒷받침하는 연구도 많다.[22] 물론 어린아이처럼 생각하라는 말이 비가 올 때 바깥에 나가지 말고 집에 가만히 있으라는 부모의 지시처럼 느껴질 수는 있다.

다행히도, 어린 시절로 퇴행한다거나 피터팬 증후군에 걸리지 않아도 어린아이 같은 호기심을 가질 수 있다. 내면의 어린아이와 다시금 연결되는 건 7살 아이가 된 척하는 것만큼이나 쉽다. 이상하게 들릴지 몰라도 이 방법은 분명 효과가 있다. 한 연구에 따르면, 참가자들이 스스로를 자유시간이 많은 7살 아이라고 상상했을 때 창의적인 사고를 검증하는 시험에서 더 큰 점수를 받았다고 한다.[23] 이런 이유로, MIT의 '미디어랩 Media Lab(이 기관은 "동떨어져 보이는 연구영역들을 비전통적인 방식으로 합치고 연결하는 작업"에 전념한다)'은 '평생 유치원Lifelong Kindergarten'이란 부

서를 두고 있다.[24)]

사람의 마음은 생각보다 훨씬 유연하다. 만일 인생이 하나의 긴 유치원 과정이라 생각한다면 우리의 마음은 진짜 그렇게 믿고 따를 것이다.

이 단계에서 당신은 사고실험에 대해 이런 의문을 가질 수 있다.

"터무니없으면 어쩌지?" "어린아이나 하는 놀이 수준이라면, 뭐가 중요하다는 거지?" "실제로 실행될 수 없는 것이라면 이것이 쓸모없는 환상과 무슨 차이가 있지?"

사고실험의 목적은 '올바른 해답'을 찾는 것이 아니다. 적어도 처음에는 그렇다. 이것은 고등학교 화학시간에 하던 실험과 다르다. 그때는 각 실험결과가 미리 정해져 있어서 호기심이나 예상치 못한 통찰이 개입할 여지가 없었지만, 사고실험은 다르다. 설령 올바른 결과를 얻지 못한다 해도, 다른 친구들이 즐겁게 영화 볼 시간에 당신은 시험관과 비커를 만지작거리며 실험실에 처박혀 계속 무언가를 시도할 수 있다. 아인슈타인이 했던 사고실험의 요지는 실제 빛줄기를 좇을 방법을 찾는 것이 아니었다. 오히려 예상치 못한 중요한 통찰을 얻기 위한 열린 마음의 탐구과정에 불을 붙이는 것이었다.

설령 의미 있는 결과를 얻지 못하더라도 사고실험을 추구하는 것은 획기적인 돌파에 다다를 수 있다. 작가 월터 아이작슨Walter Isaacson은 환상이 "현실로 다가가는 길"이 될 수 있다고 썼다.[25)] 이는 뉴욕에서 하와이까지 자동차를 타고 가는 것과 비슷하다. 불가능할까? 그렇다. 태평양이라는 거대한 현실적 제약에 맞닥뜨리기 전에 심오한 새로운 통찰을 발견할까? 틀림없다. 사고실험은 우리 생각을 자동주행 모드에서 벗어나 온갖 가능성에 문을 활짝 열어놓도록 하는 것이 목표다.

기억하라, 사고실험은 목적지가 아니라 시작점이다. 그 과정은 뒤죽박죽에다 구불구불하다. 그리고 해답은, 전혀 뜻밖의 순간에 찾아올 때가 많다.

지루함을 자주 느껴보라

나는 마지막으로 지루했던 적이 언제인지 기억조차 나지 않는다.

나는 잠에서 깨자마자 휴대폰을 들고 디지털 알림을 약 먹듯 '복용'했다. 온갖 피드를 뒤적거리며 화면을 스크롤하다가 문득 어떤 깨달음을 느꼈다. 지루했던 적이 언제인지 기억도 나지 않는다는 사실을.

지루함은 이제 비디오 플레이어, 본 조비Bon Jovi의 카세트 들과 함께 과거의 유물이 되어버렸다. 아침에 잠에서 깬 채 침대에서 지루해하며 백일몽을 꾸다가 가까스로 현실에 몸을 던지려고 나서던 나날은 까마득하게 사라지고 없다. 언제부턴가 헤어숍에서 순서를 기다리는 동안 엄지손가락을 까딱거리지도, 커피숍에서 내 순서를 기다리며 낯선 이에게 말을 걸지도 않게 되었다.

나는 지루함을 피해야 할 것으로 여겼다. 지루함은 고등학교 시절 수업시간에 졸다가 선생님에게 혼났던 기억을 일깨웠다. 나에게 지루함은 불안함과 초조함, 절망을 한데 섞은 쓰디쓴 칵테일이었다. 오로지 지루한 사람만 지루해한다고 생각하며, 나는 매 순간을 온갖 활동으로 채웠다.

나 같은 사람이 나 말고도 많음을 안다. 평소 우리는 휴대폰을 들고 소셜미디어를 분주하게 오가고, 이메일을 확인하고, 보지 않던 뉴스를 놓치지 않고 본다. 20분 안에 다 해치우는 일들이다. 우리는 지루함의 불확실성보다는 이런 산만한 것의 확실성을 선호한다('나도 날 어떻게 해야 할지 모르겠지만, 굳이 그 방법을 찾고 싶진 않아'). 2017년 한 설문조사에서는 미국인의 약 80%가 "느긋이 있거나 어떤 생각을 하는 것"에 전혀 시간을 소비하지 않는다고 응답했다.[26]

드물게 평온한 순간이 오면 어쩐지 죄책감이 든다. 알림 소리가 관심 좀 달라며 100dB로 고함을 칠 때마다 빠뜨리면 큰일이라도 날 것처럼 확인한다. 이렇게 주어진 나날을 능동적이 아니라 수동적으로 보낸다. 산만함을 동원해 스스로를 진정시키면서. 이 산만함이 궁극적으로는 우리를 한층 더 나쁜 기분에 몰아넣는데도.

우리는 불을 끄기는커녕 오히려 불을 지핀다. 우리가 보내는 이메일 하나하나가 훨씬 더 많은 이메일을 부르고, 모든 페이스북 메시지와 트윗은 답글을 달 것을 가정한다. 마치 바위를 언덕 위로 영원히 밀어올려야 하는 시시포스가 당하는 고문과도 같다. 그러나 우리는 이런 고문을 지루함보다 더 좋아한다. 2014년 한 연구에서 연구자들은 대학생 참가자들을 상대로 모든 소지품을 바깥에 맡겨두고 방 안에 들어가 15분간 아무것도 하지 말고 오로지 생각만 하라고 했다.[27] 15분이란 시간은 짧지 않다. 그래서 연구자들은 인터넷에 중독된 참가자들에게 또 다른 선택권을 하나 주었다. 생각에 잠겨 있기 싫은 사람은 버튼을 눌러 자기에게 전기충격을 가할 수 있게 한 것이다. 그런데 이 실험에서 남자의 67%

와 여자의 25%가 아무런 방해도 받지 않고 가만히 생각에 잠기기보다는 스스로에게 전기충격을 가하는 쪽을 선택했다(그중 한 사람은 15분간 무려 190회의 전기충격 기록을 세웠다).

지루함은 이제 그야말로 멸종위기 상태다. 지루함이 사라지면 창의성 근육은 사용부족으로 위축되기 시작한다. 생물학자 에드워드 윌슨Edward O. Wilson은 "우리는 지혜에 굶주리며 정보에 익사하고 있다"고 했다.[28] 일부러 시간을 내어 생각하지 않는다면(즉, 잠시 멈추지 않으면, 이해하지 않으면, 신중하지 않으면) 지혜를 찾을 수도, 새로운 발상을 할 수도 없다. 문제를 신중하게 곱씹는 대신, 맨 처음 불쑥 떠오른 생각이나 해법만 고집하려 한다. 그러나 해결할 가치가 있는 문제는 즉답을 주지 않는다. 작가 윌리엄 데레즈위츠William Deresiewicz는 이를 이렇게 설명한다.

"맨 처음 떠오르는 생각은 결코 최고의 생각이 아니다. 그것은 늘 다른 누군가의 생각이며, 그 주제로 대화할 때 들어본 적 있는 생각이며, 통념에 속하는 생각이다."[29]

지루함을 느낄 때면 인생을 허비하고 있단 생각이 들곤 한다. 그러나 사실은 정반대다. 2명의 영국인 연구자는 한 논문에서 지루함을 "학습과 창의성 측면에서 핵심적이라 할 수 있는 적절한 감정"이라고 결론 내렸다.[30] 지루한 상태에 빠져들 때 우리의 뇌는 외부 세상과 연결을 끊고, 내면 세상과 연결된다. 이 마음 상태는 우리에게 알려진 가장 복잡한 도구인 뇌를 느슨하게 만드는데, 이때 뇌는 집중 모드에서 분산 모드로 전환된다. 생각이 정처없이 떠돌며 백일몽을 꿀 때, 뇌의 기본설정 네트워크(몇몇 논문에 따르면 이는 창의성 측면에서 핵심적인 역할을 수행한다)가 가동되기 시작한다.[31] 음악을 만드는 건 음과 음 사이의 침묵인 법이다.

뉴턴은 대학교에서 "가장 인기 없는 교수"였는데, 이는 "강의 도중 갑자기 창의적인 '멍때리기'를 하며 몇 분씩이나 가만히 서 있었기" 때문이었다.[32] 학생들은 그가 어서 지구의 현실로 돌아오길 바랐지만, 그는 쉽게 돌아오지 않았다. 침묵이 이어지는 동안 아무 일도 일어나지 않는 것 같지만, 실은 그렇지 않았다. 뇌는 공회전을 하는 동안에도 여전히 활발하게 작동한다.[33] 미래학자 알렉스 수정-김 방Alex Soojung-Kim Pang은 이에 대해 "허공을 멍하게 바라볼 때도 뇌는 미분방정식을 풀 때와 비슷한 양의 에너지를 소모한다"[34]고 말한다.

그렇다면 그 에너지는 모두 어디로 갈까? 맥락도 없는 주제들이 이리저리 마음을 떠도는 것처럼 보이겠지만, 잠재의식은 기억을 강화하고 연관관계를 만들어내고 새로운 것과 낡은 것을 짝지워 우아한 조합을 새롭게 만드는 등 부지런히 일한다.[35] '무의식적인 마음'이란 표현은 보이지 않는 곳에서 이렇게나 많은 일을 하는 뇌를 모욕하는 언사인 셈이다.

가만히 앉아 있을 때 우리 몸은 온갖 아이디어를 끌어모으는 막대자석으로 변한다. '깨달음Epiphany'이니 '섬광Flash of Light'이니 '천재적 발상Stroke of Genius'이니 하는 표현이 흔히 "유레카("드디어 알아냈다!")"의 순간을 묘사하는 데 자주 동원되는 이유도 여기에 있다. 아이디어는 열심히 일할 때가 아니라 느긋하게 늘어져 있을 때 마구 분출된다. 아인슈타인이 자유낙하하는 사람은 자기 무게를 느끼지 못한다는 계시를 받았을 때(이 계시는 나중에 일반상대성이론으로 이어진다) 그는 백일몽을 꾸고 있었다. 물리학자 닐스 보어Niels Bohr는 그토록 알아내려 애쓰던 원자구조를 꿈에서 생각해 냈다. 꿈에서 그는 "태양 위에 앉아 있었는데, 모든 행성이 작은 줄을 타고 태양 주위를 쉬이익 돌고 있었다."[36] 아르키메데스의 저 유명한 유레카의 순간도 그가 목욕탕에 느긋이 있을 때 찾아왔다.[37]

기업체 간부들이 일하며 좁은 샤워실에 들어가는 내용의 TV광고가 있다. 그중 하나가 "왜 샤워실에서 회의를 하는 거죠?"라고 묻자, 사장은 "글쎄, 아이디어란 집에서 샤워할 때 항상 떠오르는 법이니까요"라고 대답한다.[38] 샤워하며 아이디어를 떠올리는 순간은 실제 자주 있는 만큼 상투적인 소재로 쓰인다. 허블우주망원경의 고장 난 거울을 고치는 방법도 샤워 도중 떠올랐다. 1990년 건설된 이 고해상도 우주망원경은 주경Primary Mirror에 문제가 생겨 상이 흐리게 보였다. 문제를 해결하려면 우주비행사들이 이 망원경의 배 부분으로 깊이 들어가야만 했다. 그러나 지구의 수백 마일 상공에서 빠른 속도로 돌고 있는 인공위성을 상대로 작업을 하기란 여간 어려운 게 아니었다. 이때 NASA 소속 엔지니어 제임스 크로커James Crocker가 독일의 한 호텔 욕실에서 우연히 높이가 자유롭게 조절되는 샤워기를 보았다. 바로 이 순간이 유레카의 순간이었다. 그는 겉으론 도저히 접근할 수 없을 듯한 망원경 부품 속에 접근하는 자동화된 팔을 허블망원경에 적용하는 해법을 찾아냈던 것이다.[39]

이런 깨달음은 아무런 노력 없이 저절로 나타나는 것처럼 보인다. 그러나 사실은 그렇지 않다. 이는 오랫동안 느리게 고민한 결과다. 획기적인 돌파는 좋은 질문을 하고 해답을 찾으려 집중적으로 고민하고 여러 날, 여러 주, 심지어 여러 해 동안 장애물에 막혀 꼼짝도 못 한 채 게으름을 피우는 데서 시작된다. 관련된 연구저작물을 보면 생각의 숙성기간이

문제해결력을 한껏 높여준다는 것을 알 수 있다.[40]

페르마의 마지막 정리를 증명한 와일즈에 따르면, 꼼짝도 못 하는 상황은 "전체 과정의 한 부분"이었다.[41] 그는, 그러나 "사람들은 여기에 익숙지 않아 스트레스를 매우 많이 받는다"고 말했다. 장애물에 막힐 때면 (이런 일은 흔하게 일어난다) 일손을 놓고 마음을 느긋이 한 채 호수로 산책을 나가곤 했다는 그는 "걷는 행위는 이완 상태를 유지하는 데 매우 효과적이다. 이는 잠재의식이 일하도록 만들어주는 것이기도 하다"라고 설명했다.[42] 주전자의 물이 끓기를 기다리며 지켜보면 물은 절대로 끓지 않는다. 때로는 잠시 문제에서 벗어나야만 해답이 찾아온다.[43]

좋은 산책은 많은 과학자에게 훌륭한 문제해결 도구였다. 니콜라 테슬라는 부다페스트의 공원을 느긋이 걸으며 교류모터를 떠올렸다.[44] 다윈은 어려운 문제를 곰곰이 생각하려고 일부러 집 근처의 '모래길'이라 불리는 자갈길을 툭툭 자갈을 걷어차며 걸었다.[45] 물리학자 베르너 하이젠베르크Werner Karl Heisenberg는 늦은 밤 코펜하겐의 한 공원을 가로질러 걷다가 '불확정성 원리Uncertainty Principle'를 떠올렸다.[46] 그는 자기의 방정식이 양자입자의 운동량을 예측할 수 있지만 그 입자의 위치는 예측할 수 없다는 사실 때문에 무려 2년간이나 좌절에 휩싸여 있었다. 그러다 어느 날 밤, 문득 깨달음을 얻었다.

'나의 방정식이 아무 문제가 없는 게 아닐까? 그 불확정성이라는 것이 사실은 양자입자의 고유한 특성 아닐까?'

하이젠베르크는 그 문제를 고민하며 충분히 산책한 덕분에 조금씩 해답 속으로 걸어 들어갈 수 있었다.

몇몇 과학자는 잠재의식을 활용하려 음악으로 눈을 돌렸다. 일례로, 아인슈타인은 우주의 음악을 해독하고자 바이올린을 연주했다. 그의 한 친구는 "그는 늦은 밤, 복잡한 문제를 생각하는 동안 주방에서 즉흥적으로 멜로디를 만들면서 바이올린을 연주하곤 했는데, 그러다 갑자기 연주를 뚝 끊고는 흥분해서 '드디어 알아냈어!'라고 말하곤 했다. 음악을 연주하는 도중에 영감이라도 받았던지 복잡한 문제의 해답이 그렇게 갑자기 불쑥 그에게 나타났다"고 회고했다.[47]

수많은 창의적인 이들 역시 독창적인 사고를 자극하려고 게으름 속에서 뒹굴었다. 작가 닐 게이먼Neil Gaiman은 "아이디어는 백일몽에서 튀어나온다. 허공에 둥둥 떠다니다 어느 순간 불쑥 나타난다"고 말한다. 사람들이 어떻게 하면 작가가 되는지 묻자 그는 "지루해지세요"라고 명쾌하게 답했다.[48] 스티븐 킹 역시 이 말에 동의하며 "지루함은 창의적인 활동 과정에 교착되어 있는 사람에게 매우 좋은 것"이라고 말했다.[49]

지루함은 또 조앤 K. 롤링Joan K. Rowling이 첫 책을 낼 수 있게도 해주었다. 1990년 그녀가 타려 했던 런던행 기차가 4시간이나 지연됐다. 기차를 기다리는 동안, 그녀의 머릿속엔 이야기 하나가 "완전한 형태로 구성되어" 들어왔다. 마법학교에 다니는 어린 소년의 이야기였다.[50] 4시간의 기차 연착은 그녀에게 엄청난 축복이 됐고,《해리 포터Harry Potter》시리즈는 전 세계 수백만 독자를 사로잡았다.

어떤 의미에서 보자면 롤링은 행운아다. 스마트폰이 나오기 전이었기에 기차를 기다리는 동안 그 깨달음을 만날 수 있었을 테니까. 그때와 달리 지금은 일상에서 지루함을 적극적으로 구축해야 한다. 예를 들어, 빌

게이츠Bill Gates는 번잡한 일을 내려놓고 오로지 생각만 하는 1주간의 칩거생활 '싱크위크Think Week'를 가지려 태평양 북서부 연안의 오두막집으로 간다.[51] 나이키의 설립자 필 나이트Phil Knight도 거실에 특별한 의자를 마련해 뒀는데, 이는 백일몽을 꾸기 위한 것이다.[52]

나도 이들이 걸어갔던 길을 따라가고자 스마트폰 의존성을 과감히 깨고 오랜 세월 잊고 있던 지루함의 불꽃을 적극적으로 붙이기로 결심했다. 그러고는 리클라이너(등받이가 뒤로 넘어가는 의자 - 옮긴이)에 편안히 기대앉아 아무것도 하지 않고 오로지 생각만 하는 그런 시간(일종의 비행기 모드인 셈)을 하루 속에 의도적으로 만들기 시작했다. 또 1주에 4회, 20분씩 연필과 종이만 들고서 아무것도 하지 않은 채 사우나를 한다. 글을 쓰기에 이상한 장소 아니냐고? 맞다. 그러나 최근 가장 좋았던 아이디어 중 몇 개가 바로 이 외롭고 숨막히게 답답한 환경에서 탄생했다.

말로만 들으면 아주 간단한 것 같다. 공원 산책, 샤워, 사우나실이나 편안한 의자에서 백일몽 꾸기…. 그러나 여기엔 그 어떤 마술도 없다. 잠시 멈추고 숙고하는 시간, 즉 내면의 침묵이 이 번잡한 세상의 혼돈에 저항하는 그런 순간이 마술이라면 마술이겠다.

즉각적인 만족의 시대에 이런 습관은 어쩐지 실망스럽게 들릴 수도 있다. 그러나 창의성은 흔히 요란한 대포소리가 아니라 미묘한 속삭임으로 다가온다. 그 속삭임을 좇기에 충분한 끈기를 가져야 하며, 그것이 다가왔을 때 받아들일 만큼 예민해야 한다. 시인 라이너 마리아 릴케Rainer Maria Rilke는, 만일 당신이 어떤 질문을 충분히 오래 끌어안고 삭혔다면 "언젠가 자기도 알아차리지 못하는 사이에 그 질문에 대한 해답 속으로

점점 녹아들어가 있을 것"이라고 했다.[53]

지루함을 느낀 다음에는 데이터를 활용하겠다거나 무언가 '생산적인' 어떤 것을 하겠다는 유혹에 저항해야 한다. 지루함이야말로 당신이 할 수 있는 것들 가운데 가장 생산적인 것이다.

지루함은 이 말고도 또 다른 효과를 발휘한다. 극단적으로 다른 2개의 사물(예를 들면, 사과와 오렌지) 사이에 어떤 연관성을 자유롭게 만들어내는 게 바로 지루함이다.

사과와 오렌지 비교하기

중학교 때 영어를 배우기 시작한 이후, 나는 영어의 많은 관용구가 당혹스러웠다. 그중 으뜸이 '사과와 오렌지 비교(영어 표현에서는 이것이 '전혀 상관없는 것들의 비교'란 뜻이다-옮긴이)'다. 대학에서 처음 그 관용구를 들었을 땐 이게 무슨 소리인가 싶었다. 나는 사과와 오렌지 사이에는 다른 점보다 같은 점이 더 많다고 생각했다. 둘 다 과일이고, 둥글고, 약간 톡 쏘는 맛이 나며, 크기가 비슷하고, 나무에서 자란다.

NASA 아메스연구센터Ames Research Center의 스콧 샌퍼드Scott Sanford는 이 비교를 한 걸음 더 밀고 나갔다. 그는 적외선 분광법을 이용해 그래니스미스 품종의 사과와 네이블 오렌지를 비교, 이 둘의 스펙트럼이 매우 비슷하다는 사실을 입증했다. 웃음기를 풍기는 제목의 논문 〈사과와 오렌지: 하나의 비교Apples and Oranges: A Comparison〉는 〈있을 법하지 않은 연

구《*Improbable Research*》란 제목의 풍자적인 과학잡지에 발표되었다.[54]

사과와 오렌지 사이에는 비슷한 점이 많은데도 그 관용구는 널리 쓰인다. 겉보기에 다르거나 전혀 관련 없는 것들 사이에서 연관성을 찾는 데 우리가 서툴기 때문일 것이다. 우리는 일과 일상에서 모두 사과를 사과와, 오렌지를 오렌지와 비교하는 데만 자기를 가두어놓는다.

요즘에는 전문화가 대세다. 영어권에서 다방면에 박학다식한 사람을 가리켜 남자는 '잭Jack', 여자는 '질Jill'이라고 부르지만, 이들은 그 어떤 분야에서도 통달의 경지에 오른 장인은 아니다. 그리스인은 "모든 것을 다 아는 사람은 빈집에 산다"고 경고한다.[55] 한국인은 재주 많은 사람이 저녁을 굶는다고 믿는다.[56] 이런 태도에는 대가가 따른다. 이는 서로 다른 분야의 생각이 교류하는 것을 가로막는다. 사람들은 문과든 이과든 자기가 속한 트랙에만 머물며, 다른 트랙에 있는 사람의 생각이나 개념에는 마음의 문을 닫아버린다. 이런 식이다.

"난 영어를 전공하는데 양자이론은 알아서 뭐 해?" "난 엔지니어인데 호머의《오디세이Odyssey》를 읽어야 해?" "난 의과대학에 다니는데 시각예술을 공부할 필요가 있을까?"

이 중 맨 마지막 의문을 연구주제로 삼은 연구자들이 있었다.[57] 이들은 의과대학 1학년 학생 36명을 무작위로 두 집단으로 나누었다. 한 집단에게는 필라델피아미술관에서 미술작품을 관찰하고 묘사하고 해석하는 강의 6개를 듣게 한 다음, 그런 강좌를 듣지 않은 통제집단과 이들을 비교했다. 이 실험을 시작할 때와 마칠 때 치른 2회의 시험성적을 놓고 볼 때, 미술훈련을 받은 집단은 통제집단에 비해 관찰력(예를 들어, 망막

질환 사진의 판독능력)이 상당한 수준으로 개선되었다. 이 결과를 놓고 연구자들은 "의대생은 미술훈련만으로도 더 나은 임상관찰자가 되는 데 도움을 받을 수 있다"고 주장했다.[58]

인생이 분할된 칸막이 안에서만 펼쳐지는 것이 아님은 이미 잘 아는 사실이다. 비슷한 것들을 놓고 비교해 봐야 배울 건 별로 없다. 생물학자 프랑수아 자코브François Jacob는 "창조한다는 건 새롭게 결합하는 것"이라고 했다.[59] 그로부터 수십 년 뒤 스티브 잡스도 사실상 똑같은 말을 했다.

"창의성은 사물들을 그저 연결해 주는 것이다. 창의적인 사람은 어떻게 그런 일을 했느냐는 물음에 약간 죄책감을 느낀다. 어떤 것을 실제로 한 게 아니라 그저 보았기 때문이다. 이들은 다른 이보다 더 많은 경험을 했거나 혹은 자기 경험에 대해 더 많은 생각을 했을 뿐이다.[60]

즉, 여러 개의 상자가 있을 때 "상자 밖에서 생각하는 것"이 더 쉽다는 것이다. 아인슈타인은 이런 아이디어를 '조합놀이'라고 부르며, 이것이 야말로 "생산적인 사고의 본질적인 특성"이라고 믿었다.[61] 조합놀이가 요구하는 것은 바로 전혀 다른 발상들이 한데 뒤섞인 것을 받아들이고, 다름 속에서 비슷함을 바라보며, 사과와 오렌지를 조합하고 또 재조합해서 새로운 과일을 만들어내는 것이다. 이런 접근법을 채택할 때 "전체는 각 부분의 합보다 양적으로 많아질 뿐 아니라 질적으로도 전혀 다른 것이 된다"고 물리학자 필립 앤더슨Philip Anderson은 설명한다.[62]

유명 과학자들은 자기가 하는 작업이 타 분야와 잘 교류하도록 다양한 취미과 관심거리를 개발한다. 예를 들어, 갈릴레오는 성능 좋은 망원경 없이도 그림 그리기 훈련 덕에 달 표면의 밝은 부분과 어두운 부분이 무엇을 의미하는지 잘 알게 되었고, 이로써 달 표면의 산과 평야를 구분할 수 있었다.[63] 다빈치가 미술과 기술 분야에서 보여준 영감은 자연에서 비롯된 것이었다. 그는 "송아지의 태반, 악어의 턱, 딱따구리의 혀, 안면근육, 달빛, 그림자의 가장자리 부분" 등 매우 다양한 주제를 놓고 공부했다.[64] 아인슈타인은 시공간의 절대적 성격에 대해 최초로 의문을 제기했던 18세기 스코틀랜드 철학자 데이비드 흄David Hume에게서 일반상대성이론의 영감을 얻었다. 1915년 12월 아인슈타인은 어떤 편지에서 "이런 철학공부를 하지 않았다면 내가 그 이론을 발견하지 못했을 가능성이 매우 크다"라고 썼다.[65] 아인슈타인은 조합놀이에 푹 빠져 있던 사람들이 스위스의 베른에서 만나 물리학과 철학을 토론하던 올림피아 아카데미Olympia Academy라는 모임에서 흄의 저작을 처음 접했다.

다윈은 진화론을 완성해 나가면서 2개의 전혀 다른 분야에서 영감을 받았다. 바로, 지질학과 경제학이었다. 찰스 라이엘Charles Lyell은 1830년대 〈지질학원리Principles of Geology〉에서 산, 강, 계곡은 아주 오랜 세월 바람과 비가 대지를 깎아내는 진화과정을 거쳐 느리게 형성된다고 주장했다. 라이엘의 이 이론은 산, 강, 계곡이라는 지질학적 특성이 순전히 재앙적인 사건이나 초자연적인 사건에서 비롯됐다고 보던 통념을 뒤집는 것이었다.[66] 다윈은 비글호를 타고 탐사항해를 하는 동안 라이엘의 책을 읽었으며 라이엘의 지질학적 발상을 생물학에 적용했다. 데이비드 머레이는 다윈이 다음과 같이 주장했다고 설명한다.

"유기물은 비유기물처럼 진화한다. 각 세대마다 아주 작은 변화가 일어나고, 이것이 오랜 세월에 걸쳐 쌓이고 쌓여 눈이나 손, 날개와 같은 새로운 생물학적 부속기관이 생겨난다."[67]

다윈은 또한 경제학자 토머스 맬서스Thomas Malthus에게서도 영감을 얻었다. 맬서스는 인구가 식량 같은 자원이 감당할 수 있는 규모보다 더 크게 늘어나 사람들 사이에 생존경쟁이 벌어진다고 주장했다. 다윈은 이 경쟁이 진화의 추진력이 된다고 믿었다. 경쟁 속에서 환경에 가장 잘 적응한 종만이 살아남는다고 믿었던 것이다.[68]

조합놀이는 위대한 음악가의 특징이기도 하다. 유명 음반제작자인 릭 루빈Rick Rubin은 소속 밴드에게 앨범작업 도중 인기 있는 음악을 듣지 말라고 주문한다. 그는 "최신 빌보드차트를 들여다보느니 세계에서 가장 위대한 미술관에서 영감을 얻는 게 더 낫다"고 말한다.[69] 일례로, 헤비메탈그룹 아이언 메이든Iron Maiden은 셰익스피어-역사-헤비메탈 등 전혀 어울릴 것 같지 않은 요소들을 조합해 음악으로 엮는다. 역사상 가장 위대한 록 음악 중 하나로 꼽히는 퀸의 '보헤미안 랩소디Bohemian Rhapsody'는 시작과 끝을 수놓은 발라드가 중간의 하드록과 오페라를 감싸도록 해 마치 음악 샌드위치처럼 느껴진다.

가수 데이비드 보위David Bowie 역시 뒤섞기의 달인이었다. 그는 맞춤 제작된 '버베사이저Verbasizer'란 컴퓨터프로그램을 이용해 작사를 했다.[70] 보위가 제각기 다른 출처(신문기사, 저널항목 등)에서 뽑아낸 문장을 버베사이저에 넣으면 버베사이저가 이를 하나로 섞고 깎고 다듬어 가사를 만들었다. 보위는 "그 결과물은 의미와 주제, 명사와 동사 등 모든 것이 서로 뒤섞이고 녹아들어간, 그야말로 하나의 만화경 같다"고 설명했다.

조합놀이는 또한 수많은 획기적인 돌파술을 낳았다. 래리 페이지Larry

Page와 세르게이 브린Sergey Brin은 학술계의 한 아이디어를 검색엔진에 적용해(학술논문의 인용횟수는 그 논문이 얼마나 인기 높은지 알려준다) 구글 신화를 창조했다. 스티브 잡스가 캘리그라피에서 빌린 아이디어로 복수의 활자체와 가변글꼴을 만들어 매킨토시에 적용한 것은 유명한 사실이다. 넷플릭스의 창업자 리드 헤이스팅스Reed Hastings는 다니던 체육관의 정기등록 권유 모델("1달에 30~40달러(약 3만 3,000~4만 4,000원)를 내면 언제든 시설을 사용할 수 있으니 많은 이용 바랍니다")에서 영감을 얻었다.[71] 그는 영화 〈아폴로 13 Apollo 13〉 비디오를 빌려본 뒤 제때 반납하지 않아 연체료를 내야 했던 적이 있는데, 이때의 좌절감을 떠올리면서 체육관의 그 모델을 자신의 비디오 대여사업에 적용하기로 결심했다.

나이키의 제1호 운동화는 어느 평범한 가전제품의 한 부분을 모델로 삼아 만든 것이다.[72] 1970년대 초 오리건대학교 육상부 감독이던(그리고 장차 나이키의 공동창업자가 될) 빌 바우어만Bill Bowerman은 다양한 지면에서 언제나 좋은 기능을 발휘하는 운동화를 찾고 있었다. 당시 바우어만이 지도하던 선수들은 금속제 스파이크가 달린 운동화를 신었는데, 이는 적절한 마찰력이 부족한 데다 활주로 지면을 모두 파손시켰다.

어느 일요일 아침, 아침식사를 하던 바우어만의 갈 곳 없던 시선이 와플 굽는 틀에 닿았다. 순간, 그는 그 틀의 문양을 운동화에 적용하면 스파이크가 필요 없겠다고 생각했다. 그는 와플 틀을 들고 작업장으로 쓰던 차고에 가 주형을 만들기 시작했다. 이 실험에서 나온 운동화가 바로 접지력이 월등해 어떤 활주면에든 짝짝 들러붙는 혁명적 운동화 '나이키 와플 트레이너 Nike Waffle Trainer'다. 바우어만의 주방에 있던 그 와플 굽는 틀은 지금 나이키 본사에 고이 전시되어 있다.

이런 사례들이 보여주듯이, 한 산업 분야에서의 혁명은 다른 분야의 아이디어에서 시작될 수 있다. 대부분의 경우, 아이디어가 완벽하게 들어맞진 않는다. 그러나 단순히 비교하고 조합하는 행위 자체가 새로운 갈래의 온갖 아이디어를 끌어내는 불꽃이 되는 건 분명하다.

여러 대상 사이의 비슷한 점을 보지 못하면 여러 아이디어를 하나로 묶을 수 없다. 생물학자 토머스 헉슬리Thomas H. Huxley는 《종의 기원On the Origin of Species》을 읽은 뒤 "그런 생각을 하지 못했다니, 이렇게 멍청할 수가!"라고 한탄했다.[73] 사과와 오렌지의 연관성은 명백해 보인다. 그러나 이 명백함은 그 모든 것이 밝혀진 다음에야 확인되는 것이다. 다윈이 살던 시대에 생물 종을 연구한 사람은 많았다. 다윈에게 영감을 준 경제학자 맬서스와 지질학자 라이엘의 책을 읽은 사람도 많았다. 그러나 생물 종을 연구하고 맬서스의 책과 라이엘의 책을 읽고서 그 세 분야의 연결점을 만들어낸 사람은 드물었다.

사과와 오렌지를 연결하려면 먼저 이것들을 수집해야 한다. 수집목록이 다양할수록 거기서 나오는 결과물은 그만큼 더 흥미진진해진다. 당신이 전혀 모르던 분야의 책이나 잡지를 읽어라. 당신의 분야와 전혀 상관없는 분야의 컨퍼런스에 가보라. 당신과 전공도, 배경도, 관심사도 다른 사람을 가까이 하라. 이들과 잡담만 나눌 게 아니라 "요새 가장 관심 있는 주제는 뭔가요?"라고 물어라. 어떤 문제를 놓고 고민하다가 교착 상태에 빠졌다면, "내 고민거리와 같은 문제에 직면했던 산업이 있는가?"를 생각해 보라. 예를 들어, 요하네스 구텐베르그Johannes Gutenberg는 인쇄술 문제에 봉착하자 다른 산업에 눈을 돌렸다. 와인 제조업, 올리브오일 생산업 등이었는데, 그 산업에서는 주스와 오일을 추출하기 위해 압착기를 사용했다. 구텐베르크는 이와 동일한 개념을 가져와 유럽에 매스컴의 시대를 열었다.

〈토이 스토리Toy Story〉〈니모를 찾아서Finding Nemo〉 등 수많은 히트작을 낸 창의적인 영화사 픽사에서 어떤 단서를 찾아보자. 픽사는 전문성을 높일 목적으로 회사 내에 '픽사대학교Pixar University'란 프로그램을 마련, 직원들에게 1주에 최대 4시간까지 강좌를 듣길 권장한다. 여기서 진행하는 강좌에는 그림 그리기, 조각하기, 저글링, 즉흥 연주, 밸리댄스 등이 있다.[74] 영화 제작과 직접 관련은 없는 강좌지만, 픽사는 창의적 아이디어란 전혀 나오지 않을 듯한 곳에서 나온다는 걸 잘 안다. 사과와 오렌지를 꾸준히 수집하면서 이것들과 함께 시간을 보낸다면 머지않아 새로운 과일에 대한 아이디어가 마구 쏟아질 것이다.

조합놀이의 원리는 아이디어에만 적용되는 게 아니라 사람에게도 적용된다. 제각기 다른 분야에 있는 사람들이 한데 섞일 때, 비로소 시너지가 난다.

'고독한 천재'라는 잘못된 신화

"이 로버들은 너무 복잡해서 아무도 그것을 온전히 이해하지 못한다."
화성표면탐사로버 프로젝트의 연구책임자 스티브 스퀘어스 교수가 했던 이 말이 이상하게 들릴지 모른다. 그는 그 프로젝트의 두 로버를 생각해 내고, 여기에 탑재할 도구들을 고안하고, 또 이 로버들을 화성에서 조작하는 임무를 맡은 팀을 이끌었다. 심지어 이런 그에게도 그 2대의 로버는 "한 사람이 모든 것을 완전히 이해하기엔 너무 복잡했다."

우리는 흔히 작업실에서 홀로 고군분투하는 고독한 천재를 떠올린다. 와플 틀을 놓고 씨름하는 바우어만, 아버지 집의 차고에서 애플컴퓨터를 최초로 만들었던 잡스가 그렇다. 그 모습은 위대한 이야기를 만들어내지만, 대부분의 이야기가 그렇듯 실상을 오해하게 만들기도 한다.

최고의 창의성은 완벽한 고립 상태에서 나타나지 않는다. 획기적인 돌파에는 협력이 필수적이다. 뉴턴이 "내가 더 멀리 봤다면 그건 내가 거인들의 어깨 위에 서 있었기 때문"이라고 했던 말은 무척 유명하다. 그 거인들은 각자 자기만의 사과와 오렌지를 놓고서 다양한 관점으로 접근해 그것들을 비교하고 연결하며 총체적인 실체를 파악한다.

기업가이자 작가인 프랜스 요한슨Frans Johansson은 이런 현상을 '메디치 효과Medici Effect'라고 부른다. 이는 15세기 창의성이 폭발하던 시기의 상황을 일컫는 표현이다. 당시 부유한 메디치가문은 과학자, 조각가, 철학자 등 제각기 다른 삶을 살며 높은 성취를 기록한 이들을 플로렌스로 불러들였다. 이들이 서로 연결되면서 새로운 아이디어가 활짝 꽃을 피웠고 르네상스로 나아가는 길이 닦였다(프랑스어로 '르네상스'는 '재탄생'을 뜻한다).[75]

화성탐사 프로젝트는 유능한 과학자와 엔지니어 들을 불러들여 그 프로젝트에 협력하게 함으로써 메디치효과를 발생시켰다. 이 두 부류는 우주탐사에서 보통 동일한 범주로 묶이지만, 사실은 서로 완전히 이질적인 종족이다.[76] 과학자는 이상적인 진리를 추구하며 우주의 작동원리를 이해하려 하지만, 엔지니어는 훨씬 실용주의적이다. 엔지니어는 과학자의 비전을 실행할 하드웨어를 설계하는 한편, 한정된 예산과 빡빡한 일정 같은 현실적인 문제들과 씨름한다.

서로 다른 극이 언제나 서로를 끌어당기진 않는다. 프로젝트를 수행할 때마다 "이상적이고 비실용적인 과학자들"과 "고집스럽고 실용적인 엔지니어들" 사이에는 매번 긴장감이 감돈다고 스퀘어스는 썼다. 일이 잘 풀릴 땐 이 긴장이 창의적인 춤이 되어 양쪽 모두 최상이라고 인정할 만한 결과가 나온다. 그러나 일이 잘 풀리지 않을 땐 그 긴장이 "협력을 마지막 하나까지 부식시킨다."[77]

이 협력관계가 제대로 작동하게 만드는 열쇠가 조합놀이다. 과학자는 공학(엔지니어링)에서 배우고, 엔지니어는 과학에서 배운다. 이런 접근이 스퀘어스에게는 무엇보다 중요했다. 그는 이렇게 설명한다.

"당신이 우리의 전략회의에 들어왔다고 치자. 그 방에는 10여 명의 과학자와 10여 명의 엔지니어가 모여 회의를 한다. 당신은 그 자리에 1시간 넘게 앉아 있다 해도 그들 중 누가 과학자이고, 누가 엔지니어인지 가려내지 못할 것이다."

그 팀의 두 집단은 서로의 언어와 목표에 정통한 채 워낙 잘 섞여 있어서, 그 차이가 거의 느껴지지 않는다.

오늘날의 작업환경이 이런 식의 혼합에는 이상적이라고 생각할지 모른다. 열린 사무실의 한 칸을 차지하고 앉아 이메일이나 메신저 등의 상시접속 인터넷기술을 이용해 타인과 연결되는 현대의 노동자들은 대부분 서로 끊임없이 협력한다. 어쩌면 현대적인 유형의 새로운 르네상스가 시작되는 시점이 바로 지금일지도 모른다.

그러나 그 속도가 그렇게 빠르지는 않다. 한 연구에서 연구자들은 참가자들을 세 집단으로 나누고, 각 참가자에게 어려운 문제 하나를 풀어보라고 했다.[78] 첫 번째 집단은 완전히 고립된 환경에서 문제를 풀게 했고, 두 번째 집단은 참가자들이 서로 소통하면서 풀게 했으며, 세 번째 집단은 고립과 소통 양쪽을 오가게 했다. 가장 높은 점수를 기록한 집단은 세 번째였다. 연구자들은 이를 두고 "소통을 간헐적으로 중단시킬 때 해당 집단의 집단지성이 개선된다"라고 평가했다.[79] 고립과 소통이 주기적으로 반복될 때 해당 집단의 평균점수는 높아졌고, 해당 집단은 최상의 해법을 더 자주 찾아냈다. 중요한 점은, 동일한 집단 내의 성적 낮은 사람과 성적 높은 사람이 간헐적인 소통에서 이득을 얻었다는 점이다. 이는 학습이 양방향으로 진행됨을, 즉 한 사람의 결론이 다른 사람에게는 추가로 고려해야 하는 변수가 됨을 뜻한다.[80]

오늘날 대부분의 작업환경은 두 번째 집단, 즉 끊임없이 소통하는 '창의성의 차선책' 집단과 비슷하다. 연구에 따르면, 연결이 중요하긴 하지만 이것 말고 숙고를 위한 고립 역시 중요하다. 이 과정은 당혹스러울 수 있다. 아시모프는 "어떤 사람에게나 좋은 아이디어 하나에 100가지 혹은 1만 가지 어리석은 아이디어가 있다"[81]고 했다.

사람들은 혼자 통찰을 연마하고, 모여서 그 통찰을 나눈 후, 다시 혼자로 돌아가야 한다. 이렇게 고독의 주기와 협력의 주기가 반복되어야 한다. 이 패턴은 앞서 살펴보았던 지루함과 집중의 주기와 비슷하다.

창의성을 높이는 문제에 관한 한 '인지다양성Cognitive Diversity', 즉 자기 내면의 과학자 버전과 엔지니어 버전을 뒤섞는 것은 반드시 필요하다. 그러나 흔히 간과되는 인지다양성의 또 다른 차원이 있다.

초보자의 마음으로

1860년대 누에를 위협하는 질병이 발생하자 프랑스의 비단산업은 위기를 맞았다. 화학자 장 바티스트 뒤마Jean-Baptiste Dumas는 제자 파스퇴르에게 이 문제를 해결해 보라고 권했다. 파스퇴르는 지금껏 한 번도 누에를 다뤄본 적이 없다며 망설였다. 그러자 뒤마는 "그래서 자네가 적격이라는 걸세"라고 말했다.[82]

사람들은 대부분 뒤마처럼 하지 않는다. 본능적으로 파스퇴르 같은 아마추어의 의견을 무시한다.

"그들은 자기가 무슨 말을 하는지도 몰라." "그들은 해당 사안과 관련된 회의에 한 번도 참석한 적이 없어." "그들에겐 관련 학력이나 경력도 없어." "그들에게 도무지 어울리는 환경이나 상황이 아니야."

그러나 정확히 바로 이런 이유로 외부자의 의견은 중요한 가치가 있다.

뒤마의 대답이 암시하듯이 제1원리 사고는 흔히 전문성과 배치된다. 정체성이나 봉급이 기존 상황에 좌우되는 내부자와 달리, 외부자는 아무 이해관계가 없다. 통념에 휘둘리지 않을 때 이를 훨씬 잘 무시할 수 있다. 예를 들어, 전 세계 대륙이 원래 한 덩어리였다가 시간이 지나며 여러 개로 쪼개졌다고 하는 '대륙이동설'을 놓고 생각해 보자. 이 이론은 지질학에서 보자면 외부자인 기상학자 알프레드 베게너Alfred Wegener가 처음 내놓은 발상이다.[83] 대륙이동설이 처음 제기됐을 때, 대륙들은 처음부터 떨어져 있었고 움직이지 않았다고 생각하던 지질학자들은 이 이론이 터무니없다며 일축했다. 지질학자 토머스 체임벌린은 내부자들의 총체적인 정서를 다음과 같이 요약했다.

"베게너의 가설을 믿으려면, 지난 70년간 배웠던 모든 것을 잊고 완전히 새로 시작해야 한다."[84]

베게너의 이론이 내부자들의 평판을 근본적으로 무너뜨릴 테니, 기존 의견을 고수할 수밖에 없다는 말이었다. 비슷한 이유로, 천문학자 요하네스 케플러Johannes Kepler가 행성이 원형이 아닌 타원궤도를 따라 공전한다는 것을 발견했을 때 갈릴레오는 멈칫했다. 천체물리학자 마리오 리비오Mario Livio는 "갈릴레오는 궤도란 완벽히 대칭적이어야 한다는 고대의 미적 이상에 여전히 갇혀 있었다"고 보았다.[85]

아인슈타인의 성공비결은 다른 물리학자를 구속했던 감옥에서 탈출한 데 있었다. 특수상대성이론에 대한 논문을 발표했을 때, 그는 스위스의 한 특허사무소에 근무하는 무명의 서기였다. 기존 물리학계의 외부자로서 그는 이 분야의 총체적인 지식(시간과 공간을 절대적인 것으로 여기던 뉴턴의 관점에 기반한 지식)을 자유롭게 훌쩍 뛰어넘을 수 있었다. 특수상대성이론을 담은 그의 혁명적 논문 〈운동하는 물체의 전기역학에 대하여Zur Elektrodynamik bewegter Körper〉는 전형적인 물리학 논문과 닮은 구석이 전혀 없었다. 이 논문은 불과 몇 명의 과학자만 인용했으며 기존의 연구 저작은 사실상 거의 인용하지 않았는데, 이는 학계의 관행을 완전히 무시하는 것이었다.[86] 아인슈타인에게 혁명을 창조한다는 건 과거의 연구 저작에 매이지 않고, 점진적인 개선을 훌쩍 뛰어넘는다는 뜻이었다.

다른 사례도 널려 있다. 일론 머스크는 뒤늦게 로켓과학에 뛰어들었다. 제프 베이조스는 금융계에서 유통업으로 왔으며, 리드 헤이스팅스는 소프트웨어 개발자였다가 넷플릭스를 창업했다. 기존 산업의 대부분을 부숴버린 이들은 기존 산업의 바깥에 있었기에 문제를 더 잘 볼 수 있었고, 그 산업에서 통용되는 방법론이 구닥다리임을 알아차렸다.

선불교에서 이 원리는 초보자의 마음, 즉 '초심初心'이라고 한다.[87] 선禪을 가르치는 교사인 스즈키 순유鈴木俊隆는 "초보자의 마음에는 많은 가능성이 열려 있지만, 전문가의 마음에는 거의 없다"라고 썼다.[88] 나이키의 블로버스터급 광고를 맡은 광고업체 위든＋케네디Wieden+Kennedy가 직원들에게 날마다 "바보의 마음으로" 출근해 초보자의 관점으로 문제에 접근하라고 권하는 이유도 바로 여기에 있다.

억만장자 작가를 만들어낸 주인공도 초보자였다. 조앤 롤링이《해리포터》의 원고를 들고 출판사들을 돌아다녔지만 모두가 퇴짜를 놓았다. 다들 출판할 가치가 없다고 했다. 그러다 블룸스버리출판사의 대표인 나이젤 뉴턴Nigel Newton의 책상에 수도 없이 거절당한 롤링의 원고가 놓였고, 그는 거기서 경쟁자들이 놓쳤던 잠재력을 발견했다.[89]

어떻게 그럴 수 있었을까? 비밀은 바로 8살배기 책벌레인 딸 앨리스였다.[90] 뉴턴이 그 원고의 샘플을 앨리스에게 건넸는데, 앨리스가 단숨에 읽어치우고는 "아빠, 이 책은 다른 어떤 책보다 좋아요!"라며 나머지 부분을 더 달라고 졸라댔던 것이다. 딸의 반응을 보고 확신을 가진 뉴턴은 롤링에게 그 소설의 선인세로 그다지 많지 않은 2,500파운드(약 400만 원) 수표를 써주었다. 뉴턴이 《해리 포터》 시리즈로 엄청난 돈을 벌어들일 수 있었던 건, 이렇듯 출판업 바깥에 있지만 타깃 독자층인 딸의 의견을 기꺼이 수용한 덕이었다.

물론 모든 독창적 아이디어가 초보자에게서 나온다는 말은 아니다. 오히려 그 반대다. 전문성은 아이디어 창출에 중요하지만, 전문가가 완벽히 고립된 채 일해선 안 된다. 고독한 천재란 신화는 깨져야 한다. 전문가는 타인과의 간헐적 협력, 특히 아마추어나 초보자와 협력해 가면서 일하는 걸 반겨야 한다.

사고실험을 하는 데는 천재성도 지식도 필요 없다. 사과와 오렌지를 수집하겠다는 열망, 잠재의식이 그것들을 비교해 가며 연결하는 동안 지루함을 견디며 앉아 있을 수 있는 인내심, 그렇게 해서 나온 새로운 과일을 기꺼이 다른 사람들, 즉 자신의 엔지니어팀에 속한 과학자에게든 8살 딸에게든 보일 수 있는 의지만 있으면 된다.

이제 우리는 사고실험을 한층 더 편안한 마음으로 대할 수 있게 됐다. 바로 지금이 상상력의 볼륨을 높이고 달을 향해 손을 뻗기 시작할 때다.

앨리스: 불가능한 것을 믿을 순 없잖아요.

화이트퀸: 네 나이 때 나는 하루에 30분씩은 꼭 연습했어. 때론 아침을 먹기도 전에 6가지나 되는 불가능한 일을 믿곤 했단다.

ㅡ《거울 나라의 앨리스*Through the Looking-Glass*》중에서

찰스 니모Charles Nimmo는 아무래도 적합한 실험 참가자가 아닐 것 같았다.[1] 뉴질랜드의 리스턴이란 작은 시골마을에서 양을 치는 니모는 아직 세상에 알려지지 않은 비밀스러운 물체의 비행 프로젝트에 참가하겠다고 지원했다. 그전에 캘리포니아와 켄터키에서 각각 진행된 시험비행 도중 많은 이가 그 물체를 UFO로 오인하는 소동이 벌어졌다. 심지어 CNN이 이 물체를 포착했고, 지역신문도 이 사실을 대서특필했다. 일례로, 〈애팔래치안뉴스익스프레스*Appalachian News-Express*〉는 "하늘에 나타난 수수께끼의 물체, 사람들의 눈을 사로잡다"라고 보도했다.[2]

니모는 많은 사람이 당연시하는 기술인 '고속인터넷'에 접근하지 못하는 40억 명 넘는 이들 중 하나였다. 인터넷은 전력망만큼이나 혁명적이다. 일단 접속하기만 하면 삶의 수준을 높인다. 영국의 다국적 컨설팅

기업 딜로이트에서 수행한 연구조사는, 아프리카와 라틴아메리카, 아시아에 안정적인 인터넷 접속망이 갖추어지기만 하면 "전 세계 GDP가 2조 달러(약 2,200조 원) 이상 추가될 것"이라고 전망했다.[3] 인터넷 접속은 사람들을 가난에서 구제하고 목숨을 살리며, 또 니모 같은 양치기에게 결정적으로 중요한 날씨정보를 제공한다. 직업상 니모는 양들의 털이 언제 깎기 좋은지 알아야 한다.

세상을 값싸고 안정적인 인터넷망으로 환하게 밝히기란 쉽지 않다. 위성인터넷은 비싸기도 하거니와 신호가 약하고 전송속도도 느리다. 지상에 있는 기지국은 흔히 서비스범위가 제한적이어서 인구밀도가 낮은 시골에서는 경제적 가치가 없다. 심지어 뉴질랜드를 비롯한 여러 선진국에서조차 그렇다. 험준한 산이나 밀림 같은 만만찮은 지리적 여건 역시 기지국에서 보내는 신호가 목표지점까지 다다르지 못하도록 방해한다.

니모는 전 세계 많은 지역에서 '인터넷 블랙아웃(정전)'을 해소하려는 대담한 프로젝트의 첫 번째 참가자였다. 이 프로젝트는 과거 '구글 엑스'로 알려졌던 회사 '엑스x'의 작품이다. 베일에 가려졌던 이 회사는 획기적인 돌파구가 될 수 있는 기술을 연구하고 개발하는 데 전력을 기울인다. 엑스는 구글을 위해 혁신하지 않는다. 엑스는 차세대 구글이다.

인터넷 접속성 문제를 해결하기 위해 '엑서xer(엑스의 직원)'들은 터무니없는 사고실험 하나를 고안했다.

"만약에 풍선을 사용하면 어떨까?"

그들은 테니스코트 크기의 거대한 해파리 모양 풍선이 약 18km 상공에 비가 오나 눈이 오나 둥둥 떠 있는 것을 상상했다. 이 풍선들은 각각

폴리스틸렌 상자 안에 컴퓨터를 싣고 있는데, 이 컴퓨터는 태양에너지를 전원으로 삼아 인터넷신호를 지상에 쏘아줄 터였다.

다소 원시적인 기술! 풍선이 왜 갑자기 나오는지 어리둥절할지 모르겠다. 어쨌거나 풍선은 로켓과학이 아니니까. 하지만 엑스의 직원이던 누군가는 "거대한 풍선은 로켓과학보다 더 어렵다"고 말한다. 풍선은 바람에 쉽게 떠밀려서 올바른 바람의 흐름을 타려면 범선처럼 키로 조종해야만 한다. 또한 끊임없이 둥둥 떠다니므로 안정적인 인터넷 연결을 확보하는 것 역시 어렵다.

이 문제에 대한 엑스의 해법은 '데이지체인Daisy Chain(시스템에 접속할 때 고구마줄기 모양으로 연결해 나가는 방식 – 옮긴이)'처럼 함께 작동하고 안정적인 연결성을 보장하는 풍선들의 네트워크를 만드는 것이었다. 풍선 하나가 날아가면 다른 풍선이 그 자리를 대신하는 식이다. 이 풍선들은 몇 달간 하늘에 떠 있다가 나중에 회수한 다음 재활용할 수 있었다.

이 '미치광이 같은Loony'프로젝트에는 미치광이 같은 이름이 붙었다. 바로 '룬 프로젝트Project Loon'였다. 룬 풍선들은 니모가 인터넷 접속을 하게 해주고, 그 외 다른 임무를 수행한 다음 약 4,828km 이상 지구의 상공을 날았다. 2017년 대홍수가 페루를 덮쳤을 때는 구조활동에 나섰다. 홍수로 수십만 명의 삶이 황폐해지고 전국 통신망이 마비된 상태에서, 룬 프로젝트는 72시간 만에 가동을 시작해 페루인 수만 명이 인터넷에 접속할 수 있게 했다.[4] 그해 허리케인 마리아가 푸에르토리코를 황폐하게 만들었을 때도 룬은 가장 큰 피해를 입은 지역에 도움을 뿌려댔다.[5]

룬은 '문샷', 즉 거대한 문제에 급진적 해결책을 제공하는 획기적인 기술이었다. 이번 장에서는 룬처럼 대담한 프로젝트를 실현시키는 문샷 사고의 힘을 살펴본다. 역사상 가장 위대한 업적 가운데 몇몇의 뿌리가 문샷 사고에 있던 이유를 탐구하고, 벌이 아니라 파리처럼 행동해야 하는 이유, 쥐가 아니라 영양을 사냥해야 하는 이유를 찾는다. 단어 하나를 어떻게 사용해야 창의성을 강화하는지, 대담한 목표를 향해 나아갈 때 맨 먼저 무엇을 해야 하는지, 미래로 나아가는 길을 그릴 때 한 걸음 뒤로 물러서야 하는 이유가 무엇인지도 이야기한다.

우리는 문샷의 종족이다

달은 지구가 존재한 뒤로 긴 시간을 우리와 함께한, 인류의 가장 오랜 친구다. 작가 로버트 커슨Robert Kurson이 쓴 것처럼 달은 "밀물과 썰물을 제어해 왔고, 길 잃은 이에게 길을 안내해 왔고, 수확물을 환하게 비춰 왔고, 시인과 연인 들에게 영감을 불어넣어 왔고, 아이들과 대화를 나누어 왔다."[6] 그리고 우리 조상들이 처음 고개를 들어 하늘을 바라본 뒤로, 달은 지구를 넘어 그곳에 한번 가보고 싶다는 인류의 본능을 자극하면서 우리를 감질나게 했다. 그러나 인류가 존재한 대부분의 시간 동안 그 바람은 그저 우리의 손이 닿지 않는 문샷으로만 남아 있었다.

케네디 대통령이 달에 유인우주선을 보내겠다는 연설을 했을 때, 그 바람은 그저 기적을 기대하는 막연한 것이었다. 아폴로계획의 우주비행사 유진 서난Eugene Cernan이 회고했듯이, 케네디는 자기 조국에게 "나를 포함한 대부분의 사람이 불가능하다고 생각하는 것을 하라고"요구했다.[7] 케네디의 그 연설을 들었던 라이스대학교의 로버트 컬Robert Curl 교수는 10년 안에 사람을 달에 보내겠다던 그 약속을 도무지 믿을 수 없었다며 "과연 그 약속이 진지한지조차 의심스러웠다"[8]고 회고했다.

NASA의 유명한 관제센터장 진 크란츠Gene Kranz 역시 케네디의 그 대담한 약속에 충격을 받고 어안이 벙벙했다.[9] "자기가 쏘아올린 로켓이 쓰러지고, 통제를 벗어나고, 또 폭발하는 모습을 늘 보던" 크란츠와 그의 동료들에게는 "사람을 달에 보낸다는 발상은 성사될 가망이 없는, 놀랍도록 야심 찬 것이었다."[10] 그러나 케네디는 얼마나 어려운 일들이 앞에 놓여 있는지 잘 알았다. 그랬기에 "우리는 10년 안에 달에 가고 여러 일을 하기로 했습니다. 그 일이 쉬워서가 아니라 어렵기 때문에 그런 선택을 한 것입니다"라고 말했다. 케네디는 조국이 현실의 상황에 떠밀려 미래로 향하지 않는 쪽을 택한 것이다.

이는 인류 최초의 실질적 문샷이었다. 그러나 비유적 의미의 문샷은 닐 암스트롱과 버즈 올드린이 달에 발을 디디기 오래전 이미 있었다. 미지의 땅을 개척한 이들 모두가 문샷을 했다. 불을 발견한 사람, 바퀴를 발명한 사람, 피라미드를 세운 사람, 자동차를 만든 사람… 이들도 문샷을 했다. 노예가 자유를 쟁취한 것, 여성이 투표권을 획득한 것, 난민들이 더 나은 삶을 찾아 해안으로 달려나간 것도 문샷이었다.

대부분이 까맣게 잊고 살아왔지만 우리는 문샷의 종족이다. 1% 개선이 목표라면 현 상태에서 그냥저냥 하면 된다. 그러나 10% 개선이 목표라면 현 상태를 벗어나야 한다. 문샷을 추구한다는 것은 판 자체를 갈아

엎는다는 뜻이다. 판을 키워야 할 뿐 아니라 경쟁자들과 완전히 다른 게임을 해야 한다. 기존 플레이와 루틴을 쓸모없는 것으로 만들어야 한다.

예를 하나 들어보자.[11] 자동차의 안전성을 개선하는 것이 목표라면, 사고 시 승객 보호기능을 강화하기 위한 디자인을 차차 보완해 나가면 된다. 그러나 모든 자동차 사고를 원천적으로 예방하는 문샷이 목표라면, 백지에서 시작해야 한다. 사람이 운전대를 잡고 자동차를 조작하는 게 당연하단 가정을 포함, 모든 가정을 의심해야 한다. 이 제1원리 접근법이 자율주행 자동차의 가능성을 여는 길을 만든다.

스페이스엑스가 세운 문샷계획도 생각해 보자. 이 회사의 목표가 그저 인공위성을 지구궤도에 올려놓는 것이라면 작업을 예전과 완전히 달리 할 이유가 없다. NASA가 1960년대 이후 사용했던 기술을 그대로 사용하면 된다. 로켓 발사에 들어가는 비용을 10분의 1로 줄일 이유도 없었다. 그러나 스페이스엑스는 화성 정복이란 대담한 야심을 가졌기에, 제1원리 사고를 채택해 현 상태를 완전히 바꾸려고 한다.

정치전략가 제임스 카빌James Carville과 폴 베갈라Paul Begala는 쥐를 사냥할 것인지 영양을 사냥할 것인지 결정해야 하는 사자에 대해 말한다.

"사자는 들쥐를 쉽게 잡아먹을 수 있다. 그러나 들쥐를 잡아봐야 섭취할 수 있는 에너지는 그 사냥활동에 소모되는 에너지에 훨씬 못 미친다. (…) 반면, 영양은 쥐보다 훨씬 덩치가 크며, 따라서 영양을 잡으려면 더 빠른 속도와 더 큰 힘이 필요하다." 그러나 일단 영양을 잡기만 하면 사자는 여러 날 동안 배를 두드리며 포식할 수 있다.[12]

이 이야기는 그야말로 인생의 축소판이다. 쥐는 확실히 보장되는 사냥감이지만, 영양은 문샷이다. 쥐는 어디에나 있지만, 영양은 흔치 않다. 주변에선 모두 쥐를 사냥하느라 바쁘다. 만약 영양을 사냥하러 나섰다가 실패하면 배를 쫄쫄 곯는 상황이 그려지니까.

그렇다 보니 우리는 아직 능력이 부족하다며 새로운 사업에 뛰어들지 않는다. 나보다 훨씬 유능한 누군가가 승진할 게 뻔하다며, 승진 신청조차 하지 않는다. 마음이 끌리는 상대가 있어도 자기를 거들떠보지도 않을까 봐 아예 데이트 신청을 하지 않는다. 일이든 뭐든 이기는 게 아니라 지지 않는 걸 목표로 설정한다. 이런 태도와 관련해 심리학자 에이브러햄 매슬로Abraham Maslow는 이렇게 썼다.

"인류의 역사는 스스로를 하찮게 여기는 남자와 여자의 역사이다."[13]

케네디가 이런 사고방식을 가지고 있었다면 그의 연설은 완전히 달랐을 것이다. 그리고 훨씬 더 지루했을 것이다. 아마도 "우리는 10년 안에 인간을 지구궤도에 올려놓고 궤도를 계속 돌게 하기로 했습니다. 그것이 도전적이어서가 아니라, 지금 상황을 고려할 때 충분히 할 수 있기 때문입니다"라고 말하지 않았을까(우연한 일이지만, 1980년대에 NASA가 하기로 했던 일이 정확히 이것이었다. 이에 대해서는 뒤에서 자세히 다루겠다).

문샷 사고의 힘

'눈높이 낮추기'는 이카루스 신화의 교훈이다. 그리스신화에서 이카루스의 아버지이자 최고의 장인 다이달로스는 아들과 크레타섬에서 탈출하려고 밀랍으로 날개를 만들었다. 그러고는 아들에게 밀랍 날개가 녹아내릴 수 있으니 태양과 너무 가까이 날지 말고, 자기 뒤만 따라오라고 경고한다. 그러나 이카루스는 아버지의 경고를 무시하고 하늘 높이 날았다가 날개가 녹아버려 바다에 빠져 죽고 말았다.

이 이야기의 교훈은 분명하다. 오만하면 날개가 녹고, 결국 죽는다. 정해진 경로를 따라가며 지시에 충실히 복종해야만 섬에서 탈출하고 또 살아남는다. 그러나 마케팅 전문가 세스 고딘Seth Godin이《이카루스 이야기The Icarus Deception》에서 설명하듯이, 이 이야기에는 당신이 듣지 못한 절반의 내용이 더 있다. 다이달로스는 이카루스에게 너무 높이 날지 말라는 말 외에도 날개가 물에 젖을 수 있으니 너무 낮게 날지 말라고도 했다.[14]

모든 조종사가 강조하다시피, 고도는 당신의 친구다. 만일 높은 고도로 비행하던 중 엔진이 고장 나면 비행기를 안전하게 착륙시킬 여러 다양한 선택권이 주어진다. 그러나 고도가 낮은 상태에서 비행할 때는 인생에서와 마찬가지로 선택권이 별로 주어지지 않는다.

높은 고도로 비행하는 기업은 더 나은 성과를 내는 경향이 있다. 저널리스트이자 기업가인 셰인 스노Shane Snow는 관련 연구의 내용을《스마트컷Smartcuts》에서 다음과 같이 요약했다.

"2001년부터 2011년까지 10년간 가장 이상적인 브랜드(즉 쉽게 달성할 수 있는 수익만이 아니라 힘든 목표를 설정한 기업들) 50곳에 투자했다면 S&P 지수펀드에 비해 4배 이상의 수익을 올렸을 것이다."[15]

이유가 뭘까? 문샷은 인간 본성에 호소하고 더 많은 투자자를 끌어들인다. 유명 벤처투자사인 파운더스펀드의 선언문은 실리콘밸리 기업 대부분이 야망을 한껏 낮게 설정하고 있음을 비웃으며 "우리는 하늘을 나는 자동차를 원했지만 140자(트위터)밖에 얻지 못했다"고 했다.[16] 기술 혁신 분야에 과감히 투자하는 이 회사는 스페이스엑스의 문샷 사업에 투자한 첫 번째 외부 투자자였다.

문샷은 또한 재능 있는 인재를 자석처럼 끌어들인다. 전통적인 우주항공업체에 몸담고 있던 최고의 로켓과학자들이 스페이스엑스와 블루오리진으로 자리를 옮겨 밤낮없이 일하는 이유다. 머스크가 내세우는 스페이스엑스의 장점은 이렇다.

"우리 엔지니어들은 종일 회의하거나, 관료시스템의 길고 지루한 절차를 거친 끝에 요청한 부품이 손안에 들어오기까지 몇 달씩 기다리거나, 사내의 정치적 공격을 막아내느라 시간과 정력을 낭비하지 않는다. 그저 해야 하는 일, 즉 로켓 제작을 자유롭게 한다."[17]

인터넷으로 수십억 달러를 번 사람이라면 우주항공업체를 창업하는 게 그다지 어렵지 않을 거라고 생각할지 모르겠다. 의회가 달 착륙 경쟁에서 소련에게 지지 말라고 수십억 달러의 예산을 기꺼이 밀어주었으니 케네디의 문샷 프로젝트는 어렵지 않았을 거라고, 또 구글의 든든한 재정지원을 받는다면 엑스의 룬 프로젝트 같은 이상한 발상을 실현하는 것이 어렵지 않을 거라고 생각할 수도 있다. 반대로, 기업이 흑자 상태를 유지하려면, 갚아야 할 담보대출이 있으면, 이사회 구성원들의 구미를 맞춰야 한다면, 문샷을 추구하는 것이 불가능하다고 생각할 수도 있다.

바로 이것이 엑스의 문샷 프로젝트들을 지휘하는 캡틴(실제로 그의 직책명이 '캡틴'이다) 애스트로 텔러가 자주 듣는 반대이유다. 그렇지만 텔러는 이렇게 말한다.

"대담한 일을 벌이려면 엄청나게 많은 돈을 쌓아놓고 있어야 한다고들 생각한다. 이런 발상은 우리 사회에 엄연히 존재한다. (…) 그러나 바람직하고 똑똑한 모험은 누구나 할 수 있는 것이다. 5명으로 이뤄진 팀의 일원이든, 5만 명이 다니는 회사의 직원이든 간에 말이다."[18]

베이조스도 2015년 아마존 주주들에게 보내는 연례편지에서 "100배의 수익을 낼 가능성이 10%라면 언제나 이 기회를 잡아야 한다"고 말함으로써 텔러의 의견에 동의했다. 그러나 대부분의 사람은 잠재적인 보상이 얼마나 크든 상관없이 50%의 성공률에도 모험을 하려 들지 않는다.

그렇다. 어떤 문샷 프로젝트는 현 시점에는 너무도 현실성이 없어서 가까운 미래엔 실현될 가능성이 없다. 그러나 모든 문샷이 성공할 필요는 없다. 아이디어 포트폴리오가 균형을 유지하는 한(그리고 미래를 문샷 하나에 몽땅 걸지 않는 한) 그중 단 하나만이라도 성공한다면 충분히 보상받을 수 있다. 문샷 프로젝트는 먼 미래를 바라보는 장기적인 투자라는 점에서, 베이조스는 "모험적인 투자를 충분히 그리고 일찍 한다면, 이는 현재의 회사만을 바라보고 투자하는 것이 아니다"[19]라고 말했다.

그런데, 문샷의 장애물은 재정이나 실용성 차원의 문제가 아니다. 바로 정신적 차원의 문제다. 작가 데이비드 슈워츠David Schwartz는《크게 생각할수록 크게 이룬다The Magic of Thinking Big》에서 "자기가 산을 움직일 수 있다고 믿는 사람은 많지 않다. 그래서 실제로 그렇게 하는 사람이 많지 않다"고 말한다.[20] 문샷의 기본적인 장애물은 바로 머릿속에 있으며, 이는 수십 년에 걸쳐 사회가 주입해 온 조건반사적 학습을 통해 강화된다.

그 결과, 높게 나는 것보다 낮게 나는 것이 안전하다고, 하늘 높이 올라가는 것보다 관성에 의지해 활강하는 것이 안전하다고, 문샷보다 소박한 꿈이 더 현명하다고 믿게 된 것이다.

우리의 기대는 현실을 바꾸며, 곧 '자기충족적 예언Self-fulfilling Prophecies'이 된다. 당신의 기대는 당신이 이룰 수 있는 최대치가 된다. 사소한 걸 원하면 잘 해봐야 사소한 것밖에 얻지 못한다. 어떤 것을 원한다고 해서 그 모두를 얻지는 못하지만, 만약 땅이 아니라 하늘을 향해 날아가는 경로가 올바르다면 당신은 그전보다 더 높이 날아오를 것이다. 〈터미네이터 The Terminator〉〈타이타닉 Titanic〉을 연출한 제임스 카메론James Cameron 감독도 "당신이 목표를 터무니없이 높게 잡아서 실패했다면 이 실패는 다른 사람이 거둔 성공보다 훨씬 높은 것"이라고 했다.[21]

많은 이들이 자기는 문샷과 맞지 않는다면서 처음부터 문샷을 시도조차 하지 않는다. 하늘 높이 날 수 있는 사람은 녹지 않는 날개를 가진 특별한 부류일 거라고 믿고서. 미셸 오바마Michelle Obama는 2018년 한 인터뷰에서 이 믿음은 잘못된 신화라고 일축하며 이렇게 말했다.

"나는 진짜 막강한 힘을 가진 이들을 많이 만났습니다. 여러 비영리기관이나 재단, 기업에서 일했고, 기업이사회에 이름을 올리기도 했으니까요. 정상회담에도 참석했고 유엔 총회에도 참석했고요. 그 자리에서 만난 이들은 그다지 똑똑하지 않았습니다."[22]

그들은 그다지 똑똑하지 않다. 그저 대다수 사람이 한 번도 들어본 적 없는 말을 알고 있을 뿐이다. 쥐를 사냥하는 게임은 경쟁이 치열하지만 영양을 사냥하는 게임은 경쟁이 거의 없다. 모든 사람이 쥐를 좇느라 바뿐데, 이 행동은 사실 자기 영토를 빠르게 축소시키는 짓이다. 당신이라고 해서 문샷을 시도할 여유가 없지 않단 뜻이다. 당신이 기다리느라 너무 오랜 시간을 허비한다면(즉, 더 비싼 비용을 치러가며 더 작은 이윤을 계속 좇는다면) 다른 누군가가 그 문샷을 차지할 것이고, 그 바람에 당신은 일자리를 잃거나 당신 기업은 구닥다리로 전락할 것이다.

자신의 능력에 대해 스스로에게 해주어야 하는 이야기는 바로, '선택'이다. 다른 모든 선택과 마찬가지로, 우리는 그 선택을 바꿀 수 있다. 자기인지의 한계를 넘어 현실적이라고 생각하는 범위를 계속 넓히기 전에는 자기 발목을 붙잡는 규칙을 찾아낼 수 없다. 현실적 조건이 상상과 어긋날 때조차도 문샷을 감행할 때 발생하는 이득은 엄청나게 크다.

다이달로스가 몰랐던 물리학 상식을 알고 있다는 사실에서 위안을 찾아라. 고도가 높을수록 기온은 높아지는 게 아니라 낮아진다. 그러니, 하늘 높이 날아오른다고 날개가 녹아내릴 일은 없다. 통상적인 범위에서 벗어나고 싶다면 통상적인 생각을 지배하는 낡아빠진 신경경로들을 훌쩍 뛰어넘어야 한다. 그러다 보면 장차 필연적으로 닥칠 여러 실패를 통해 교훈을 얻고, 어깨에서 날개가 쑥쑥 자라 하늘 높이 날아오를 수 있을 것이다. 이를 위해 '확산적 사고Divergent Thinking' 전략이 필요하다.

먼저 '확산적 사고', 다음 '수렴적 사고'

유리병 아랫부분이 불빛을 향해 놓여 있다고 생각해 보라. 이 병에 벌과 파리를 각각 대여섯 마리씩 넣는다면, 벌과 파리 중 어떤 녀석이 먼저 병 바깥으로 빠져나올까?

대부분의 사람은 벌이라고 생각한다. 벌이 지능이 높다고 알려졌기 때문이다. 실제로, 벌은 고도의 복잡한 작업을 수행할 수 있다. 예를 들어, 실험실에서 설탕용액에 접근하기 위해 뚜껑을 들어올리거나 미끄러 뜨리는 일을 학습하고 또 이 내용을 다른 벌에게 가르칠 수 있다.[23]

그러나 유리병 밖으로 빠져나가는 방법을 알아내는 데는 벌의 이 지능이 오히려 방해가 된다. 벌은 빛을 무척 좋아한다. 그래서 빛이 있는 쪽인 유리병 바닥에 계속 박치기를 하다가 결국 지치고 배가 고파 죽는다. 그러나 파리는 벌과 다르다. 작가 모리스 마테를링크Maurice Maeterlinck 는《벌의 일생The Life of the Bee》에서 파리는 "빛의 부름"을 무시하고 "출구를 찾아 여기저기 마구 날아다니고" 그러다 결국은 열려 있는 유리병 주둥이를 찾아 자유를 얻는다고 썼다.[24]

파리와 벌은 각각 '확산적 사고'와 '수렴적 사고'를 대표한다. 파리는 확산적 사고를 해서 출구를 찾을 때까지 자유롭게 온갖 시도를 다 한다. 그러나 벌은 수렴적 사고를 하면서 겉보기에 가장 확실해 보이는 출구 경로를 끝까지 고집하다가 끝내 문제를 해결하지 못한다.

확산적 사고는 마치 파리가 유리병 안을 여기저기 날아다니는 것처럼 열린 마음으로 자유롭게 다양한 생각을 창출한다. 확산적 사고를 하는 동안에는 제약, 가능성, 예산 따위는 전혀 생각지 않는다. 무슨 생각이든 그냥 다 떠올린다. 우리는 물리학자 데이비드 도이치David Deutsch가 정의한 대로 낙관주의자가 된다. 그가 정의하는 낙관주의자는 물리학의 여러 법칙이 허용하는 모든 것을 다 시도할 수 있다고 믿는 사람이다.[25] 확산적 사고의 목표는 성급하게 평가하거나 제한하거나 좋은 것이든 나쁜 것이든 가리지 않고 선택권을 많이 만들어내는 것이다.

물리학자 막스 플랑크Max Planck도 아이디어가 창조되는 초기 단계에는 "순수한 이성주의자는 설 자리가 없다"고 했다. 아인슈타인도 비록 최종제품은 논리적인 형태로 포장될 수밖에 없지만 이것이 가능할 수 있었던 최초의 발견은 "논리적인 사고로 나타나는 작업의 성과가 아니"라고 설명했다.[26] 확산적 사고를 활성화하려면 내면의 이성적인 존재, 즉 안전하고 유익한 어른다운 행동을 관장하는 주체를 내려놓아야 한다. 그러니 스프레드시트 따위는 옆으로 밀쳐두고 뇌가 자유롭게 뛰어다니도록 내버려둬라. 터무니없는 것을 파고들어라. 손 닿지 않는 곳에 손을 뻗어라. 환상과 현실의 경계를 무너뜨려라.

연구에 따르면, 확산적 사고는 창의성으로 연결되는 입구여서 혁신적 해법을 발견하고 새로운 연관을 만드는 능력을 강화한다. 즉, 사과와 오렌지를 비교하고 또 이 둘을 연결하게 도와준다.[27]

하버드비즈니스스쿨 교수 3명이 했던 한 실험을 살펴보자.[28] 연구자들은 참가자에게 까다로운 과제를 제시했다. 윤리적 선택이 명확지 않은 시나리오 하나를 마련한 다음 참가자를 2개 집단으로 나누어 한 집단에게는 "무엇을 해야 하느냐?"라고 물었고 다른 집단에게는 "무엇을 할 수 있느냐?"라고 물었다. 그랬더니 '해야 하는' 집단은 최고는 아니지만 가장 명백한 해결책에 집중했으며, '할 수 있는' 집단은 열린 마음으로 폭넓은 가능성을 향해 다양한 접근법을 제시했다. 연구자들은 "최종 의사결정을 내리기 전 다양한 해법을 광범위하게 탐구하는 '할 수 있다'는 사고방식을 통해 흔히 이득을 볼 수 있다"고 말했다.

다른 실험도 동일한 결론에 도달했다. 이 실험에서 "A는 개의 장난감이 될 수 있다"는 말을 들은 참가자는 "A는 개의 장난감이다"란 말을 들은 참가자보다 그것의 활용 가능성을 더 폭넓게 제시했다.[29]

확산적 사고를 건너뛰고 무엇이 좀 더 쉬운지, 무엇이 실현 가능성이 큰지, 무엇이 그럴듯한지 따지는 수렴적 사고에 의지하고자 하는 유혹은 대단히 강력하다. 수렴적 사고는 객관식과 비슷하다. 미리 정해진 몇 개의 선택지 가운데 하나를 선택해야 한다. 다시 말해, 새로운 선택지를 직접 써넣을 수 없다. 그래서 수렴적 사고를 하는 사람은 벌이 그랬듯이 오로지 빛을 향해 날아가는 것만이 유일한 탈출법이라고 생각한다. 스탠퍼드대학교의 경영학 교수 저스틴 버그Justin Berg도 이렇게 썼다.

"수렴적 사고만 해서는 위험하다. 이 접근법은 과거에만 의존하기 때문이다. 미래에 성공할 사업은 과거에 성공했던 사업과 닮은 모습이 아닐 수도 있다."[30]

이 생각을 입증하기 위해 버그는 '태양의 서커스' 단원들을 대상으로 연구를 수행했다.[31] 그는 새로운 서커스 레퍼토리 아이디어를 내는 크리에이터의 역할, 어떤 아이디어를 무대에 올릴지 결정하는 매니저의 역할을 각각 평가했다. 그리고 매니저들이 새로운 레퍼토리의 성공 여부를 예측하는 성적이 매우 형편없음을 발견했다. 수렴적 사고에 너무 많이 의존하며 특이한 것보단 전통적인 것을 선호했던 것이다. 크리에이터들은 자기 아이디어를 지나치게 높이 평가하긴 해도 동료들이 무대에서 보여줄 특이한 공연의 창의적인 면을 매니저들보다 훨씬 더 정확히 예측했다. 확산적 사고능력이 그 아이디어를 직접 낸 사람이라는 점과 결합해 확실한 강점으로 작용했던 것이다.

확산적 사고는 행복한 생각을 한다거나, 마법의 가루를 뿌려댄다거나, 그 생각이 하늘 높이 날아오른다는 것을 뜻하지 않는다. 확산적 사고의 이상주의에, 수렴적 사고의 실용주의가 뒤따르게 해야 한다. 과학사학자 스티브 존슨Steve Johnson도 이런 맥락에서 "창의적 과정은 특정한 상태에서 나오는 것이 아니다. 서로 다른 정신 상태 사이를 오가는 능력이 있을 때 비로소 가능해진다"라고 설명한다.[32] 앞서, 고독의 순간과 협력의 순간이 주기적으로 반복될 때, 창의성이 발현될 최적의 환경이 조성된다고 했던 것처럼 말이다.

파리의 사고방식과 벌의 사고방식 사이를 주기적으로 오가야 한다. 그러나 순서를 혼동하면 안 된다. 먼저 아이디어를 창조하고, 그 후 아이디어를 평가하고 또 적절치 않으면 제거해야 한다. 이 과정을 서둘러 마칠 경우, 즉 결과부터 먼저 생각할 경우 독창성이 저해될 수 있다.

우리는 모두 그런 경험을 해본 적이 있다. 커피가 반쯤 남은 커피 잔들이 탁자에 어지러이 널린 가운데 브레인스토밍을 하거나, 선택지를 따져보겠다고 회의실에 모인 이들이 아이디어를 탐구하기는커녕 나와 있는 아이디어를 죽여버리기 바빴던 그런 경험.

"전에 해봤잖아." "그럴 예산이 어디 있어?" "경영진에서 잘도 승인해주겠다."

이러면 시작도 하기 전에 아이디어는 쑥 들어가 버린다. 새로운 것을 시도하기보다 어제 했던 것을 내일도 하게 된다. 따라서, "이게 가능하기나 하겠어?"라는 식의 수렴적 사고에 저항하는 것으로 목표를 설정해야 한다. "…하기만 하면 얼마든지 가능해"라는 확산적 사고방식으로 회의에 임해야 한다.

한 이론에 따르면 아이디어를 만들어내는 뇌 부위와 아이디어를 평가하는 뇌 부위는 전혀 다르다고 한다.[33] 하이파대학교의 연구자들은 창의적인 작업을 할 때 뇌의 각기 다른 부분이 산소를 얼마나 소비하는지 기능적자기공명영상functional Magnetic Resonance Imaging, fMRI 장치를 이용해 측정한 끝에, 상대적으로 더 창의적인 사람이 그렇지 않은 사람에 비해 평가와 관련된 뇌의 여러 부위 활동이 감소한다는 사실을 발견했다.[34]

아이디어 창조와 평가 사이의 차이 때문에 많은 저자가 원고 집필과 편집을 분리한다. 확산적 사고는 집필에, 수렴적 사고는 편집에 적합하다. 이 책을 준비하기 위해 조사하는 동안 나는 참고문헌들로부터 방대한 정보를 수집했다. 그러고는 문장구조며 예의며 심지어 문법까지도 무시하면서 마구 내갈겼다. 당연히 문장은 엉망이었다. 작가 섀넌 헤일Shannon Hale의 표현을 빌리면, 내 초고 작업은 나중에 성을 지을 때 사용하겠다며 삽으로 모래를 퍼서 상자에 담는 것이나 마찬가지였다. 편집에 들어간 다음에야 비로소 수렴적 사고를 적용, 그간 모은 모래를 가지고서 의미 있는 성을 쌓는 데 집중했다(그 과정에서 그간 모은 모래 상당량을 버려야 했다).

아이디어 창조의 초기 단계엔 무엇이 유용하고 무엇이 그렇지 않은지 판단이 어려우므로 확산적 사고에서 시작하는 것이 중요하다. 1783년

벤저민 프랭클린Benjamin Franklin이 최초의 유인 열기구가 허공으로 날아오르는 걸 보고 있을 때 누군가가 그에게 하늘을 나는 게 도대체 무슨 쓸모가 있냐고 물었다. 그러자 프랭클린은 "저건 이제 막 태어난 아이나 다름없습니다. 나중에 무엇이 될진 아무도 모를 일이죠"[35]라고 답했다.

하늘을 나는 것 자체가 기적이었지만 이를 제쳐두고라도 그 거대한 풍선이 나중에 인터넷이라는 마법의 기술을 지구의 구석구석 뿌리는 데 사용될 거라고, 18세기에 그 누가 상상이나 했겠는가?

21세기로 돌아와, 확산적 사고는 10년간 세 번의 시도로 화성에 세 번의 착륙을 성공시켰다. 2003년 시작된 화성표면탐사로버 프로젝트 땐 로버를 에어백으로 누에고치처럼 감싸는 방식을 썼고, 2008년 피닉스 프로젝트 땐 다리 달린 착륙선 방식을 썼다.[36] 이 방식은 2011년 큐리오시티 프로젝트 때는 맞지 않았다. 무게가 1t이 넘고 탑재화물의 부피도 과거 로버들의 10배가 넘었기 때문이다.[37] 이 거대한 로버를 화성 표면에 부드럽게 내려놓기 위해 큐리오시티팀은 로버의 등에 엔진 8개를 단 제트팩을 묶었다. 이는 화성으로 내려오는 로버의 속도를 늦춘 뒤 로버에서 분리된 다음 착륙지점에서 수백 m 떨어진 곳으로 날아가 추락했다.

큐리오시티의 주행장치 설계를 이끌던 제이미 웨이도Jaime Waydo는 도무지 믿기 어려운 해법의 신봉자로, 내게 이렇게 말했다.

"전 우리가 사람들을 안전한 일만 하도록 프로그램하는 게 아닐까 걱정해요. 안전한 해법은 결코 세상을 바꾸어놓지 못하거든요."

가능해 보이는 것의 범위를 점점 확장해야 한다는 웨이도의 믿음은 그의 어린 시절로까지 거슬러 올라간다. 그녀의 수학 교사는 웨이도가 수학, 과학에 소질을 보이자 그녀에게 엔지니어가 되면 좋겠다고 했다. 웨이도는 그 말에 공학은 남자가 하는 게 아니냐고 반문했다.

"저의 어머니가 대학에 진학했을 땐 교사나 심리학자가 될 수 있었습니다. 그런 게 여자의 직업이었죠. 어머니 세대에서는 직장에서 여자의 역할이 분명히 정해져 있었습니다."

그러나 수학 교사는 공학 분야의 고질적인 성별 불균형을 무시해 버리라며 그녀를 독려했다. 성별에 따른 차별을 당연시하는 문화에서 문샷을 시도하라고 했던 것이다. 그녀는 대학에 진학해 기계항공공학을 전공했으며, 학위를 받고 졸업한 뒤 NASA의 제트추진연구소에 취직해 화성 탐사로버를 설계하는 일을 했다. 이렇게, 남자로 득실대던 로켓과학 분야에서 빠르게 늘어나는 여성인력 중 하나가 되었다.

유리병에서 나가는 유일한 출구는 불빛이라 믿으며 안전한 것만 하겠다는 유혹에 사로잡힌 벌 같은 이들에게, 웨이도는 나중에 뒤따르게 될 보상을 생각해야 한다고 조언한다. 큐리오시티 프로젝트의 경우, 그 보상은 "화성을 이리저리 마구 내달리며 화성을 탐사해 태양계의 비밀을 밝히는 것"이라고 웨이도는 말했다. 그렇다면 그녀가 받을 보상은 무엇이었을까? 그녀는 탐사로버 3대를 화성에 올려놓았으며 나중엔 자율주행자동차 산업을 구축하는 곳으로 자리를 옮겼다. 그녀가 일군 이런 업적은 그녀를 초월해, 그녀가 가진 기술의 손길이 닿은 모든 사람을 부자로 만들어주는 것이었다.

아무리 잠재적인 보상을 마음에 새긴다 해도 여전히 확산적 사고근육을 활성화하는 데 어려움을 겪는다면, 다음에 다룰 내용이 당신의 등에 제트팩을 달아줄 것이다. 이를 이용해 당신은 하늘 높이 날아오를 것이고, 시야를 한층 확장할 수 있을 것이다.

뇌에 끊임없이 충격 주기

1970년대에 역기를 부지런히 들어올려 유명해진 사람이 있다. 아마도 그의 이름을 들어보았을 것이다. 어쩌면 그가 출연한 영화를 한두 편 봤을지 모른다. 당신이 살던 곳의 주지사가 그였을 수도 있다.

바로 아널드 슈워제네거 Arnold Schwarzenegger다. 그는 웨이트트레이닝 성공의 최대 적은 "신체가 빠르게 적응한다는 사실"이라면서, "날마다 동일한 시간 동안 역기를 들다 보면, 매번 역기 무게를 조금씩 늘려간다 할지라도, 근육이 커지는 속도가 점점 느려지고 어느 순간 근육이 더는 커지지 않는다. 근육은 자기가 기대하는 운동량을 정확히 예측하고 또 효율적으로 그 운동량을 해치운다"[38]고 말한다. 요컨대 근육이 기억을 가지고 있다는 것이다. 매번 같은 강도로 운동할 때 근육은 생각한다.

'네가 오늘 나를 어느 정도 밀어붙일지 정확히 알지. 넌 런닝머신에서 30분 ±3분간 달릴 거야. 월요일이니까 벤치프레스와 턱걸이도 하겠지. 난 네 머리 꼭대기에 앉아 있거든.'

이런 정체 상태를 해결하기 위해 슈워제네거가 제시한 해법은 근육에 충격을 주는 것이었다. 즉 근육이 아직 적응하지 못한 다양한 유형의 운동, 반복, 중량으로 대응하는 것이었다.[39]

규칙적이면 연약해지고 불규칙적이면 민첩해진다. 뇌도 마찬가지다. 가만히 내버려두기만 하면 사람의 마음은 저항이 가장 적은 경로를 찾아 그 길을 좇는다. 그러나 평안해 보이는 질서와 예측 가능성은 창의성에 방해가 된다.[40) 우리는 슈워제네거가 근육에 충격을 줬던 것과 같은 방식으로 자기 정신을 도발하고 충격을 주어야 한다.

'신경가소성Neuroplasticity(뇌가 외부 환경에 따라 스스로의 구조와 기능을 변화시키는 특성 – 옮긴이)'은 실제 존재한다. 당신의 뉴런은 마치 근육처럼 불편함이란 장치를 통해 재배열되고 성장한다. 신경가소성 분야의 선도적인 전문가 노먼 도이지Norman Doidge의 설명처럼 뇌는 "외부 활동 및 정신적 경험에 반응해 자기의 구조와 기능을 바꿀" 수 있다.[41) 헬스장에서 운동하듯이 사고실험과 문샷 사고를 몇 회, 몇 세트씩 반복함으로써 마음은 일상적인 수준을 훌쩍 넘어설 수 있다.

리처드 파인만이 최고의 칭찬으로 '불가능'을 꼽는 이유도 바로 여기에 있다. 파인만에게 불가능은 달성할 수 없는 것 혹은 황당하고 터무니없는 것이 아니었다.[42) 불가능은 그에게 다음과 같은 의미였다.

"와우! 통념과 전혀 다른 놀라운 게 있구나! 이거야말로 도전해서 알아볼 가치가 있는 거야!"

끈 이론의 창시자 미치오 카쿠Michio Kaku도 여기에 동의한다.

"우리가 보통 불가능하다고 여기는 것도 따지고 보면 사실상 문제를 처리하는 것일 뿐이다. 문제를 처리하고 해결하는 것을 가로막을 물리학 법칙이라는 것은 없다."[43)

연구결과로 보자면 인지의 모순과 창의성 사이에는 분명 연관이 있

다. 심리학자들이 '의미의 위협Meaning Threat(도무지 이치에 닿지 않는 것)'
에 맞닥뜨릴 때 우리에게 나타나는 방향감각 상실이야말로 우리의 등을
떠밀어 다른 곳에서 의미와 연관을 찾게 만든다.[44] 작가 애덤 모건Adam
Morgan과 마크 바덴Mark Barden은 도무지 말도 안 되는 것처럼 보이는 발상
이 "우리를 혼란스럽게 만들고, 여기서 새로운 시냅스 연결이 시작된다"
고 썼다.[45] 이와 관련한 어느 실험에서 참가자들은 프란츠 카프카Franz
Kafka의 터무니없는 단편소설과 일러스트레이션을 보았다. 이 과정을 거
친 참가자들은 특이한 패턴을 인지하는 능력(즉, 사과와 오렌지를 연결하
는 능력)이 한층 높아졌다.[46]

　뇌에 충격을 주어 기발한 생각이 떠오르게 하는 방법 중 하나로, SF적
인 해법을 묻는 것이 있다. 허구는 군이 소파를 벗어나지 않아도 현재의
모습과는 매우 다른 현실로 우리를 데려간다. 소설가 쥘 베른Jules Verne은
"한 사람이 상상할 수 있는 건 무엇이든 다른 사람이 실현시킬 수 있다"
라고 말했다.[47] 룬 프로젝트의 풍선 인터넷을 실현시킨 사고실험은 마치
베른의 소설《80일간의 세계일주Around the World in Eighty Days》에서 곧바로
튀어나온 것 같다.《해저 2만 리Twenty Thousand Leagues Under the Sea》《하늘을
나는 배The Clipper of Clouds》를 포함한 그의 다른 소설은 잠수함과 헬리콥터
발명가들에게 영감을 불어넣었다.[48] 최초의 액체연료로켓을 발명한 로
버트 고다드Robert Goddard는 H. G. 웰스H. G. Wells가 1898년 쓴 화성침공을
다룬 SF소설《우주 전쟁War Of The Worlds》에 사로잡혀 우주비행을 실현하
는 데 인생을 바치기로 결심하고 그 길로 들어섰다. SF소설가 닐 스티븐
슨Neal Stephenson은 베이조스의 블루오리진에 합류했던 최초의 직원 중 하

나다. 그에게 주어진 업무는 기존 로켓 없이 우주에 갈 수 있는 다양한 방법을 상상하는 것이었다. 그가 내놓은 아이디어 중에는 우주엘리베이터나 우주선을 우주로 쏘아올리는 레이저 등이 있다.[49]

SF적인 사고는 주요 발명품에만 적용되는 게 아니다. 항공기부품을 생산하는 어느 회사를 살펴보자.[50] 이 회사의 품질검사과정은 불필요하게 길었는데, 카메라를 항공기부품에 삽입하는 데만 7시간이 걸렸기 때문이었다. 그런데 영화 〈마이너리티 리포트*Minority Report*〉에서 영감을 얻은 한 행정직원이 "영화에서처럼 로봇거미를 부품 안에 투입하면 어떨까?"라고 사고실험을 시도했다. 흥미가 생긴 최고기술책임자는 이를 검증했고, 그 아이디어는 멋지게 맞아떨어졌다. 그 결과, 검사시간은 85%나 줄어들었다.

머스크도 아시모프의 소설들이 미래에 대한 생각에 자극제가 됐다고 인정했다. 아시모프의 소설 《파운데이션*Foundation*》 3부작에는 한 선지자가 인류를 기다리는 암흑의 시대를 예견하고 먼 곳의 행성들을 식민지로 삼을 계획을 내놓는다. 머스크는 "인류는 앞으로도 문명을 이어가야 하고, 암흑의 시대가 나타날 가능성을 최소화해야 하며, 만일 암흑의 시대가 오더라도 그 기간을 줄여야 한다는 걸 배웠다"라고 말한다.[51]

머스크처럼 SF를 현실로 바꾸겠단 사람에게는 흔히 '비이성적'이라는 딱지가 붙는다. 이런 이미지가 형성되는 데는 머스크가 한몫을 단단히 했다. 입을 열 때마다 그는 의심받을 이유가 충분한 말을 한다. 머스크의 항공우주 컨설턴트 짐 캔트렐은 머스크를 처음 만났던 때를 회상하며 그가 정신 나간 사람인 줄 알았다고 했다.[52] 머스크는 처음 화성계획을 생각했을 때 캔트렐에게 전화해, 자기를 인터넷 억만장자라고 소개하곤 "여러 개의 행성을 거느리는 인간 종"을 창조하겠다는 계획을 다짜고짜 늘어놓았다. 그러면서 전용기를 집으로 보내겠다고 했다. 캔트렐은 거절했다. 당시 심정에 대해 캔트렐은 "솔직히 말하면, 그가 무기를 휴대할 수 없는 곳에서 만남을 갖고 싶었다"고 말했다.

그래서 두 사람은 솔트레이크시티의 공항라운지에서 만났다. 머스크의 계획은 황당하기도 했지만, 은근히 끌리는 구석도 있었다. 그래서 캔트렐은 이렇게 대답했다.

"오케이 일론. 일단 팀을 꾸리고 돈이 얼마나 들지 따져봅시다."[53]

스페이스엑스 설립 직후 부사장으로 합류했던 로켓과학자 톰 뮬러도 머스크가 정신 나간 사람이라 생각한 적이 한두 번이 아니었다며, 캔트렐과 비슷한 반응을 보였다. 두 사람이 처음 만났을 때 뮬러는 대형 우주항공사 TRW에 다니는 좌절한 로켓과학자였다. 자신의 엔진설계 아이디어들이 형식적인 과정에서 버려진다고 느낀 뮬러는 개인작업장에서 엔진설계를 하고 있었다.[54] 이런 뮬러에게 머스크는 스페이스엑스를 위해 값싸고 믿을 만한 로켓을 만들 수 있을지 물었다.[55]

"엔진비용을 얼마나 줄일 수 있나요?"란 머스크의 질문에 뮬러가 "아마 3분의 1쯤 되겠죠"라고 답하자 "우리는 10분의 1로 줄여야 하는데"란 반응이 돌아왔다. 뮬러는 그땐 그 수치가 터무니없다고 생각했지만, 결국엔 그 수준 가까이 접근했다고 말했다.[56]

우주에 흔적을 남기고 싶다면, 정말 우주에 흔적을 남길 수 있다고 생각할 만큼 비이성적인 사람이 되어야만 한다. 비이성적이라고? 그건 보통 사람이 이해하지 못하는 것을 실천하는 사람의 이마에 흔히 붙는 딱지다. 지구는 평평하지 않고 둥글다고, 태양이 지구를 공전하는 게 아니라 지구가 태양을 공전한다고 하는 주장이 '비이성'의 절정일 것이다. 로켓이 우주의 진공에서 작동할 수 있다고 로버트 고다드가 주장했을 때도 〈뉴욕타임스〉는 "클라크칼리지에 자기 '의자'를 둔 고다드라는 이 교수는 (…) 고등학교를 다시 다녀야 할 것 같다"며 그를 비웃고 조롱했다. 이 신문사는 나중에 고다드에게 사과했다.

10년 안에 사람을 달에 보내겠다던 케네디의 약속은 어땠나? 불가능한 것이었다. 과학계에 구축되어 있던 성별 장벽을 부수겠다는 마리 퀴리Marie Curie의 시도는? 가당찮았다. 무선정보전송 시스템을 꿈꾼 니콜라 테슬라의 비전은? 그야말로 SF였다.

사람들이 당신의 꿈을 비웃거나 당신을 비이성적이라고 말하고 싶어 안달한다면, 이를 당당히 명예의 훈장으로 여겨라. 기업가 샘 알트먼Sam Altman도 말한다.

"가장 크게 성공한 사람은 다른 이들이 그를 보고 틀렸다 말할 때, 적어도 한 번은 미래를 정확히 예견했다. 그러지 못했다면, 그는 훨씬 많은 경쟁을 해야 했을 것이다."[57]

오늘의 웃음거리는 내일의 선견지명이다. 결승선을 통과할 때 당신은 혼자 웃고 있을 것이다.

문샷 사고로 뇌에 충격을 주란 말은 현실을 무시하란 뜻이 아니다. 일단 괴짜 아이디어들이 떠오르면 확산적 사고에서 수렴적 사고로, 즉 이상주의에서 실용주의로 갈아탐으로써 그 아이디어를 현실적으로 다듬어야 한다. 이런 사고방식을 제도화했던 두 기업에서 교훈을 찾아보자.

문샷 사업의 성공을 위하여

오비 펠튼Obi Felten이 애스트로 텔러의 전화를 받고 엑스에 합류했을 때, 문샷을 설계하는 것이 그녀의 과제는 아니었다. 현대판 '르네상스 인간'인 펠튼은 엔지니어와 하드웨어에 대해 대화할 때도 마케팅계획을 세울 때처럼 전혀 긴장하지 않을 만큼 아는 게 많았다. 그녀는 독일 베를린에서 성장했으며 베를린장벽이 무너지는 모습을 직접 목격하기도 했다. 옥스퍼드대학교에서 철학 및 심리학 학위를 받은 후 유럽과 중동, 아프리카의 소비자 마케팅책임자로 구글에 합류했다.[58] 그렇게 마케팅 분야 정상에 있을 때 텔러의 전화를 받았고, 그 통화가 모든 것을 바꾸어놓았다.

그 통화에서 텔러는 자율주행자동차와 풍선 인터넷을 포함해, 엑스가 준비 중인 대담하기 짝이 없는 여러 프로젝트를 소개했다. 이때 그녀는 텔러가 한 번도 들어본 적 없는 질문을 했다.

"그 일이 합법적인가요?" "정부나 관계기관과 그 일을 두고 얘기한 적이 있습니까?" "다른 기업과 협력할 의지가 있나요?" "사업계획이 있나요?"[59]

말문이 막힌 텔러는 이렇게 답했다.

"그런 문제를 생각하는 사람은 아무도 없습니다. 여기에는 엔지니어

랑 과학자뿐입니다. 우리는 어떻게 하면 풍선을 하늘에 띄울 수 있을지 그것만 생각하거든요."

이렇게 해서 펠튼은 실질적인 문제를 고민하기 위해 이사회에 합류했다. 엑스는 문샷 공장이지만 어쨌거나 공장은 공장이다. 수익성 있는 제품을 생산해야 한다. 이와 관련해 펠튼은 이렇게 설명했다.

"여기 왔을 때 엑스는 진짜 놀라운 데였다. 너무너무너무 괴짜인 사람들만 버글버글했는데, 대부분은 단 한 번도 제품을 세상에 내놓아본 적 없는 그런 사람이었다."[60]

순수한 이상주의자는 위대한 기업가가 되지 못한다. 위대한 발명가로 꼽히는 테슬라를 보자. 구글의 공동창업자 래리 페이지는 테슬라를 두고 "정말로 슬프고도 슬픈 이야기인데, 그는 아무것도 상업화할 수 없었다. 자기 연구에 필요한 투자금조차 제대로 조성하지 못했다"라고 말했다.[61] 테슬라는 300건이나 되는 특허를 유산으로 남겼으면서도 뉴욕의 한 호텔에서 무일푼으로 죽었다. 그의 경쟁자 토머스 에디슨Thomas Edison은 그를 "과학의 시인"이라고 경멸적으로 불렀다.[62] 이런 이야기를 되돌아보며 페이지는 "발명품을 실제 세상에 내놓아야 한다. 제품을 생산해 돈을 벌어야 한다"고 말한다.

엑스의 발명품이 세상에 나오도록, 펠튼에게는 '문샷실현책임자Head Of Getting Moonshots Ready For the Real World'란 직함이 주어졌다. 실제 직함이 그랬다. 엑스에 합류하고 처음 1년간 그녀는 엑스의 마케팅을 이끌며, 법률 및정부관계팀을 만들고, 룬 프로젝트의 1차 사업계획안을 작성했다.[63]

엑스가 처음 문샷 아이디어를 쏟아낼 땐 확산적 사고가 엑스를 지배했다. 이와 관련해 펠턴은 내게 "아이디어 형성의 초기 단계에는 SF적 사고가 엄청나게 중요합니다. 그 아이디어가 물리학의 여러 법칙을 깨지만 않는다면 얼마든지 쉬운 거니까 말입니다"[64]라고 말했다.

이런 아이디어들은 여러 분야에 능통한 만물박사 팀, 즉 조합놀이를 하기에 이상적인 팀에 의해 배양된다. 펠턴은 "최고의 아이디어는 위대한 사람이 아니라 위대한 팀에서 나옵니다"라고 말한다.[65] 엑스는 자신의 인지다양성을 새로운 차원으로 끌고 간다. 이 회사 직원들의 전직은 소방관, 재봉사, 피아노 연주자, 외교관, 정치인, 언론인 등 다양하다. 여기서는 항공우주 엔지니어가 패션디자이너나 특수부대원, 레이저 전문가와 의견을 나누며 협력하는 모습을 언제든 볼 수 있다.[66]

엑스의 목표는 문샷 사고를 새로운 표준으로 정착시키는 것이다. 이 목적을 달성하기 위해 엑스는 그 팀의 총체적 정신근육에 지속적으로 충격을 주려고 노력한다. 이런 노력 가운데 하나가 '나쁜 아이디어 브레인스토밍'이다. 나쁜 아이디어에 시간을 낭비할 필요가 있을까 싶을 것이다. 이에 대해 텔러는 "수많은 나쁜 아이디어로 창의성을 워밍업하는 데 시간을 들이지 않고서는 절대로 좋은 아이디어를 얻을 수 없다. 정말 끔찍하게 쓸모없는 아이디어는 좋은 아이디어의 사촌이며, 정말 위대한 아이디어가 그 쓸모없는 아이디어의 이웃인 경우가 종종 있다."[67]

잠재적인 문샷 아이디어가 깔때기 아래로 내려갈 무렵 확산적 사고는 수렴적 사고로 전환된다. 괴짜 아이디어가 현실의 조건과 충돌하는 첫 단계는 신속평가다. 신속평가팀은 이상한 아이디어를 내놓는 것뿐 아니라, 엑스가 돈과 자원을 쏟아붓기 전 그 아이디어를 죽이는 일도 한다.

엑스의 필 왓슨Phil Watson은 "이 단계에게 우리가 맨 먼저 요구하는 것은, 이 아이디어가 과연 가까운 미래에 확보할 수 있는 기술로 충분히 달성할 수 있나, 실질적인 문제의 올바른 부분을 제대로 해결할 수 있나 하는 것"이라고 설명한다.[68] 그 아이디어들 중 "과감성과 실행 가능성 사이의 올바른 균형"을 갖춘 불과 몇 개만이 이 신속평가 단계에서 살아남아 다음 단계로 넘어간다.[69]

풍선 인터넷은 신속평가 단계에서 전망이 어두웠다. 엑스의 클리프 비플Cliff Biffle은 "그 아이디어가 실현 불가능하다는 것을 빠르게 입증할 수 있을 거라 생각했다. 그러나 완전히 실패했다. 정말 짜증 났다"고 회상한다.[70] 그 해법이 근본적으로 다른 차원인 데다 실현 가능하다는 것을 깨달은 것이다.

신속평가 단계에서 살아남은 아이디어는 펠튼 등이 이끄는 다른 팀들에게 재평가를 받았다. 이 팀들은 SF적인 기술을 동원해 아이디어를 수익성 있는 사업으로 전환하기 위한 토대를 닦는다. 펠튼은 "1년 안에 그 사업을 성장시킬 준비를 갖출 만큼 리스크를 줄이거나, 그렇지 않으면 그 아이디어는 폐기된다"고 설명한다.[71]

이 단계에서 룬 프로젝트의 풍선 인터넷 가치가 입증됐다. 몇 가지 예비검사 결과, 전망이 좋아 보였다.[72] 그 검사는 팀의 대담한 목표가 하늘 높이 날도록 해준다는 뜻에서 공시적으로 '이카루스 테스트'라 불린다. 그런데 문제가 있었다. 높은 데서 이카루스의 날개가 녹아내렸던 것처럼 풍선은 닷새만 지나면 바람이 빠질 수 있었다. 닷새는 100일간 하늘에 떠 있게 한다는 애초 목표에 턱없이 모자라는 수준이었다. 이 풍선은 생일파티가 끝나고 다음 날만 되면 쭈그러드는 풍선과 같은 공기누출 문제를 안고 있었다. 이카루스의 아버지 다이달로스의 이름을 단 담당 팀은 해결책을 찾는 데 매진했다. 그들은 공기누출 문제가 발생하는 다른 산업에서 아이디어를 찾으며, 사과와 오렌지를 비교하는 노력을 이어갔다. 과자봉지나 소시지 포장을 어떻게 하는지 살피는 등[73] 갖은 노력 끝에 문제를 해결했고, 그 프로젝트가 불가능함을 입증하려는 다른 엑서들의 시도를 성공적으로 방어하며 앞으로 나아갔다.

이런 엄정한 단계에서 살아남은 프로젝트는 엑스를 졸업하고(직원들은 실제로 졸업장을 받는다) 독자적인 기업 형태로 발전한다. 엑스의 졸업생으론 자율주행자동차, 자율운항 드론, 글루코스 레벨을 측정하는 콘택트렌즈 등이 있다. 이런 아이디어는 모두 SF에나 나올 법한데, 이상주의와 실용주의 사이에 균형을 잘 잡는 엑스는 이를 현실에 존재하는 물건으로 만들어낸다.

다른 회사인 스페이스엑스에서는 2명의 리더가 이상주의와 실용주의라는 2개의 관점을 대표한다. 자신의 트위터 계정을 통해 문샷 사고를 자유롭게 발표하는 일론 머스크 회장은 스페이스엑스가 열어나가는 전선의 맨 앞에 선 이상주의자다. 그러나 누군가는 그 뒤에서 머스크의 기묘한 아이디어를 튼튼하게 붙잡고 이것을 실행 가능한 사업으로 전환하는 매우 어려운 일을 수행하고 있다.

그 주인공은 바로 그윈 숏웰Gwynne Shotwell이다. 숏웰은 스페이스엑스의 비이성적이지 않은 대표이자 최고운영책임자다. 그녀는 10대 시절 여성엔지니어협회가 주최한 어떤 행사에 참석한 뒤 엔지니어가 되기로 결심했다.[74] 당시 한 토론회를 지켜보던 중 그녀는 환경친화적 건설자재를 개발한 회사의 소유주인 한 엔지니어에게 깊은 인상을 받았다. 그는 장차 그녀가 걸어갈 공학의 길을 환히 밝히며 발언을 마쳤다.

그로부터 30년도 더 지난 시점에 숏웰은 스페이스엑스의 운영을 책임지는 위치에 올랐다. 공학 분야의 가장 높은 자리까지 올라간 것이다. 특히 그녀는 "이론과 나머지 직원들 사이의 가교" 역할을 한다고 스페이스엑스의 한스 쾨니스만Hans Koenigsmann은 말한다.[75]

"이론이 화성으로 가자고 하면, 그녀는 '좋아요. 화성에 가려면 무엇이 필요하죠?' 하고 묻습니다."

화성을 식민지로 만들겠다는, 전혀 관습적이지 않은 회사의 꿈을 실현하는 데 자금을 조달하기 위해 그녀는 유료 승객을 지구궤도에 올려놓는 데 필요한 온갖 관습적 기회를 찾아 전 세계를 누비고 다닌다. 스페이스엑스는 아직 유아 단계지만 그녀는 인공위성 운영자들과 수십억 달러 규모의 계약을 성사시켰다. 스페이스엑스가 화성에 사람을 데리고 가는 문샷을 향해 한 걸음씩 나아가는 동안 발생하는 비용을 감당해 줄 투자 계약은 앞으로도 이어질 것이다.

그러나 또 하나의 중요한 질문이 여전히 남아 있다.

"설령 우리가 어렵게 화성에 발을 디딘다 해도, 정착의 문제를 어떻게 해결할 것인가?"

화성 개척자들은 원재료와 얼음을 캐내거나 장기적으로 유출될 방사능으로부터 스스로를 보호할 지하터널과 정착지 건설까지 해야 할 것이다.[76] 화성에서 터널 뚫는 작업을 완벽하게 해내려면 먼저 지구에서부터 그 작업을 완벽히 해야 한다. 이를 위해서는 적절한 회사가 제공하는 적절한 굴착기술이 필요하다.

3차원적인 해법을 찾아서

LA의 교통체증은 악명이 높다. 어떤 시간대에는 끔찍한 교통정체의 한가운데에 갇힌 채 내 남은 인생이 405번 고속도로에서 허망하게 소모될 거란 가여운 생각에 사로잡히곤 한다.[77]

만약 당신이 LA의 교통문제 책임자라면 이런 질문을 하게 될 것이다. "사람들이 자전거나 대중교통을 이용하도록 장려하려면 어떻게 해야 할까?" "더 많은 도로를 건설하려면?" "출·퇴근 시간의 교통체증을 줄이려면 카풀 차선을 어떻게 마련해야 할까?"

그러나 이런 질문으로는 문제를 해결할 수 없다. 기껏해야 점진적인 개선효과를 기대할 수 있을 뿐. 이 질문들을 살펴보면 제1원리가 부족하다는 걸 알 수 있다. 이 질문들은 모두 어떤 가정을 전제한다. 바로 '교통 문제는 2차원적인 해법을 요구하는 2차원적인 문제'라는 것이다.

보링컴퍼니Boring Company(그렇다, 진짜 회사 이름이다)는 2차원에 머물지 않고 사고실험을 하나 했다.

"지상도로나 터널을 생각하면 어떻게 될까?"

이 사고실험은 하늘을 나는 자동차나 지하터널에 관한 것이다. 나처럼 영화 〈백 투 더 퓨처Back to the Future〉를 여러 번 본 사람이라면 하늘을 나는 자동차야말로 SF적인 선택이라고 생각할 것이다("도로? 우리가 가는 데는 도로가 필요 없어!").[78]

하늘을 나는 자동차는 매력적으로 들리지만, 해결해야 할 문제가 있다. 소음이 많이 발생하고, 날씨에 방해받을 수 있으며, 보행자에게 머리를 다칠지 모른다는 불안감을 줄 수 있다.

이에 비해 지하터널은 날씨와 상관없으며, 보행자의 눈에도 띄지 않는다. 또 충분한 깊이로 뚫기만 하면 소음이 지상에 거의 들리지 않는다. 게다가 일반적인 믿음과 달리, 터널은 지진이 발생하더라도 가장 안전한 장소다. 지상의 구조물과 달리, 터널은 지진이 나면 흔들리는 땅과 함께 움직인다. 게다가 캘리포니아 웨스트우드에서 LA국제공항까지 지하터널을 이용해 자동차로 이동하면, 출·퇴근 시 지상에서 60분이나 걸리는 시간을 6분 미만으로 줄일 수 있다.

문제는 있다. 바로 예산이 매우 많이 든다는 것. 약 1.6km당 무려 수억 달러가 든다.[79] 이 제약만으로도 지하터널 건설은 불가능해진다.

자, 잠시 숨을 고르고 어떻게 하면 3차원적인 해법으로 교통체증 문제를 해결할 수 있을지 확산적인 사고를 시작한다. 현실적인 제약은 고려하지 않고, 이 멋진 환상을 탐구하는 것이다. 다음에는 수렴적 사고로 전환해 코끼리라는 거대한 예산을 방 안으로 들이는 법을 생각한다.

지하터널에 드는 예산을 적정수준으로 만들려면 터널 건설비용을 10분의 1로 낮추어야 한다. 그러려면 터널 굴착기의 성능과 효율이 훨씬 개선되어야 한다. 터널 굴착기술이 지난 50년간 별로 개선되지 않은 탓에 이 굴착기들은 달팽이보다 14배나 느리다. 보링컴퍼니는 기계출력을 높이는 것, 작업중지 시간을 줄여 운용효율을 높이는 것, 자동화로 인력을 없애는 것 등 달팽이의 속도를 따라잡을 여러 아이디어를 냈다. 또한 예산을 절감하고 콘크리트 사용도 줄이며 나아가 환경충격까지 줄이기 위해 파낸 흙을 터널구조물을 만드는 데 재활용할 계획도 세웠다.

2018년 시카고시는 오헤어국제공항에서 시카고 시내까지 약 30km의 터널공사 시공사 선정에서 우선협상대상자로 보링컴퍼니를 선정했다.[80] 이 터널이 완공되면 그 구간의 이동시간은 12분으로 예전보다 4배나 빨라져, 택시요금도 절반으로 줄어들 전망이었다. 라스베이거스는 나중에 전례에 따라 보링컴퍼니에게 자기 컨벤션센터 아래로 터널이 지나갈 수 있도록 계약했다.[81]

과연 보링컴퍼니가 달팽이보다 빠른 속도로 터널을 뚫을진 시간이 지나면 밝혀질 것이다. 이 회사의 프로젝트는 위험한 지질학적 조건에 따른 수많은 공학적 도전거리와 복잡한 문제 들을 안고 있다. 그 프로젝트가 잘 되지 않아도 된다. 설령 실패한다 하더라도 수십 년간 정체돼 있던 산업에서 상당한 진전이 이루어질 테니까. 또 그 프로젝트는 재미없는Boring 것들을 흥미진진하게 만들어줄 것이다.

눈에 별빛을 담고 꿈꾸는 사람이 반드시 좋은 결과를 내서 자기 이름을 알리는 건 아니다. 프레젠테이션으로 문샷 프로젝트를 약속하는 것과 이 약속을 실행하는 건 별개다. 소설가 생텍쥐페리Saint Exupéry도 "당신이 할 일은 미래의 어떤 일을 예측하는 게 아니라 그 일이 일어나도록 하는 것"이라고 썼다.[82] 당신의 문샷이 아무리 창의적이라 해도 그것만으로 끝나는 게 아니다. 내면의 숏웰 같은 수렴적 사고의 자아와 소통해 현실에 두 발을 튼튼하게 디디고 서서 비전을 성사시킬 방법을 찾아야 한다. 미래에 다다르는 데는 흔히 미래에서 출발해 과거로 돌아가는 과정이 필요하다. 여기에 동원되는 방법이 바로 세상에 거의 알려지지 않은 '백캐스팅Backcasting'이란 전략이다.

백캐스팅으로 현실을 점검하라

대부분의 사람에게 미래계획은 예측을 의미한다. 사업을 할 때는 상품의 현재 수요와 공급을 보고서 그 상품의 미래상황을 추론한다. 인생에서도 현재 자신의 이런저런 기술이나 역량을 보고 장차 자기가 무엇을 하며 살아갈 것인지 결정한다.

그러나 정의상 예측은 제1원리에서 출발하지 않는다. 예측할 때 우리는 앞에 놓인 가능성보다는 백미러와 자신이 가진 원재료를 본다. 그리고 "지금 내가 가진 걸로 무엇을 할 수 있을까?" 하고 묻는다. 현 상태 자체가 문제의 일부일 수 있는데, 예측은 문제 있는 우리의 가정과 편향, 사람을 그대로 미래로 가져간다. 환경이 바뀌지 않을 것임을 이미 전제한다는 것이다. 이로써 도출되는 예측은 시야를 제한하고 왜곡한다.

백캐스팅은 이런 상황을 역전시킨다. 이는 미래를 예측하기보다는, 미래가 이미 상상 속에서 확정되어 있으므로 여기 도달할 방법을 결정하는 것을 목표로 삼는다. 컴퓨터과학자 앨런 케이Alan Kay는 "미래를 예측하는 가장 좋은 방법은 미래를 만들어내는 것"이라고 했다.[83] 백캐스팅은 자원이 비전을 입맛대로 이끌어가게 두지 않고, 비전이 자원을 이끌어가게 한다.

백캐스팅을 할 때 우리는 대담한 야심을 가지고 실천 가능한 몇 개의 단계를 도입한다. 이상적인 직업을 머릿속에 그리고, 거기까지 가는 대략의 로드맵을 마련한다. 혹은 완벽한 제품을 그려보고 이것을 완성하는 데 무엇이 필요할지 묻는다. 성공을 위한 청사진을 그릴 실질적인 비전과 마주칠 때만 당신은 수렴적 사고를 동원하든 내면의 숏월을 소환하든 해서 사실과 허구를 구분해야 할 것이다.

백캐스팅 덕분에 인간은 최초의 문샷을 실현했다. NASA는 인간이 달에 발 디디는 것을 기정사실로 하고 그렇게 하려면 어떤 단계가 필요할지 거꾸로 되짚어나갔다. 우선 지상에서 로켓을 쏘아올린다. 그다음 인간을 지구궤도에 올린다. 그다음 우주유영을 한다. 그다음 지구궤도를 도는 우주선을 만나 도킹한다. 그다음 유인우주선을 달로 보내 달궤도를 돌다가 지구로 귀환하게 한다. NASA는 로드맵에 정리된 이 단계들을 모두 마친 뒤 비로소 달 착륙을 시도했다.

아마존도 자기 제품에 대해 미래에서 과거를 돌아보는 유사한 관점을 취한다.[84] 아마존의 직원들은 아직 존재하지 않는 제품에 대해 보도자료를 작성한다. 각 보도자료는 일종의 사고실험으로, 획기적인 아이디어의 첫 단계라 할 수 있다. 이 보도자료는 "고객 관련 문제엔 무엇이 있는지, 현재의 내·외부 문제에 대한 해결책이 어떻게 실패하는지, 이 새로운 제품이 기존 해법을 어떻게 압도적으로 능가하는지" 묘사한다. 그 후 최종 제품을 시장에 출시할 때와 똑같은 열정과 기대로 회사에 제출된다. 아마존의 제프 윌크Jeff Wilke는 "우리는 확실히 말할 수 있는 것에만 자금을 투입한다"고 설명한다.

그 보도자료에는 고객이 자주 물을 것으로 예상되는 질문목록이 장장 6쪽이나 첨부되어 있다. 이 연습은 전문가 팀도 모두 비전문가의 관점으로 제품을 보도록 압박한다. 결국 전문가들은 해당 제품이 생산되고 출시되기 전에 "멍청한" 질문을 한 후 현명한 답을 마련해야 한다.

아마존은 이런 백캐스팅을 통해 어떤 아이디어가 과연 추구할 가치가 있을지를, 적은 비용으로 평가할 수 있다. 아마존의 이안 맥컬리스터Ian McAllister는 "보도자료를 반복 검토하는 것은 제품을 반복 검토하는 것보다 비용이 훨씬 덜 든다. 시간도 절약된다!"고 설명한다. 백캐스팅은 또한 아마존의 궁극적 목표인 '고객 만족'에 초점을 맞춘다. 아마존은 보도자료를 작성하면서 완제품이 아니라, 행복한 고객을 전제로 한다. 때문에 보도자료에는 제품에 대해 가상고객이 쏟아내는 찬사도 담겨 있다. 물론 제품이 모든 소비자에게 환대받을 거라며 자기만족의 함정에 빠지는 건 아니다. 아마존 직원은 자신에게 끊임없이 다음 질문을 던진다.

"이 신제품의 제1버전에서 고객이 가장 실망스러워할 점은 무엇일까?"

한번 작성된 보도자료는 보류되는 법 없이, 제품의 전체 개발과정에 걸쳐 팀을 이끈다. 각 단계마다 팀은 "보도자료 내용대로 만들고 있는가?"라는 질문을 던진다. 만약 '아니오'란 답이 나올 경우 즉각 작업을 멈추고 반성한다. 초기의 궤도에서 제법 벗어났다는 건 궤도수정이 필요하다는 뜻이다.

그러나 보도자료를 성서처럼 여기지 않는 것 역시 중요하다. 기업가이자 작가인 데렉 시버스Derek Sivers도 "너무 상세한 꿈은 새로운 수단을 알아볼 눈을 가려버린다"라고 썼다.[85] 보도자료 작성 당시에 기술했던 세부사항은 세상이 빠르게 변함에 따라 어느새 시대에 뒤떨어진 것이 될 수 있다. 이런 사항이 전체적인 비전을 방해해선 안 된다. 즉 궤도유지란 목적만으로 궤도에 머물지는 말란 뜻이다.

최종목적지까지의 경로를 면밀히 들여다보게 함으로써, 백캐스팅은 정신 번쩍 들게 만드는 '현실점검Reality Check'을 제공한다. 우리는 종종 경로가 아닌 최종목적지와 사랑에 빠진다. 새로운 산이 아니라 가봤던 산에 오르고 싶어 하고, 새 책 쓰기보다 이미 나와 있는 책을 좋아한다.

백캐스팅은 끊임없이 경로를 확인하게 한다. 산에 오르고 싶다면, 배낭을 메고 훈련하고, 저산소 환경에 적응하려 높은 산을 오르며, 근육강화를 위해 계단을 오르고, 지구력을 키우려고 달리기를 하는 등의 자기 모습을 상상할 것이다. 책을 쓰고 싶다면, 2년간 날마다 컴퓨터 앞에 앉아 단어를 고르며 초고를 1페이지씩 써나가고, 그 어떤 칭찬이나 인정도 없이 문장을 끊임없이 고치는 모습을 상상할 것이다.

이 과정을 거치며 애초의 아이디어가 고문처럼 느껴진다면, 일단 멈춰라. 그러나 이 과정이 이상하게도 재미있다면(나에겐 글쓰기가 그랬다) 무슨 수를 쓰든 밀고 나가라. 이렇게 방향을 재설정할 때, 도무지 닿지 않는 최종결과가 아닌 과정 그 자체에서 본질적 가치를 끌어내도록 자신을 최적화할 수 있다.

이렇게 해서 로드맵이 준비되고 나면, 이제 '원숭이 앞세우기Monkey-first' 전략을 적용할 때다.

원숭이 앞세우기 전략

당신은 지금 직장에서 매우 과감한 프로젝트를 맡게 됐다. 당신 상사는 원숭이를 무대에 올린 다음 셰익스피어의 대사를 외우게 시키라고 말한다. 자, 어디서부터 어떻게 시작하겠는가?

대부분의 사람은 우선 무대를 마련하는 일부터 시작한다. 텔러는 "어느 시점에 상사가 나타나 진행상황을 보고하라고 할 것이고, 그러면 당신은 원숭이에게 말하기를 가르치는 게 정말정말정말 어려운 온갖 이유를 긴 목록으로 보여주고 싶을 것"이라고 말한다. 어쩌면 그 상사가 당신의 등을 토닥토닥 두드리며 "아주 훌륭한 무대야, 아주 잘했어!"라고 말해주길 바랄지도 모른다.[86] 그렇게 무대를 만들고 셰익스피어의 대사를 암송하는 원숭이가 마법처럼 나타나길 기다릴 것이다.

그러나 문제가 하나 있다. 무대 만드는 일은 가장 쉬운 부분이다. "무대라면 언제든 만들 수 있다. 모든 위험과 학습은 처음에 원숭이를 훈련시키는 그 극단적으로 어려운 일에서 비롯된다"라고 텔러는 말한다.[87] 그러니, 이 프로젝트에 아킬레스건은 없는지(즉, 원숭이가 셰익스피어 대사 암송은커녕 말하기 훈련조차 할 수 없는 건 아닌지)부터 알아야 한다.

무대를 만드는 데 시간을 많이 들일수록, 일찌감치 포기하는 게 옳은 문샷임에도 거기에서 손 떼기란 점점 더 어려워진다. 이른바 '매몰비용의 오류Sunk-cost Fallacy'다. 사람은 자기가 투자한 것에 비이성적으로 집착한다. 시간과 노력과 돈을 많이 투자할수록 거기서 벗어나기란 그만큼 더 어려워진다. 재미없는 책이란 걸 확인하면 바로 그 책을 던져버려야 하는데도 읽느라 들인 시간이 아까워 그 끔찍한 책을 계속 붙들고 있다. 8개월이나 사귀었다는 이유만으로 잘못된 만남을 끊지 못한다.

매몰비용의 오류에 대처하려면 원숭이를 앞세워라. 문샷의 가장 어려운 부분부터 시작하라는 말이다. 원숭이를 앞세우면 엄청난 자원을 프로젝트에 쏟아붓기 전, 프로젝트의 성공 가능성을 가늠할 수 있다.

원숭이 앞세우기는 일련의 "킬메트릭스Kill Metrics(포기기준점)"를 필요로 한다. 이는 엑스가 고안한 개념으로, 프로젝트를 언제 밀고 나가고 언제 그만둘지를 정하는 기준이다.[88] 이 기준은 처음부터 설정되어야 한다. 감정적·재정적 투자가 매몰비용의 오류를 촉발해 판단력을 흐리게 하기 전, 즉 머리가 상대적으로 맑을 때 정해져야 한다는 말이다.

이 접근법은 엑스에서 진행되던 포그혼Foghorn 프로젝트를 중단시켰다.[89] 이 프로젝트는 처음엔 유망해 보였다. 엑스의 한 직원이 바닷물에서 이산화탄소를 분리해 값싼 액체연료로 전환, 휘발유를 대체할 수 있다는 내용의 과학논문을 읽었다. SF영화에 나옴직한 기술이었다. 엑스는 본연의 모습대로 이 기술의 가능성을 붙잡았다.

허구를 현실로 전환하기 전, 포그혼팀의 팀원들은 킬메트릭스를 설정했다. 당시 휘발유는 가장 가격 높은 시장에서 1갤런당 8달러(약 8,800원)였는데, 그 팀은 5년 내 휘발유 1갤런의 대체연료를 만들기로 하고 비용과 수익을 고려해 그 비용을 5달러(약 5,500원)로 설정했다.

그런데 그 기술이 '원숭이의 무대'임이 밝혀졌다. 그 팀은 바닷물을 연료로 바꾸는 비교적 쉽다는 걸 알게 됐다. 문제는 비용. 비용이야말로 원숭이에게 셰익스피어 대사를 암송하게 하는 문제였다. 그 공정은 특히 휘발유 가격이 내려갈 때 비싸게 먹혔다. 팀은 이 프로젝트가 기준을 못 넘긴다는 걸 확인하자 포기하기로 했다. 프로젝트를 이끌던 캐시 한눈Kathy Hannun은 고통스러운 결정이었지만, "연구를 시작할 때 이미 만들어둔 강력한 기술-경제성 모델로 봤을 때 분명히 옳았다"고 말한다.

원숭이가 말하게 하는 것보다 무대를 만드는 쪽이 훨씬 더 확실하다. 원숭이를 훈련시키는 법은 몰라도 무대 만드는 법은 알기에, 우리는 무턱대고 무대부터 만들기 시작한다. 즉 평소 프로젝트의 가장 어려운 부분을 붙잡고 씨름하기보다 가장 쉬운 일들(예컨대, 이메일을 쓴다든가, 끝없이 이어지는 회의에 참석한다든가)을 하는 데 시간을 소모한다.

무대 만드는 것이 전혀 틀린 건 아니다. 어쨌거나 원숭이가 무대에 올라서긴 해야 하니까. 다만, 우리는 정말 꼭 해야 하는 일을 뒤로 미룬 채 무대를 만들면서, 무언가를 하고 있고 일이 조금이나마 진척되고 있단 생각에 만족감을 느낀다. 지금 하는 일이 어쩐지 생산적인 것 같다. 하지만 실은 그렇지 않다. 무대를 아무리 아름답게 만든들 원숭이가 말을 못하는데 그게 무슨 소용이란 말인가.

쉬운 일은 종종 중요하지 않고, 중요한 일은 종종 쉽지 않다. 결국 우리는 선택해야 한다. 무대만 만들면서 마법의 원숭이가 갑자기 나타나 셰익스피어 대사를 낭송하길 기다릴 것인가, 아니면 쉬운 일 대신 어려운 일에 집중해 원숭이에게 한 번에 한 음씩 말하는 법을 가르치려고 노력할 것인가(스포일러: 마법의 원숭이는 세상에 존재하지 않는다!).

영화 〈아폴로 13〉 앞부분에는 아폴로 11호의 예비 우주비행사 짐 로벨이 TV로 암스트롱과 올드린이 달에 첫발을 디디는 역사적인 장면을 지켜보는 장면이 나온다. 이때 로벨은 "이건 기적이 아니야. 우린 거기 가겠다고 결정했고, 그래서 갔지"라고 말한다.

이는 근거 없는 낙관주의가 아니다. 근거 없는 낙관주의는 꿈을 크게 꾸기만 하면 달착륙선 이글이 '고요의 기지 Tranquility Base(인류 최초로 달 착륙에 성공한 지점 - 옮긴이)'에 갑자기 마법처럼 짠 하고 나타날 거라는 태도다. 로벨의 말은 낙관주의와 실용주의가 결합된 것이다. 즉, 별처럼 빛나는 꿈과 비이성적으로 보이는 것을 실현할 단계별 청사진이 합쳐진 엄청난 대담함이다. 조지 버나드 쇼도 이런 유명한 발언을 했다.

"이성적인 사람은 자신을 세상에 맞추지만, 비이성적인 사람은 세상을 자기에게 맞추려고 노력한다. 그러므로 이 세상의 모든 발전은 비이성적인 사람들의 몫이고 또 업적이다."[90]

'비이성적인 사람이 돼라.' 이 말은 내가 당신에게 전하고자 하는 문샷이다. 획기적인 돌파의 업적은 나중에 뒤돌아볼 때에야 비로소 이성적이다. 항공우주 엔지니어로 최초의 민간우주선을 설계한 버트 루탄Burt Rutan도 "중요한 획기적 발상도, 그게 중요하고 획기적임이 밝혀지기 하루 전만 해도 허무맹랑한 헛소리였다"고 말한다.[91] 내가 가진 것에 비춰 가능하다고 판단하는 범위 안에만 자신을 가둬둔다면 결코 탈출속도에 도달하지 못할 것이며 또 흥분되는 미래를 만들어내지도 못할 것이다.

결국, 모든 문샷은 불가능하다. 그러나 당신이 하겠다고 나서는 순간, 그 불가능은 가능으로 바뀐다.

2단계

가속화

- 1단계에서 내놓은 아이디어를 추진하는 법
- 질문의 틀을 다시 짜는 법
- 자신이 틀렸음을 입증하는 것이 올바른 해답으로 가는 길인 이유
- 문샷이 최선의 성과를 내도록 로켓과학자처럼 테스트하고 실험하는 법

5장 질문에 관한 질문

: 질문의 틀 다시 짜는 비결

> 문제를 잘 정의하기만 하면
> 이미 문제의 절반은 푼 셈이다.
> – 작가 미상

화성에 착륙하는 것은 완벽한 우주적 안무를 실행하는 것이다.[1] NASA의 엔지니어 톰 리벨리니Tom Rivellini는 "만일 단 하나라도 제대로 작동하지 않으면, 게임은 끝나버린다"고 말한다.[2]

화성은 빠르게 이동하는 표적이다. 이 붉은빛 행성은 지구에서 최소 약 5,633만 km에서 최대 약 4억 km까지 떨어져 있으며 시간당 약 8만 km로 태양을 공전한다.[3] 특정 시각에 특정 지점에 착륙하려면 두 행성 사이에 홀인원을 만들어내야 한다.

그러나 이 행성 간 여행에서 가장 위험한 시간 구간은 두 행성이 가장 가까이 있을 때 지구에서 화성까지 가는 데 걸리는 6개월이 아니다. 그 여행의 마지막 부분, 즉 우주선이 화성의 대기권에 진입한 다음 표면으로 점점 다가가 마침내 착륙하는 동안의 6분이 가장 위험하다.

이 여행을 하는 동안 전형적인 화성착륙선은 두 부분으로 구성된 에어로셸Aeroshell 안에서 마치 누에고치처럼 보호받는다. 에어로셸 앞부분은 열 방패, 뒷부분은 보호막으로 싸여 있다. 우주선이 화성 대기에 진입할 때의 속도는 음속보다 16배 이상 빠르다. 그리고 우주선은 시속 약 1만 9,300km나 되는 속도를 6분에 걸쳐 충분히 줄인 다음 화성 표면에 안전히 착륙해야 한다. 우주선이 대기권을 돌파할 때 동체의 외부 온도는 약 1,400℃까지 올라간다. 열 방패는 우주선의 하강속도를 시속 약 1,609km로 줄일 때 대기마찰로 우주선이 화염에 휩싸이지 않도록 보호한다.

그러나 그 속도도 여전히 매우 빠르다. 우주선이 화성 표면에서 산산조각 나지 않으려면 이 속도를 더 줄여줄 '어떤 조치'가 필요하다. 1999년 내가 화성표면탐사로버 프로젝트의 팀원으로 일을 시작할 당시 그 어떤 조치는 로켓모터를 장착한 다리 셋 달린 착륙선이었다. 낙하산이 낙하속도를 줄인 다음, 이 착륙선은 그간 꼭 접어두었던 충격 흡수용 다리 3개를 펼치고 역추진 로켓을 가동하는 한편 레이더를 이용해 세 다리로 부드럽게 착륙할 최적의 지점을 찾는 방식이었다.

그러나 이는 어디까지나 이론일 뿐, 실제 문제가 존재했다. 1999년 이 착륙방식을 채택했던 화성극지착륙선은 착륙속도가 너무 빨라 파괴되고 말았다. NASA의 조사위원회는 역추진 로켓의 모터를 너무 일찍 꺼버린 탓에 그렇게 되었을 것이라고 결론 내렸다.

화성극지착륙선과 동일한 착륙 메커니즘을 사용할 계획이던 우리에게는 이 사고가 상당히 중대한 과제를 제시한 셈이었다. 우리의 임무는 보류됐다. 이때 우리는 처음으로 명백한 질문 몇 가지를 던졌다.

"화성극지착륙선의 결함을 어떻게 혁신할 수 있을까?" "부드럽게 착륙하게 하려면 다리 3개 달린 이 착륙선을 어떻게 설계해야 할까?"

나중에야 깨달은 사실이지만 이는 올바른 질문이 아니었다.

이 장에서는 더 나은 해답이 아니라 더 나은 질문을 탐색하는 것이 얼마나 중요한지 살펴본다. 우리가 제기하는 질문의 최초 틀에 저항하는 법을 탐구해 올바른 문제를 발견하는 것이(문제를 해결하는 것이 아니다!) 얼마나 중요한지 확인할 것이다. 화성표면탐사로버 프로젝트를 구했던, 겉보기에 단순한 2개의 질문과 아마존이 가장 수익성 높은 사업부를 만드는 데 사용한 전략을 소개할 것이다. 스탠퍼드대학교의 학생 대부분이 풀지 못한 과제에서 무엇을 교훈으로 삼을 것인지, 왜 체스 선수들이 체스판에서 익숙한 움직임을 볼 때 실수하는지 설명할 것이다. 또한 동일한 질문이 어떻게 우리가 날마다 사용하는 획기적인 기술을 제공하는지, 올림픽 이벤트를 어떻게 혁명적으로 바꿨고 또 혁신적인 마케팅 활동을 낳았는지도 알려줄 것이다.

평결을 내리기 전에 선고를?

사람들이 문제 푸는 방식을 보면 영화 〈이상한 나라의 앨리스_Alice's Adventures in Wonderland_〉의 한 장면이 떠오른다. 하트 킹의 부하들이 타르트를 훔쳤다는 혐의로 재판받는 장면이다. 증거가 제출된 뒤 이 재판을 주재하던 하트 킹이 "배심원은 평결을 내리시오"라고 하자, 하트 퀸이 끼어들어 "아냐 아냐! 선고부터 하고 평결은 그다음에 해야지!"라고 말한다.

우리는 본능적으로 해답을 알고 싶어 한다. 그래서 조심스러운 가설을 만들어내는 대신, 대담한 결론을 먼저 내린다. 문제에 여러 원인이 있음을 인정하지 않고, 가장 먼저 떠오른 원인에만 집착한다. 의사는 자기가 올바르게 진단했다고 여기는데, 이는 과거에 봤던 증상을 토대로 한 것이다. 미국의 모든 기업이사회에서는 이사들이 각자 결단력을 과시하고자 문제에 대한 올바른 해답을 서로 먼저 내겠다고 난리법석을 떤다.

그러나 이런 접근법은 마차를 말 앞에 두는 것, 평결을 내리기 전에 선고부터 하는 격이다. 서둘러 해답 찾기에 돌입하면 잘못된 문제의 꽁무니만 좇게 된다. 그러다 맨 처음 도출한 해답이 더 나은 해답을 뻔히 보이는 것들 속에 숨겨버린다. 선고가 먼저 내려지면 평결은 언제나 그 선고와 동일할 수밖에 없다. 선고가 유죄면 평결도 당연히 유죄다. 경제학자 존 메이너드 케인스John Maynard Keynes가 말했듯이 "어려움은 (…) 새로운 발상을 찾는 게 아니라 낡은 발상에서 벗어나는 데 있다."[4]

어떤 문제에 익숙할 때, 자기가 올바른 해답을 갖고 있다 여길 때, 우리는 대안을 찾으려 하지 않는다. 이런 심리적 경향을 '아인슈텔룽효과Einstellung Effect'라고 부른다. 독일어로 '설정하다'라는 뜻의 '아인슈텔룽'은 '이미 고착된 정신 상태나 태도'를 뜻한다. 질문의 초기 틀과 초기 해답이 이미 결정됐다는 것이다.

아인슈텔룽효과는 부분적으로 우리 교육체계의 유산이기도 하다. 학교에서는 해답을 말하라고 하지, 문제의 틀을 새로 짜라고 하지 않는다.

이렇게 문제들은 '문제세트Problem Set' 형태로 학생에게 넘겨진다. '문제세트'란 표현은 이 접근법을 매우 선명하게 만들어준다. 문제는 정해져 있다(아인슈텔룽). 학생이 할 일은 이를 푸는 것이다. 문제를 바꾸거나 여기에 의문을 제기하면 안 된다. 전형적인 문제는 "모든 제약조건, 주어진 모든 정보를 포괄적으로 그리고 앞서서" 선언하는 것이라고 고등학교 교사 댄 메이어Dan Meyer는 설명한다.[5] 학생은 사전에 승인된 문제를 받아들고 자기가 암기한 공식에 집어넣은 후, 올바른 해답을 기계적으로 툭 뱉어낸다.

이런 접근법은 현실과 매우 동떨어진 것이다. 어른들의 삶에서 이런저런 문제는 완전히 형성된 채 찾아오는 경우가 별로 없다. 우리는 문제를 찾아내고 규정하고 또 규정해야 한다. 그러나 우리는 어떤 문제를 발견하는 순간, 곧바로 해결해야 할 더 큰 문제를 찾기보다는 곧바로 해답 찾기에 돌입한다. 올바른 문제를 찾는 게 중요하다고 하면서도, 과거 실패했던 그 전술을 붙잡고 몰두한다.

시간이 지나면, 우리는 망치가 되고 모든 문제는 못처럼 보인다. 전 세계 17개국 91개 기업에 속한 고위경영진 106명을 대상으로 한 설문조사에서, 자기 기업이 문제 규정에 서툴며 이로 인해 상당한 비용이 발생한다는 항목에 85%가 "그렇다"와 "매우 그렇다"라고 응답했다.[6] 경영학자 폴 너트Paul Nutt가 수행한 또 다른 연구에서는 경영실패의 원인 중 일부가 기업활동에서 발생하는 문제를 적절히 규정하지 못하는 것임이 드러났다.[7] 예를 들어, 광고 관련 문제가 발생하면 다른 가능성은 모두 인위적으로 배제한 채 오로지 광고 차원에서만 해법만 찾으려 한다는 것이다. 그 연구에서 의사결정 중 2개 이상의 대안을 고려한 경영자는 20% 미만이었다. 이런 환경은 혁신에 적대적이다. 너트는 "미리 생각했던 해결책을 제시한다거나 대안의 범위를 제한하는 건 실패의 지름길"이라고 결론 냈다.[8]

다른 연구를 살펴보자. 연구자들은 체스 전문가를 두 집단으로 나누고 체스 문제를 하나씩 제시하며 가장 말을 적게 움직여 이기는 수를 찾으라고 했다.[9] 첫 번째 집단의 참가자에게 제시한 문제엔 해법이 2가지 있었다. 하나는 체스를 잘 아는 사람이면 익숙한 것이어서 5수 만에 이길 수 있었고, 다른 하나는 낯설긴 하지만 3수 만에 이길 수 있었다.

첫 번째 집단은 더 나은 해법을 찾지 못했다. 연구자들은 이들의 안구 움직임을 추적해 그들이 익숙한 해법을 좇는 데 많은 시간을 썼음을 확인했다. 그들은 더 나은 대안을 찾는다고 하면서도 익숙한 해법에서 눈을 떼지 못했다. 익숙한 해법이 눈에 들어오는 한 그들의 성적은 표준편차의 3배만큼 감소했다. 두 번째 집단에는 설정을 바꾸어 낯익은 해법이 보이지 않게 했다. 오직 최적의 해법 1수만으로 상대를 이길 수 있게 설정한 것이다. 낯익은 해법에 주의력이 분산될 일이 없자, 참가자 모두가 그 해법을 찾아냈다. 이로써 연구자들은 여러 체스 챔피언이 입을 모아 했던 다음 진술이 진리임을 확인했다.

"좋은 수를 두고 싶으면 머리에 무언가가 떠오르는 즉시 움직이지 마라. 더 나은 수를 찾아라."

아인슈텔룽효과로 더 나은 대안을 찾지 못할 때, 우리는 질문 그 자체에 질문을 던짐으로써 문제의 정의를 바꿀 수 있다.

질문 그 자체에 질문을 던지다

로봇과학 엔지니어 마크 애들러Mark Adler는 엔지니어에 대한 모든 고정관념을 거부한다. 그는 매력과 카리스마가 넘친다. 그의 목엔 종종 선글라스가 걸려 있는데, 그가 햇빛 좋은 플로리다에서 성장했기 때문일 것이다. 그는 자주 웃지만 내면에는 강렬한 기운이 흐른다. 한가할 땐 작은 비행기를 날리기도, 스쿠버다이빙을 하기도 한다. 그리고 말을 얼마나 빨리 하는지, 생각하는 속도대로 말하는 것 같다. 그와 1시간 넘게 인터뷰하는 동안, 난 기껏해야 질문 3개밖에 못 했다.

1999년 화성극지착륙선이 추락했을 때 애들러는 NASA 제트추진연구소의 엔지니어였다. 앞서 말했듯이 이 사고로 우리 팀의 화성계획이 취소됐다. 그 계획에 관련된 사람은 애들러만 빼고 모두 아인슈텔룽효과에 사로잡혀 있었다. 체스 전문가처럼 낯익은 해법만 보았던 것이다. 우리에게 낯익은 해법은 다리 3개 달린 착륙선이었다.

그런데 애들러는 더 나은 문제를 제기했다. 그 사고과정이 어떻게 진행됐느냐고 묻자, 그는 "아주아주 간단하지"라고 했다. 애들러의 관점에서 보면, 문제는 착륙선이 아니라 중력이었다. 이와 달리 우리는 "어떻게 더 나은 세 발 착륙선을 만들 것인가?" 하는 문제에만 사로잡혀 있었다. 애들러는 한 발 뒤로 물러서서 그 질문을 이렇게 바꾸었다.

"어떻게 중력을 이겨내면서 로버를 화성에 무사히 내려놓을까?"

낙하 충격을 덜어줄 조치를 취하지 않는 한, 사과가 나무에서 떨어지게 하는 것과 동일한 힘이 우주선과 화성 표면 사이의 불행한 만남을 유발할 수밖에 없다는 것이다.

애들러의 해결책은 다리 셋인 착륙선의 설계를 포기하는 것이었다. 대신 거대한 에어백들을 장착해 착륙선이 화성 표면에 닿으며 충격을 받기 직전 에어백이 부풀게 하고, 로버는 그 착륙선 안에 누에고치처럼 안전하게 보호하자는 것이었다. 로버는 이 커다란 흰색 포도알들 덕분에 충격이 완화된 채 약 10m 높이에서 화성 표면에 떨어질 것이고, 대략 30~40번 팅겨졌다 떨어지길 반복한 다음 멈출 거란 주장이었다.[10]

그랬다, 그 풍선들은 조잡했고 추했다. 그러나 효과가 있었다. 1997년 우주선 패스파인더는 이 방식으로 화성에 무사히 착륙했다. 애들러는 "전에도 잘 먹혔으니까 이번에도 잘 먹힐 것임을" 알았다.

애들러는 이 제안을 제트추진연구소의 댄 맥클리스Dan McCleese에게 가져가 왜 이 방식을 고려하지 않았냐고 물었다. 맥클리스는 이런 제안을 한 사람이 없었다고 했다. 자기가 그 제안자가 되기로 결심한 애들러는 제트추진연구소의 최고실력자 몇 명에게 이 아이디어를 설명하고 그들의 동의를 끌어냈다. 그리고 채 4주가 지나기도 전(기록적으로 짧은 시간이었다) 패스파인더의 착륙시스템을 사용한 새 계획을 수립했다. 마침내 이 제안이 실현된 것이다. NASA가 그의 설계를 선택한 이유는 이것이 우주선을 화성에 안전하게 착륙시킬 가능성이 가장 컸기 때문이다.

하버드경영대학원 교수였던 클레이튼 크리스텐슨Clayton M. Christensen은 "모든 해답은 그것을 찾아낼 수 있는 질문에 대응한다"[11]고 말했다. 해답은 종종 질문 그 자체에 내재돼 있어서 해결책을 끌어내는 데는 질문의 틀이 결정적이다. 아마 찰스 다윈도 친구에게 보낸 편지에서 다음과 같이 쓴 걸 보면 이 말에 동의할 것이다.

"돌이켜보면 문제 푸는 것보다 무엇이 문제인지 찾는 게 더 어려웠던 것 같아."[12]

질문을 각기 다른 카메라렌즈라고 생각해 보자. 광각렌즈를 사용하면 전경을 포착할 수 있다. 줌렌즈를 쓰면 나비를 근접촬영할 수 있다. 양자역학에서의 불확정성 원리를 확인한 베르너 하이젠베르크도 "우리가 관찰하는 것은 자연 그 자체가 아니라 우리의 질문방법에 드러난 자연일 뿐"이라고 했다.[13] 질문의 틀을 새로 규정할 때, 즉 질문법을 바꿀 때 대답도 바꿀 수 있다.

연구도 이런 결론을 뒷받침한다. 다양한 학문 분야에서 문제를 발견하려는 연구가 많았는데, 50년에 걸쳐 이런 연구를 분석한 메타분석 결과, 문제의 틀과 창의성 사이에 상당한 긍정적 상관성이 드러났다.[14] 심리학자 제이컵 겟젤스Jacob Getzels와 미하이 칙센트미하이Mihaly Csikszentmihalyi가 수행한 유명한 연구에서 가장 창의적인 미술학도들은 덜 창의적인 미술학도들보다 준비 및 발견 단계에 시간을 더 많이 쓴다는 사실이 밝혀졌다.[15] 이들의 주장에 따르면 문제를 찾는 과정은 준비 단계에서 끝나지 않는다. 창의적인 학생은 문제를 다양한 각도에서 보는 데 많은 시간을 할애하고, 해결 단계에 들어선 다음에도 열린 마음을 유지하며 애초 자기가 설정했던 문제의 정의를 언제든 바꿀 준비가 되어 있었다.

우리의 화성탐사계획에서 애들러는 이런 창의적인 미술학도처럼 문제를 만들고, 모두가 놓쳤던 문제를 찾는 데 더 많은 시간을 들였다. 그러나 그 뒤 일어난 일은 애들러조차 예측하지 못한 사건이었다.

도플갱어를 만들면 어떨까

여러 면에서 화성은 지구의 자매행성이다. 태양과의 거리도 지구 바로 다음이며, 계절이나 자전주기, 자전축의 기울기도 지구와 비슷하다. 지금은 춥고 황량하지만 전에는 더 따뜻했으며, 표면에 물이 흐른 흔적으로 유추하건대, 예전에는 물도 많았을 것이다.

이런 이유로, 화성은 태양계에서 외계생명체가 존재했을 가능성이 있는 몇 안 되는 행성 중 하나로 꼽힌다. 1972년 아폴로계획이 마지막으로 이루어진 뒤, 화성은 자연스레 우리의 다음 개척지로 등장했다. 1962~1973년까지 발사된 일련의 화성탐사선은 이미 궤도를 돌며 이 붉은 행성의 표면사진을 찍었다.[16] 이제 화성에 내려앉을 때였다. NASA의 우주비행사가 암스트롱이나 올드린처럼 우주복을 입고 화성으로 가 망치와 삽과 갈퀴를 들고 광물표본을 채취할 수 있었다면 아마 그렇게 했을 것이다. 그러나 NASA가 보기에 그건 재정 면에서 실현 가능성이 없었다. 그래서 NASA는 차선책을 실행했다. 인간지질학자 대신 로봇지질학자를 보내는 것이었다.

NASA의 첫 화성착륙 시도는 1975년 시작된 바이킹계획이었다. 북유럽 탐험가들의 이름을 딴 이 프로젝트는 동일한 2대의 우주탐사선 바이킹 1호와 2호를 화성에 보내는 것이었다.[17] 이들은 모두 궤도를 돌며 화성을 분석할 궤도선과 표면을 조사할 착륙선을 갖추고 있었다. 화성에 도착한 뒤, 궤도선은 가장 적합한 착륙지점을 물색하며 얼마간의 시간을 보냈다. 착륙지점이 포착된 뒤에는 착륙선이 궤도선에서 분리되어 화성

표면을 향해 하강했다.

바이킹 1호의 착륙선은 이글이 '고요의 기지'에 무사히 착륙한 지 정확하게 7년 뒤인 1976년 7월 20일 화성에 착륙했고, 바이킹 2호의 착륙선도 그해 9월 화성에 착륙했다. 두 착륙선 모두 90일 동안 임무를 수행하도록 설계됐지만, 그보다 더 긴 기간 활동했다. 바이킹 1호의 착륙선은 6년 넘게, 바이킹 2호의 착륙선은 4년 가까이 활동하면서 수만 장의 사진을 지구로 전송했다.[18]

2000년 즈음 나는 우리 탐사선이 화성에 착륙한 뒤 무슨 일이 일어날지 시뮬레이션하며 로버운영시나리오를 설계하느라 화성의 방에서 무척 바쁜 시간을 보내고 있었다. 이때는 애들러가 그 탁월한 통찰력으로 죽어 있던 우리 프로젝트를 되살린 뒤였다. 나는 스티브 스퀘어스 교수의 선명한 구둣발 소리를 들었다. 내 상사이자 우리 화성계획의 주요 연구자인 스퀘어스는 방금 NASA의 스콧 허버드Scott Hubbard와 통화하고 오는 길이라고 했다.

최악의 시나리오가 창조될 때 나의 상상력은 특히 생생해진다. 비관적인 생각이 즉시 머릿속에 맴돌기 시작했다. 이번엔 무엇이 잘못됐지? 우리 팀이 또 문을 닫아야 하나?

그러나 나쁜 소식이 아니었다. 허버드는 화성극지착륙선 사고 후 화성탐사 프로그램의 문제를 바로잡는 책임을 맡았던 인물로, 방금 NASA 행정관 댄 골딘Dan Goldin이 아주 단순한 질문 하나를 스퀘어스에게 전달해 달라고 한 모양이었다. 허버드는 전화로 스퀘어스에게 이렇게 물었다.

"2대를 만들 수 있습니까?"

"2대? 무슨 2대 말이죠?"

"우주선 2대요."

깜짝 놀란 스퀘어스가 물었다.

"왜 2대를 원합니까?"

"로버를 2대 운용하려고 하니까요."[19]

그건 아무도 물어볼 생각을 하지 않았던 아주 단순한 질문이었다.

"1대가 아니라 2대의 로버를 보낼 수 있을까?"

화성극지착륙선 사고 이후 우리는 착륙선이란 문제에만 좁게 초점을 맞추고, 이를 애들러의 에어백 설계로 해결했다. 그렇다 해도 착륙선의 위험이 완전히 제거되진 않았다. 먼 거리의 우주공간을 날아가는 동안, 강력한 바람을 맞으며 위험한 바위로 뒤덮인 화성에 내려앉는 동안, 아주 작은 것이라도 잘못되면 우리 우주선은 언제든 망가질 수 있었다.

이 불확실성에 대비한 골딘의 해결책은 리던던시 전략이었다. 한 바구니에 모든 달걀을 담고 아무 일도 일어나지 않길 간절히 기도하는 대신, 하나가 잘못돼도 나머지가 잘해낼 수 있도록 로버 2대를 보내자는 것이었다. 규모의 경제가 작동하므로 추가예산도 절감할 수 있었다. 골딘이 이 아이디어를 떠올린 뒤, 애들러와 제트추진연구소의 또 다른 엔지니어 배리 골드스타인Barry Goldstein이 추가비용을 45분 만에 계산했다. 로버를 2대 보내는 비용은 6억 6,500만 달러(약 7,315억 원). 1대를 보내는 비용 4억 4,000만 달러(약 4,840억 원)보다 약 50% 더 들었다.[20] NASA는 그 추가비용을 어렵사리 마련했고, 우리는 안도의 한숨을 쉬었다.

이렇게, 우리의 로버는 도플갱어를 탄생시켰다.

이번엔 더 창의적인 작명을 원했던 NASA는 "두 로버의 이름을 지어주세요"란 이름의 수필 공모전을 열었다.[21] 1,000명이 공모했는데, 수상자는 애리조나의 소피 콜린스Sofi Collins였다. 시베리아에서 태어나 고아로 살다가 미국인 가족에 입양된 이 학생은 공모전에 낸 수필에서 고아로 살던 시절을 다음과 같이 묘사했다.

"정말 암울하고 춥고 외롭던 시절이었다. 밤이면 별들이 반짝이는 하늘을 바라보며 기분이 한결 좋아졌다. 이제 미국에서 나는 무슨 꿈이든 다 이룰 수 있게 되었다. 그 '정신(스피릿Sprit)'과 '기회(오퍼튜니티Oppertunity)'가 고마울 뿐이다."

스피릿과 오퍼튜니티에게는 과거 화성이 과연 생명체가 살 수 있던 곳일지 판단하는 임무가 주어졌다. 물은 생명체의 필수요소이므로, 우리는 과거 물이 있던 곳을 선택해 탐사하고 싶었다. 로버가 2대로 늘었으니 탐사역량도 2배. 두 로버는 서로 다른 구역을 탐사할 수 있었다. 한 구역이 과학적 관점에서 완전히 실패로 끝난다 해도 다른 구역은 살아 있으니 얼마나 다행인가![22]

오퍼튜니티의 활동구역으로는 화성의 적도 인근 평지인 메르디아니 평원을 선택했다. 탐사 성과에 대한 전망이 밝았는데, 화학적 구성상 과거에 물이 흘렀을 가능성이 있었다. 게다가 이 평원은 "가장 부드럽고 평탄하며 바람이 적은 곳" 중 하나로, 화성의 거대한 주차장과도 같았다.[23] 착륙지로 이보다 안전한 곳을 찾기 어려워 보였다.

오퍼튜니티의 착륙지로는 화학적으로 풍부한 구역을 정한 반면, 스피릿의 착륙지로는 지형학적으로 풍부한 구역인 구세프를 택했다. 메르디아니평원의 정반대 지점인 구세프는 거대한 충돌 분화구로, 물길의 흔적이 있었다. 과학자들은 이것이 과거 물에 의해 형성됐고, 그 분화구는 거대한 호수였을 거라고 추정했다. 구세프는 착륙지점으론 다소 위험했지만 오퍼튜니티가 있었기에 약간의 모험을 감행할 여유가 있었다.

스피릿이 화성에 먼저 발을 디뎠다.[24] 우주선이 화성의 대기권을 돌파한 뒤부터는 모두 계획대로 진행됐다. 낙하산이 펼쳐졌으며, 일정 시간 뒤 열 방패가 분리됐다. 에어백이 부풀어올랐고, 착륙선이 수십 차례 화성 표면에서 튕겨 올랐다가 떨어지길 반복했고, 마침내 착륙했다. 애들러의 에어백이 제대로 작동하기나 할까 하는 두려움이 말끔히 사라진 것은 이 로버가 화성에서 찍은 사진을 보내주면서였다. 화성궤도에서 찍은 구세프의 사진을 이미 몇 년간 보긴 했지만, 화성의 분화구 내부에서 찍은 해상도 높은 사진을 보는 상황은 그야말로 초현실적이었다.

그러나 우리가 그 이미지들을 상세히 분석하면서 착륙 때의 전율은 서서히 사라졌다. 이 업적으로 우리는 안전하게 화성에 착륙한 성공적인 소수가 될 순 있었지만, 화성을 보고 있다는 사실을 제외하곤 우리가 보고 있는 것에서 전혀 전율을 느낄 수 없었다. 로버가 보내온 이미지는 바이킹계획 때 착륙선이 찍었고 코넬대학교 우주과학동 벽에 걸려 있던 사진과 거의 비슷했기 때문이다.

초기의 이 불만스러움은, 스피릿이 그 구역을 굴러다니기 시작해 최초 착륙지점에서 약 3km 떨어진 산봉우리 컬럼비아힐스에 도착하자 극적인 반전으로 바뀌었다. 컬럼비아힐스는 우리 로버가 착륙하기 약 1년 전쯤 우주왕복선 컬럼비아와 함께 산화한 7명의 우주비행사를 기리고 자 우리가 붙인 이름이었다. 그런데 그 봉우리들에서 스피릿이 침철석을 발견한 것이다. 침철석은 오로지 물에서만 형성되는 광물이라, 이것의 존재는 화성 표면에 과거 물이 있었음을 강력하게 암시했다.

스피릿이 화성에 착륙하고 3주 뒤, 오퍼튜니티도 화성에 안착했다. 착 륙지점인 메르디아니평원의 풍경은 우리가 예전에 본 것과는 전혀 달랐 다. 스피릿이 보내췄던 화성 표면 사진에는 바위덩어리들이 사방에 흩어 져 있었지만, 오퍼튜니티의 착륙지점에는 바위가 없었다. 이 로버가 전 송한 착륙지점 사진이 맨 처음 도착했을 때 제트추진연구소의 지원팀은 웃고 소리지르고 울었다. 비행책임자 크리스 르위키Chris Lewicki는 스퀘어 스에게 우리가 화면으로 바라보고 있는 것이 과학적으로 어떤 의미인지 간단히 설명해 달라고 했다. 그러나 스퀘어스의 목은 잠겨 있었다. 그는 헤드셋 스위치를 올리며 이렇게 말했다.

"이런 신발Holy smokes! 아, 죄송합니다! 어떻게 이럴 수가⋯."

그들이 보고 있던 건 로버 바로 앞에 있던 기반암의 노출 부분이었다. 어째서 기반암 같은 바위덩어리를 보고 말문이 막혔을까? 층층이 쌓인 기반암은 역사책과도 같다. 이는 먼 과거에 이 행성에서 어떤 일이 일어 났는지를 정확하게 보여준다. 흥미로운 과학적 소재를 찾으려 산을 올랐 던 스피릿과 달리, 오퍼튜니티는 과학적 비밀을 거저 얻은 셈이었다. 오 퍼튜니티의 위대한 발견은 모두 첫 6주간 이뤄졌다. 전부 착륙지점이 떠 먹여준 멋진 '기회' 덕이었다. 이는 우리가 2대의 로버를 보냈기에 가능 했던 결과였다.

스퀘어스가 당시 인지하지도 못했던 "이런 신발!"까지를 포함한 그의 논평은 전 세계에 방송되었다. 이는 한국의 일간지 〈문화일보〉의 한 기자를 헷갈리게 만든 모양이었다. 이 기자는 오퍼튜니티의 역사적인 화성 착륙 기사를 "美 쌍둥이탐사선 오퍼튜너티도 화성 안착-전송사진에 '의문의 연기'"라는 제목으로 썼다. 한국의 다른 기자가 언급했듯이 스퀘어스가 '성스러운 소holy cow'까지 언급하지 않은 건 정말 다행이다('holy smokes' 'holy cow'는 모두 욕으로, '의문의 연기'는 오역이다 - 옮긴이).

2대의 로버는 그들의 바이킹 할아버지들처럼 90일간 작동하도록 설계되었다. 그러나 이들은 바이킹 할아버지들보다 훨씬 오래 살았다. 스피릿은 모래구덩이에서 빠져나오지 못하게 될 때까지 6년 넘게 활동했다. 스피릿은 화성의 겨울을 맞아 에너지원인 태양광 패널에 모래가 덮여 꼼짝 못 하게 된 뒤로 통신이 끊겼다. 스피릿을 위한 공식 작별행사가 열렸다. 설계 당시엔 없던 기능을 발휘해 온갖 산을 올라갔고 거센 모래폭풍을 용감히 이겨냈던 로버에게 찬사를 바치는 작별의 순간이었다.[25]

'오피Oppy'란 애칭으로도 불린 오퍼튜니티는 2018년 6월까지 활동했다. 그 6월 오피는 거대한 모래폭풍이 태양광 패널을 덮어 전기가 부족해지며 수명을 다하고 말았다. NASA는 오피에게 응답하란 명령을 수백 번이나 내렸지만 오피는 끝내 아무런 대답을 하지 않았다. 결국 NASA는 2019년 2월 오퍼튜니티의 임무가 종료됐다고 발표했다. 예상수명이 90일밖에 되지 않던 오퍼튜니티는 14년 넘게 화성을 약 45km나 돌아다니며 탐사의 대기록을 세웠다.[26]

결국, 문제의 틀을 새롭게 만든 2개의 질문이 역사상 가장 성공한 행성 간 임무를 만들어냈다.

"다리 3개 달린 착륙선 대신 에어백을 사용하면 어떨까?" "로버를 1대 말고 2대 보내면 어떨까?"

너무 뻔해 보일 수도 있다. 그러나 나중에야 뻔하게 보이지, 그땐 전혀 그렇게 보이지 않았다. 애들러와 골딘이 했던 것을 당신이라면 어떻게 하겠는가? 다른 사람이 놓친 중요한 관점으로 문제를 바라볼 수 있겠는 가? 그러려면 먼저 사람들이 흔히 혼동하는 '전략'과 '전술'이란 두 개념 을 구분할 수 있어야 한다. 이 둘의 차이를 알려면, 일단 여기서 화성과 헤어지고 네팔로 가야 한다.

전략과 전술을 구분하라

주요 장기들이 발달하기도 전에 태어난 아기를 미숙아 또는 조산아라 고 부른다. 전 세계적으로 해마다 약 100만 명의 미숙아가 저체온증으로 사망한다.[27] 이 아기들은 태어날 때 체지방이 거의 없어서 체온조절을 제대로 하지 못한다.[28] 그래서 이 아기들에게는 실내온도가 얼음물처럼 차갑게 느껴질 수 있다.

선진국에선 이런 아기를 인큐베이터에 넣는 해결책이 마련돼 있다. 유 아용 침대 크기의 인큐베이터는 아기의 체온을 따뜻하게 유지해 준다.[29] 초기 인큐베이터는 매우 단순했지만, 이젠 두 손만 넣어서 아기 몸을 다 룰 수 있는 장치, 산소호흡기 같은 생명유지장치, 습도조절장치 등도 달려 있다.[30] 기술의 비약적 발전은 비용의 비약적 상승도 불러왔다. 현재 인큐베이터의 가격은 2만~4만 달러(약 2,200만~ 약 4,400만 원)까지인데, 이는 전기료는 포함하지 않은 것이다. 따라서 이런 인큐베이터를 개발도상국에서는 쉽게 찾아보기 어렵다. 살릴 수 있는 어린 생명들이 속절없이 죽어가는 이유다.

스탠퍼드대학교의 대학원생 4명이 2008년 이 도전에 맞서 값싼 인큐베이터를 만들었다.[31] 그들은 '극한의 적정비용을 위한 디자인Design for Extreme Affordability'이란 교육프로그램에 등록했는데, 이는 "세계에서 가장 가난한 사람들의 삶을 바꿀 제품과 서비스 설계법"을 가르쳤다.[32]

학생 연구팀은 실리콘밸리의 안락함을 누리며 혁신하려 하는 대신, 네팔의 수도 카트만두의 병원 신생아실로 현장학습을 떠났다. 그들은 거기서 인큐베이터가 어떻게 사용되는지 관찰하면 현지의 사정과 조건에 맞는 값싼 장비를 설계할 수 있을 것이라 생각했다.

놀라움이 그들을 기다리고 있었다. 병원의 인큐베이터들은 먼지를 뒤집어쓴 채 방치되고 있었다. 인큐베이터는 조작하기 어려웠다. 게다가 네팔 시골지역에는 미숙아의 숫자가 워낙 많았다. 이 아기들 대부분은 병원을 구경조차 하지 못한다.

결국, 인큐베이터 부족이 문제가 아니었다. 병원에 가기 힘든 시골에 아기의 체온을 따뜻이 유지해 줄 장비와, 안정적인 전력이 부족한 게 문제였다. 이런 상황에서 많은 인큐베이터를 병원에 보내거나 인큐베이터의 가격을 낮추는 등의 전통적인 해결책은 소용이 없었다.

연구팀은 문제의 틀을 다시 짰다. 미숙아에게는 인큐베이터가 아니라 그저 온기가 필요하다. 인큐베이터에 달린 심박측정기 같은 멋진 장치가 도움이 되긴 하지만, 무엇보다 중요한 과제는 아기의 장기가 정상적으로 발달할 수 있도록 아기 몸을 따뜻이 해주는 것이었다. 아기에게 온기를 제공하는 장치는 싸고 또 안정적인 전력이 보장되지 않는 시골의 문맹 부모가 편히 사용할 수 있어야 했다.

해답은 유아를 감싸는 작고 가벼운 포대기 '유아용 임브레이스워머 Embrace Infant Warmer'였다. 혁신적인 밀랍 '상변화相變化, Phase-change(물질이 하나의 상에서 다른 상으로 변화하는 현상 — 옮긴이)' 물질로 만든 포대기가 아기 체온을 최대 4시간까지 적정온도로 유지해 준다. 게다가 이 워머는 끓는 물을 주입하는 방식으로 불과 몇 분 만에 '충전'된다. 가격은 25달러(약 2만 7,500원)밖에 되지 않는다. 2019년까지 이 값싸고 믿을 수 있는 제품은 전 세계 20개국에서 수십만 명의 미숙아를 따뜻하게 안아주었다.

우리는 흔히 선호하는 해결책과 사랑에 빠진 나머지, 어떤 문제가 생기면 그 해결책이 없어서 그 문제가 발생한 거라고 예단한다. "그 문제를 해결하려면 다리 3개 달린 착륙선을 더 좋은 성능으로 만들어야 해." "그 문제를 해결하려면 인큐베이터를 충분히 보급해야 해"라고 하면서. 기술을 위한 기술을 추구하는 꼴, 나무만 보고 숲을 보지 못하는 꼴, 수단에 집착하느라 목적을 잃어버린 꼴, 형태를 고집하느라 기능을 외면하는 꼴이다. 이런 접근법은 전술을 전략으로 오해하는 실수를 낳는다. 전술과 전략은 흔히 혼용되지만, 그 개념은 전혀 다르다. 전략은 목적을 달성하기 위한 계획, 전술은 그 전략을 수행하기 위한 구체적 행동이다.

우리는 전략을 잊은 채 전술과 도구에만 시선을 고정하고 의지한다. 그러나 작가 닐 게이먼이 상기시키듯이 도구는 "미묘하기 짝이 없는 함정이 될 수 있다."[33] 망치가 당신 앞에 놓여 있다고 최상의 도구는 아니지 않은가. 한 걸음 뒤로 물러서서 폭넓은 관점으로 전략을 결정할 때 비로소 결함 있는 전술에 성급하게 의존하는 실수를 피할 수 있다.

전략을 발견하려면 스스로에게 다음과 같이 물어라.

"지금 이 전술은 무슨 문제를 해결하려는 것이지?"

이 질문은 '무엇'과 '어떻게'를 버리고 '왜'에 집중할 것을 요구한다. 다리 3개 달린 착륙선은 전술, 화성에 안전하게 착륙하는 것은 전략이다. 인큐베이터는 전술, 미숙아를 구하는 것이 전략이다. 문제를 멀리 떨어져서 바라보고자 한다면 외부자를 끌어들여라. 주기적으로 망치를 사용하지 않는 사람은 자기 앞에 망치가 놓여 있다 해도 그것에 마음이 흔들리지 않는다.

전략이 무엇인지 확인하고 나면 제각기 다른 전술을 구사하기가 한결 쉬워진다. 어떤 문제의 틀을 보다 폭넓은 관점으로 설정하면 문제해결방식이 달라진다. 예를 들어, 다리 3개 달린 착륙선의 성능이 나빴던 게 아니라 중력이 문제라고 문제의 틀을 설정하면 에어백을 대안으로 제시할 수 있다. 또 결함 있는 로버가 아니라 착륙상의 위험성이 문제라고 문제의 틀을 설정하면, 로버를 2대 보냄으로써 위험은 줄이고 보상은 높일 수 있다.

의사인 피터 아티아는 전략과 전술을 구분하는 데 달인이다. 나는 그에서 환자가 찾아와 "어떤 다이어트를 해야 할까요?" "콜레스테롤 수치가 높으면 억제제를 복용해야 할까요?" 같은 질문을 하면서 올바른 해결책을 찾을 때 어떻게 하느냐고 물었다.

"난 일반적으로 환자가 이런저런 전술에 집착하지 않게 합니다. 대신 전략에 초점을 맞추게 하죠. 사람들은 '올바른 해결책'을 찾으면서 언제나 전술 관련된 질문을 합니다. 그러나 전략에 초점을 맞추면 전술 구사를 한결 유연하게 할 수 있습니다."[34]

스탠퍼드대학교 기술벤처프로그램Stanford Technology Ventures Program의 티나 실리그Tina Seelig는 전략과 전술의 차이를 가르칠 때 '5달러(약 5,500원) 과제'라 이름 붙인 방법을 사용한다.[35] 학생들에게 조를 짜게 하고 각 조에 5달러씩 자금을 제공한다. 그러면 각 조는 2시간 안에 최대한 노력해서 최대한 많은 돈을 벌고, 그다음에는 자기 조가 성취한 결과를 3분에 걸쳐 발표한다. 당신이라면 어떻게 하겠는가?

전형적인 대답으로는 어떤 제품을 값싸게 사서 길거리에서 되파는 것, 복권 사는 것 등이 있다. 그러나 이런 전형적인 길을 간 조는 후순위에 들 수밖에 없다.

가장 많은 돈을 번 조는 5달러를 전혀 안 쓴 조다. 그들은 5달러가 본질적으로 큰 가치 없는 자원임을 안다. 그래서 그것을 무시하고, 대신 문제의 틀을 보다 폭넓게 설정했다.

"그야말로 무일푼으로 시작해 돈을 벌려면 무엇을 할 수 있을까?"

특히 성공했던 한 조는, 인기 있는 식당에 예약한 다음, 이 예약권을 다른 손님에게 팔았다. 이 조는 단 2시간 만에 수백 달러나 벌었다.

가장 많은 돈을 번 조는 또 다른 방식으로 접근했다. 이들은 주어진

5달러란 자금과 120분이란 시간이 마음대로 사용할 수 있는 가장 가치 있는 자산이 아님을 파악했다. 오히려 스탠퍼드대학교 강의의 3분짜리 프레젠테이션이 가장 중요한 자산이라고 보았다. 그래서 그 3분이란 시간을 스탠퍼드대학교 졸업생을 채용하길 원하는 회사에 팔아 650달러(약 71만 5,000원)를 벌었다.

자, 당신 인생의 5달러 전술은 무엇인가? 어떻게 주어진 조건을 무시하고 2시간이란 창문을 발견할 수 있을까? 혹은 당신의 창고에서 가장 소중한 3분을 어떻게 찾을 수 있을까? '무엇을'에서 '왜'로 관점을 바꾼다면, 즉 애호하는 해결책 대신 '하고자 하는 것'이란 관점으로 문제의 틀을 설정한다면, 당신은 또 다른 가능성을 발견할 수 있을 것이다.

질문의 틀을 재설정해 더 나은 해답을 도출하듯, 목표, 제품, 기술, 그 외 여러 자원을 재구성해 보다 창의적으로 사용하려면 고정관념에서 벗어나야 한다. 바로, 지금 '압정상자'가 필요하다.

압정상자 밖에서 생각하기

기압계의 용도는 무엇일까? "기압 측정"이 유일한 답이라 생각한다면, 한 번 더 생각해 보길 바란다.

과학자이자 비정통적 교수법을 지지하는 교육자 알렉산더 칼란드라Alexander Calandra는 〈바늘 위에 올라선 천사들Angels on a Pin〉이란 짧은 이야기를 썼다.[36] 이 이야기에서 한 동료가 칼란드라에게 자기와 학생 사이에 물리학 시험문제를 놓고 분쟁이 생겼는데 이를 중재해 달란 부탁을 했다. 자기는 학생이 0점이라 생각하는데, 학생은 만점을 요구한단 거였다. 그 문제는 다음과 같았다.

"기압계로 고층건물의 높이를 측정하는 법을 기술하라."

이 문제에 대한 전통적인 해답은 다음과 같다.

"건물 옥상과 1층에서 각각 기압을 측정한 후, 이 두 기압의 차이를 이용해 건물의 높이를 구한다."

그런데 그 학생은 이런 답을 제시했다.

"옥상에서 기압계에 줄을 묶어 지면까지 늘어뜨리고 그 줄의 길이를 재어 건물의 높이를 구한다.

이 답안은 확실히 맞다. 그러나 표준에서 벗어난다. 그것은 교사가 가르쳤던 것도, 교사가 기대했던 접근도 아니었다. 기압계는 기압을 측정하는 물건이지, 줄에 매다는 물건이 아니라는 말이다.

이 기압계 이야기는 '기능적 고착Functional Fixedness'의 좋은 사례다. 심리학자 카를 던커Karl Duncker가 설명하듯이, 이 개념은 "문제를 풀기 위해 새로운 방식으로 사물을 사용하는 것에 저항하는 정신적인 차단물"이다. 어떤 문제나 질문을 고정된 것으로 대하듯이, 우리는 도구에 대해서도 똑같이 행동한다. 기압계를 기압측정도구로 배우고 나면, 이를 다른 용도로 사용하는 것에 눈을 감아버린다. 우리 마음은 자기가 알고 있는 기능에만 집착하는 것이다.

기능적 고착의 가장 유명한 사례가 던커의 '촛불 문제' 아닐까 싶다. 그는 실험참가자들에게 벽에 붙인 탁자에 앉으라고 한 다음, 초 한 자루와 성냥통, 압정상자 하나를 주었다. 그러고는 초를 벽에 붙이되 촛농이 탁자에 떨어지지 않게 하라고 주문했다. 대부분의 연구자는 2가지 접근법 중 하나를 시도했다. 압정을 이용해 초를 벽에 고정시키려 하거나 성냥으로 초의 옆면을 녹여 벽에 붙이려 했던 것이다.

그러나 2가지 접근법 모두 통하지 않았다. 많은 참가자가 실패했다. 압정은 사물을 고정하기 위한 것, 상자는 물건을 담기 위한 것이란 식으로 사물의 전통적 기능에만 초점을 맞추었기 때문이다. 성공한 참가자는 상자의 전통적 기능을 무시하고 상자를 초의 받침대로 재규정함으로써 압정을 사용해 압정상자를 벽에 붙인 다음, 그 위에 초를 올려놓았다.

일상생활에서나 사회생활에서 우리는 이런 다양한 촛불 문제와 마주친다. 이때 촛불 문제를 풀지 못한 참가자처럼 상자를 받침대가 아닌 물건 담는 용기로만 바라보는 실수를 저지르곤 한다. 그렇다면, 어떻게 압정상자 밖에서 생각하는 훈련을 할 수 있을까? 어떻게 우리 제품이나 서비스를 다른 관점에서 바라볼 수 있을까? 어떻게 한 분야에서 보유한 기술이 다른 분야에서도 유용한 가치를 가진다는 걸 깨달을 수 있을까?

심리학자 로버트 애덤슨Robert Adamson은 이런 질문의 해답을 찾고자 군인을 대상으로 실험을 진행했다.[37] 그는 던커의 촛불 문제를 따라 하면서도 살짝 변형했다. 참가자를 두 집단으로 나눈 다음 각 집단을 약간 다르게 설정했다. 그러자 두 번째 집단의 성적은 첫 번째 집단의 성적을 훨씬 능가했다. 문제를 푼 참가자는 첫 번째 집단이 41%에 불과했는데, 두 번째 집단은 86%나 됐다.

이렇게 큰 차이가 난 이유는 무엇일까? 첫 번째 집단에게는 초, 성냥,

압정을 각각 상자에 담아 제시했다. 그러자 이 집단은 그 상자들을 물건 담는 용기로 봤고, 결국 극심한 기능적 고착에 빠졌다. 상자를 물건 담는 용기가 아닌 다른 기능을 가진 사물로 보기가 한층 어려웠던 것이다.

그러나 두 번째 집단의 경우, 각 사물이 탁자 위에 나란히 올려져 있고 상자도 빈 채로 놓여 있었다. 빈 상자를 본 참가자는 상자를 초의 받침대로 사용할 수 있음을 쉽사리 알아챘다. 이 결과는 체스 전문가들에게 했던 실험과 비슷하다. 즉, 낯익은 해법이 제거됐을 때 성적이 개선됐다.

기능적 고착은 상자나 기압계의 기능에 대한 우리의 가정에서 비롯된다. 앞서 설명했던 오컴의 면도날을 취해 해당 도구와 관련된 여러 가정을 잘라냄으로써 기능적 고착을 줄일 수 있다. 자기가 무엇을 아는지조차 모른다면 그 도구로 달리 무엇을 할 수 있겠는가? 이는 해당 도구의 명백한 사용처를 차단하는 것만큼 단순할 수 있다. 예를 들어, 애덤슨의 실험에서처럼 상자를 비워버린다든가 체스판에서 낯익은 해법을 제거한다든가 기압계를 다른 용도로 사용한다든가 하는 것이다.

조합놀이 역시 도움이 된다. 사물이 다른 분야에서 사용되는 방식을 보고 영감을 얻을 수 있다. 예를 들어, 자동차사고 때 운전자가 핸들과 부딪치지 않게 막아주는 에어백은, 로버가 화성에 안전하게 착륙하는 데 사용됐다. 또 우주비행사의 우주복과 동일한 직물이 미숙아의 체온을 유지해 주는 임브레이스워머에 사용됐다.[38] 조르주 드 메스트랄George De Mestral은 산책 후 바지에 산우엉이 잔뜩 붙어 있는 걸 보고, 한 쪽은 산우엉처럼 되어 있고 다른 쪽은 바지처럼 매끈한 면으로 되어 있어 손쉽게 붙였다 뗄 수 있는 벨크로를 발명했다.[39]

형태와 기능을 분리하는 것도 도움이 된다. 우리는 사물을 바라볼 때 그 사물의 기능을 보는 경향이 있다. 기압계는 기압 재는 것, 망치는 못 박기 위한 것, 상자는 물건 담기 위한 것. 이런 타성은 혁신을 방해한다. 만일 기능을 넘어 형태를 바라본다면 그 제품이나 서비스, 기술이 다르게 사용될 수 있는 많은 방식을 발견할 수 있다. 예를 들어, 기압계를 그냥 둥근 물체로 본다면 묵직한 물건으로 활용할 수 있다. 상자를 옆면이 있는 평평한 받침대로 본다면 이 위에 무언가를 올려놓을 수 있다.

한 실험에서 연구자들은 참가자를 두 집단으로 나누고 8개의 통찰력 문제를 풀라고 주문했다. 촛불 문제를 포함한 이 문제들은 기능적 고착에서 벗어나야만 풀 수 있는 것이었다.[40] 두 집단 중 통제집단은 아무 훈련도 받지 않지만, 다른 집단은 기능을 빼고 사물을 묘사하는 훈련을 받았다. "전기플러그의 단자"라고 말하는 대신 "직사각형의 얇은 금속조각"이라 묘사하는 식이었다. 그런데 이 훈련을 받은 집단은 통제집단보다 67% 더 많은 문제를 풀었다.

기능에서 형태로의 전환은 사용할 수 있는 자원을 재설정하는 데도 도움이 된다. 아마존웹서비스Amazon Web Services, 이하 AWS가 어떻게 발전했는지 보자.[41] 아마존은 온라인서점에서 '모든 것'을 파는 장터로 성장하며 정보저장 및 데이터베이스 등을 포함한 거대 규모의 전자 인프라를 구축했다. 이들은 자사 인프라가 단지 내부 자원이 아님을 깨달았다. 이를 클라우드컴퓨팅서비스로 다른 회사에 판매해 정보저장, 관계망 형성, 데이터베이스 구축에 사용하게 할 수 있었다. 이로써 AWS는 아마존의 캐시카우Cash Cow가 됐다. 2017년 기준 약 20조 1,110억 원의 매출액을

기록했는데 이는 아마존 유통사업부보다도 많은 매출액이다.[42]

아마존은 홀푸드마켓을 인수하면서 압정상자에 대한 인식의 틀을 재규정했다. 이 인수를 바라보는 이들은 어리둥절했다. 도대체 저 인터넷 거인이 왜 굳이 어렵게 버티고 있는 오프라인 식품체인점을 인수했을까? 바로, 홀푸드마켓 매장의 틀을 재규정했기 때문이다. 아마존은 그 매장들을 인구 밀집지역에 위치한 배송센터로 보았던 것이다. 그 덕분에 아마존은 아마존프라임 고객에게 제품을 신속하게 배송할 수 있었다.[43]

두 경우에서 모두 아마존은 기능을 넘어 형태를 봤다. 홀푸드마켓 매장은 그 기능이 식료품 판매였지만, 넉넉한 저장공간과 냉장시설을 갖춘 부동산 요충지 형태였으므로 배송이란 목적 아래 쉽고 유용하게 재규정될 수 있었다. 아마존의 컴퓨팅 인프라는 회사의 내부적 지원을 위한 것이지만, 거대한 데이터센터라는 형태는 넷플릭스나 에어비앤비 같은 기업에게 수익성 높은 서비스를 제공할 수 있었다.

기능에서 형태로 초점을 전환하는 것, 즉 압정상자를 초의 받침대로 보는 것이 어려운가? 그렇다면 또 다른 접근법을 시도할 때다. 바로, 상자를 뒤집는 것이다.

반대로 하면 어떻게 될까

1957년 10월 4일 금요일, 소련은 인류 최초의 인공위성 스푸트니크를 지구궤도에 올려놓았다.[44] 러시아어로 '동반자'란 이름을 가진 이 인공위성은 약 98분에 한 번씩 지구를 돌았다.

당시 메릴랜드의 존스홉킨스응용물리학연구소Johns Hopkins Applied Physics Laboratory에 소속된 두 젊은 과학자 윌리엄 귀에르William Guier와 조지 와이펜바흐George Weiffenbach는 스푸트니크에서 방출되는 전자파 신호가 지구에 도달할 수 있을지 궁금했다.[45] 그래서 그들은 스푸트니크가 보내는 일련의 신호를 추적했다.

삑. 삑. 삑.

이 신호를 소련이 놓칠 리 없었다. 선전의 대가 소련은 지구에 사는 사람 누구나 단파 라디오만 있으면 쉽게 포착할 신호를 보내도록 스푸트니크를 조작했다.

삑. 삑. 삑.

귀에르와 와이펜바흐는 소련의 라디오방송을 들으며 이 신호를 이용해 스푸트니크호의 속도와 궤적을 계산할 수 있음을 깨달았다. 소방차의 사이렌 소리가 가깝게 다가왔다가 다시 멀어질 때 음조가 높아졌다가 낮아지듯이, 그 신호음도 스푸트니크호가 두 과학자의 위치에서 멀어지고 가까워짐에 따라 달라졌다. '도플러효과Doppler Effect'란 이 현상을 이용해 두 사람은 스푸트니크호의 전체 궤적을 파악했다.

스푸트니크호의 발사는 경외심을 불러일으킨 한편 미국인을 초조하게 만들었다. 〈시카고 데일리뉴스Chicago Daily News〉의 사설은 이렇게 썼다.

"만일 러시아가 약 83kg 무게의 '달'을 미리 계획한 대로 약 901km나 멀리 떨어진 우주궤도에 쏘아올릴 수 있다면, 죽음을 몰고올 탄두를 지구 어느 곳에든 정확히 내리꽂을 수 있는 날도 그리 멀지 않았다."[46]

존스홉킨스응용물리학연구소의 부원장이던 프랭크 매클루어Frank McClure 역시 스푸트니크에 충격을 받았는데, 그 이유는 조금 달랐다. 그는 귀에르와 웨이펜바흐를 사무실로 불러 매우 단순한 질문을 했다.

"자네 두 사람이 그것을 반대로 진행할 수 있겠나?"

알려진 지구상의 위치에서 위성의 알려지지 않은 궤적을 계산할 수 있다면, 위성의 알려진 위치를 이용해 지구상의 알려지지 않은 위치를 찾을 수 있지 않을까 하는 것이었다.

이 질문은 이론적인 수수께끼처럼 들릴지 모르지만, 매클루어는 매우 실용적인 응용을 한 것이었다. 당시 군대에서는 잠수함에서 발사할 수 있는 핵미사일을 개발하고 있었다. 그러나 문제가 있었다. 핵미사일로 정확한 지점을 타격하려면 발사지점의 정확한 위치를 알아야 했다. 태평양을 항해하는 핵잠수함의 경우 정확한 위치를 알 수 없었다. 그래서 자연스럽게 다음 질문이 제기되었다.

"우리가 우주로 쏘아올릴 인공위성의 알려진 위치를 이용해 우리 잠수함의 알려지지 않은 위치를 알아낼 수 있지 않을까?"

두 사람의 답은 "예스"였다. 실제로 미국은 이 사고실험을 실행, 스푸트니크호 발사 이후 3년 만에 핵잠수함에 타격지점을 안내할 위성 5개를 지구궤도에 올려놓았다. 당시 '트랜싯 시스템Transit System'이라 불린 이 시스템은 1980년대 들어 현재 우리가 사용하는 '전지구위치파악시스템Global Positioning System, GPS'으로 그 이름을 바꾸었다.

아이디어를 가져다 거꾸로 뒤집는 매클루어의 접근법은 질문의 틀을 새로 규정하는 강력한 방법이다. 이 방법론은 적어도 19세기까지 거슬러 올라간다. 19세기 독일 수학자 카를 야코비Carl Jacobi가 "뒤집어라, 언제나 뒤집어라"라는 강력한 격언과 함께 바로 그 발상을 도입했다.[47]

물리학자 마이클 패러데이는 이 원리를 적용해, 모든 시대를 통틀어 가장 위대한 과학적 성과 중 하나로 꼽히는 발견을 했다. 사고실험이란 용어를 처음 만든 한스 크리스티안 외르스테드Hans Christian Ørsted는 전기와 자기 사이의 연관관계를 발견했다. 그는 전류가 흐르는 도선 주위에서 나침반 바늘이 움직이는 현상을 발견했다.

그런데 패러데이는 외르스테드가 했던 실험을 보고는 이 실험을 거꾸로 했다. 전류가 흐르는 도선을 자석 주변으로 움직이는 대신, 자석을 도선 주변으로 움직인 것이다. 그런데 자석을 빠르게 움직일수록 전류가 더 많이 발생했다. 패러데이의 이 역실험은 현대의 수력발전소와 핵발전소를 낳았는데, 이 두 발전소는 도선을 자석 주변으로 회전시킴으로써 전기를 생성하는 자석 터빈을 사용한다.[48]

생물학 분야에서도 다윈이 마찬가지의 뒤집기 원리를 채택했다.[49] 다른 생물학자들이 종과 종 사이의 차이점을 찾을 때 다윈은 새의 날개와 인간의 손을 비교하는 식으로 유사점을 찾았다. 완전히 다른 종 사이의 유사점을 찾는 과정 끝에 마침내 진화론이 탄생했다.

뒤집기의 힘은 과학의 범위를 훌쩍 뛰어넘는다. 의류업체 파타고니아는 2011년 한 광고에서 업계 최고의 관행을 뒤집었다.[50] 이 회사는 "우리 제품을 사라고 하는 대신 사지 말라고 하면 어떨까?" 하고 자문했다. 그리고 〈뉴욕타임스〉에 블랙프라이데이 광고를 전면으로 실었다. 블랙프라이데이는 미국에서 1년 중 가장 할인폭이 큰 세일이 시작되는 날로,

이날 매장에는 고객이 구름처럼 몰려든다. 광고에서 파타고니아는 자사의 자켓 아래에 커다랗게 이렇게 썼다.

"이 자켓을 사지 마시오."

이 광고로 파타고니아는 "블랙프라이데이에 자사 제품을 사지 말라고 한 미국 내 유일한 업체"가 됐다.[51] 이 광고는 제대로 먹혔다. 소비를 줄여 환경에 주는 충격을 줄이자는 이 광고는 결과적으로 회사와 같은 마음인 소비자를 끌어들여 수익증가에 오히려 도움이 됐다.

통념을 뒤집는 선택은 미국의 높이뛰기 선수 딕 포스베리Dick Fosbury에게도 올림픽 금메달을 안겨주었다.[52] 그가 높이뛰기 선수로 훈련하던 당시 다른 선수들은 '스트래들Straddle' 방식, 즉 엎드린 자세로 바를 뛰어넘는 방식을 사용했다. 이는 개선의 여지 없이 당연한 것으로 여겨졌다. 다른 방법을 시도하거나 실험할 필요가 없었다.

그런데 스트래들 방식은 포스베리에게 맞지 않았다. 고등학교 2학년 때 그는 겨우 중학생 수준의 기록밖에 세우지 못했다. 대회에 참가하러 가던 버스에서 포스베리는 방법을 바꾸기로 결심했다. 높이뛰기 규정상 땅에서 뛰어오른 다음에는 어떻게 하든 상관없이 바를 넘기만 하면 됐다. 스트래들 방식은 하나의 전술이었고, 바를 깨끗이 넘는 것은 전략이었다. 그는 얼굴을 지면을 향한 자세로 뛰어오르는 대신 반대로 했다. 뛰어오르면서 몸을 비틀어 하늘을 바라보는 자세로 바를 넘은 것이었다.

그의 접근법은 처음에 조롱을 받았다. 신문에서는 그를 "세계에서 가장 게으른 높이뛰기 선수"라고 불렀다.[53] 많은 팬은 요트에 털썩 떨어지는 물고기처럼 바를 넘는 그의 동작을 보고 깔깔거렸다.

그러나 포스베리가 1968년 하계올림픽에서 지금껏 해온 방식과 정반대 방식으로 금메달을 따며 비평가들이 틀렸음을 입증하자, 그 비웃음은 환호로 바뀌었다. 그의 이름을 딴 '포스베리 방식'은 높이뛰기 경기에서 표준으로 자리 잡았다. 포스베리는 색종이가 흩날리는 퍼레이드를 벌이면서 금의환향했다. 그리고 TV프로그램 〈투나잇쇼Tonight Show〉에 출연해 진행자에게 '포스베리 뛰기' 방법을 가르쳐주었다.

기업가 로드 드러리Rod Drury는 이런 접근법을 "조지 코스탄자 경영이론"이라 부른다.[54] 코스탄자는 미국의 TV드라마 〈사인필드Seinfeld〉에 등장하는 인물로, 그는 자기 삶을 개선하려고 여태 해온 것과 정반대 행동을 한다. 회계소프트웨어 개발사인 제로를 설립하고 이끌던 드러리는 "기대와 반대되는 행보는 무엇일까?"란 질문을 던지며, 자기보다 훨씬 덩치 큰 경쟁자를 앞서갔다. 2005년 이 질문을 던진 드러리는 경쟁자들이 데스크톱 기기를 붙잡고 있을 때 클라우드 기반 플랫폼을 활용하는 데 전력을 기울였다.[55]

드러리는 많은 기업의 리더들이 놓치는 비밀을 알고 있다. 바로, 낮은 데 매달린 과일은 누군가가 모두 따서 이제 남아 있지 않다는 사실이다. 자기보다 강한 경쟁자를 모방해선 그를 이길 수 없다. 그러나 경쟁자가 하는 것과 정반대 행동을 함으로써 그 경쟁자를 이길 수는 있다.

최상의 관행이나 업계표준을 따르지 말고 "반대로 하면 어떻게 될까?"라는 질문을 던짐으로써 질문의 틀을 다시 설정하라. 그 반대의 행보를 실천하지 못하더라도 이 단순한 사고과정만으로 당신은 자신의 여러 가정을 의심하게 될 것이며, 현재의 관점에서 훌쩍 벗어날 수 있을 것이다.

문제를 해결하고 싶다면, 스스로에게 다음 질문을 하면서 문제를 찾으려고 노력하라.

"내가 올바른 질문을 던지고 있을까?" "관점을 바꾸면 그 문제는 어떻게 바뀔까?" "전술이 아니라 전략적 차원에서 그 질문의 틀을 어떻게 바꿀 수 있을까?" "어떻게 압정상자를 뒤집고, 또 이 자원을 기능 측면이 아니라 형태 측면에서 바라볼 수 있을까?" "반대로 하면 어떻게 될까?"

획기적인 돌파는 상식이나 통념과 달리, '똑똑한 대답'에서 시작되지 않는다. '똑똑한 질문'에서 시작된다.

6장 자기를 반증하고 또 반증하고

: 진실을 포착해 똑똑한 결정 내리기

데이터를 모으기 전에 이론화하는 건 위험한 실수다.
사실에 부합하는 이론을 세우는 게 아니라,
이론에 맞추려 사실을 왜곡하게 되기 때문이다.
– 셜록 홈스

화성은 속임수의 대가다.[1] 인류의 역사가 시작된 이래, 밤하늘에서 가장 밝은 빛을 뿜내며 늘 우리를 지켜봐온 이 붉은 빛의 행성은 붉은 색조 덕에 따뜻하고 포근해 보이며 심지어 아무 의심도 없는 관찰자들을 환영하는 것처럼 보이기까지 한다.

그러나 화성은 적대적인 곳이다. 평균 표면온도가 -63°C라서, 지구에서 가장 건조한 사막보다 건조해서, 또 대륙 하나 크기의 거대한 지역을 뒤덮는 강력한 모래폭풍을 일으켜서도 아니다.[2] 바로 이곳이, 인간이 만든 우주선의 가장 커다란 무덤이기 때문이다.

내가 화성표면탐사로버 프로젝트의 일원으로 일을 시작할 당시, 우리 계획은 3회당 2회 꼴로 실패했다. 나는 화성이 우리에게 붉은 카펫을 깔아줄 마음이 없음을 빠르게 알아차렸다. 화성의 대기권에 진입하는 순간, 인간의 우주선을 잡아먹고 산다는 가공의 화성괴물인 '우주대악귀'가 우리를 맞이할 터였다.

1999년 9월 23일 화성기후궤도선Mars Climate Orbiter이 이 악귀의 가장 최근 희생자가 되었다. 이 우주선은 궤도를 돌며 탐사대상 행성의 기후를 조사하도록 설계된 최초의 우주선이다. 이 우주선이 화성에 다다랐던 날 저녁, 나는 화성표면탐사로버 프로젝트의 다른 동료들과 함께 코넬대학교 '화성의 방'에서 TV화면을 숨죽인 채 지켜보고 있었다. 우리 아기는 아니었지만, 그 아기가 화성까지 무사히 다다랐을 때 우리는 펄쩍펄쩍 뛰며 기뻐했다. 그 우주선은 우리의 지시를 화성 표면에 있는 우리 로버들에게 전달하고 로버들의 대답을 우리에게 전달해 주는 기본전파중계국 역할을 해줄 예정이었다. 즉, 우리의 워키토키인 셈이었다.

이제 다음은 화성궤도 진입이었다. 담당 팀은 궤도선의 주엔진을 점화시켜 낙하속도를 늦추며 우주선을 화성궤도에 떨어뜨렸다. 그 뒤 우주선은 화성 뒤편으로 넘어갔고, 그 바람에 전파신호가 차단됐다. 모든 것이 계획대로였다. 우리는 관제센터에서 엔지니어들과 함께 우주선이 다시 나타나길 기다렸다. 그러나 시간이 흘러도 아무 신호가 없었다. 관제센터의 분위기가 불안하고 초조하게 바뀌었다. 끝내 아무런 신호도 없었고, 우리의 워키토키는 영원히 가고 말았다.

우주대악귀에게 잡아먹힌 우주선의 부고기사가 있다면 아마도 이럴 것이다.

"세계에서 가장 똑똑한 로켓과학자들 가운데 여러 명이 운영했던 완벽하게 건강하던 이 우주선은 화성 대기권에 곧바로 진입했으며, 거기서 끔찍한 죽음을 맞이했다.”

우주선을 화성궤도에 올려놓는 것이 목표라면, 대기권 위쪽의 위치를 안전하게 유지하도록 해야 한다. 고도가 낮아지면 우주선은 대기권에 충돌할 때의 강한 충격으로 타버릴 수도, 대기권에서 튕겨나가 우주의 끝없는 심연 속으로 빨려들어갈 수도 있다. 그 우주선은 화성 상공의 안전한 150km 고도의 궤도에 들어가기로 프로그램되어 있었다. 그런데 대기 깊숙한 지점인 고도 57km 상공까지 진입했다.

NASA의 보도자료는 거의 100km 가까이 났던 그 고도의 차이를 “항법 실수Navigation Error”로 돌렸다.[3] 그러나 그로부터 채 1주도 지나지 않아 그 “항법 실수”는 최근 10년간 NASA가 낸 가장 절제된 표현이었음이 분명히 드러났다. 1억 9,300만 달러(약 2,123억 원)가 투입된 그 우주선이 실종된 것은 그 임무에 매달린 로켓과학자들이 실제 존재하는 것이 아니라 자기가 보고 싶은 것을 보았기 때문이었다.

앞서 우리는 더 나은 질문을 던지고 더 나은 문제를 찾음으로써 새로운 틀로 문제를 재규정하는 방법을 살펴보았다. 그런데 이 장에서는 그렇게 재규정된 아이디어를 놓고 '스트레스테스트Stress-test(시스템이나 실체의 안전성을 결정하기 위해 진행하는 테스트 – 옮긴이)'를 하는 방법을 배울 것이다. 의사결정과정의 오류를 찾아내고, 잘못된 정보를 걸러내고, 또 작은 실수가 눈덩이처럼 커져 재앙으로 발전하기 전에 그 실수를 잡아내는 데 로켓과학자들이 사용하는 도구가 어떤 것인지도 알게 될 것이다. 그리고 문제해결력을 키워줄 질문 하나를 배울 것이다. 어휘에서의 아주 작은 변화가 마음을 더 유연하게 만들어주는 이유와, 80%의 사람들이 풀지 못하는 기초적인 수수께끼에서 배울 것이 무엇인지 알게 될 것이다. 자기가 옳다고 타인을 설득하는 대신, 자기가 틀렸다고 스스로를 설득하는 태도로 전환할 때의 이점도 탐색할 것이다.

사실은 마음을 바꾸지 못한다

전직 과학자로서 나는 사실에 의존하도록 훈련받아 왔다. 오랜 세월 동안 타인을 설득할 때는 확실하고 냉정하며 반박할 수 없는 데이터를 가지고서 내 주장을 뒷받침했으며, 그 즉각적인 결과가 상대에게서 나타나길 기대했다. 상대를 사실에 푹 젖게 하는 게 내 주장을 입증하는 최상의 방법이라 생각했다. 기후변화가 실제라고, 마약과의 전쟁이 실패했다고, 상상력이라곤 전혀 없는 위험 회피형 CEO가 채택한 경영전략이 제대로 통하지 않을 거라고 주장할 때도 그랬다.

그러나 나는 이런 접근법에 중요한 문제가 있음을 발견했다.

그것은 효과가 없었다. 사람의 마음은 사실을 따르지 않는다. 사실은 완강하지만, 마음은 그보다 더 완강하다. 아무리 깨우친 사람이라 해도, 제시된 사실이 아무리 믿을 만하고 설득력 있어도, 의심을 지워내진 못한다. 이성적인 사고에 힘을 부여하는 바로 그 뇌가 판단을 왜곡해 주관적인 변형을 유도한다. 사람이 왜곡된 판단을 하는 경향은 부분적으로 '확증편향Confirmation Bias'에서 비롯된다. 우리는 자신의 믿음을 반박하는 증거의 가치는 낮게 평가하고, 지지하는 증거의 가치는 높게 평가한다.

그래서 작가이자 철학자인 로버트 피어시그도 이렇게 썼다.

"참 당혹스러운 일인데, 진리가 찾아와서 방문을 두드리면 사람들은 '저리 꺼져! 나는 지금 진리를 찾고 있단 말이야!'라고 고함을 친다. 결국 진리는 가버린다."[4]

인터넷이 대단하긴 하지만, 이로 인해 최악의 경향은 강화되고 있다. 우리는 자기 믿음과 일치하는 검색결과를 진리로 받아들인다. 심지어 그것이 검색결과 12페이지에 나온 것이라 해도. 다른 참고자료를 찾지도, 가치 낮은 정보를 거르지도 않는다. "어쩐지 이게 맞는 것 같아"에서 "이건 진리야"로 재빨리 태세를 전환한다.

내 이론이 옳음을 확인하면 기분이 좋아진다. 내가 옳았음이 입증될 때마다 도파민(신경전달물질의 하나로 신경계를 활성화해 행복감을 느끼게 만든다 – 옮긴이)이 분출된다. 반대의견을 듣는 것은 매우 불쾌한 경험이다. 그래서 사람들은 자신의 이념적 거품 속에 상처받지 않고 남아 있으려고 다른 어떤 보상도 마다한다. 미국인 약 200명을 대상으로 한 어떤 실험에서, 동성결혼이란 주제에 대해 자기와 견해가 다른 사람의 의견을 들어주기만 해도 추가로 돈을 더 받을 기회가 있었음에도, 참가자의 약 3분의 2는 그 기회를 마다했다.[5] 이들은 자기가 돈을 거저 얻을 기회를 마다한 것이 상대가 어떤 생각을 하는지 다 알기 때문이 아니라, 상대의 의견을 듣는다는 것 자체가 화나고 불편하기 때문이라고 설명했다. 그 결과는 동성결혼 찬반과는 무관했다. 이 주제에 대해 의견이 다른 양측 참가자 모두 똑같이 상대의 의견을 들으려고도 하지 않았다.

나와 반대되는 주장을 피해 스스로를 고립시킬 때 내 의견은 점점 굳건해지고, 이렇게 확립된 사고패턴은 점점 깨기 어려워진다. 전문경영인으로 채용된 사람이 변변찮은 성과를 내고도 계속 자리를 유지하는 것은, 그 채용자가 자신의 결정이 옳았단 식으로 모든 데이터와 증거를 해석하기 때문이다. 의사들도, 반대되는 연구결과와 증거가 있음에도, 계속해서 식이 콜레스테롤의 해악을 주장한다.

한 연구에서, 연구자들은 참가자인 대학생들에게 무거운 물체가 가벼운 물체보다 더 빠른 속도로 낙하한다고 생각하는지 물었다.[6] 이에 참가자는 각자 답을 적었고, 연구자들은 참가자에게 동일한 크기의 금속과 플라스틱을 진공 상태에서 낙하하는 실험을 보여주었다. 그 결과, 두 물체가 동일한 속도로 낙하했음에도, 무거운 물체가 가벼운 물체보다 더 빨리 낙하한다고 했던 참가자는 금속이 플라스틱보다 빠른 속도로 떨어졌다고 주장하는 경우가 더 많았다.

또 다른 연구에서, 연구자들은 MMR 백신(홍역, 유행성이하선염, 풍진의 3종 혼합백신)의 접종률을 높이고자 1,700여 명의 부모를 대상으로 4가지 유형의 홍보활동 중 하나를 선택해 실행했다.[7] 이 홍보활동은 2가지 접근법을 취했다. 하나는 백신과 자폐증 사이에 아무런 연관이 없다는 정보를 문자메시지로 제공하는 것, 다른 하나는 백신으로 예방할 수도 있었을 질병에 걸린 아이의 이미지를 제공하는 것이었다. 이 연구의 목표는 아이에게 백신 맞히길 꺼리는 부모에게 어떤 홍보활동이 가장 효과적일지 알아보는 것이었다.

놀랍게도, 그 어떤 것도 효과가 없었다. 백신에 대한 호감도가 가장 낮은 부모에게는 오히려 역효과를 내는 바람에, 집종률이 더 떨어졌다. 망설이던 부모에게는 공포를 기반으로 한 홍보활동이 역설적으로 MMR 백신이 자폐증을 유발한다는 믿음을 강화했다. 아마도 홍보매체의 이미지들이 초조해하던 부모가 자기 아이에게 가해지는 위험에 자폐증의 위험이 추가된다고 생각하게 만들었을 것이다. 결과를 놓고, 연구자들은 이런 결론을 내렸다.

"올바른 정보를 제공하는 것이 그릇된 믿음에 대한 최상의 대응만은 아니다."

사실이 부모의 마음에서 일어나는 감정을 이기지 못할 수도 있다고 여길 것이다. 그러나 로켓과학자들은 그럴 수가 없다. 값비싼 우주선을 위임받은 이 똑똑하고 이성적인 집단은 객관적인 데이터를 토대로 편향되지 않은 판단을 내리는 훈련을 받아왔기 때문이다. 그러나 로켓과학자조차도 로켓과학자처럼 생각하는 일은 어렵기 짝이 없다.

믿음이 사실을 왜곡할 때

누구나 스마트폰을 가지고 있는 지금, 다른 사람에게 길을 묻는 건 이미 과거의 일이 됐다. 트럭운전사에게 길을 물어보려고 차창을 내린다거나, 길을 잘 모르는 사람이 일러준 대로 길을 가다가 잘못된 길이라 다른 사람에게 또 길을 물어봐야 했던 그런 날들은 지났다. 지금은 그저 목적지를 입력하기만 하면 거기까지 가는 경로가 곧바로 화면에 뜬다.

그러나 행성과 행성 사이의 우주선 항해는 어쩐지 구식 운전처럼 느켜진다. 이 우주선에는 내릴 창문은 없지만, 비행하는 동안 우주선은 미리 정해둔 경로에서 벗어난 부분을 포착한다. 모든 비행마다 이런 부정확함이 나타나므로 항법팀은 우주선이 목적지까지 가는 경로를 계속 유지하도록 우주선의 엔진들을 가동한다. 이는 자동차를 타고 가면서 계속 낯선 이에게 길을 물어 경로를 수정해 가는 것이나 마찬가지다.

화성기후궤도선 때는 제트추진연구소에서 이 우주선의 항해를 책임지는 엔지니어팀이 네 번의 궤도수정 조치를 계획해 두고 있었다.[8] 그런데 본부에서 네 번째 조치를 취하던 중 심상찮은 일이 일어났다. 우주선이 화성에 다다르기 약 2달 전쯤이었는데, 엔진이 가동된 뒤에 수집된 데이터로 보면, 이 우주선이 화성궤도에 진입하는 고도는 애초 계획보다 낮게 형성될 예정이었다. 방향이 아래쪽으로 살짝 틀어졌는데, 문제는 앞으로 2달간 그 상황이 지속된다는 사실이었다. 우주선이 화성에 완전히 다가갔을 때의 고도는 애초의 계획보다 낮을 수밖에 없었다.

몇몇 예측으론 목표지점과 무려 70km나 차이가 났다. 그러나 "본부의 항법 담당자들은 오차범위가 10km 미만이라고 믿는 듯이 행동했다."[9] 어떤 전문가는 "그 정도의 차이면 사람들이 비명을 지르며 복도를 내달렸어야 했다. 이는 우주선이 어디에 있는지를 그들이 전혀 모르며, 그 우주선이 화성의 대기권을 가르질러 우주의 심연으로 날아갈 가능성이 있단 뜻"[10]이라고 말했다.

그러나 항법 담당자들은 그 오차가 항법 소프트웨어의 오류에 따른 것이지, 우주선의 궤적은 아무런 문제가 없다는 듯이 행동했다.

제트추진연구소 내에도 모든 게 다 예상대로는 아니란 소리들이 있었다. 그 우주선이 화성궤도에 들어가기 1~2주 전, 마크 애들러는 우주선의 팀원들과 일이 어떻게 돌아가는지 점검했다. 그런데 애들러는 그들로부터 늘 아리송한 말을 들었다. "무언가 심상찮은 일이 일어나고 있다"는 거였다. 그러나 자신만만해 보이는 항해사들은 애들러에게 "그 문제는 저절로 해결될 것"이라고 말했다.

애초, 항로 수정계획은 4회였지만, 추가로 1회를 더 할 수도 있었다. 그러나 그 팀에선 추가 수정을 하지 않기로 했다. 그 우주선이 안전한 고도로 화성궤도에 진입할 것이라 여전히 믿었던 것이다. 그렇지 않다고 데이터가 아우성을 쳤음에도 말이다.

결국 그 우주선은 실종됐다. 그때 나는 고등학교 시절 물리학 수업시간을 떠올렸다. 선생님은 정답에 단위를 쓰지 않으면 무조건 0점을 주었다. 자비란 없었다. 설령 답이 맞더라도 '150m'라고 써야 할 것을 '150'으로 쓰면 무조건 0점이었다. 나는 단위가 아무려면 어떠냐 싶었고, 그게 왜 그리 중요한지 몰랐다. 화성기후궤도선을 죽인 항법 실수를 자세히 알기 전까지는.

그 우주선을 만든 록히드마틴은 영국식 인치-파운드법을 사용했는데, 이 우주선의 비행을 맡은 제트추진연구소는 미터법을 사용했다는 사실이 나중에야 밝혀졌다. 록히드가 궤도 소프트웨어의 한 부분을 프로그램할 때 제트추진연구소의 엔지니어들이(나중에 밝혀지지만 이것이 실수였다!) 그 수치가 힘의 미터법 단위인 '뉴턴'인 줄 알았던 것이다. 1파운드의 힘은 4.5뉴턴이다. 그러므로 측정치들이 모두 4배 이상 차이가 났다. 제트추진연구소와 록히드마틴은 서로 다른 언어로 말하고 있었는데,

그 팀의 누구도 이 문제를 알아채지 못했던 것이다. 두 집단 모두 단위 기입을 까먹었기 때문이다.

이 로켓과학자들이 내가 다닌 고등학교에 다녔더라면 물리시험은 모두 낙제하고 말았을 것이다.

그러나 1억 9,300만 달러(약 2,123억 원)를 날려버린 이 재앙의 원인을, NASA가 고등학교 물리시험에 0점을 받을 수준이라서 혹은 록히드마틴이 구시대적인 인치-파운드법을 사용해서라고 한다면 그 문제를 지나치게 단순화하는 것이다. 그 로켓과학자들은 인간을 이성적인 사고에서 멀어지게 만드는 바로 그 '편향'의 희생양이었다. NASA의 부행정관 에드워드 웨일러Edward Weiler는 사고 후 이렇게 말했다.

"사람들은 때로 실수를 한다. 문제는 그 실수가 아니라, NASA의 시스템 엔지니어링의 실패 그리고 실수를 찾아내는 과정의 확인과 균형이었다. 이런 이유로 그 우주선을 잃은 것이다."

데이터가 일러준 이야기와 로켓과학자들이 스스로 밝힌 이야기 사이엔 누구의 눈에도 포착되지 않은 간극이 있었다.

개인적 믿음이 사실을 왜곡하는 경향성을 줄여줄 '비판적 사고'란 칩을, 생물학적으로 장착하고 있는 사람은 아무도 없다. 당신의 지능과 관계 없이, 리처드 파인만의 다음 격언은 진실이다.

"스스로를 속여선 안 된다는 게 제1원리다. 그런데 가장 쉽게 속일 수 있는 사람이 바로 자기 자신이다."[11]

과학자들은 자신의 유전자적인 배선을 억울해하는 대신, 스스로를 속이려 하는 경향성을 바로잡을 일련의 도구를 개발했다. 이는 과학자만을 위한 것이 아니다. 모두가 자기 아이디어를 스트레스테스트해서 진리를 찾아내는 데 사용할 수 있는 전술(즉, 경로를 수정하는 조치)이다.

우리는 과학자의 비판적 사고도구를 충실히 엿볼 수 있는, 도무지 현실에 존재하지 않을 듯한 SF적인 장소에서 다음 이야기를 시작하려 한다. 바로 영화 〈콘택트Contact〉의 한 무대다.

최종의견이 아니라 작업가설

뉴멕시코사막 한가운데, 땅거미가 질 무렵. 조디 포스터Jodie Foster가 연기한 엘리 애로웨이는 외계생명체를 찾는 과학자다. 그녀는 자동차 지붕에 누워 있고, 그 뒤로는 뉴멕시코의 '전파망원경망Very Large Array, VAL (1981년 완공된 우주전파관측군집 - 옮긴이)'의 접시 모양 흰색 안테나들이 보인다. 애로웨이는 눈을 감은 채 헤드폰에서 들리는 소리에만 집중한다. 나머지 세상의 소리는 모두 잦아든다. 그녀는 외계에서 보낸 전파신호를 듣고 있다. ET가 자기를 불러주길 기다리는 것이다.

어느 순간, 우주소음 위로 크고 리듬감 있는 신호가 또렷이 들리자, 그녀는 벌떡 일어나 "이런 제길!" 한마디를 뱉곤 차 안으로 뛰어든다. 곧 무전기로 동료들에게 다급하게 지시를 내리며 사무실로 돌아간다.

애로웨이가 사무실로 돌아오자 거기 있던 팀은 곧바로 행동에 돌입해 장비를 옮기고 볼륨을 올리며 주파수를 확인하고 여러 대의 컴퓨터에 무언가를 입력한다.

"피시, 나를 거짓말쟁이로 만들어줘!"

애로웨이가 동료에게 고함을 지른다. 피시는 그 신호의 원천에 대해 다양한 가설을 풀어놓는다.

"어쩌면 우릴 골탕먹이려고 커클랜드에서 쏜 '공중조기경보통제기 Airborne Warning And Control System, AWACS'일 수도 있어."

그러나 그럴 가능성은 없었다. 다른 신호원천들 역시 모두 제외된다. '북아메리카항공우주방위군North American Aerospace Defense Command, NORAD'은 이 진로로 추적을 하지 않아."

피셔는 이어서 우주왕복선 엔데베도 수면 상태라고 덧붙인다. 그러자 애로웨이는 지구가 아니라 우주에서 온 신호를 확인하는 데 사용되는 추적검출장비를 확인한다. 그리고 마침내 그 신호가 우주에서 온 것임을 깨닫곤 컴퓨터 화면에 키스를 하며 "고마워 엘머!"라고 말한다. 전 세계의 〈루니툰Looney Tunes〉 팬들이 박수를 치며 좋아할 만한 말이었다(엘머는 애니메이션 〈루니툰〉의 캐릭터로, 이 영화에선 애로웨이의 컴퓨터 애칭으로 나온다 – 옮긴이).[12]

그 신호가 송출된 곳은 나중에 밝혀지는데, 바로 '직녀성'이다. 그러나 이 팀은 그 해답을 곧이곧대로 받아들이지 않고 그 가설이 잘못됐음을 입증하려고 나선다.

"직녀성은 지구에서 너무 멀리 떨어져 있고, 지적 생명체가 나타나기에는 역사가 오래되지 않았으며, 과거에 수없이 확인했지만 늘 부정적인 결과만 나왔었지 않은가!"

그러나 아무리 살펴봐도 그 신호는 잘못된 게 아니었다. 게다가 일마 뒤, 이들은 그 신호가 일련의 소수素數임을 깨닫는다. 그렇다면 이는 지적 생명체의 존재를 입증하는 확실한 증거다. 애로웨이는 이 사실을 곧바로 세상에 발표할지 고민하다 한 번 더 생각해 보기로 한다. 이 신호가 어떤 것을 감추기 위한 의도적인 위장이나 착각일 가능성은 얼마든지 있었다. 그래서, 애로웨이는 이 사실을 전 세계적인 차원에서 확인해 보기로 한다. 직녀성이 미국에 빠르게 맞춰지고 있었으므로, 그녀는 호주 뉴사우스웨일스의 전파망원경을 갖춘 파크스관측소에서 근무하는 동료에게 전화를 건다. 동료도 그 신호의 존재를 확인한다.

"혹시 이 신호의 발신지가 어디인지 알아?"

애로웨이는 자기가 확인한 사실을 숨긴 채 이렇게 묻는다. 그러자 이런 대답이 돌아온다.

"거기가 어디냐 하면…"

몇 분처럼 느껴지는 짧은 침묵이 이어진 끝에, "직녀성"이란 대답이 돌아온다. 애로웨이는 자기 컴퓨터에서 한 걸음 뒤로 물러서며, 그 순간의 무게감을 실감한다.

"그럼 이제 우리는 누구에게 전화를 해야 하지?"

동료의 물음에 애로웨이는 이렇게 대답한다.

"모든 사람에게 다."

우리가 이 장에서 철저히 해부할 이 장면은 칼 세이건의 동명 소설을 토대로 하는 만큼, 과학적 해석 면에서 틀릴 리 없다. 그렇다. 이 영화의 감독인 로버트 저메키스Robert Zemeckis는 몇 가지 과학적 사실을 실제와 달리 자유롭게 묘사했다. 가장 분명한 것은 과학자가 사막에서 헤드폰을

끼고 전파신호를 듣지 않는다는 점이다. 그들은 컴퓨터를 사용한다(이에 대해 저메키스는 "고증을 받긴 했지만, 어쨌거나 그 장면은 낭만적인 이미지일 뿐"이라고 설명했다).[13]

우선 짚고 싶은 것은 애로웨이가 하지 않는 행동이다. 외계의 지적 생명체를 드러내는 확실한 신호를 들을 때도 그녀는 그 신호에 대한 자기 의견을 곧바로 밝히길 꺼린다.

과학적 견지에서 보자면, 의견에는 몇몇 문제가 따른다. 누구든 어떤 의견(즉 자기만의 매우 기발한 아이디어)을 하나 갖게 되면 거기에 깊이 빠지는 경향이 있다. 특히 그 내용을 대중 앞에 선언할 때는 더욱 그렇다. 그래서 우리는 마음을 바꾸지 않으려고 노련한 요가수련자조차 감당할 수 없을 만큼 자세를 배배 꼰다.

시간이 흐르면, 그 믿음은 자기 정체성에 녹아들기 시작한다. 크로스핏(운동의 한 종류-옮긴이)에 대한 믿음은 당신을 크로스핏 전도사로 만든다. 기후변화에 대한 믿음은 당신을 환경주의자로, 원시적인 식습관에 대한 믿음은 당신을 원시인으로 만든다. 믿음과 정체성이 하나가 된 상태에서는 마음의 변화가 곧 정체성의 변화를 의미한다. 따라서 의견 불일치는 종종 실존적 차원의 데스매치가 되기도 한다.

그 결과, 과학자는 연구를 시작하는 시점에 자기 의견 밝히길 삼간다. 그 대신, 이른바 '작업가설Working Hypothesis'이란 걸 설정한다. 이때 핵심단어는 '작업Working'이다. 이 말은 '진행 중인 작업, 즉 아직 최종 단계에 도달하지 않아서 사실에 따라 얼마든지 바뀌거나 폐기될 수 있는 작업'이란 뜻이다. 의견은 방어되지만 작업가설은 테스트를 통해 검증된다. 지질학자이자 교육자 토머스 체임벌린이 설명하듯이 테스트를 하는 것은 "가설을 위해서가 아니라 사실을 위해서다."[14] 이렇게 테스트를 통해 어떤 가설은 이론으로 발전하기도 하지만, 그 외 많은 가설은 가설에만 그치고 만다.

학부생 초기, 나는 지금 이 책에서 쏟아내고 있는 모든 조언을 무시했다. 나는 내 논문을 작업가설로 생각하지 않고, 최종의견으로 간주했다. 발표 도중 누구든 내 의견에 문제를 제기하면 곧바로 방어태세를 취했다. 심장박동이 빨라졌고, 긴장했다. 내 답변엔 질문과 질문자에 대한 짜증이 묻어났다.

그 뒤, 과학교육을 새로 받은 나는 내 의견을 작업가설로 재규정하게 됐다. 이런 마음속 변화를 반영하려고 어휘도 바꾸었다. 컨퍼런스에서 "나는 …을 주장한다"가 아니라 "이 논문은 …라고 가설을 설정한다"라고 말하기 시작했다.

이런 미묘한 어휘 변화로 인해, 내 마음속에서는 내 주장과 내 정체성이 분리됐다. 분명 내겐 어떤 아이디어가 있지만, 그 아이디어는 내 육체 바깥으로 빠져나가는 순간 독자적인 생명을 가지게 된다. 이렇게 분리된 것을 이제는 객관적으로 볼 수 있다. 그건 더는 내 개인적인 것이 아니라, 더 많은 작업이 필요한 하나의 작업가설일 뿐이었다.

그러나 하나의 작업가설조차 정서적 애착을 유발하는 지적 차원의 '자기 자식'이긴 하다. 이 문제를 해결하는 데는 '1명이 아닌 여러 명의 자식을 두는 것'이 하나의 치료법일 수 있다.

가설 가족 만들기

전파망원경은 〈콘택트〉에서처럼 외계생명체 관측만이 아니라 태양계를 가로질러 여행하는 우주선과의 장거리 통화에도 사용된다.[15] 3개의 거대한 전파안테나로 구성된 '심우주통신망Deep Space Network, DSN(NASA의 통신시설-옮긴이)'은 이런 통신망의 허브로 기능한다. 이 추적소들은 미국 캘리포니아의 골드스톤, 스페인의 마드리드 인근, 호주의 캔버라 인근 등 전 세계에 같은 거리를 두고 흩어져 있다. 지구가 자전함에 따라 하나의 추적소가 신호를 놓치면 다음 추적소가 바턴을 이어받는다.

1999년 12월 3일 마드리드 추적소는 화성을 향해 빠르게 날아가던 화성극지착륙선을 추적하고 있었다. 그날 밤 화성에 착륙 예정이던 이 우주선은, 어처구니없는 실수로 화성기후궤도선을 잃고 몇 달 뒤 화성에 다다랐다. 따라서 이 계획은 NASA가 체면을 세울 기회였다.

태평양 표준시로 오전 약 11시 55분, 이 우주선은 화성의 대기권에 진입한 후 화성 표면으로 하강하기 시작했다. 예상대로, 마드리드 추적소는 이 우주선의 신호를 놓쳤다. 모든 것이 계획대로 진행된다면 골드스톤 추적소가 오후 12시 39분에 그 우주선의 신호를 다시 포착할 터였다. 그러나 그 시각에 화성극지착륙선에서는 아무런 신호도 오지 않았다. 신호 탐색작업, 즉 엔지니어들이 그 우주선에 명령을 반복적으로 쏘아 보내는 작업이 그 뒤로 여러 날 계속되었지만 대답은 돌아오지 않았다.

NASA가 화성극지착륙선계획이 실패했다는 발표를 막 하려던 때, 이 상한 일이 일어났다. 신호가 끊어진 지 1달이나 지난 2000년 1월 4일 늑

도로 민감한 스탠퍼드대학교 전파망원경이 화성에서의 신호를 하나 포착한 것이다. "그 신호는 호루라기와 동일한 전파 주파수였다"고 당시 그곳의 선임연구원이던 이반 린스콧Ivan Linscott은 설명했다.[16] 이 주파수는 화성극지착륙선에서 보냈을 주파수와 정확하게 일치하는 특성을 지니고 있었는데 이 신호의 원천을 입증하고자 과학자들은 그 우주선에 "전파송신을 일정한 간격으로 껐다 켜길 반복하는" 식으로 '연기신호Smoke Signal'를 보내라고 주문했다.[17] 그러자 우주선이 이 지시를 받아들인 것 같았다. 과학자들은 연기신호를 받았고, 프랑켄슈타인 박사가 그랬듯이 화성극지착륙선이 살아 있다고 발표했다.

그러나 그건 사실이 아니었다. 그 신호가 허구였음이 나중에 밝혀졌다. 스탠퍼드대학교의 과학자들은 이른바 "내가 그것을 믿지 않았다면 보지 못했을 것(믿었기 때문에 볼 수 있었던 것)"이란 말로 표현되는 어떤 현상을 경험했다.[18] 네덜란드와 영국의 전파망원경들로 그 신호를 포착하려 했지만, 스탠퍼드와 동일한 결과를 만들어내진 못했다.

철학자 프랜시스 베이컨Francis Bacon은 이미 약 400년 전, 이에 대해 "부정적인 것보다 긍정적인 것에 더 많이 동요하고 흥분하는 것은 인간이 사물이나 현상을 이해할 때 반복적으로 보이는 특성"[19]이라고 진단한 바 있다. 스탠퍼드대학교의 탐색기술은 화성극지착륙선이 보내는 신호를 포착하도록 설계되어 있었다. 기대했던 바로 그 신호였다. 그리고 그들은 정확히 그 신호를 보았다.

게다가 그 과학자들은 화성극지착륙선의 생존에 정서적으로 집착하고 있었다. 제트추진연구소의 과학자 존 칼라스John Callas는 "마치 사랑하는 사람이 실종된 것과 같다"고 설명했다.[20] 그 우주선이 살아 있길 간절하게 바랐기에, 그런 결론을 내린 것이다.

과학자들이 상상 속 신호를 진짜라고 믿었던 적은 이게 처음이 아니다. 테슬라 역시 "숫자들의 규칙적인 반복"으로 구성된 화성에서 온 메시지를 포착했다고 보고한 바 있다. 테슬라는 이 숫자들을 화성에 지적 생명체가 존재한다는 "특별한 실험적 증거"라고 해석했다.[21]

이들 과학자 중 누구도 고의로 대중을 속이려 하진 않았다. 그들이 내린 결론은 겉보기엔 객관적인 데이터를 그들만의 독특한 방법으로 해석한 결과를 토대로 했다. 그런데, 대체 이 똑똑한 사람들이 어쩌다 헛것을 본 것일까? 가설은, 심지어 작업가설조차 연구자의 지적 '자식'이다. 체임벌린의 말처럼 그 가설은 "자라면서 부모의 사랑을 점점 더 많이 받는다. 부모는 그 아이를 잠정적 존재로 여기더라도, 그 아이는 사랑스럽게 잠정적이고 또 편견 없이 바라보지 못하게 잠정적이다. (…) 사랑을 너무 많이 받은 아이는 곧 부모의 머리 꼭대기에 올라 앉아 부모를 마음대로 좌지우지한다."[22]

하나의 가설에서 시작해 머릿속에 떠오르는 첫 번째 아이디어로 달려갈 때, 그 가설이 우리의 주인이 되기란 너무도 쉽다. 그 가설은 눈을 가려 대안을 보지 못하게 만든다. 작가 로버트슨 데이비스Robertson Davies의 말처럼 "우리의 눈은 마음이 이해할 준비가 된 것만 바라본다."[23] 화성극지착륙선이 살아 있을 거란 단 하나의 해답만을 마음이 기대한다면 눈은 그것을 보게 되는 것이다.

작업가설을 발표하기 전, 먼저 자기 자신에게 다음과 같이 물어보라.

"내 선입견은 무엇일까?" "난 무엇을 진실이라고 믿고 있나?" "난 이 가설이 진실이길 간절히 바라고 있나?"

만일 그렇다면 조심해야 한다. 매우 조심해야 한다. 누군가를 좋아하게 되면 그 사람의 흠이 눈에 들어오지 않는다. 그래서 그 사람이(혹은 어떤 우주선이) 전혀 보낸 적 없는 '신호'를 발견하기도 한다.

하나의 가설과 깊은 사랑에 빠지지 않으려면 여러 개의 가설을 만들어야 한다. 복수의 가설이 있으면 특정 가설에 집착하거나 성급히 안주하기 어려워진다. 체임벌린이 설명하듯이 이런 전략을 구사하면 과학자는 "가설 가족의 부모가 된다. 그래서 하나의 가설에만 많은 애정을 쏟을 수 없게 된다."[24]

가장 이상적인 것은 서로 모순적인 가설들을 선택하는 것이다. 소설가 스콧 피처제럴드F. Scott Fitzgerald는 "1등급 지능은 2개의 상반된 생각을 동시에 갖고 있으면서도 여전히 정상적 판단을 유지하는 능력"[25]이라 말하기도 했다. 이런 식의 접근은 쉽지 않다. 심지어 과학자도 복수의 관점을 유지하려다 머리가 부글부글 끓다 못해 터져버리기 일쑤다. 수백 년간 과학계는 두 진영으로 나뉘어 있었는데, 한 진영은 빛이 먼지 같은 입자로 구성돼 있다고 믿었고, 다른 진영은 수면에 이는 물결 같은 파동이라고 믿었다. 나중에 밝혀진 사실에 따르면, 이 두 진영 모두 맞았거나 모두 틀렸다. 빛은 이 두 범주에 양다리를 걸치고 있어서 입자의 특성과 파동의 특성을 모두 가지고 있기 때문이다.

'대형강입자충돌기Large Hadron Collider, LHC'는 약 27km의 가속기로 '하드론Hadron(강입자)'이라는 원자구성입자들을 충돌시킨다. 이 충돌은 "충돌이라기보다 하나의 교향곡"으로 묘사된다.[26] 하드론들이 충돌할 때 이들은 실제로 서로 미끄러지듯 부딪치며 "그들의 본질적 요소들은 서로 대화를 나눌 수 있을 만큼 가깝게 스쳐 지나간다."[27] 이 교향곡이 제대로 연주된다면, 서로 충돌하는 하드론들은 "새로운 입자를 생성함으로써, 자기만의 곡조를 노래할 깊이 숨은 장Field을 뽑아낼 수 있다."[28]

복수의 가설은 동일한 방식으로 함께 춤춘다. 만일 머릿속에 상충하는 생각들을 붙잡아두고 이들이 함께 춤추게 할 수 있다면, 그 가설들은 애초의 것보다 훨씬 우월한 가설을 새로운 아이디어의 형식으로 낳을 것이다. 그렇지만 여기에는 해결해야 할 문제가 뒤따른다.

"서로 모순되는 발상을 어떻게 만들어낼까?" "자기 멜로디와 상충하는 멜로디를 어떻게 찾을까?"

놓치고 있는 것을 찾아서

27살의 한 영화감독은 중대한 문제를 안고 있었다.[29] 그의 영화 주인공인 브루스는 세심한 관리가 필요한 배우였다. 할리우드의 기준으로 보더라도 너무 심했다. 사실 브루스는 기계 상어로, 감독은 자기 변호사의 이름을 따서 브루스의 이름을 지었다. 그러나 이 상어는 마땅히 해야 할 '수영'을 할 줄 몰랐다. 세트 촬영 첫날, 이 상어는 물밑까지 가라앉았다. 그리고 채 1주가 지나기도 전에 전기모터가 고장 났다. 촬영을 성공적으로 마친 날에도 다음 촬영을 위해 누군가가 "물기를 모두 빼내고 깨끗하게 닦고 칠을 다시 해야만 했다." 배우들이 좀처럼 기대하지 않는 온갖 배려를 받아야 하는 타입이었다.

그러자 감독은 안하무인으로 행동하면서도 연기는 못하는 배우에게 감독이 하고 싶어 할 법한 행동을 했다. 그 상어를 해고한 것이다. "상어를 뺀 채 스토리를 진행할 방법을 찾는 것 외에 다른 수가 없었다"라고 감독은 설명했다. 감독은 이 중요한 제약사항을 앞에 두고, 자신에게 이렇게 물었다.

"알프레드 히치콕Alfred Hitchcock 감독이라면 이럴 때 어떻게 할까?"

이 질문은 도저히 극복할 수 없어 보이는 장애물을 블록버스터의 기회로 전환할 멋진 영감을 주었다.

영화의 오프닝 장면에서, 한 여자가 달빛 아래 혼자 수영을 한다. 그러다 갑자기 다급하게 비명을 지르곤 물속으로 쑥 끌려 들어갔다가 이리저리 패대기쳐진다. 이때 카메라의 초점은 오로지 여자에게만 맞춰져 있고, 악당은 전혀 보이지 않는다. 상어는 세 번째 행동 전까지 오로지 관객의 상상 속에만 존재하며 제대로 드러나지 않는다. 상어가 드러나지 않자, 관객은 끊임없는 불안 상태에 놓인다. 이 불안감은 불길한 주제곡(따단 따단 따단 따-단단단…)으로 한층 고조된다.

다들 짐작했겠지만 이 영화는 1975년 제작된 〈죠스Jaws〉이고, 그 감독은 스티븐 스필버그다. 스필버그는 초짜 감독 시절 이미 많은 사람이 무시하며 인정하지 않던 진실을 알고 있었다. 바로 보이지 않는 것이 보이는 것보다 훨씬 더 무서울 수 있다는 사실이었다.

인간의 관점에서 보자면, 모든 사실이 다 동등하진 않다. 우리는 눈앞의 사실에는 끊임없이 집중하면서 보이지 않는 사실은 무시하는 경향이 있다. 이 맹점은 부분적으로, 인간의 유전자적인 설정에서 비롯된다. 심리학자 로버트 치알디니Robert Cialdini가 설명하듯이 "존재하지 않는 것보다 존재하는 것을 인식하기가 더 쉽다."[30] 우리는 어둠 속에서 딸랑거리는 소리, 가스 냄새, 연기, 타이어 마찰음 등 명백한 신호에 반응하도록 설정되어 있다. 동공이 확장되고, 심장박동이 빨라지며, 아드레날린이 분출된다. 다른 모든 감각의 입력 내용은 무시한 채, 마음은 잠재적인 위협에만 집중한다. 이런 메커니즘은 생존에 필수적이지만, 다른 기관의 작동을 중단시켜 중요한 정보를 놓치게 만들기도 한다.

한 유명한 실험에서, 연구자들은 3명은 흰 셔츠, 3명은 검은 셔츠를 입게 한 후 서로 농구공 주고받는 모습을 촬영했다. 이를 참가자들에게 보여주고는 아주 단순한 지시를 했다.

"흰 옷 입은 사람이 공 패스하는 횟수를 세어보세요."

그런데 이 영상이 약 10초쯤 진행됐을 때 고릴라 복장을 한 사람이 천천히 프레임 안으로 걸어 들어온다. 그러고는 쉽게 눈에 띄도록 선수들 가운데에 서서, 선수들이 쉬지 않고 공을 패스할 때 자기 가슴을 손으로 쿵쿵 치고는 다시 프레임 바깥으로 나간다. 고릴라의 존재는 누가 봐도 눈에 띄었고 놓치려야 놓칠 수 없었다.[31] 그러나 놀랍게도 참가자 가운데 절반은 고릴라를 전혀 보지 못했다. 패스 횟수를 세느라 집중한 나머지, 고릴라가 들어온 사실을 아예 무시했던 것이다.[32]

그런데 통념과 달리, 당신이 보지 못한 것이나 알지 못한 것은 당신에게 해를 끼칠 수 있다. 예컨대, 초짜 변호사는 이길 수 있는 법률적 주장을 보지 못하고, 변변찮은 의사는 올바른 진단을 놓친다. 평범한 운전자는 잠재적인 위험이 어디에 놓여 있는지 깨닫지 못한다.

우리는 우리가 초점을 둔 그 사실이 우리의 관심을 끌려고 아우성친다는 것을 명심해야 한다. 그러므로 "내가 바라보는 것은 무엇일까? 어떤 사실이 반드시 있어야 함에도 현재 빠져 있을까?" 하고 물어야 한다. 〈콘택트〉의 과학자들이 보여준 모범을 따라야 한다. 이 영화에서 과학자들은 자기가 놓치고 있는 게 무엇인지 반복해서 스스로에게 묻는다.

화성기후궤도선 프로젝트에 함께했던 과학자들은 그렇게 하지 않았다. 화성기후궤도선 사고가 일어난 뒤 이루어진 조사는, 그 팀이 "수상한 신호를 추적하기 위해 셜록 홈스의 접근법과 불독의 끈질긴 기질"을 채택했다고 주장했다.[33] 그 팀은 모든 사실을 수집하지 않은 채 하나의 이론을 세웠고(이는 수사관이 저지를 수 있는 최악의 실수다), 사실이 자기 이론을 방해하는 것을 거부하고 무시했다.

숨은 사실을 찾아내는 것의 중요성은 셜록 홈스가 등장하는 이야기 〈실버 블레이즈Silver Blaze〉의 핵심이다. 사건을 풀어가는 과정에서 홈스는 사라진 것에 집중함으로써 그 범죄가 내부자 소행임을 밝힌다.

그레고리 경감: 내 관심을 끌만한 또 다른 점이 있을까?
홈스: 밤중에 개에게 일어난 특이한 사건이 있지.
그레고리 경감: 그 개는 밤에 아무것도 하지 않았는데….
홈스: 그러니까 그 점이 이상하다는 말이지.[34]

개가 그날 밤 짖지 않았다는 이유로, 홈스는 경찰이 잡아 넣은 도둑이 범인이 아니라고 결론 내렸다.

자, 이젠 확실하다 싶은 내용을 서둘러 결론내리고 싶은 마음이 굴뚝같더라도, 운전할 때처럼 그렇게 하기 바란다. 사이드미러나 룸미러로 보는 것에만 의존하지 말란 말이다. 결론을 내리기 전, 자기 자신에게 "놓치고 있는 게 뭘까?" 하는 질문을 던져라. 계속해서 "또 다른 건 없을까?"라고 물어라. 고개를 돌려 눈에 보이지 않는 곳을 점검하려고 신중하게 노력해라. 그러면 바로 거기에 숨은 상어를 보고 깜짝 놀랄 것이다.

복수의 가설을 만드는 데 빠진 것을 찾고 또 그 정보를 이용하는 것은 도움이 된다. 그러나 이것만으로 객관성이 보장되진 않는다. 어떤 지적 자식 하나가 통금시간 후에 귀가했을 때, 다른 아이는 똑같은 잘못을 저질러도 그냥 넘어가면서 굳이 이 아이를 상대할 때만 자기도 모르게 의심하면서 파고들 수 있다. 이것이 둘 이상의 가설, 즉 지적 차원의 자식을 만든 뒤에 예전에는 상상도 하지 않았을 일, 즉 그 자식을 죽여야만 하는 이유다.

자기가 낳은 자식 죽이기

연구자가 당신에게 2, 4, 6이란 숫자를 제시한다. 이 숫자들이 단순한 규칙을 따른다고 설명한 연구자는 이 세 숫자를 다양하게 조합해 그 규칙을 발견하라고 말한다. 당신이 정답이라 판단하는 규칙에 따라 다른 숫자 3개를 제시하면, 연구자는 그 숫자들이 자기가 생각하는 규칙에 부합하는지 알려준다. 얼마든지 시도해 볼 수 있으며, 시간제한도 없다. 한 번 해보라. 이 규칙은 대체 무엇일까?

대부분의 참가자는 2가지 중 하나로 답했다. 참가자 A는 "4, 6, 8"이라고 했고, 연구자는 규칙에 맞다고 했다. 그러자 참가자는 계속해서 "6, 8, 10"이라 말했고, 연구자는 역시 규칙에 따른다고 했다. 이렇게 여러 번 질문과 확인이 이어지자 A는 그 규칙이 "2씩 커지는 수의 배열"이라고 선언했다. 참가자 B는 "3, 6, 9"로 답변의 문을 열고, 연구자는 규칙에 맞다고 했다. 그러나 참가자는 계속해서 "4, 8, 12"라고 했고 역시 연구자는 맞다고 했다. 여러 번의 질문과 확인 끝에 B는 그 규칙이 "첫 숫자의 배수들의 배열"이라고 선언했다.

그러나 놀랍게도 이들은 모두 틀렸다.

알고 보니, 정답은 "점점 커지는 숫자들"이었다. 참가자 A와 B가 제시한 숫자열은 그 규칙에 맞았지만, 그들이 제시한 규칙은 오답이었던 것이다. 참가자 중 이 규칙을 맞히지 못한 사람은 5명에 4명이었다. 첫 시도에서 규칙을 찾아낸 사람이 5명 중 1명밖에 되지 않았다는 말이다. 이 퀴즈의 비밀은 무엇일까? 성공과 실패를 가른 요인은 무엇일까?

실패한 참가자는 자기가 그 규칙을 발견했다고 믿었고, 자기 믿음을 뒷받침해 주는 숫자배열을 제시했다. "2씩 커지는 수의 배열"이 규칙이라고 믿은 사람은 "8, 10, 12"나 "20, 22, 24" 같은 배열만을 제시했다. 실험자가 이 배열이 모두 규칙에 맞다고 하자 참가자는 처음 생각해 낸 규칙이 맞다고 점점 더 확신했다. 이들은 규칙 자체를 발견하기보다 자기가 생각한 규칙에 들어맞는 숫자배열을 찾는 데만 급급했던 것이다.

그러나 성공한 참가자는 정확히 반대로 했다. 자기 가설에 따른 숫자배열을 제시해 자기가 맞음을 입증하는 대신, 그 가설이 틀렸음을 입증하려 한 것이다. 이를테면, 규칙이 "2씩 커지는 수의 배열"이란 가설을 세웠으면 "3, 2, 1"이란 숫자배열을 제시했다. 이는 그 규칙과 어긋한다. 그다음 "2, 4, 10"이라고도 한다. 이는 연구자의 규칙엔 맞지만, 참가자 대부분이 정답이라 생각했던 규칙엔 어긋난다.

이 숫자게임은 인생의 축소판이다. 일상생활에서나 직장생활에서 자기가 옳음을 입증하고 싶은 게 우리 본능이다. 모든 "맞다"는 우리를 기분 좋게 한다. 또 자기가 안다고 생각하는 것에 집착하게 한다.

그러나 모든 "아니다"는 진실에 한 걸음 다가서게 한다. 또 "맞다"보다 훨씬 많은 정보를 준다. 맨 처음 생각한 것을 확인하기보다 오히려 뒤엎어서 부정적 결과를 만들어낼 때 우리는 비로소 발전할 수 있다.

자기가 틀렸음을 입증하는 건 결코 기분 좋은 과정이 아니다. 그러나 중요한 건 당신이 쏘아올린 우주선이 추락하지 않게, 당신의 사업이 망하지 않게, 또 당신의 건강이 나빠지지 않게 하는 것이다. 자기가 안다고 생각하는 것을 스스로 입증할 때마다 우리는 자기의 비전을 축소하고 대안의 가능성을 무시한다. 앞선 실험에서 연구자의 "맞다"가 참가자를 잘못된 가설에 고착되도록 했던 것처럼 말이다.

이 숫자연구는 확증편향이란 용어를 만든 인지심리학자 피터 캐스카트 웨이슨Peter Cathcart Wason이 실제 했던 연구다.[35] 웨이슨은 철학자 칼 포퍼Karl Popper가 '반증 가능성Falsifiability'이라 이름 붙인 것을 탐구하는 네 관심이 있었는데, 이는 과학적 가설이 잘못된 것이라고 입증될 수 있어야 함을 뜻한다.[36] 예를 들어, "모든 비둘기는 흰색이다"란 말을 보자. 이는 거짓일 수 있다. 당신이 검은색이나 갈색, 노란색 비둘기를 발견하면 당신은 이 가설이 틀렸음을 입증하게 된다. 앞서 숫자 연구에서 자기가 제시한 규칙을 따르지 않는 숫자배열이, 자기가 제시한 규칙이 틀린 것임을 입증하는 것과 비슷하다.

과학이론은 틀리지 않았음이 입증될 뿐 결코 옳다고 입증될 수 없다. 과학자가 열심히 연구하며 자기 생각을 스스로 몰아붙일 때만 그 생각에 대한 믿음을 쌓을 수 있다. 어떤 이론은 승인받은 뒤에도 새로운 사실이 나타나 현 상태를 개선하거나 완전히 포기할 것을 요구받기도 한다.

"물리학의 세상에서는 일정하거나 영원한 것이 아무것도 없다. 별은 불타고, 원자는 붕괴되고, 종은 진화하고, 동작은 상대적이다."[37]

물리학자 앨런 라이트맨의 말이다. 사실도 마찬가지다. 대부분의 사실은 영원한 생명을 가지고 있지 않다. 올해 확신을 가지고 충고한 것들이 내년에는 뒤집어지고 만다.

의사이자 작가인 크리스 크레서Chris Kresser는 과학의 역사가 "대부분의 과학자가 대부분의 사물에 대해 거의 언제나 틀렸던 것들의 역사"라고 말한다.[38] 아리스토텔레스의 발상은 갈릴레오에 의해 틀렸음이 입증됐고, 갈릴레오의 발상은 뉴턴의 발상으로 대체됐으며, 뉴턴의 발상은 아인슈타인에 의해 수정됐다. 이런 맥락에서 과학 저널리스트 개리 타우브스Gary Taubes는 "어제는 가고 오늘이 존재한다"는 특성은 과학이론의 "자연스러운 리듬"이라고 썼다.[39]

과학자들은 자기 아이디어를 의심하는 데 인생을 바치지만 이런 자기 의심은 인간적인 차원의 조건화Conditioning에 역행한다. 예를 들어, 정치에선 일관성이 정확성을 이긴다. 정치인이 더 나은 주장에 감화되어 애초의 생각을 버리고 다른 의견을 인정할 경우, 유권자로부터 혹독한 비판을 받는다. 이유는 분명하다. 일관성이 없다, 우유부단하다. 선출직에 맞는 강인하고 이념적인 사람이 아니라는 이유로 그들은 수난을 받는다.

대부분의 정치인에게 "이 주장은 반박의 여지가 없다"는 태도는 미덕이다. 그러나 과학자에겐 이것이 악덕이다. 과학적 가설을 검증하고 기각할 방법이 없다면, 그 가설은 본질적으로 가치가 없다. 칼 세이건의 말처럼 "당신의 추론을 따르고 당신의 실험을 복제해 과연 동일한 결과가 나올지 확인할 기회가 의심과 회의에 반드시 주어져야 한다."[40]

예를 들어, 스웨덴 철학자 닉 보스트롬Nick Bostrom이 처음 제기하고 이후 일론 머스크가 대중화한 '시뮬레이션가설Simulation Hypothesis'을 살펴보자. 이는 우리가 우리보다 더 지능적인 힘이 통제하는 컴퓨터 시뮬레이션 속에서 살아가는 보잘것없는 생명체라고 말한다.[41] 이 가설은 반증 가능성이 없다. 만일 우리가 비디오게임 〈심즈The Sims〉 속 캐릭터들이라면 우리 세상에 대한 정보를 외부로부터 획득할 수 없을 테니, 우리 세상이 단지 환상이 아님을 결코 증명할 수 없을 것이다.

반증은 과학과 사이비 과학을 구분하는 도구다. 우리가 명분 없는 논쟁을 통해 대립되는 주장들을 계속 저지하고 우리 신념에 반하는 것들을 밀쳐낸다면, 잘못된 정보들만 번성할 것이다.

일단 반증 가능한 가설을 만들고 나면, 숫자연구에서 올바른 규칙을 찾아냈던 참가자들처럼 그 가설이 잘못됐음을 입증하려고 시도해야 한다. 이념적 자기검금은 자기도 모르는 사이 나타난다. 따라서 "나는 내가 틀렸음을 입증할 용의가 있다"는 진부한 말을 단순히 반복할 게 아니라, '자기반증Self-falsification'이란 불편함에 스스로를 노출시켜야 한다. 에이브러햄 링컨Abraham Lincoln은 "난 저 사람이 싫어. 그러니까 저 사람을 더 많이 알아야 해"라고 했다. 바로 이 접근법을 대립하는 주장에 적용해야 한다.

잡지 〈홀어스카탈로그Whole Earth Catalog〉의 창립자 스튜어트 브랜드Stewart Brand가 그랬듯이, 자기가 지금 얼마나 많은 것을 잘못 알고 있는지 정기적으로 따지고 물어라.[42) 자기가 가장 소중히 여기는 주장에 구멍을 내고 불편한 사실을 찾아나서라. 어떤 사실이 내 마음을 바꿀지 연구하라. 그리고 자기 믿음과 어긋나는 사실을 발견하자마자 곧바로 노트에 적었던 다윈의 '황금률'을 좇아라.[43) 잘못됐거나 낡은 아이디어를 가차없이 없앨 때 올바른 생각이 편히 드러날 공간이 마련됨을 다윈은 알고 있었다. 또 자기 안에 깊이 새겨진 믿음을 의심함으로써 이 전술은 제1원리 사고에 더 강력한 힘을 실어줄 수 있다.

판단 및 의사결정에 관한 심리연구로 2002년 노벨상을 받은 심리학자 대니얼 카너먼을 생각해 보라. 노벨상 받는 것 자체도 인상적인 업적이지만, 카너먼은 특히 대단했다. 심리학자이면서 경제학상을 받았기 때문이다. 행동경제학자 엘다 샤피르Eldar Shafir는 그 상을 받은 뒤 카너먼이 보여준 행동에 대해 "노벨상 수상자 대부분은 이 상을 받고 골프를 치러 가길 원한다. 그러나 대니얼은 상을 안겨준 자기 이론이 틀린 걸 입증하느라 바쁘다. 정말 아름다운 일"이라고 말했다.[44] 카너먼은 자기를 비판하는 이들에게 자기와 그 일을 함께하자고 제안했다.[45]

내가 좋아하는 미 연방대법원의 의견 중 하나는 1896년 '플레시 대 퍼거슨Plessy v. Ferguson 사건(혼혈이던 플레시가 백인 열차 칸에 앉아 있다 적발된 사건 - 옮긴이)'에서 존 마셜 할란John Marshall Harlan 판사가 제시한 반대의견이다. 할란 판사만이 유일하게 반대의견을 표명했던 이 판결에서 다수의견은 인종차별이 합헌이라고 보았다(이 판결은 나중에 '브라운 대 교육청Brown v. Board of Education 사건'에서 뒤집힌다).

할란의 반대는 많은 이에게 놀라움을 안겨주었다. 할란은 백인 우월주의자였고 노예를 소유했으며[46] 정부가 인종을 이유로 국민을 차별하는 걸 금지하는 수정헌법에도 굳건히 반대하던 인물이었기 때문이다. 평소 신념을 뒤집었다는 비판이 제기되자, 그는 단순명쾌하게 답했다.

"일관성을 유지하기보다 옳은 것을 선택하겠다."[47]

작가 월터 아이작슨은 "위대한 정신의 특성 중 하나는 그것이 기꺼이 바뀔 수 있다는 점"이라고 말했다.[48] 당신 주변의 세상이 바뀔 때(즉, 기술거품이 꺼지거나 자율주행자동차가 표준이 될 때) 세상과 함께 변화하는 능력은 예외적인 강점으로 작용한다. 미국 증권사 찰스슈왑의 CEO 월트 베팅거Walt Bettinger도 "성공하는 경영진은 나쁜 의사결정을 남들보다 빠르게 인식하고 거기에 대응하지만, 실패하는 경영진은 흔히 자기가 옳다고 남들을 설득하려고만 한다"라고 설명한다.[49]

자신의 믿음을 의심하는 게 어렵다면 그 믿음을 다른 사람의 것으로 설정할 수 있다. 이 책을 쓰며 나는 베스트셀러 작가 스티븐 킹의 집필전략을 택했는데, 그는 초고를 쓰고 몇 주간 쳐다보지도 않다가 나중에야 그 원고를 다시 살펴본다. 이렇게 원고와 심리적 결별을 하고 나면, 다른 사람이 그 원고를 쓴 것으로 생각하기 한결 쉬워진다. 이렇게 참신한 눈을 갖게 되면 보이지 않던 원고의 부족한 부분을 포착해 보완할 수 있다. 킹의 이런 접근법은 연구에서도 지지를 받는다. 한 연구에서 참가자는 자기가 낸 아이디어가 마치 다른 사람의 것처럼 제시될 때 그 아이디어에 더 비판적인 태도를 취했다.[50]

결국, 자신이 틀렸음을 증명하지 않으면 다른 누군가가 이 증명을 하고 나설 것이다. 자기가 모든 해답을 갖고 있는 척한다면 거짓의 가면은 언젠가 벗겨지고 말 것이다. 자기 생각의 오류를 발견하지 못한다면 그것은 나중에 당신을 괴롭힐 것이다. 인지과학자 휴고 메르시에Hugo Mercier 와 댄 스퍼버Dan Sperber도 어리석은 쥐를 예로 들며, "자기 주변엔 고양이가 없다는 믿음을 고집하는 쥐는 언젠가 고양이에게 잡아먹히고 말 것"[51]이라고 경고한다.

우리의 목표는 옳은 것을 찾는 것이지, 올바르게 되는 것이 아니다.

앞서 소개한 숫자연구를 발표하고 몇 해가 지났을 때, 웨이슨이 길을 걸어가는데 런던정경대 철학 교수 임레 라카토스Imre Lakatos가 그를 알아보고는 이렇게 말했다.

"당신이 쓴 글을 모두 읽었습니다. 그 모든 것에 다 동의하지는 않습니다. (잠시 뜸을 들이다가) 꼭 한번 오셔서 강의를 해주십시오."[52]

라카토스에게 웨이슨은 지적 차원의 적이었다. 그럼에도 라카토스가 웨이슨을 초대한 것은 다음에 다루고자 하는 전략에 따른 것이다.

강철인간 전술이 필요한 이유

닐스 보어와 알베르트 아인슈타인은 과학계의 가장 위대한 지적 경쟁자였다. 두 사람은 양자역학, 특히 불확정성 원리를 주제로 공개토론을한 바 있다. 불확정성 원리는 아원자입자들의 정확한 위치와 운동량을 결정하는 건 불가능하단 이론이다.[53] 보어는 이 원리를 지지했지만 아인슈타인은 반대했다.

두 사람은 지적 차원에선 서로를 예리하게 비판했지만, 서로 존경하는 사이였다. 아인슈타인은 불확정성의 원리를 깨기 위한 일련의 사고실험을 했다. 전 세계 내로라하는 물리학자들이 한 자리에 모이는 솔베이 컨퍼런스Solvay Conference에서 아인슈타인은 아침마다 식당에 들어서자마자 자기가 불확정성 원리가 잘못됐음을 입증하는 또 하나의 사고실험을 개발했다고 큰소리를 탕탕 쳤다.[54]

보어도 아인슈타인의 이 도전을 놓고 종일 생각한 끝에 저녁식사 무렵 아인슈타인을 꼼짝못하게 만들 해답을 찾았다고 큰소리를 치곤 했다. 그러면 아인슈타인은 호텔 방에 틀어박혀 있다가 다음 날 아침 다시 새로운 사고실험을 들고 의기양양하게 나타났다.

이 지적 싸움은 마치 영화 〈로키Rocky〉의 로키 발보아와 아폴로 크리드가 체육관에서 몇 시간 동안 운동한 뒤 격렬한 스파링을 벌이는 것 같았다. 이렇게 두 거인은 세상을 들썩이며 서로에게 기대 자기 기술을 검증하며 점점 더 강해졌다. 보어와 아인슈타인 각각의 저작을 보면 상대의 흔적을 엿볼 수 있다. 그것은 이기고 지는 게임이 아니었다. 과학이었다.

보어와 아인슈타인은 서로에게 기대어 자기 견해를 스트레스테스트했다. 각자 자기관점에 깊이 매어 있어 혼자선 자기 맹점을 발견하기 어려웠기 때문이다. 같은 맥락에서, 노벨경제학상 수상자 토머스 셸링Thomas Schelling도 "아무리 엄정한 분석력과 풍부한 상상력이 있어도, 사람이 할 수 없는 게 있다. 자기에게 결코 일어나지 않을 일 목록을 만드는 것"이라 말하기도 했다. 〈콘택트〉에서 애로웨이가 동료에게 자기 잘못을 입증해 달라며 "나를 거짓말쟁이로 만들어줘"라고 고함 치는 이유다.[55]

이는 의견 불일치가 과학적 과정의 한 부분인 이유이기도 하다. 이론물리학자 존 아치볼드 휠러John Archibald Wheeler는 "과학에서의 진보는 사실의 꾸준한 축적보단 온갖 발상의 충돌에 더 많은 빚을 지고 있다"고 말한다.[56] 은둔하는 과학자조차도 결국은 자기 생각을 동료에게 드러내야 한다. 명망 있는 학술지에 논문을 게재하려면 먼저 동료심사라는 장애물부터 넘어야 하기 때문이다. 논문 출판이 끝도 아니다. 출판된 논문의 결론은 반드시 사심 없는 다른 과학자에게 따로 입증받아야 한다. 〈콘택트〉에서도 애로웨이가 제시한 소수의 배열을 호주 동료가 입증하듯이.

내가 정말 좋아하는 졸업식 연설에서, 작가 데이비드 포스터 월리스David Foster Wallace는 2마리의 어린 물고기 이야기를 한다.

"나란히 헤엄 치던 두 물고기는 반대편에서 오는 늙은 물고기를 만납니다. 늙은 물고기는 이들에게 '안녕, 어린 친구들! 오늘은 물이 좀 어때?'라고 인사합니다. 그러자 두 물고기는 서로의 얼굴을 바라보며 말합니다. '도대체 물이라는 게 뭐지?'"[57]

우리가 세상에서 관찰하는 모든 것은 눈을 통해 들어온다. 다른 사람에게 너무도 명백한 것이 우리에겐 그렇지 않을 수 있다. 다른 사람은 우리가 저지른 측정단위의 실수 혹은 이미 사라진 우주선 신호에 대한 집단적인 착각을 정확하게 집어낼 수 있는, 겉보기에 정말 별난 그 능력을 가지고 있다. 그들은 우리의 세계관에 얽매이지 않고, 우리의 견해에 정서적으로 집착하지 않으며, 상충하는 정보를 팽개치지 않는다. 심리학자 데이비드 더닝David Dunning은 "자아통찰로 나아가는 길은 다른 사람들 사이에 나 있다"고 말한다.[58]

그런데 이 길은 종종 막혀 있다. 현대를 사는 우리는 메아리가 끝없이 울려 퍼지는 방 안에서 생활한다. 기술의 발전이 몇몇 장애물을 허물긴 했지만, 그것은 또 다른 장애물을 세운다. 우리는 페이스북이나 트위터에서 자기와 비슷한 사람을 친구 맺고, 팔로한다. 정치적 성향이 일치하는 블로그와 신문을 읽는다. 자기와 같은 부족만 연결하고 아닌 부족은 끊는다. 이러긴 쉽다. 구독을 끊고, 언팔하고, 친구 요청을 하지 않으면 되니까.

인터넷을 동력으로 하는 이 '부족주의Tribalism'는 확증편향을 악화시킨다. 살고 있는 방의 메아리가 커질수록 우리는 자기 생각을 반복하는 생각의 폭격을 그만큼 더 받는다. 다른 사람에게서 자기 생각을 확인할 때, 우리의 자신감을 하늘을 찌를 듯 높아진다. 자기 생각과 다른 생각은 어디서도 보이지 않기에, 그런 생각은 존재하지 않고 또 그런 생각을 하는 사람은 비이성적일 거라 믿는다.

이제, 자기 말이 메아리치는 방에서 의식적으로 나와야 한다. 중요한 의사결정을 내리기 전, 반드시 자신에게 이렇게 물어야 한다.

"누가 내 의견에 반대할까?"

내 의견에 반대하는 사람을 모르겠으면 반드시 찾아라. 내 의견이 도전받을 수 있는 환경에 스스로를 노출시켜라. 설령 그런 환경이 불편하고 어색하더라도 참아야 한다. 당신이 닐스 보어라면, 당신에게 도전하는 사고실험을 제기할 알베르트 아인슈타인은 누구일까?

또 평소 당신의 의견에 동의하는 이들에게 반대를 요청할 수도 있다. 나는 이 책 원고를 내가 신뢰하는 이들에게 보여주면서 옳은 부분이나 마음에 드는 부분이 아니라 잘못된 부분, 고쳐야 할 부분, 삭제해야 할 부분을 지적해 달라고 요청했다. 이 접근법은 상대를 화나게 할까 봐 불만이나 반대의견을 드러내지 않는 이에게 심리적인 안정감을 준다.

반대 목소리를 찾을 수 없다면 만들면 된다. 당신이 좋아하는 가상의 적을 만들고 그와 상상 속에서 대화하라. 기업가 마크 앤드리센Marc Andreessen이 바로 이 방법을 구사한다.

"동료 벤처투자자이자 페이팔 창립자인 피터 티엘이 제 마음속 모델입니다. 티엘을 상대로 나는 종일 논쟁을 펼칩니다. (…) 사람들이 당신을 이상하게 볼 수도 있지만, 이건 그럴 가치가 있는 일입니다."[59]

반대 목소리는 누구라도 낼 수 있다. 자기 자신에게 "로켓과학자라면 무엇을 어떻게 할까?"라고 질문을 던지고, 지금껏 소개한 온갖 도구로 무장한 채 당신의 아이디어를 비판하고 의심하는 로켓과학자를 상상해 보라. 불만족한 소비자가 당신의 신제품을 놓고 무슨 말을 할지, 당신을 대체할 새 CEO가 같은 문제에 어떻게 대처할지 생각해 보라. 이는 인텔 CEO였던 앤디 그로브Andy Grove가 썼던 방법이기도 하다.[60]

당신의 적수가 생각하는 방식으로 모델을 만들 땐 최대한 객관적이고 공정해야 한다. 상대를 이기기 쉬운 상대로 설정하는 등 희화화하지 말아야 한다. 이를 '허수아비 전술'이라고 한다. 예를 들어보자. 한 선거후보가 자동차에서 배출하는 온실가스를 더 강력히 규제해야 한다고 주장한다. 이에 맞서는 후보는 사람들이 자동차는 필수품이므로 규제가 강화되면 경제가 망가질 거라고 대응한다. 이 주장은 허수아비 전술이다. 애초의 제안은 자동차를 없애버리자는 게 아니라 규제를 강화하자는 것이지만, 이 발상의 한층 극단적인 버전을 내세우는 허수아비 전술은 애초의 그 제안을 반박하기 더 쉽다.

허수아비 전술 대신, 반대개념인 '강철인간 전술'을 써라. 이는 먼저 상대 주장의 가장 약한 부분이 아니라 가장 강력한 부분을 찾아 형상화한다. 버크셔해서웨이의 찰리 멍거Charlie Munger 부회장은 이 아이디어의 주요한 제창자로, "반대의견을 가진 가장 똑똑한 사람이 당신 의견을 반박하는 것보다 더 멋지게 자기 의견을 반박할 수 없다면, 당신은 제대로 된 의견을 가지고 있는 게 아니다"[61]라고 경고한다.

보어와 아인슈타인 사이에 벌어진 지적 체스 게임은 훌륭한 성과를 낳았는데, 이런 결과가 나온 부분적인 이유는 두 사람 모두 강철인간 전술의 달인이었기 때문이다. 두 사람의 체스 게임은 한 사람(아인슈타인)이 죽을 때까지 계속됐다. 그리고 몇 년 뒤 보어가 죽었는데, 그는 칠판에 그림 하나를 남겼다.[62] 그 그림은 대단한 폭로도, 자기 아이디어의 방어도 아니었다. 그것은 빛으로 가득 찬 상자로, 아인슈타인이 보어에게 도전하려고 했던 사고실험의 일부였다. 보어는 죽기 직전까지도 아인슈타인의 도전에 응했고, 그것이 자신의 아이디어를 강화한다고 믿었다. 그의 양자역학 방어는 의지력이 아니라 자기 의심을 기반으로 했다.

당신도 삶에서 바로 이런 빛으로 가득 찬 상자(즉 당신의 가장 중심적인 믿음에 도전하는 어떤 것)를 찾아야 한다. 그리고 그것을 놓지 말아야 한다. 편리한 것 대신 진실을 찾는 데는 용기와 겸손, 단호함이 필요하다. 그런 노력을 기울일 가치는 충분하다.

꿈의 신 모르페우스가 말했듯이, 어떤 길을 아는 것과 걷는 것은 다르다. 자기가 틀렸음을 증명하려고 노력해 가며 자기 생각을 스트레스테스트하고 나면, 이제 그 생각을 현실과 충돌시킬 차례다. 로켓과학자는 테스트나 실험에서 모두 근본적으로 다른 접근법을 구사한다.

7장 날면서 테스트하라

: 신제품 출시 또는 취업면접 성공법

> 우리는 자기가 기대한 수준까지 올라가지 못한다.
> 자기가 훈련한 수준만큼 떨어질 뿐이다.
> – 작가 미상

미국인 수백만 명이 그 순간을 기다리고 있었다.[1] 젊은 대통령이 했던 거대한 혁명의 약속이 마침내 실현되는 순간이었다.

발사는 비통할 만큼 예정보다 늦어졌다. 수개월 전부터 준비가 제대로 되지 않았다는 우려가 꾸준하게 제기되었다. 그러나 관리들은 이런 우려에 눈감은 채 그 확연한 문제들이 절로 해결되길 바랐다. 발사를 연기하거나 취소하라는 조언을 들었지만, 모두 무시했다. 발사 하루 전 진행된 스트레스테스트 결과로는 전체 계획을 위협하는 수준의 결함이 드러났다. 하지만 이 결과도 무시됐다.

촉박한 마감시한을 두고 이들은 방아쇠를 당겼다. 발사결과와 관련된 데이터가 날아 들어오자 엔지니어들의 화면에는 생사가 갈리는 이야기가 빠른 속도로 펼쳐졌다. 그들은 멍하니 입을 벌린 채 모든 것이 붉게

변하는 장면을 절망적으로 바라보았다. 재앙이었다. 로켓은 발사 직후 추락해 불길에 휩싸였다.

이건 로켓 발사 이야기가 아니다. 버락 오바마 대통령의 대표법안이던 '건강보험개혁법 Affordable Care Act(일명 '오바마케어'로 미국에서 저소득층까지 의료보장제도를 확대하는 법안 ─ 옮긴이)'을 진행할 온라인 장터인 건강보험홈페이지(healthcare.gov) 이야기다. 그 법안은 약속이었고, 그 웹사이트는 이행이었다. 이제 미국인은 그 웹사이트에서 자기에게 맞는 보험을 골라 구입하기만 하면 됐다.

그러나 여러 기술적인 문제가 많던 이 사이트는 열리자마자 다운됐다. 새 계정을 만드는 등 기본기능조차 수행되지 못했고, 건강보험보조금을 잘못 계산했으며, 사용자를 도저히 빠져나올 수 없는 순환고리 속으로 밀어 넣었다. 사이트가 열린 첫날, 6명만이 보험에 가입할 수 있었다.

건강보험개혁법 성공의 필수요소인 이 사이트가 어떻게 그리 엉망이 됐을까? 20억 달러(약 2조 2,000억 원) 가까운 예산을 들인 플랫폼이 어째서 기본적인 명령조차 수용하지 못했을까?

로켓과 웹사이트는 전혀 다른 분야다. 그러나 그 둘 사이엔 적어도 1가지 공통점이 있다. 바로, '날면서 테스트하고 테스트하며 날라'는 로켓과학의 기본원리를 따르지 않을 땐 추락하고 만다는 점이다.

이 장에서는 '날면서 테스트하기 원리'를 다룬다. 1부 '발사'에서 생성한 당신의 아이디어를 검증하고 또 착륙할 때 최상의 결과를 얻기 위해 이 원리를 어떻게 사용할지 설명할 것이다. 우리가 테스트를 수행하고 마지막 리허설을 할 때 스스로를 속이게 되는 이유가 무엇인지, 이때 무엇을 해야 하는지 살펴볼 것이다. 15억 달러(약 1조 6,500억 원)짜리 허블우주망원경을 손상시킨 결함에서 무엇을 배울 수 있을지, 시대를 통틀어 가장 인기 좋던 제품 중 하나가 어째서 거의 생산되지 않는지 밝힐 것이다. 최고의 코미디언이 왜 작은 코미디 공연을 정기적으로 보러 다녔는지, 유명한 변호사와 세계 정상급 장애물경기 선수가 최상의 기량을 발휘하고자 로켓과학의 전략을 사용하는 이유가 무엇인지도 이야기한다.

테스트에 따르는 여러 가지 문제

우리가 일상에서 내리는 의사결정의 대부분은 직감과 제한적인 정보를 토대로 한다. 신제품을 출시하거나 직업을 바꾸거나 새로운 마케팅기법을 시도할 때조차 전혀 실험을 하지 않는다. 주어진 자원이 부족해 실험을 생략할 수밖에 없다고 핑계를 대면서, 결국 실패로 끝나는 이런 접근법의 비용이 얼마나 큰지는 깨닫지 못한다. 심지어 실험을 진행할 때조차 자기기만을 강화하는 결과만 가져다줄 피상적인 리허설을 수행한다. 자기가 틀렸음을 입증하는 게 아니라 자신의 신념이 진실임을 확인하려고 테스트를 한다. 자신의 선입견을 확인하려고 테스트조건을 왜곡하거나 모호한 결과를 자의적으로 해석한다.

하버드와 와튼의 교수 들이 32개 최첨단 소매유통업체를 대상으로 테스트 현황을 설문조사했다.[2] 이들 기업 가운데 78%가 신제품 출시 전에 매장에서 테스트를 진행했다. 이 수치는 인상적이지만, 실제 테스트조건은 그렇지 않았다. 연구진에 따르면 그 기업들은 "테스트결과가 바람직하지 않음에도 자기 제품이 잘 팔릴 것"이라 믿었으며 "날씨조건, 잘못된 테스트장소, 매끄럽지 못한 테스트실행 등의 요인으로 신제품 판매가 부진한 것"이라 핑계를 댔다.[3] 자기의 기대치를 테스트결과에 맞추려 하기보다, 테스트결과를 기대치에 맞추려 했던 것이다.

잘 설계된 테스트에서는 결과가 미리 결정될 수 없다. 실패를 기꺼이 수용할 수 있어야 한다. 테스트는 자기 선입견을 확인하기 위해 뒷걸음질 칠 목적이 아니라 불확실성을 환히 밝히기 위해 앞으로 나아갈 목적으로 진행돼야 한다. 이 점을 리처드 파인만은 명쾌하게 설명했다.

"실험결과가 선입견과 다르게 나온다면 무언가 잘못됐다. 이 간단한 명제 안에 과학의 열쇠가 있다. 당신의 예측이 얼마나 아름다운지, 당신이 얼마나 똑똑한지, 누가 그런 예측을 했는지, 그의 이름이 무엇인지는 아무 상관이 없다. 어쨌거나 실험결과가 선입견과 다르게 나온다면 무언가 잘못됐다."[4]

자기기만은 문제의 일부일 뿐이다. 또 다른 문제는 테스트조건과 현실 사이의 간극이다. 포커스그룹과 참가자의 조건은 흔히 인위적으로 설정되며, 이들에게 던지는 질문은 현실에서 결코 들을 수 없는 것이다. 그 결과, 이런 "실험"은 완벽하게 세련되고, 완벽하게 부정확한 결론을 뱉어낸다.

로켓과학은 믿을 수 없을 만큼 단순한 원리로 앞으로 나아갈 길을 제시한다. '날면서 테스트하고 테스트하며 날아라.' 이 원리에 따르면, 지구상의 모든 실험은 비행현실과 최대한 동일한 조건을 갖춰야 한다. 로켓과학자는 우주선을 비행하며 테스트한다. 테스트가 성공하면 비행은 비슷한 조건 아래서 이루어져야 했다. 테스트와 비행 사이에 의미 있는 수준의 편차는 재앙을 부를 수도 있다. 이 재앙은 로켓에서도, 정부의 웹사이트에서도, 당신의 신제품 출시나 취업면접에서도 일어날 수 있다.

테스트의 목표는 모든 것이 제대로 잘 진행될 수 있음을 확인하자는 게 아니다. 잘못될 수 있는 모든 것을 발견하고 한계점을 찾자는 것이다.

끝까지 한계점을 찾아라

어떤 대상의 한계점을 판단하는 가장 좋은 방법은 그것을 한계점까지 밀어붙이는 것이다. 로켓과학자는 우주선의 한계를 우주가 아닌 지상에서 드러내려고 한다. 그 한계가 우주에서 드러나면 안 되기 때문이다. 이를 위해, 나사 하나까지 모든 부품을 우주비행과 동일한 조건의 충격, 진동, 극단적인 기온변화 등에 노출시켜야 한다. 과학자와 엔지니어 들은 모든 부품과 컴퓨터코드를 치명적 오류로 몰아넣기 위한 온갖 방법을 생각해야 한다.

이런 접근법을 따를 때 불확실성이 줄어드는 편익이 발생한다. 테스트는 미지의 것을 파악하는 데 도움이 된다. 비행 시와 비슷한 환경에서 진행되는 테스트는 로켓과학자에게 우주선에 대한 새로운 정보를 알려주고, 이로써 그들은 소프트웨어나 하드웨어의 작은 부분까지 조금이라도 개선하게 된다.

그러나 로켓과학에서도 테스트조건은 흔히 실제 발사조건과 다르다. 지구상에서 테스트하기가 물리적으로 불가능한 것도 있다. 예를 늘어, 로켓이 발사될 때 이 로켓이 경험하게 될 중력과 동일한 힘을 테스트과 정에서는 재현할 수 없다. 탐사차가 화성 표면을 돌아다니는 환경과 완벽히 동일한 환경을 시뮬레이션할 수 없다. 다만 비슷하게는 할 수 있다.

내가 2003년 화성표면탐사로버 프로젝트에서 일할 때 우리는 주기적으로 로버를 타고 '화성마당Mars Yard'을 도는 테스트를 했다. 이 화성마당에는 제트추진연구소의 테니스코트만 한 면적에, 화성에 있는 것과 같은 종류의 돌멩이와 바위가 가득했다. 우리가 사용한 테스트용 로버는 '피도FIDO'란 사랑스러운 이름을 가지고 있었는데, 이 이름은 '필드통합설계및운영Field Integrated Design and Operations'의 줄임말이었다.[5] 우리는 피도를 네바다의 블랙록서밋이나 애리조나의 그레이마운틴 같은 곳에 데려갔다. 거기서 로버가 위험을 피하고 바위에 구멍을 내고 사진을 찍는 등의 활동을 하도록 도왔다.

그러나 화성 로버를 지구에서 운전하는 것과, 공기 밀도에서 중력까지 모든 조건이 다른 화성에서 운전하는 것은 전혀 다른 일이다. 지구에서 화성과 가장 비슷한 곳은 오하이오의 샌더스키다. 이 작은 도시에는 세계 최대의 진공실이 있다. 이곳에서 고진공高眞空, 저기압, 극단적 온도 변화 등 우주여행의 여러 조건을 시뮬레이션할 수 있다.[6] 이 진공실은 우리 로버를 화성 표면에 내려놓을 때 사용될 에어백을 테스트하기에 이상적인 환경이었다.[7] 진입-하강-착륙Entry-Descent, Landing, 이하 EDL팀은 테스트를 하러 여러 번 샌더스키에 갔다. 그들은 에어백 한 세트로 모형

착륙선을 감싸고, 진공실을 화성의 기압과 온도에 맞춘 후 바닥에 바위들을 깔고, 에어백이 이 바위들과 부딪치면서 찢어지게 했다.

에어백은 찢어져 바람이 금세 빠져버렸다. 바위가 에어백을 찢어버려 생긴 구멍은 사람이 드나들 수 있을 만큼 컸다. 이 테스트로, 우리가 사용하려던 에어백이 너무 약하다는 게 밝혀졌다.

블랙록Black Rock이라는 으스스한 이름으로 불리는 바위 하나가 완벽한 악당임이 입증됐다. EDL팀에서 일했던 애덤 스텔츠너Adam Steltzner는 이 바위를 "모양은 황소의 간 같고, 밝은색 능선이 꼭대기까지 이어진다"고 묘사했다. 겉보기엔 그다지 위험해 보이지 않았지만, 그것은 "에어백을 깊숙하게 찔러 안에 있던 주머니를 파열시켰다." EDL팀은 블랙록을 특수한 경우로 보고 제쳐놓으려 하지 않았다. 오히려 정반대로 접근했다.

그들은 이 문제를 분리한 후, 한껏 부풀렸다. 그들은 블랙록과 똑같은 것들을 만들어서 진공실 곳곳에 배치한 다음에 에어백을 거기에 세게 던졌다. 비록 이와 동일한 에어백이 1997년 화성 표면에 패스파인더를 안전하게 내려놓긴 했지만, 그 성공이 에어백의 무결점을 뜻하는 건 아니었다. 운이 좋아 날카로운 바위에 닿지 않았던 것뿐이다. 그러나 우리 프로젝트의 EDL팀은 운에만 기댈 수 없었다. 최악의 경우, 즉 우리 에어백을 전부 찢어버릴지 모를 블랙록에 착륙할 것에 대비해야 했다.

그런데 에어백이 찢어지지 않도록 하는 방안은 뜻밖의 대상에서 나왔다. 바로 자전거였다. 대부분의 자전거타이어는 외피와 안쪽 튜브, 이렇게 두 층이다. 외피가 어떤 파편에 뚫린다 해도 안쪽 튜브는 여전히 멀쩡하다. EDL팀은 사과와 오렌지를 비교하는 과정을 거쳐 자전거타이어의 설계를 고스란히 가져와서는 이중보호 목적의 이중주머니를 설계했다. 바깥주머니가 잘못되더라도 에어백은(따라서 착륙선은) 살아남는다. 이 새로운 설계는 에어백이 모든 악조건을 이겨낼 때까지 계속 테스트과정을 거쳤다.

자기 장비의 한계점을 찾는 데 진공실나 대규모 예산은 필요없다. 프로토타입Prototype, 즉 새로 출시할 제품이나 서비스의 예비버전을 놓고 고객 대표집단을 대상으로 테스트를 하면 된다. 필요한 건 최선의 상황이 아니라 최악의 상황에 기꺼이 대비하겠다는 마음가짐뿐이다.

우주선이 발사된 뒤에도 테스트는 끝나지 않는다. 이륙 뒤에도 시시각각 변화하는 우주환경에서 각종 도구들이 제대로 작동하는지 확인해야 한다. 그래야만 그 도구들을 신뢰할 수 있다.

우리는 '미세조정Calibration' 과정을 통해 정확성을 확보한다. 예를 들어, 우리의 화성탐사차 로보들에 탑재된 도구는 저마다 '미세조정 타깃Calibration Target'을 갖고 있다. 가장 멋진 타깃 로보에 탑재된 카메라 팬캠Pancam을 위한 것이었다.[8] 이 타깃은 로보의 데크에 설치된 해시계다. 해시계의 네 모퉁이는 각기 다른 색깔로, 각기 다른 광물과 다양한 반사율을 가진 회색 영역을 포함한다. 이 해시계 표면에는 '화성'을 뜻하는 17개 언어가 새겨져 있다(그 작은 초록 생명체가 영어를 모를 때를 대비한 것이다).[9] 지구와 화성의 궤도를 그린 후 "2개의 세상/1개의 태양"이라는 글자도 새겨넣었다. 해시계의 중앙기둥은 미세조정 타깃에 그림자를 드리웠는데, 이는 영상의 밝기를 조정하기 위한 것이었다.

로버에 탑재된 도구들을 사용하기 전, 우리는 가장 먼저 그 미세조정 타깃부터 살피게 된다. 예를 들어, 팬캠이 해시계 사진을 찍어 지구로 보내게 하는데, 화성에서 찍은 이미지가 지구에서 동일한 카메라가 찍은 이미지와 일치하지 않는다면(예컨대 해시계의 초록색 블록이 미세조정 사진에서 붉은색으로 나온다면) 미세조정이 제대로 되지 않았음을 알 수 있다.

일상생활에서 우리는 생각보다 훨씬 자주 미세조정을 한다. 미세조정 타깃, 즉 어떤 사건을 잘못 읽을 때 경고해 줄 신뢰할 만한 복수의 조언자가 필요하다. 미세조정 타깃을 조심스레 선택해, 그의 판단을 믿을 수 있을지 확인하라. 그의 판단이 빗나가면 당신의 판단도 틀릴 것이다.

개별 요소의 신뢰도를 테스트하는 것만으론 부족하다. 시스템 차원의 테스트가 없다면 모르는 사이 프랑켄슈타인의 괴물을 불러낼 수도 있다.

'프랑켄상태'가 되기까지

어떤 점에서 보면 우주선도 당신의 비즈니스, 당신의 몸, 당신이 좋아하는 스포츠팀과 다르지 않다. 그 각각은 상호작용을 하고, 다른 시스템의 작동에 영향을 주는 서브시스템이 모인 시스템이다.

하늘을 날며 테스트를 하려면 다층적인 접근이 필요하다. 로켓과학자는 서브요소들을 테스트하는 것에서 시작한다. 로버의 영상시스템을 형성하는 개별 카메라, 케이블, 커넥터 들부터 시작하는 식이다. 일단 카메라가 모두 조립되고 나면 영상시스템이라는 하나의 시스템 차원 검사가 진행된다. 이런 식으로 접근해야 하는 이유는 수피교의 다음 가르침이 잘 요약해 준다.

"당신은 '하나'를 이해했고, 하나 그리고 하나가 둘이라는 이유로 '둘'도 틀림없이 이해한다고 생각한다. 그러나 당신은 '그리고'를 이해해야 함을 잊고 있다."[10]

제대로 작동하는 부품이라도 조립 후에는 그렇지 못할 수 있다. 개별 부품이 독자적으로 발휘하는 효과와 이것들이 하나로 합쳐진 시스템이 발휘하는 효과가 다를 수 있다는 말이다.

시스템 차원의 이런 효과는 재앙을 몰고 올 수 있다. 한 약물이 단독 처방될 때는 효과가 좋을 수 있지만 다른 약물과 함께 처방되면 치명적인 결과를 낳을 수 있다. 웹사이트의 플러그인 프로그램이 혼자서는 잘 구동되지만, 시스템의 일부로서는 제대로 구동되지 않거나 전체 시스템을 위험에 빠뜨릴 수 있다. 혼자서는 뛰어난 기량을 발휘하는 선수가 팀원으로 묶이면 제 몫을 못 하는 경우도 얼마든지 있다.

이런 문제를 '프랑켄슈타인의 괴물'이라 부를 수 있다. 이 괴물의 사지는 사람 몸에서 나온 것이다. 그러나 그 조각들이 하나로 꿰어진 결과물은 전혀 사람이 아니다.

또 다른 괴물이 깨어나는 경우를 보자. 아돌프 히틀러Adolf Higler가 권력을 잡았을 때 독일 헌법은 당대 "최고로 정교하고 현대적인" 것이었다.[11] 이 헌법에는 겉보기에 전혀 해롭지 않은 조항이 2개 있었다. 하나는 독일 대통령이 비상사태를 선포할 수 있다는 조항, 다른 하나는 대통령이 의회를 해산하고 새 선거를 요구할 수 있다는 조항이었다. 독일 의회는 여러 당으로 쪼개져 있었고 툭하면 정쟁으로 의회가 마비되곤 했는데,

두 번째 조항은 이를 예방하기 위한 것이었다. 이 두 조항은 따로 보면 좋은 것이지만, 동시에 작동하며 악의적으로 변질됐다. 헌법학자 킴 레인 셰펠레Kim Lane Scheppel의 말처럼 "프랑켄상태Frankenstate"를 만든 것이다.

1930년대 초 파울 폰 힌덴부르크Paul von Hindenburg 대통령이 헌법에 명시된 권한을 발동해 마비된 의회를 해산했다. 그리고 새 의회 구성을 위한 선거가 치러지기 전, 대통령은 총리 신분이던 히틀러의 적극적인 권고를 받고 비상사태를 선언했다. 이로써 독일에서는 거의 모든 시민의 자유가 중지됐다. 이 비상사태를 기각할 권한이 있는 의회는 해산 이후 새로 구성되지 않은 상태였다.[12] 나치 친위대와 돌격내 소속 대원들이 나치 반대세력을 대대적으로 소탕하고 나섰다. 이렇게 나치는 비상사태 정국을 구실로 삼아 권력을 강화하고, 일당독재의 기반을 마련했다. 헌법을 전혀 어기지 않으면서, 역사상 가장 끔찍한 나치 독일을 탄생시켰다.

1999년 화성극지착륙선 추락사고도 독일 헌법과 비슷한 설계결함이 원인이었다.[13] 역추진 로켓을 이용해 화성 표면으로 하강하던 도중 이 우주선의 다리 3개가 예정과 달리 1,500m 상공에서 펼쳐지고 말았다. 그때 무슨 일이 있었는지 확실치는 않지만, 우주선은 다리가 펼쳐진 것을 화성에 안전하게 착지한 것으로 잘못 판단했던 것 같다. 물론 우주선은 아직 허공에서 하강 중이었다. 이를 인식하지 못한 컴퓨터는 역추진 로켓의 엔진을 껐고, 우주선을 치명적으로 급강하시켰다.

화성극지착륙선팀은 다리 펼치는 것까지 포함해 착륙테스트를 했었다. 최초 테스트 시 다리의 전기 스위치가 배선 오류로 신호를 생성하지 못했다. 팀원들은 배선을 바로잡고 다시 테스트했다. 그러나 일정이 예정보다 늦어진 상황이어서 이 테스트는 다리 펼치는 과정은 생략한 채 착륙에만 집중했다. 비행 상태에서 다리가 펼쳐질 수도 있었지만, 이런 오류 가능성을 확인하지 않았던 것이다. 그 결과, 우주선이 화성 표면에 커다란 구멍을 내고, 연기를 피워 올리는 것으로 모든 상황이 끝났다.

이처럼 시스템 차원의 테스트를 수행하지 않으면 예상치 못한 결과가 빚어질 수 있다. 어떤 제품을 마지막 순간에 고친 다음 테스트도 하지 않고 곧바로 시장에 내놓는 행위는 엄청나게 위험한 짓이다. 법률 관련 서류의 일부를 수정하면서 이것이 전체 내용에 어떤 결과를 불러올지 검토하지 않는 것은 엄청난 위법의 가능성을 무릅쓰는 짓이다. 정부가 추진하는 프로젝트의 설계를 60개 업체에 용역을 맡기면서 시스템 전체를 테스트하지 않는 행위는 재앙을 불러들이는 짓이다.[14]

로켓과학에서는 발사 전 테스트해야 하는 또 다른 시스템이 있다. 이는 우주선보다 더 예측하기 어렵다. 그것은 패닉에 빠지기도, 기억해야 할 것을 잊기도, 다른 것과 부딪치기도, 콘솔 버튼을 잘못 누르기도 한다. 쉽게 화를 내며, 감기에 걸리기도, 중요한 것을 무시하기도 한다.

그렇다. 우주선에 탑승할 사람을 이야기하는 것이다.

우주비행사 죽이기

NASA의 첫 유인우주선 머큐리에 탑승한 용감한 우주비행사 7명에게 붙여진 별명은 바로 '적임자Right Stuff'였다. 이 별명을 붙여야 할 또 다른 집단이 있는데, 아마 이들의 이름은 들어보지 못했을 것이다.[15] NASA는 우주비행을 시뮬레이션하기 위한 일련의 테스트를 진행했다. 1965년 공군 소속 지원자 79명이 우주복을 입고 충격 테스트용 썰매와 연결된 우주캡슐에 탑승했다. 그들은 이 캡슐을 "거꾸로, 똑바로, 위로, 앞으로, 옆으로, 45° 각도로" 탔다. 평범한 사람은 중력가속도의 5배나 되는 힘(5G)을 받을 때 의식을 잃는데, 이들은 무려 36G까지 노출됐다.[16]

이 실험의 목표는 '날면서 테스트하기', 즉 달 여행에서 우주비행사가 경험할 충격과 동일한 충격을 용감한 공군 지원자들에게 가하는 것이었다. 이들은 고막이 손상됐고, 압박 손상의 고통을 호소했다. 누군가는 위가 파열됐고, 누군가는 눈알이 "약간 빠졌다." 이 실험을 진행한 존 폴 스탭John Paul Stapp 대령은 보도자료에서 이 결과를 다음과 같이 요약했다.

"목이 뻣뻣해져 돌아가지 않고 척추가 굽고 팔꿈치가 까지고 때로 실성하기도 하는 희생을 치르며 인류 최초로 달을 향해 날아가는 미지의 위험을 감당하게 될 3명의 우주비행사가 안전하게 비행할 수 있도록 아폴로 캡슐은 제작되었다."

날면서 테스트하기 규칙은 인간과 가장 가까운 사촌을 인간보다 먼저 우주로 보냈던 이유를 설명해 준다.[17] 무중력이 인체에 미치는 영향에 대해 아는 게 거의 없었기에, 최초의 미국 우주인은 '침팬지 햄Ham the Chimp'이 될 수밖에 없었다. 햄은 그저 코가 조금 까지기만 한 채로 그 비행에서 살아남았고, 나중에 자연사했다(이 침팬지는 스탭 대령의 칭송을 들으며 국제우주명예의전당International Space Hall of Fame에 묻혀 있다).

햄은 레버를 잡아당기는 등 기본과제를 하도록 훈련받았고, 16분의 비행 동안 이 과제를 성공적으로 수행했다. 햄의 성공은 자신의 일을 똑같이 수행할 자질이 침팬지에게도 있음을 깨달은 머큐리 우주비행사들의 부서지기 쉬운 자아에 상처를 주었다. 아닌 게 아니라, 케네디 대통령의 4살배기 딸 캐롤린은 우주비행사 존 글렌을 만난 자리에서 사람이 나타나자 실망한 나머지 "원숭이는 어디에 있나요?" 하고 물었다고 한다.

이제는 침팬지를 우주에 보내거나 공군 지원자에게 중세에나 있었을 법한 고문을 가하지 않는다. 방법이 바뀌었다. 다만 날면서 테스트하기 규칙은 여전하다. 우주비행사가 보내는 일상은 할리우드영화에서 보는 것과 전혀 다르다. 우주비행사는 일하는 사람이지 모험가가 아니다. 그들은 우주비행을 하는 게 아니라, 우주비행을 훈련하고 준비한다. 국제우주정거장 사령관을 역임했던 크리스 해드필드도 "난 6년간 우주비행사였다. 그런데 우주에는 딱 8일 동안 가 있었다"[18]고 했다.

그 8일을 제외한 나머지 시간은 준비하는 데 쓴다. 실제 임무에 나서 하늘을 날 때쯤이면 그 비행사는 똑같은 경로를 시뮬레이터 속에서 이미 수도 없이 날아봤다.[19] 일례로, 모형우주선은 실제 우주선과 같은 장비를 갖추어, 계기판을 비롯한 모든 것이 동일하다. 우주비행사는 실제 우주선을 조작할 때와 똑같이 발사에서부터 도킹과 착륙에 이르는 모든 과정을 시뮬레이터로 조작해 본다. 시뮬레이터의 모니터는 실제 비행 때 보는 모니터와 동일하고, 스피커에서는 실제 비행 때 듣는 진동음과 엔진소음, 기어변속음 등이 모두 나온다.

그러나 시뮬레이터로 대신할 수 없는 게 딱 하나 있다. 바로 극미중력을 만들어내는 것. 이 상태는 이른바 '구토혜성Vomit Comet'이 해결해 준다.[20] 구토혜성은 무중력 상태를 시뮬레이션하기 위해 롤러코스터처럼 갑자기 올라갔다가 내려가는 등 포물선 비행을 하는 비행기다. 각 포물선의 꼭대기에서 탑승자는 약 25초간 극미중력 상태를 경험한다. 이 비행기가 구토혜성이라는 별명을 얻은 건 갑작스러운 상승과 하강이 반복되며 탑승자가 극심한 멀미를 느끼고 구토를 해서다. 우주비행사는 무중력 상태에서 음식을 먹는다거나 물을 마신다거나 하는 일상적인 행동을 연습하기 위해 이 구토혜성에 탑승한다.[21]

그러나 25초란 시간은 복잡한 동작을 수행하기엔 충분치 않다. 더 긴 시간 동안 무중력 상태를 체험하기 위해 우주비행사는 '중성부력실험실Neutral Buoyancy Lab'이라는 거대한 실내수영장으로 뛰어든다(중성부력은 중력과 크기가 동일한 부력이다 - 옮긴이). 이 수영장에선 물의 부력이 우주에서 경험하게 될 극미중력과 비슷한 상태를 만들어낸다.[22] 해드필드는 "그 수영장에 들어가면 정말 우주비행사가 된 것 같다. 우주유영을 할 때처럼 우주복을 입고 호흡기를 차고 있다"고 말한다. 모형 국제우주정거장까지 갖춘 그 수영장에서 우주비행사는 우주유영을 하며 수행할 수리작업을 완전히 몸에 밸 때까지 수없이 반복한다.[23] 충분히 익숙해지기까지 해드필드는 250시간의 연습이 필요했는데, 그 덕에 그는 6시간의 우주유영을 성공적으로 수행할 수 있었다.[24]

우주비행 시뮬레이션은 NASA에서 여러 명의 교관으로 구성된 팀을 이끄는 '시뮬레이션 책임자SimSup'의 지시 아래 이루어진다.[25] 시뮬레이션 책임자의 일 중 일부는 우주비행사에게 임무의 정확한 절차를 가르치는 것이다. 다른 부분은 훨씬 지독하다. 바로 비행사를 죽이는 것이다.

시뮬레이션팀은 앞서 살펴보았던 '회사 죽이기'의 자체 버전을 실행한다. 자기 회사를 시장에서 쫓아낼 방안을 찾는 '회사 죽이기'처럼 '우주비행사 죽이기'도 비행사가 시뮬레이터 안에서 잘못된 선택이나 잘못된 동작을 하게 한다. 이로써 우주에서 올바르게 행동하는 법을 가르치려는 것이다. 우주에서 뭐라도 잘못되면 대개 길게 생각할 여유가 없다. 날면서 테스트하기는 우주비행사의 반응시간을 최소한으로 줄일 것을 요구한다. 컴퓨터 고장, 엔진 고장, 이런저런 폭발 등 우주선에 탑승한 비행사에게 일어날 수 있는 모든 실패 시나리오 약 6,800개를 시뮬레이션하는 것이다.[26] 작가 로버트 커슨은 아폴로 우주비행사들이 훈련받을 때이 시뮬레이션이 한 번에 며칠씩 이어지곤 했다며 "재앙이 많이 발생할수록 좋았다. 반복연습의 결과는 모든 훈련 참가자의 본능 속에 녹아들었다. 죽어보는 것이 생존법을 익히는 데 도움이 됐다"[27]고 설명한다.

이 시뮬레이션은 여러 면에서 실제 비행보다 힘들다. "연습 때 땀을 많이 흘릴수록 전투에선 피를 덜 흘린다"는 옛말이 딱 맞다. 닐 암스트롱은 달 표면에 첫걸음을 디뎠을 때를 떠올리며 "$\frac{1}{6}$G 시뮬레이션 때보다 한결 쉬웠다"고 말했다.[28] 지구에서 훈련한 보람이 있었던 셈이다.

여러 문제에 반복 노출되는 경험은 예방주사가 되어, 어떤 문제가 일어나도 능숙하게 처리할 수 있다는 자신감을 불어넣는다. 해드필드는 우주에서 임무를 성공적으로 수행하고 돌아온 후, 우주에서 일이 계획대로 전개됐느냐는 질문을 받았다.

"계획대로 진행된 것은 아무것도 없었지만, 모든 게 다 우리가 대비한 범위 내에 있었습니다."[29]

우주비행사 유진 서난도 자신이 받은 훈련에 대해 비슷하게 말했다.

"우리 우주선이 우리가 좋아하지 않는 곳, 우리를 반기지 않는 곳에 간다 해도, 나는 계기판의 스위치를 눌러 약 34만 kg이 넘는 로켓추력을 직접 통제해 달까지 날아갈 수 있었다. (…) 수도 없이 연습하고 훈련했기에, 설령 우주선이 작동을 멈춘다 해도 아무런 문제가 되지 않았다."

반복연습 후, 우주선과 우주비행사는 한 몸이 됐다. 서난은 "우주선이 숨쉴 때마다 나도 함께 숨쉬었다"[30]고 회상한다.

아폴로 13호 프로젝트 때 산소탱크가 폭발한 적이 있었다. 실제로 우주선의 숨이 끊어질 수 있는 상황이었다. 그런데 이때 훈련의 효과가 드러났다. 영화 〈아폴로 13〉에서는 산소탱크가 폭발하자 우주선이 그야말로 혼란의 도가니가 된 것처럼 묘사된다. 관제센터의 과학자들도 해결책을 찾느라고 난리법석을 떤다. 그러나 실제상황은 영화와 달리 훨씬 차분했다. 이 프로젝트의 책임자 진 크란츠는 스트레스가 매우 높은 상황에서도 복잡한 문제를 해결하도록 우주비행사를 정기적으로 훈련시켰다.[31] 아폴로 우주비행사인 켄 매팅리Ken Mattingly는 이에 대해 "실제로 일어났던 일을 시뮬레이션으로 훈련받은 사람은 아무도 없었다. 그러나 그런 종류의 스트레스를 시뮬레이션했었기에, 어떤 기회를 포착하고 활용할지, 그런 상황에서 어떻게 해야 할지는 알고 있었다"[32]고 말했다.

이 훈련전략은 로켓과학과 완전히 동떨어진 분야에서도 유용하다. 예를 들어, 미 연방대법원 법정에서 진행되는 구두변론을 보자. 이 최고법정은 한 해에 채 100건도 되지 않는 사건을 처리하는데, 이 법정에서 변론을 펼칠 특권을 누리는 최고 수준의 변호사는 몇 명 되지도 않는다.

처음 이 법정에 방청객으로 들어섰던 때가 기억난다. 내 눈에 맨 먼저 들어온 것은 그 법정의 위엄도, 높은 천장도, 대리석 벽도 아니었다. 바로 변호사가 변론하는 자리와 9명의 대법관이 앉아 있던 마호가니벤치가 놀랄 만큼 가까이 붙어 있단 사실이었다. 변호사가 변론하는 도중 대법관들은 계속해서 날이 바짝 선 질문을 던졌다. 대략 30분에 걸쳐 변론하는 동안 평균 45차례의 질문이 날아왔다.[33] 때로 이 질문은 변호사가 첫 문장을 끝내기도 전에 도착했다. 변호사의 변론 자리와 대법관 벤치 사이의 거리를 감안할 때 변호사는 잘 보이지도 않는 법관들에게 일방적으로 공격당하는 형국이었다.

감정적 호소가 배심원에게는 통할지 몰라도 이 나라에서 가장 위대한 법률가 9명에게는 어림도 없었다. 변호사는 대법관의 질문공세에 냉정하고 침착하게 즉시 답해야 한다. 연방대법원 법정의 단골 변호사 테드 올슨Ted Olson은 이 자리에 서는 변호사의 태도에 대해 이렇게 설명한다.

"그 질문에 대한 답이 어떻게 작용할 것인지만 생각해선 안 됩니다. 대법관이 아직 묻지 않은 다른 질문에 그 답이 어떤 의미를 지닐지도 생각해야 합니다. 또 대법관 1명의 마음을 사로잡겠다고 다른 2명이 외면할 말도 하지 말아야 합니다."

이 정신적 롤러코스터에 통달하려면 로켓과학의 마음가짐과 로켓과학의 준비성이 필요하다. 대법원의 수석재판관 존 로버츠John Roberts는 법관이 되기 전, 연방대법원 법정에서 변론한 최고의 변호사로 널리 인정받던 사람이다. 그는 변론을 준비할 때 대법관이 던질 법한 질문 수백 가지를 따로 추리고 그 각각에 대한 답을 준비했다. 답을 써놓는 것만으론 부족했다. 변론 당일 9명의 판사가 그의 질문목록 순서와 상관없이 무작위로 질문을 던질 테니, 테스트도 실제와 최대한 비슷해야 했다.

"플래시카드에 질문을 하나씩 쓴 다음, 그 카드들을 무작위로 섞고 하나씩 뽑아서 스스로를 테스트했습니다. 어떤 질문이 어떤 순서로 날아오든 당황하지 않고 대답하도록 준비했던 거죠."

로버츠의 변론 모습은 매우 자연스러웠다. 과거 그의 동료였던 조너선 프랭클린Jonathan Franklin은 "그는 복잡한 내용의 핵심을 뽑아 최대한 짧게 말하면서도 자기 변론을 반박의 여지가 없을 만큼 완벽히 올바르게 보이도록 만드는 비범한 능력을 가지고 있었다"고 회상한다. 그의 답변이 얼마나 매끄러웠던지, 그는 그 질문이 나올지, 어떤 대답을 내놓아야 할지 정확하게 알고 있는 것 같았다.

또 다른 변호사가 이 방식을 훈련에 적용했다. 문제의 그 대회에 참가하려 운동을 시작했을 때, 아멜리아 분Amelia Boone은 시카고의 메이저 로펌 변호사였다. 겨울의 어느 날, 분은 평소처럼 운동하러 잠수복을 입고 나가 미시간호의 얼음장처럼 차가운 물에 몸을 담갔다 빼길 반복했다. 차가운 겨울바람이 그녀의 얼굴을 사정없이 때렸다.[34] 두꺼운 겨울옷을 껴입은 이들은 그녀를 보고 자학성애자가 별난 짓을 다한다고 생각했을 터였다. 그러나 그게 아니었다. 나중에 사람들로부터 '고통의 여왕'으로 불리게 될 그녀는 24시간 장애물 경주인 '월드터피스트머더World's Toughest Mudder' 대회를 준비하던 중이었다.

이 대회에 비하면 마라톤은 조깅 수준이다. 이 경기에선 24시간 동안 쉬지 않고 달려야 한다. 참가자는 쏟아지는 잠을 쫓아내며 약 8km 구간에 펼쳐진 "가장 크고 어려운" 장애물 20여 개를 통과해야 한다. 그야말로 최적자생존의 경기다. 24시간 동안 그 구간을 가장 많이 왕복한 사람이 우승자가 된다.[35] 몇몇 장애물은 수중에 있는데, 수온이 영하로 내려가기도 한다. 모든 참가자는 저체온증 예방을 위해 잠수복을 입고 뛴다. 육지에서는 이 고무옷이 체온을 유지하는 데 도움이 된다. 24시간 내내 달리는 동안 체온이 끝없이 내려갈 수 있기 때문이다.

처음 훈련을 시작할 때 분의 체력은 변변찮았다. 6개월간 턱걸이가 하나도 못 했다. 첫 경기에서 그녀는 장애물을 하나도 통과하지 못했다. 경기가 끝난 뒤 그녀는 스스로에게 말했다.

"나, 정말 못했다. 그렇지만 또 해보자. 점점 나아지겠지."

그랬다, 그녀는 결국 해냈다. 그녀는 4회나 우승했고, 성별을 불문하고 세계 최고의 장애물경주선수가 됐다.

분의 성공비결은 우주비행사와 마찬가지로 날면서 테스트하기다. 경주할 때와 동일한 환경에서 훈련하는 것이다. 경쟁자들이 비가 온다며 안락한 실내체육관에서 훈련할 때 그녀는 비를 맞으며 실외에서 훈련했다. 분은 "넷플릭스 드라마를 보며 런닝머신 위를 달려선 안 된다. 이런 식의 훈련은 절대 금물"이라고 말한다. 비, 눈, 어둠, 추위, 무거운 잠수복… 이 모든 것이 분에게는 오히려 매력적이었다. 경기가 다가올 무렵 그녀는 자기를 기다리는 악조건에 완전히 둔감해진 채 마치 "다시 만나니 반갑네, 같이 신나게 춤추자"라고 말하는 듯 미소를 띠었다.

우리는 로버츠나 분처럼 하지 않는다. 가장 차분하게 깨어 있는 시간에 편안한 집에서 연설연습을 한다. 정해둔 질문을 든 채 트레이닝복 차

림으로 친구들과 취업면접 연습을 한다. 날면서 테스트하기 규칙을 적용한다면, 에스프레소를 몇 잔씩 마셔 안절부절못하는 상태로 생소한 환경에서 연설연습을, 불편한 정장을 입고 커브볼을 던지는 낯선 사람 앞에서 취업면접 연습을 해야 한다.

기업 역시 이 원리를 적용해 이득을 볼 수 있다. 날면서 테스트하기 규칙을 적용한 기업은 "큰 건이 걸린 의사결정을 현명하게 내릴 조직의 역량을 높일" 수 있다고 3명의 비즈니스스쿨 교수가 〈하버드비즈니스리뷰*Harvard Business Review*〉에 썼다.[36] 예를 들어, 모건스탠리는 해커나 자연재해 같은 다양한 위협의 대처법을 결정하는 훈련을 실시한다. 어떤 우주항공업체는 합병이나 동맹 같은 경쟁업체의 행보에 대응하는 법을 결정할 최종 리허설을 진행한다. 이런 노력을 세 교수는 "최종 리허설을 함으로써 참가자는 서로의 힘이나 약점을 알게 되고 비공식적인 역할이 선명하게 드러난다"고 평가한다.

날면서 테스트하기는 또한 기업과 코미디언을 포함한 모든 조직과 사람이 포커스그룹을 운영하며 신제품이나 참신한 농담에 대한 대중의 의견을 판단하는 데 도움을 줄 수 있다.

로켓과학은 어디에나 필요하다

만일 애플이 날면서 테스트하기 규칙을 어겼다면 아이폰은 결코 빛을 보지 못했을 것이다. 현대사에서 가장 수익성 높은 상품 중 하나로 꼽히는 아이폰은 출시 전 실시했던 설문조사로 보면 실패작이었다. "모든 필요를 충족해 주는 단 하나의 기기에 대해 어떻게 생각하느냐"는 질문에 미국인과 일본인, 독일인의 약 30%만이 "좋다"고 답했다.[37] 사람들은 별도의 전화기, 카메라, 뮤직플레이어를 원하지, 모든 기능을 다 합친 단일 기기를 원하지는 않는 것 같았다. 조사결과에 화답하기라도 하듯, 당시 마이크로소프트 CEO 스티브 발머Steve Ballmer도 이렇게 말했다.

"아이폰이 의미 있는 시장점유율을 차지할 가능성은 전혀 없다. 전혀!"

아이폰은 그 조사결과가 틀렸음을 입증하지 않았다. 작가 데릭 톰슨Derek Thompson의 말처럼 그 설문조사는 응답자들이 "한 번도 본 적 없고, 이해하지도 못한 제품에 대한 무관심"을 정확히 측정했다. 즉, 이 조사는 날면서 테스트하기 규칙을 어긴 것이다. 아이폰을 직접 보는 것과 가정해 보는 것은 전혀 다르다. 소비자는 애플스토어에서 아이폰을 직접 대면하자(즉, 매장에 발을 들여놓고 혁명적인 새 기기를 손에 쥐어보자) 그걸 손에서 내려놓을 수 없었다. 무관심은 곧 열망으로 바뀌었다.

기업이 가격책정 실험을 하면서 소비자에게 흔히 하는 질문이 있다. "이 신발을 얼마에 사겠습니까? 한번 생각해 보십시오"라는 것인데, 실제로 이런 질문을 마지막으로 들은 게 언제인지 떠올려보라. 난 한 번도 없다. 소비자가 가상의 신발을 얼마 주고 사겠다고 하는 것과, 실제로 매장에서 마음에 드는 신발을 집어 든 다음 아깝기 짝이 없는 돈을 꺼내 점원에게 건네는 건 전혀 다른 일이다. 신발회사는 소비자평가를 제대로 받으려면 시제품을 멋지게 만들어 매장에 전시한 다음 고객에게 파는 편이(즉 날면서 테스트하는 편이) 훨씬 낫다.

이 개념을 특히 잘 이해한 이가 있었다. 여론조사를 본 적 있다면, 이 이름도 분명 들어봤을 거다. 조지 갤럽George Gallup. 그는 신문에 대한 독자의 관심도를 결정할 객관적 방법을 찾는 데 관심을 가졌다.[38] 그는 이 주제로 박사논문을 쓰기로 하고 제목을 '신문독자의 관심측정에 관한 객관적 연구방법Objective Methods for Measuring Reader Interest in Newspaper'으로 정했다. 그에게 핵심단어는 '객관적'이었다. 독자의 관심도를 결정하는 여러 주관적 방법론을 그는 매우 회의적으로 봤다. 특히 설문조사나 질문지 방식이 그랬다. 그는 사람들이 자기 행동을 남에게 말할 때 진실을 왜곡하는 경향이 있다고 믿었다(이런 경향이 실제 존재한다는 사실은 나중에 밝혀진다). 응답자는 해당 신문의 1면을 모두 꼼꼼히 읽었다고 주장하겠지만, 실은 곧바로 스포츠면이나 패션면으로 넘어갔을 수 있다.

요컨대 이런 조사는 날면서 테스트하기 규칙을 어겼다는 것이다. 신문 읽기를 조사하는 것과 실제 신문 읽기는 전혀 다르다. 갤럽은 테스트가 효과적이려면 실제 비행과 매우 닮아야 함을 알았다.

이 문제를 바로잡기 위해 무엇을 했을까? 그는 인터뷰팀을 구독자의 집으로 보내 실제로 그들이 어떤 면을 읽고 또 읽지 않는지 일일이 지켜보며 표시하게 했다. 무언가 좀 어색한가? 물론 그렇다. 설문조사보다 정확할까? 확실히 그렇다. 이와 관련해 갤럽은 다음과 같이 썼다.

"거의 예외 없이, 나중에 한 질문은 (…) 앞선 설문조사에서 했던 응답들이 거짓이었음을 입증했다."

갤럽의 아날로그식 실험은 오늘날의 디지털식 추적의 선구자였다. 이런 접근법이 기이해 보인다면, 넷플릭스가 당신이 무엇을 시청하고 주된 시청 시간대가 언제고 〈하우스 오브 카드〉의 마지막 시즌을 끝까지 봤는지 등을 정확히 알고 있음을 상기하기 바란다. 갤럽이 그랬듯이, 넷플릭스는 관찰방식이 당사의 보고방식보다 훨씬 정확하다는 걸 안다.

위대한 코미디언은 로켓과학자처럼 자신의 농담이 청중에게 어떤 반응을 불러낼지 공연 전에 테스트한다. 이들은 낯선 사람이 북적거리는, 즉 실패해도 큰 부담 없는 작은 코미디클럽에 불쑥 나타난다. 배우이자 코미디언 크리스 록Chris Rock은 2016년 오스카시상식에 참석하기 전 로스앤젤레스에 있는 코미디클럽 '코미디스토어Comedy Store'에 들러 농담을 테스트했다.[39] 리키 저베이스Ricky Gervais와 제리 사인펠트Jerry Seinfeld 역시 작은 코미디클럽에서 관객반응을 살피며 자기 코미디를 다듬곤 했다.[40]

아무 코미디클럽에 들어가거나 사람들이 신문 읽는 것을 지켜보는 것과, 낯선 사람을 자기 욕실로 불러들여 자기 아이가 양치질하는 것을 지켜보게 하는 것은 완전히 다른 일이다. 세계적인 디자인 기업 IDEO가 바로 그 일을 했다. 오랄비로부터 어린이용 칫솔의 디자인을 의뢰받은 후, 어쩌면 짜증을 부를 수도 있는 이런 요구를 소비자에게 하겠다는 IDEO의 말에 오랄비 경영진은 당황했고 당연히 반대했다.

"로켓과학이 아니잖아요. 우린 지금 어린이용 칫솔 이야기를 하고 있습니다."[41]

하지만 그 역시 로켓과학임이 밝혀진다. 훌륭한 칫솔을 디자인하는 건 위대한 로켓을 설계하는 것과 마찬가지로 '테스트'와 '날기'의 시너지를 필요로 한다. 5살짜리 아이가 칫솔질에 열중하는 동안 그 옆에 서서 부지런히 메모하는 IDEO 직원의 다소 우스꽝스러운 모습은 잠시 옆으로 밀어두고, 대신 IDEO가 밝혀낸 것에 집중해 보자. IDEO 이전, 어린 이용 칫솔 제조업체는 손이 작은 아이들에 맞춰 칫솔도 작아야 한다고 생각했다. 그래서 어른용 칫솔을 가져다 조금 더 작게 만들었다.

이 접근법은 매우 직관적인 것 같지만, 핵심을 완전히 놓쳤다. IDEO 의 현장조사 결과, 어린이는 어른과 칫솔질 방식이 다르다는 게 밝혀졌 다. 손가락이 아닌 주먹 전체로 칫솔을 잡는다는 것. 어린이는 손가락을 놀려 칫솔 다루는 기술이 부족한데, 어린이용 칫솔은 손잡이 부분이 작 아서 다루기가 어려웠다. 오랄비 경영진은 처음엔 IDEO의 접근법에 회 의적이었지만 곧 이 제안을 받아들여 손잡이 부분이 더 크고 뚱뚱한 어 린이용 칫솔을 만들었고, 이 칫솔은 베스트셀러가 됐다.

IDEO는 이 전략을 환자의 경험을 재설계하는 데도 적용했다. 병원은 환자가 건강을 되찾게 돕는 곳이지만, 실제 병실은 정반대로 기능했다. 특색 없고 삭막한 흰색에 조명도 형광등이었던 것이다.

IDEO에게 환자의 경험을 재설계할 방안을 의뢰한 의료기관의 경영 진은 새롭고 창의적인 병실 디자인을 설명하는 화려한 프레젠테이션을 기대했지만 정작 받아든 건 지루하기 짝이 없는 6분짜리 동영상이었다. 이 영상은 오로지 병실 천장의 타일 외에 아무것도 보여주지 않았다. IDEO의 최고창의성책임자 폴 베넷Paul Bennett은 이에 대해 "병실에 종일 누워 있을 때 하는 일이라곤 천장을 쳐다보는 것뿐이다. 그런데 이 경험 은 정말이지 엿 같다"[42]고 설명했다.

베넷이 "피 흘리는 명백한 현실을 갑자기 눈부시게 느낀 짧은 경험"이 라 묘사했던 이 영상은 IDEO의 직원들이 직접 환자가 되어 그 처지를 경험한 뒤 나온 것이었다. IDEO의 디자이너도 병원에 입원해 긴 시간 동안 병상에 누워 천장 타일을 뚫어져라 바라보면서 그 최악의 경험을 직접 동영상으로 촬영했다. 그 6분짜리 황량한 동영상은 환자의 경험을 엿볼 수 있는 작은 창문이었던 셈이다. IDEO의 CEO 팀 브라운Tim Brown 은 이를 "지루함, 감각이 상실되고 아무 정보도 받아볼 수 없으며 통제력을 잃어버리는 상태가 될지 모른다는 불안함, 여기에 지루함까지 함께 뒤섞인 것"이라고 말했다.[43]

그 동영상은 병원 직원들이 행동에 나서도록 동기를 부여하기에 충분했다. 직원들은 천장을 장식하고 문병객이 환자에게 메시지를 남길 화이트보드를 곳곳에 설치하고, 환자들이 자기만의 공간이라 느낄 수 있도록 병실의 스타일과 색깔을 바꾸었다. 이동용 침대에는 백미러를 달아서 환자가 자기를 옮기는 의사와 간호사를 바라볼 수 있게 했다. IDEO의 프레젠테이션 덕에 환자의 전반적 경험을 개선해 환자가 "물품처럼 분류되고 배치되는 존재가 아니라 스트레스와 고통으로 힘들어하는 사람으로 대접받도록" 하기 위한 폭넓은 논의가 촉발됐다고 브라운은 설명했다.[44]

현실과 동떨어진 인위적인 테스트보다는 소비자의 행동을 생활 속에서 관찰하는 편이 더 낫다. IDEO의 창업자 데이비드 켈리David Kelley도 "어떤 소프트웨어를 개선하고 싶은가? 그렇다면 그 소프트웨어 사용자를 지켜보다가 그가 언제 얼굴을 찌푸리는지만 알면 된다"[45]고 말한다. 이 접근법은 주관적 '자기보고Self-reporting'의 문제점을 대폭 개선해 준다. 그렇다고 이것이 '테스트'와 '날기' 사이의 간극을 완벽히 메우진 못한다. 사람을 관찰하는 행위 자체가 관찰대상자의 행위에 영향을 주어서다.

관찰자효과가 눈을 가릴 때

관찰자효과는 과학 분야에서 사람들이 가장 잘못 이해하는 개념 중 하나다. 이는 의식이 마법처럼 현실을 바꾸고, 식탁에 놓인 숟가락이 저절로 자리를 옮기게 만들 수 있다는 등 사이비과학 같은 주장을 낳았다. 관찰자효과의 과학적 개념은 매우 단순하다. 어떤 현상을 관찰함으로써 그것에 영향을 줄 수 있다는 의미다. 어려운가? 쉽게 설명해 보겠다.

교수는 건망증이 심하단 잘못된 고정관념이 있다. 나는 마침 이 고정관념에 딱 들어맞는 교수다. 나는 교수가 되던 무렵 안경을 쓰기 시삭했는데, 이 안경을 어디다 뒀는지 깜박할 때가 많았다. 깜깜한 방에서 안경을 찾으려면 모두가 하는 그 행동부터 하게 된다. 바로 불을 켜는 것이다. 그러면 엄청난 양의 광자가 내 안경에 쏟아졌다가 반사되어 내 눈으로 들어온다.

안경이 아닌 전자를 찾으려 한다고 치자. 전자를 관찰하려고 전자 쪽으로 광자를 보낸다. 그런데 안경은 상대적으로 큰 물건이어서 광자와 부딪혀도 안 움직인다. 그렇지만 광자가 전자와 부딪힐 때 광자의 힘이 작용해 전자의 위치는 다른 곳으로 옮겨진다. 소파의 쿠션 사이로 들어간 동전을 떠올리면 알기 쉬울 것이다.[46] 동전을 집으려 손을 그 틈에 밀어 넣으면 동전은 점점 더 깊이 들어가 버린다.

관찰은 인간을 다른 방식으로 방해한다. 사람은 누군가가 자기를 관찰하고 있으면 그렇지 않을 때와 다르게 행동한다. 당신이 새 TV프로그램을 테스트하는 자리에 방청객으로 앉아 있다고 치자. 이 경험은 집에서 아무 생각 없이 그 프로그램을 시청하는 것과 전혀 다르다. 이 테스트는 현실의 '날기'와 같지 않다. 집에서라면 당신은 그 프로그램을 첫 회부터 몰아 볼 만큼 괜찮게 받아들일지 모르지만, 포커스그룹의 일원으로선 문제를 수없이 많이 발견할 수 있다. 그 프로그램을 비판적으로 평가해 달라고 부탁한 사람이 당신을 지켜보고 있기 때문이다. 실제로, TV드라마 〈사인필드〉는 사전평가에서 혹독한 성적표를 받았다.[47] 왜였을까. 이 프로그램 제작자들은 포커스그룹에게 5장에 등장한 바로 그 질문을 던졌다.

"우리가 다른 모든 사람이 하는 것과 반대로 하면 어떻게 될까요?"

당시, 그 프로그램의 대본은 확정되어 있었다. 한 무리의 등장인물이 이런저런 문제를 마주치고, 해결하고, 거기서 교훈을 얻는 마지막엔 서로 껴안으며 훈훈하게 끝나는 내용이었다.

〈사인필드〉 제작자들은 애초 임무를 명확히 해두고 있었다. 현재 나와 있는 대본을 완전히 뒤집을 것이고, 훈훈한 마무리나 교훈은 없을 거라고 했다. 이런 방침이 조금이라도 흔들릴지 모르므로 작가들은 '훈훈한 마무리 금지'와 '교훈 금지'라는 문구가 박힌 재킷을 입을 거라고 했다. 그러나 표준적인 시트콤에 익숙해져 있던 시청자들은 훈훈한 마무리와 교훈이 나오길 기대했다. 그렇다 보니 포커스그룹이 평가한 〈사인필드〉의 사전평가 점수는 혹독할 정도로 낮았다. 그러나 방송이 나간 뒤, 이 프로그램은 역대 가장 성공한 시트콤 중 하나가 됐다.

관찰자효과는 흔히 무의식적인 과정에서 나타난다. 심지어 관찰자가 피관찰자에게 영향을 주지 않겠다고 마음먹을 때조차도(즉, 소파의 틈 사이에 낀 동전을 빼내려 하지 않을 때조차도) 관찰자는 미묘하지만 의미 있는 여러 방식으로 피관찰자에게 어떤 신호를 보내게 된다.

독일에 '클레버 한스Clever Hans(똑똑한 한스)'라 불렸던 유명한 말이 있었다.[48] 한스는 사람으로 치면 로켓과학자에 가까울 정도로 똑똑했다. 기본적인 셈을 할 줄 알았고, 이 능력으로 세계적으로 유명해졌다. 이 말의 주인이 지켜보는 사람들에게 산수문제 하나를 내보라고 하면 누군가가 "6 더하기 4!"라고 외친다. 그러면 한스는 발굽을 열 번 두드렸다. 한스는 덧셈뿐 아니라 뺄셈과 곱셈, 심지어 나눗셈도 했다. 사람들은 사기가 아닐까 의심했지만, 증거를 찾지 못했다.

그런데 젊은 심리학도 오스카 펑스트Oskar Pfungst가 그 비밀을 알아냈다. 한스는 질문자가 정답을 알고 있는 경우에만 답을 알 수 있었다. 눈이 가려지거나 문제 낸 사람이 보이지 않을 때는 수학적 천재성을 잃었다. 그 말에게 질문하는 사람이 자기도 모르게 단서를 알려주었던 것이다. 이와 관련해 신경과학자 스튜어트 파이어스타인Stuart Firestein은 "한스가 대답을 시작할 땐 질문자의 신체와 얼굴근육이 잔뜩 긴장하지만, 발굽을 계속 두드려 정답에 가까워지면 그 근육이 이완된다"고 설명했다. 놀랍게도, 펑스트는 한스의 비밀을 안 뒤에도 한스에게 질문할 때 자기도 모르게 몸으로 정답의 단서를 흘렸다. 한스의 발굽 두드리는 횟수가 정답에 접근하게 되면 무의식적으로 몸가짐이 달라졌던 것이다.

관찰자효과에 따른 왜곡은 유의미한 수준이다. 틀림없이 성공할 프로그램을 실패작이 될 거라고, 그저 눈치 빠른 말을 수학의 천재라고 믿게 만들 정도이니 말이다. 이 효과를 완화하는 하나의 방법은 '이중맹검

법Double-blind Test'을 활용해 질문자와 말 모두의 눈을 가리는 것이다. 약품 테스트 시 참가자와 진행자 모두 진짜 약과 가짜 약이 누구에게 투여되는지 모르게 하는 식이다. 이중맹검법을 적용하지 않으면 과학자는 기대와 편견을 무의식적으로 연구에 투영, 참가자를 달리 대할 수 있다.

베스트셀러작가 팀 페리스Tim Ferriss에게서도 단서를 얻을 수 있다.[49] 작가는 대부분 책의 제목과 표지디자인을 정할 때 직감에 의지하거나, 기껏해야 몇몇 친구에게 물어보는 정도다. 좀 더 기민한 사람은 설문조사를 하기도 한다. 그러나 페리스는 첫 책의 제목을 결정할 때 로켓과학자 수준의 분석과정을 거쳤다.

페리스는 제목을 정하며 날면서 테스트하기 규칙을 적용했다. 그는 우선 10개 넘는 제목을 뽑은 다음, 도메인명을 사서 '구글애드워즈Google AdWords(구글의 검색광고 네트워크서비스 - 옮긴이)'를 사용해 각 제목의 클릭률을 살폈다. 사용자가 특정 키워드로 책 내용과 관련된 검색을 하면 책 제목 및 부제목이 있는 팝업창이 뜨게 만든 것이다(그 팝업창을 클릭하면 비어 있는 웹페이지가 떴다). 이렇게 인기도를 객관적으로 분석하고 1주 만에 '주 4시간 일하기The 4-Hour Workweek'란 제목이 가장 관심도가 높음을 확인한 페리스는 이 자료를 출판사에 넘겼다. 그 제목으로 해야 한다는 걸 굳이 납득시키려 애쓸 필요가 없었다(이 책은 국내에서 '나는 4시간만 일한다'란 제목으로 출간됐다 - 옮긴이).

페리스는 거기서 멈추지 않았다. 표지를 정할 때도 그는 후보에 오른 표지시안 여러 개를 들고 서점에 갔다. 신간 코너에서 아무 책이나 집어든 다음, 가지고 간 표지로 그 책을 싸서 매대에 놓아두곤 멀찌감치 떨어져 책 사러 온 사람이 그 책을 얼마나 집어 드는지 살폈다. 그렇게 모든 시안을 30분씩 테스트한 후, 최종 디자인을 결정했다.

테스트과정에서 흔히 간과되는 수수께끼가 하나 더 있다. 완벽하게 계획된 테스트라 하더라도 이를 실행할 도구에 오류가 있으면 완벽히 잘못된 결과가 나올 수 있다는 것이다.

복수의 테스트 실행자

도무지 피하기 어려운 아이러니였다. 왜곡 없는 이미지를 얻으려고 만든 우주망원경이 왜곡된 이미지를 쏟아내고 있었다.[50] 지구궤도를 도는 허블우주망원경은 지상의 우주망원경보다 10배나 더 선명한 우주의 고해상도 이미지를 제공할 거란 기대 속에 1990년 발사됐다. 대기에 의한 왜곡에서 자유로운 스쿨버스 크기의 이 망원경은 지금껏 인간이 볼 수 없던 가장 정확한 우주의 이미지를 제공해야 마땅했다.

그러나 이 망원경이 전송한 첫 사진들은 기대만큼 선명하지 않았다. 15억 달러(약 1조 6,500억 원)나 들인 이 망원경이 근시로 인해 뭉개진 사진을 보냈다. 테스트기기의 렌즈 중 하나가 정 위치에서 1.3mm 벗어나 있던 탓에 종이의 50분의 1 두께인 주경에 문제가 생겼던 것이다. 사소해 보이는 오류지만, 민감한 도구에게는 단 1mm 차이가 결과적으로 산맥 하나의 차이를 만든다. 5년이란 긴 세월 동안 연마와 광택 작업을 거치며, 그 주경은 정확히 잘못된 형태로 만들어졌던 셈이다.

이 황당한 낭패를 조사하려고 소집된 위원회는 단 하나의 도구만으로 테스트가 이루어진 사실을 비판했다. 제작팀은 비용과 일정을 고려해 또 다른 테스트가 필요치 않다고 판단했던 터였다.

이 이야기의 교훈은 무엇일까? 단 하나의 도구로 테스트를 해야 한다면, 즉 모든 달걀을 하나의 바구니에 담아야 한다면, 그 바구니가 확실히 안전한지부터 확인해야 한다. 그러나 이 원칙이 허블우주망원경 제작 시엔 지켜지지 않았다. 누구도 테스트기기의 위치가 정확히 설정돼 있는지 테스트하지 않았던 것이다.

다행히 비상대책이 마련됐다. 시야가 흐릿할 때 우리가 하는 바로 그 일을 우주비행사들이 했다. 허블우주망원경에 안경을 씌운 것이다. 1993년 이 수리 프로젝트 후, 허블우주망원경은 전 세계인이 컴퓨터 배경화면으로 설정하는 멋진 이미지들의 생산 임무를 충실히 수행 중이다.

로켓과학이 아닌 다른 분야의 사례를 살펴보자.[51] 페이스북 웹사이트는 원래 2006년 디자인됐는데, 페이스북 제품디자인 담당 부사장이던 줄리 주오Julie Zhuo는 당시의 "웹사이트엔 텍스트가 훨씬 많았다"고 내게 말했다. 카메라폰이 나오면서 더 많은 영상 경험을 만들길 바란 페이스북은 6개월의 작업 끝에 최첨단 사이트를 만들었다. 이 새 사이트를 내부에서 테스트했는데, 아주 훌륭하게 작동했다. 곧, 일반에 출시했다. 이제 폭포수처럼 찬사가 쏟아지길 기다리는 일만 남았다.

그러나 이 달콤한 예상은 빗나갔고, 웹사이트 재디자인 작업이 엄청나게 잘못된 결과를 낳았음을 황망히 깨달아야 했다. 그 팀은 새로운 사이트를 페이스북 본부의 최첨단 컴퓨터를 사용해 테스트했는데, 페이스북 사용자 대다수에게는 그런 장비가 없었다. 새 디자인 속 그 모든 멋진 이미지를 전혀 제공하지 못하는 구형 컴퓨터로 웹사이트에 접속했으니, 사용자는 바뀐 디자인의 강점을 전혀 느낄 수 없었다. 대부분의 사용자에게 그 '날기'는 '테스트하기'와 너무도 멀리 떨어져 있었던 것이다. 테스트도구를 평범한 장비로 바꾸고 나서야 비로소 그 팀은 사용자에 맞는 디자인을 다시 할 수 있었다.

이런 사례들은 중요한 교훈을 보여준다. 우선, 투자할 때와 마찬가지로 테스트도구를 다각화해야 한다. 웹사이트를 만들려면 여러 브라우저와 다양한 컴퓨터를 사용해 테스트해야 한다. 어린이용 칫솔을 디자인하려면 많은 어린이가 양치질하는 모습을 직접 살피며, 어른처럼 손가락만으로 칫솔을 능수능란하게 놀리는 기적의 어린이가 모든 어린이를 대표한다는 믿음에서 벗어나야 한다. 어떤 일자리로 뛰어들지 결정하려면 여러 미세조정 타깃의 도움말을 참조해야 한다. 한 사람의 의견은 흐릿한 관점을 제공할 수 있다. 미래를 바라보는 두 눈이 모두 2.0에 가까운 시력을 가지려면, 복수의 테스트원천이 있어야 하며, 독립적으로 진행된 이 각각의 테스트가 모두 유효하다고 판정하는 과정을 거쳐야 한다.

로켓 발사든 육상경주 훈련이든 대법원 변론이든 망원경 설계든 간에, 따라야 할 기본원리는 동일하다. 바로 '날면서 테스트하기'다. 하늘을 날 때와 동일한 조건 아래서 테스트하라. 그러면 머지않아 당신은 하늘 높이 솟아오를 것이다.

3단계

궤도 진입

- 능력을 제대로 펼치려면 실패와 성공이 모두 필요한 이유
- 잠재력을 100% 발휘하는 법

8장) 실패가 곧 성공이다

: 실패를 성공으로 전환하는 법

인간은 노력하는 한
실수하는 법이다.
- 괴테

로켓 개발 초기에는 로켓이 경로를 이탈하거나 폭발하곤 한다. 달 착
륙의 선구자가 되길 기대하며 발사했던 로켓들 역시 예외는 아니었다.
사실 모든 프로젝트에서 문제는 나타나게 마련이다.

소련의 인공위성 스푸트니크가 지구궤도에 안착하고 2달이 지난
1957년 12월, 미국도 그와 동일한 위업을 시도했다.[1] '뱅가드'란 이름의
이 로켓은 발사 뒤 발사대로부터 약 122cm 높이에서 그대로 떨어져 폭
발하는 모습이 전국에 TV로 생중계됐다. 그 바람에 이 로켓은 '플로프니
크Flopnik(실패한 스푸트니크)' '카푸트닉Kaputnik(부러진 스푸트니크)' '스테
이푸트니크Stayputnik(주저앉은 스푸트니크)' 등 여러 별명을 얻었다.[2] 소련
은 곧 미국인의 쓰라린 상처에 소금을 뿌렸다. 미국이 "저개발국가들"에
게 제공되는 외국원조를 받을 의향이 있는지 물었던 것이다.

1959년 8월 무인로켓 리틀조 1호가 상당한 관심을 끌었다. 이 로켓은 전기 문제로 예정보다 30분 일찍 발사된 뒤 NASA 사람들이 망연사실 바라보는 앞에서 20초 비행 후 추락했다.[3] 1960년 머큐리-레드스톤 로켓의 발사는 '10cm 비행'으로 불렸다. 지면에서 겨우 10cm만 올라갔다 다시 발사대에 주저앉아 버렸기 때문이다.[4]

유인우주선 프로젝트에서도 사고는 수없이 일어났다. 일례로, 제미니 8호에서 일어난 사고가 있는데, 나중에 달 표면에 발을 디딜 닐 암스트롱이 이 사고로 목숨을 잃을 뻔했다.[5] 제미니 8호는 2개의 우주선이 지구궤도에서 최초로 도킹하는 복잡한 임무를 띤 프로젝트였다. 무인위성 아제나를 먼저 지구궤도에 올린 뒤 제미니 8호가 발사되고, 그 뒤 제미니 8호가 아제나를 만나 도킹한다는 계획이었다.

도킹은 성공했지만 30분도 지나지 않아 돌발상황이 발생했다. 제미니 8호의 우주비행사 데이비드 스콧이 다급한 목소리로 휴스턴의 관제센터에 "여기, 심각한 문제가 발생했다"라고 알렸다. 제미니 8호가 갑자기 알 수 없는 이유로 1초에 1바퀴 이상 격렬히 회전하기 시작했고, 그 바람에 두 조종사의 시야가 흐려지며 어지럼증이 왔다. 두 사람 다 의식을 잃을 수도 있다. 우주선의 스핀 현상은 통제불능 상태였고, 냉정하고 침착한 선장 암스트롱은 도킹을 해제해 아제나를 버린 다음 수동조종 상태로 바꾸고, 역추진 엔진을 조작해 스핀 현상을 서서히 제어했다.

'빨리 실패하고, 자주 실패하고, 먼저 실패하라.'

실리콘밸리에 널리 퍼져 있는 주문이다. 실패는 영감의 연료, 통과의례, 내부자끼리 은밀히 나누는 악수로 비친다. 수많은 경영서가 기업가에게 실패를 포용하고 명예로운 훈장으로 여기라고 가르친다. 실패를 찬양하는 컨퍼런스는 '페일콘$_{FailCon}$'을 비롯해 여러 개 있으며, 80개국 이상에서 수천 명이 모여 실패를 찬양하고 경험을 공유하는 행사인 '퍽업나이츠$_{FuckUp\ Nights}$'도 있다.[6] 백파이프와 진행자를 두고 실패한 신생기업의 장례식을 열기도 하는데, 이는 주류 회사들이 후원하며 "장례식에 재미를"이란 슬로건을 건다.[7]

로켓과학자라면 실패를 아무렇지 않게 여기는 태도에 발끈할 것이다. 로켓과학에서 실패는 곧 사람의 죽음을 뜻하거나, 수십 년간의 노력이 연기 속에 사라짐을 의미하니까. 또 납세자에게 수억 달러의 손해를 끼칠 수도 있고. 누구도 미국과 소련이 달에 먼저 발을 디디겠다며 벌였던 경쟁에서 일어난 수많은 폭발과 사건을 찬양하지 않는다. 그 실패들은 재앙이었으며, 결코 가볍게 여겨지지 않았다.

이 장에서 나는 로켓과학의 틀을 이용해 실패를 축하하는 일이 실패를 악마로 만드는 것만큼이나 위험한 이유를 설명할 것이다. 로켓과학자들은 한층 균형 잡힌 접근법을 실패에 적용한다. 그들은 실패를 찬양하지도, 그렇다고 그 실패가 자기를 방해하게 하지도 않는다.

1단계와 2단계에서 우리는 획기적인 아이디어를 점화하고 다듬고 테스트하는 법을 배웠다. 과감한 발상을 추구한다는 건 대담하다는 뜻이고 대담하다는 건 현실과 충돌할 때 실패할 수도 있다는 뜻이다. 그러므로 마지막 단계인 궤도 진입은 실패를 다루는 것에서 시작하려 한다.

사람들이 대부분 실패를 나쁜 쪽으로만 생각하는 이유 그리고 실패와의 관계를 재규정하는 법을 살펴볼 것이다. 나는 엘리트 기업이 실패를 사업모델에 녹여 직원들이 자기 실수를 숨기지 않고 기꺼이 드러내는 환경을 조성하는 법을 밝히려 한다. 또한 할리우드의 한 블록버스터 영화에서 드러나는, 로켓과학에 대한 가장 큰 오해 가운데 하나를 설명하고, 비아그라 개발이 실패에 대해 무엇을 가르쳐줄지 일러주려 한다. 이 모든 것을 알고 나면 과학으로 뒷받침되는 '우아하게 실패하는 방법'으로 무장해 실패에서 교훈을 얻을 올바른 조건을 만들어낼 수 있을 것이다.

실패는 선택의 하나

인간은 실패를 두려워하게 되어 있다. 수세기 전, 우리가 실패를 두려워하지 않았다면 우린 아마 굶주린 회색곰의 먹이가 되었을 것이다. 우리는 실패할 때마다 혼이 나면서 성장했다. 실패는 곧 외출금지나 용돈 삭감을 뜻했다. 대학교 중퇴나 취업실패를 의미하기도 했다.

실패가 엿 같다는 건 부정할 수 없는 사실이다. 인생엔 참가상이 없다. 낙제하거나 파산하거나 일자리를 잃으면 자신이 무가치하고 나약하게 느껴진다. 빠르게 사라지는 성공의 쾌감과 달리, 실패의 아픔은 좀처럼 사라지지 않고 어슬렁거린다. 때로는 평생 꽁무니를 따라다니기도 한다.

우리는 실패의 망령을 피하려 안전거리를 유지한다. 벼랑 끝엔 아예 다가가지도 않고, 건강한 모험조차 회피하며, 안전하게만 놀려고 한다. 승리가 보장되지 않으면 어떤 게임이든 쳐다도 보지 않는다. 실패를 회피하는 이런 천성이야말로 실패의 지름길이다. 발사되지 않은 모든 로켓, 비어 있는 캔버스, 시도조차 하지 않은 모든 목표, 쓰지 않은 모든 책, 부르지 않은 모든 노래에는 실패에 대한 두려움이 깔려 있다.

로켓과학자처럼 생각하려면 우리가 실패와 맺는 이 문제 많은 관계부터 새롭게 규정해야 한다. 또 할리우드의 한 블록버스터 영화가 대중화한 '로켓과학에 관한 오해'를 바로잡는 것도 필요하다.

영화 〈아폴로 13〉에는 달로 향하던 우주선에서 산소탱크가 폭발했단 사실이 알려진 뒤 한 무리의 로켓과학자들이 어떤 방에 모여 있는 장면이 나온다. 그 우주선의 동력이 위험한 수준으로 낮아졌으며 탑승한 우주비행사들의 목숨이 위태로운 상황이다. 관제센터의 과학자들은 동력이 완전히 꺼지기 전에 원상복구할 방안을 반드시 찾아야 한다. 관제센터 본부장인 진 크란츠는 다음과 같이 으르렁댄다.

"우리는 지금껏 우주에서 단 한 번도 미국인을 잃은 적이 없다. 내가 지켜보는 한, 그런 일이 일어나게 절대로 내버려두지 않을 것이다. 실패는 선택이 아니다."

크란츠는 나중에 '실패는 선택이 아니다'란 제목의 자서전을 출간했다. 이 책에서 그는 그 말을 "관제센터에 있던 모든 사람이 명심하며 간직했던 신조"라고 묘사했다.[8] NASA의 기념품 판매점은 이를 재빠르게 상업화해 이 문구가 적힌 티셔츠를 팔기 시작했다.

그 신조는 사람의 생명이 달려 있을 땐 일리가 있다. 그러나 로켓과학의 작동방식을 묘사하는 말로는 오해의 여지가 있다. 위험 없는 로켓 발사란 없다. 우리는 물리학과 끊임없이 싸워야 한다. 어떤 사건이든 대처계획을 세울 순 있지만, 우주의 바나나껍질은 어느 구석에서 언제 나를 미끄러지게 할지 모른다. 로켓처럼 복잡한 기계에서 통제된 폭발(즉, 엔진가동에 필요한 연소)을 만들어야만 하는 상황에서 사고는 필연적이다.

실패가 선택이 아니라면 우리는 결코 우주의 바다에 발을 내딛지 못했을 것이다. 획기적인 일을 하려면 위험을 무릅써야 하며, 위험을 무릅쓴다는 건 언제든 실수할 수도 있다는 뜻이다.

"NASA에는 실패가 선택이 아니라는 웃기는 말이 돌아다니나 보다. 하지만 스페이스엑스에서 실수는 선택이다. 아무런 실패도 일어나지 않는다는 건 충분한 혁신이 진행되지 않는다는 뜻이다."[9]

일론 머스크가 한 말이다. 우리가 전진하는 것은 오로지 알려지지 않은 곳을 향해 손을 뻗으며 지금까지의 그 어떤 것보다 높은 위업을 이루려 할 때(또, 그 과정에서 무언가를 깨뜨리고 실패할 때)다.

과학자도 다르지 않다. 틀릴 능력이 없는 과학자는 결코 옳을 수 없다. 실험을 하다 보면 어떤 건 성공하고 어떤 건 실패한다. 계획대로 풀려나가지 않으면 전제했던 가정이 틀린 것으로 입증되는 것이다. 이때 과학자는 그 가정을 조금 수정해 한 번 더 시도하거나, 아니면 아예 모든 걸 포기할 수 있다.

영국의 발명가 제임스 다이슨James Dyson은 발명가의 인생을 "실패의 하나"로 묘사했다.[10] 먼지봉투 없는 청소기란 혁명적 제품을 개발해 성공하기까지, 그는 15년간 5,126개의 시제품을 만들었다. '$E = mc^2$'이란 공식을 증명하기 위해 아인슈타인은 여러 차례 시도했지만 번번이 실패했다.[11] 의약품 개발 분야에서는 평균적인 실패율이 90%가 넘는다. 이런 분야의 과학자들이 '실패는 선택이 아니다'란 신조를 가지고 있다면 그들은 자기혐오와 부끄러움, 당혹감 속에서 살아야 할 것이다.

실패에 대한 거부는 곧 진보에 대한 거부다.

대담한 발상으로 문샷 실험을 하는 기업에선 얻는 것보다 잃는 것이 더 많다. 제프 베이조스도 "실험은 속성상 실패할 가능성이 매우 크다. 그러나 몇 가지 커다란 성공이 수십 가지 자잘한 실패를 보상해 준다"[12]고 설명한다. 아마존의 파이어폰을 기억하는가? 이 회사는 이 잘못된 '불Fire'로 1억 7,000만 달러(약 1,870억 원)를 낭비했다.[13] 또 구글의 문샷 공장 엑스에서 만든 스마트안경 구글글래스를 기억하는가?[14] 이는 스마트폰 이후 차세대 최고의 상품이 될 거란 기대를 모았으나, 초라한 실패로 끝났다. 소비자는 스마트폰을 주머니에 넣고 다니는 것과 무언가를 자기 각막에 띄우는 건 전혀 다르다고 생각했다. 구글글래스는 전혀 폼이 나지 않았고, 이걸 쓰는 사람은 '안경얼간이Glasshole'로 불렸다.

이런 실패들은 엑스의 사업모델에 녹아들었다. 엑스의 수장 애스트로 텔러가 말했듯이 엑스에서는 아이디어를 폐기하는 게 "사업상 존재하는 통상적인 일"이다. 엑스에서 한 해에 100개의 아이디어를 버리는 건 전혀 이례적이지 않다.[15] 엑스의 케이시 쿠퍼Kathy Cooper도 "엑스는 매우 위험한 프로젝트를 추구한다는 전제가 있어서 우리의 아이디어 중 많은 것이 효과가 없다는 걸 당연하게 받아들인다. 무언가가 잘못됐다 하더라도 놀라운 일이 아니며, 또 누군가의 잘못도 아니다"라고 설명한다.[16] 엑스는 실패를 일상적인 것으로 만들어 문샷 사고를 최소한의 저항이 존재하는 길 위에 올려놓는다.

아마존이 파이어폰 실패 때 그런 것처럼 그 정도의 거금을 날리고 끄

떡도 하지 않을 사람은 없다. 당신이 하는 투자의 규모는 이에 비해 훨씬 작겠지만, 투자에 적용되는 기본원리만큼은 동일하다. 실패를 하나의 선택권으로 생각하는 것이야말로 독창성의 문을 열 열쇠라는 것. 와튼스쿨 교수인 애덤 그랜트도 《오리지널스Originals》에서 "아이디어 창출에 관한 한 양은 질로 가는 가장 예측 가능한 경로"[17]라고 밝혔다. 예를 들어, 윌리엄 셰익스피어William Shakespeare는 몇 편의 작품으로 알려져 있지만, 사실 그는 20년간 희곡 37편과 소네트 154편을 썼고 이 가운데 어떤 작품은 "매끄럽지 못한 산문과 불완전한 구성 및 캐릭터로 끊임없이 비판을 받았다."[18] 파블로 피카소Pablo Picasso도 그림 1,800점, 조각 1,200점, 도자기 2,800점, 드로잉 1만 2,000점을 작업했지만, 이 중 극히 일부만 가치를 인정받았다.[19] 아인슈타인도 수백 편의 연구저작 중 극히 일부만 학계에 충격을 주었다.[20] 내가 좋아하는 배우 톰 행크스Tom Hanks도 "난 말도 안 되는 끔찍한 영화에 엄청나게 출연했으며 그런 영화들로는 돈을 조금도 벌지 못했다"[21]고 인정한다.

이런 인물들의 위대함을 판단할 때 우리는 그들이 실패했던 저점에 주목하지 않는다. 오로지 고점에만 집중한다. 아마존은 파이어폰이 아니라 킨들(아마존의 전자책 전용 단말기─옮긴이)로, 구글은 글래스가 아니라 지메일로 기억한다. 톰 행크스의 출연작 중에서도 〈사랑의 스파이The Man with One Red Shoe〉보다는 〈아폴로 13〉을 기억한다.

실패가 하나의 선택임을 인정하는 것과 실패를 찬양하는 것은 다른 문제다. 그런 점에서 실리콘밸리는 실패의 고통과 부끄러움을 누그러뜨리려고 균형추를 한쪽으로 너무 기울인 감이 있다.

'빨리 실패하기'의 문제점

빨리 실패하자는 주문은 로켓과학에선 설 자리가 없다. 돈이든 사람 목숨이든 끔찍한 대가를 치러야 하는 상황에서, 엉성한 로켓을 서둘러 발사대에 올려놓고 최대한 빨리 실패할 수는 없는 노릇이다.

로켓과학 이외에서도 '빨리 실패하기'란 후렴구는 오도된다. 기업가는 빨리 실패하고 이를 축하하느라 정신없이 바쁜 나머지 자신이 저지른 실수에서 교훈 얻기를 멈춘다. 샴페인 따는 소리가 실패에서 얻을 수 있는 피드백을 덮는다. 빨리 실패한다고 해서 마술처럼 성공이 '짜잔!' 나타나지 않는데도 그렇다. 실패했다고 해서 실패하기 전보다 자동으로 현명해지는 건 아니다.

1986~2000년 사이 창업한 미국인 기업가 약 9,000명을 대상으로 한 연구가 있다. 단 한 번 창업해 성공한 사람과, 실패의 경험을 딛고 새롭게 창업해 성공한 사람의 성공률을 비교한 연구다. 이때 성공기준은 창업한 회사를 주식시장에 상장한 것으로 했다. 결과는 놀라웠다. 처음 창업해 성공한 기업가가 실패경험을 안고 성공한 기업가보다 2배나 더 많았다.[22] 다른 연구도 비슷하다. 71명의 외과의사가 10년간 집도한 6,500건의 심장수술을 분석한 결과, 한 차례 수술을 잘못한 의사가 다음번 수술도 잘못할 확률이 더 높았다.[23] 이는 외과의가 실수에서 교훈을 얻지 못했을 뿐 아니라 나쁜 습관을 계속 강화한다는 걸 뜻했다. 상식과 전혀 다른 이 결과들을 어떻게 설명할 수 있을까?

실패를 하면 우리는 그 사실을 감추거나 왜곡하거나 부정한다. 자기를 안전하게 지키려는 논리에 사실을 맞춘다. 실패를 자기가 통제할 수 없던 다른 요인들 탓으로 돌리며 책임을 회피한다. 실패에서 불운의 역할을 지나치게 높이 평가한다("다음번엔 운이 좋겠지."). 자기 실패를 남 탓으로 돌린다("상사가 그 여자를 좋아해서 내 일을 뺏긴 거야."). 일이 잘못된 원인으로 피상적인 것만 갖다 붙인다("자금만 더 있었더라면…."). 자기 잘못을 실패원인 목록에 넣는 경우는 거의 없다.

"악의 없는 거짓말이 뭐 대수라고 그렇게 정색을 하시나?"

이렇게 따질 수도 있다. 물론 실패를 긍정적인 눈으로 보는 건 체면을 살리는 데 도움이 된다. 그러나 실패를 제대로 인정하지 않으면, 즉 제대로 된 '정산'을 회피하면, 아무것도 배울 수 없다. 게다가 실패에서 잘못된 메시지를 얻고서 사태가 더욱 악화될 수 있다. 실패해서 돈을 날린 뒤, 똑같은 전략으로 "묻고, 더블로!" 가면서 제발 이번엔 바람이 자기에게 유리하게 불어주길 기도하는 식이다.

집요함을 잘못 이해하는 지점이 여기에 있다. 바람직한 집요함이란 실패의 반복을 뜻하지 않는다. 되지도 않을 짓을 반복하면서 결과가 달라지길 기대하면 안 된다. 목표는 빠르게 실패하는 것이 아니라, 빠르게 배우는 것. 실패 그 자체가 아니라 실패에서 얻는 교훈을 축하하자.

실패는 교사가 될 수 있다

화성에 다다르는 전 과정에서 가장 어려운 부분은, 지구에 놓인 어떤 장애물 하나를 제거하는 것이다. NASA는 화성우주선을 단독으로 만들고 조종하지 않는다.[24] NASA가 새 프로젝트를 마련할 때는 우주선이 수행할 과학적 탐구내용을 공식발표한다. 이 발표에서는 전문 과학용어가 아닌 일상용어를 쓰는데, 여기엔 자기만의 독특한 과학도구를 우주에 보내고자 하는 사람이나 업체 들이 프로젝트를 지원해 주길 바라는 의도도 있다. NASA 과학자들의 위대한 아이디어 가짓수는 가용예산을 훨씬 초과한다. 따라서 NASA는 가장 강력한 제안을 선발하기 위해 최적자생존이란 다윈식 과정을 활용한다.

스티브 스퀘어스 교수는 화성 프로젝트를 이끌 목적으로 1987년부터 제안서를 쓰기 시작했다.[25] 하지만 그 뒤 10년간 그의 아이디어는 모두 퇴짜를 맞았다. "긴 세월의 노력과 수십만 달러의 돈을 제안서 쓰는 데 들였지만 번번이 퇴짜 맞을 때, 정말이지 참담했다"고 그는 회상한다. 그러나 그는 자기 제안서에 담긴 천재성을 알아보지 못한 NASA를 원망하지 않는다. 오히려 모든 책임과 비난을 자기에게 돌리며, "사실 초기에 했던 제안들은 아주 좋진 않았다. 선발될 정도가 아니었다"고 말한다.

신뢰하는 상대로부터 부정적인 피드백을 받을 때 할 수 있는 반응은 2가지다. 그 비판을 부정하거나 혹은 인정하거나. 모든 위대한 과학자는 인정한다. 스퀘어스도 그랬다. 그가 NASA에 제출했던 그 모든 제안서는 해가 갈수록 점점 더 나아졌다.

10년간 배우고 고치고 개선하는 과정을 거친 뒤, 마침내 스퀘어스의 제안서는 1997년에 선정되었다(이 제안서가 2003년 화성표면탐사로버 프로젝트로 실행된 것이다). 그러나 제안서가 선정됐다고 해서 화성으로의 우주선 비행이 곧바로 보장되진 않았다. 프로젝트는 3회나 엎어질 뻔하는 위기를 맞았다. 마지막 위기는 앞서 6장에서 설명했던 화성극지착륙선 프로젝트가 실패로 돌아갔을 때였는데, 하필이면 우리가 계획하던 우주선의 착륙시스템이 그 우주선의 것과 동일했다. 그러나 우리 프로젝트는 착륙시스템 문제의 틀을 새로 설정한 덕에 구원받았다.

그러나 테스트 도중 낙하산이 '스퀴딩Squidding', 즉 오징어처럼 팔딱거리며 펼쳐졌다가 닫히기를 반복하는 문제를 드러냈다. 지난 30년간 우리 낙하산과 똑같은 낙하산에서 나타나지 않던 문제였다.[26] 로버에 탑재된 카메라 중 하나는 도무지 알 수 없는 '스펙클링Speckling', 즉 촬영된 영상이미지를 작은 반점들이 압도해 버리는 문제를 드러냈다.[27] 발사예정일을 2달 앞두고 스피릿의 퓨즈가 나가기도 했다.

2003년 6월 말 나는 오퍼튜니티 발사를 앞두고 플로리다로 날아갔다. 발사에 앞서 우리는 코코아비치에 모여 모처럼 한가한 시간을 보냈다. 멀리 화성이 있음직한 하늘을 바라보며, 샴페인병의 코르크 마개를 신나게 하늘로 날리면서, 그날을 기념했다. 그런데 바로 그때 우리 로켓의 코르크 마개 역시 튀어나가 버렸다는 사실을 알게 됐다.[28] 로켓 몸체에 열이 전달되지 않도록 막는 단열재가 자꾸만 떨어지는 것이었다. 해결책을 찾지 못해 안절부절못하는 사이, 발사는 여러 날째 미루어졌다. 까딱하면 우리에게 허용된 발사 가능한 시간대를 놓칠 수도 있었다. 그런데 누군가가 '붉은 RTV(실리콘)'라 불리는 복원력 뛰어난 초강력접착제를 사용하면 된다는 천재적인 아이디어를 냈다. 이는 홈디포 매장에서 쉽게 살 수 있었다. 그 결과, 마침내 화성으로 우주선을 쏘아올릴 수 있었다.

각각의 실패는 모두 소중한 학습기회임이 입증됐다. 각각의 실패는 교정을 필요로 하는 결함을 드러냈다. 각각의 실패 뒤에는 최종목표로 나아가는 진보가 뒤따랐다. 대가를 요구하긴 했지만, 이런 실패들이 없었다면 우리는 화성에 로버를 안전히 올려놓지 못했을 것이다.

듀크대학교 경영학 교수 심 시트킨Sim Sitkin은 이를 "똑똑한 실패"라고 부른다. 이런 실패는 최첨단의 무언가를 탐구할 때, 풀리지 않은 문제를 풀려고 할 때, 작동하지 않을지 모를 무언가를 만들 때 일어난다.

흔히 똑똑한 실패가 손실인 양 "내 인생 5년이 날아갔어" "수백만 달러를 손해 봤어"라고들 말한다. 그러나 그것은 실패라고 부를 때만 실패이며, 얼마든지 투자라고 재규정할 수 있다. 실패는 자기계발서에서 볼 수 없는 데이터다. 똑똑한 실패에 관심을 가질 때, 실패는 교사가 될 수 있다.

이런 실수들에는 성공에선 쉽게 찾아볼 수 없는 지구력이 있다. 똑똑한 실패는 변화를 갈망하는 절박한 마음을 낳고, 알고 있는 것을 말끔히 잊게 하는 충격을 낳을 수 있다. 그래서 경제학자이자 사회학자인 빌프레도 파레토Vilfredo Pareto는 이렇게 썼다.

"언제든 내게 많은 수확을 가져다줄, 씨앗으로 가득하고 스스로 교정할 수 있는 그런 실수를 다오. 그렇게만 해준다면 생산력 없는 메마른 진리는 네가 몽땅 다 가져도 좋다."[29]

토머스 에디슨은, 자기와 수천 번의 실험을 했지만 아무것도 발견하지 못했다며 한탄하던 한 동료와의 대화를 회상하며 이렇게 말했다.

"그래도 그 실패 속에서 무언가를 배우지 않았느냐는 쾌활한 말로 동료를 안심시켰다. 그 일은 그렇게는 이루어질 수 없다는 사실, 다른 방법을 시도해야 한다는 사실만큼은 확실하게 배우지 않았느냐고."[30]

배운다는 건 실패가 덮어쓴 오명을 벗겨내는 일일 수도 있다. 그래서 작가 테렌스 핸베리 화이트Terence Hanbury White도 다음과 같이 썼다.

"슬픔을 경험할 때 가장 좋은 건 무언가를 배운다는 점이다. 이는 언제나 보장되는 유일한 것이다. 나이가 들어 해부하며 손이 떨릴 수도 , 밤에 불규칙하게 뛰는 정맥에 귀 기울이며 잠을 이루지 못할 수도, 유일한 사랑을 그리워할 수도, 비열한 인간의 더러운 발에 자기 명예가 짓밟혔단 사실을 깨달을 수도 있다. 이 상태에서 해야 할 것이 딱 하나 있다. 배우는 것. 세상이 왜 당신에게 고개를 젓는지, 세상이 당신에게 고개 젓도록 만드는 게 무엇인지 배워라."[31]

배움은 절망을 흥분으로 바꾼다. 성장에 집중하기만 하면, 아무리 온갖 장애물이 도저히 극복할 수 없을 것처럼 앞을 가로막는다 해도 얼마든지 전진할 힘을 유지할 수 있다. 〈포브스Forbes〉의 창업자 말콤 포브스Malcolm Forbes도 "실패에서 무언가를 배우기만 한다면 실패도 성공이다"라고 하지 않았던가.

반복이 곧 전진

'세 번째 행운'이라는 말이 있다.[32]

2008년 8월 스페이스엑스의 직원들은 자사의 첫 로켓 팰컨 1호의 세 번째 발사를 기다리고 있었다. 당시 스페이스엑스의 외부인들은 그 프로젝트를 머스크의 허영이 빚어낸 것으로 여겼으며, 그 허영 프로젝트의 사망기사 초안을 다듬느라 바빴다. 머스크는 스페이스엑스를 창업할 때 로켓 발사 3회에 드는 돈 1억 달러(약 1,100억 원)를 이 회사에 투자했다.

두 번의 발사는 실패로 끝났다. 2006년 팰컨 1호의 처녀비행은 30초간 이어지다, 연료가 새면서 엔진에 불이 붙어 결국 태평양에 떨어지며 막을 내렸다. 스페이스엑스의 한스 쾨니스만은 이를 두고 "첫 발사가 실패로 돌아가자 가슴이 찢어질 듯 아팠다. 우리가 잘못한 것을 많이 배웠는데, 이 배움은 때로 고통스러웠다"라고 말했다. 연료가 샌 건 연료파이프를 조이는 알루미늄너트의 주변이 녹슬었기 때문이었다. 그들은 이 문제를 바로잡고자 한층 신뢰할 수 있고 값싼 강철 너트로 바꿨다.

팰컨 1호는 2007년 두 번째 시도에 나섰다. 이번엔 비행시간이 제법 길어 7분 30초나 됐지만 역시 탈이 났는데, 연료가 엔진으로 흘러들어가지 못해 궤도 진입에 실패한 것이다. 당시를 쾨니스만은 "맨 처음만큼 실패가 통렬히 느껴진 적은 없었다. 사실 그 비행체는 매우 멀리까지 날아가긴 했어도 궤도에 올라타진 못했다. 그래도 눈에 보이지 않을 정도로 까마득하게 멀리 날아갔다"라고 회상한다.

궁극적으로 보면 실패였지만, 애초 목표 삼은 과제는 대부분 달성했다. 팰컨 1호가 우주로 날아오를 수 있음을 입증했으니까. 또 문제의 원인에 대한 진단을 빠르게 내린 후, 수정작업도 이루어졌다.

세 번째 시도는 2008년에 이루어졌다. 2008년은 금융위기로 많은 사람에게 불운했던 해였다. 그러나 머스크는 2008년이 그저 불운한 정도가 아니라 최악의 한 해였다고 말한다. 그의 전기자동차회사 테슬라는 파산위기까지 몰렸고, 전 세계는 금융위기의 소용돌이에 빠졌고, 그는 개인적으로 이혼의 아픔을 겪었다. 집세도 친구들에게 돈을 빌려 내야 했다. 그는 재산 중 엄청나게 많은 부분을 스페이스엑스에 투자했지만, 팰컨 1호의 실패 두 번이 그 투자금을 모두 먹어치웠던 것이다.

세 번째 시도에서, 팰컨 1호는 인공위성 3개와 배우 제임스 두한James Doohan의 유골을 가지고 날아올랐다. 두한은 〈스타트렉Star Trek〉 오리지널 시리즈에서 스코티 역을 연기했었다. 팰컨 1호는 하늘 높이 날아 오르며 제1단계의 완벽한 비행을 수행했다(로켓들은 단을 차곡차곡 쌓아올리듯이 단계별로 제작된다). 첫 번째 단이 우주선을 우주에 올려놓으면 이제 연료 가 소모된 그 단을 분리해 떨어뜨려야 하는데, 이는 비행의 결정적인 순 간이다. 첫 번째 단이 분리되면 그다음엔 크기가 작은 두 번째 단이 가동 해 우주선을 궤도에 올려놓는다. 그런데 팰컨 1호는 그렇게 진행되지 않 았다. 첫 번째 단이 계획대로 분리되긴 했지만 멈추지 않았고, 재점화해 두 번째 단을 들이받은 것이다. 당시의 순간을 스페이스엑스의 사장 그 윈 숏웰은 "우리 엉덩이를 우리가 걷어찼다. 그야말로 코미디의 한 장면 이었다"고 말했다.

이 문제는 테스트과정에서 누락됐다. 스페이스엑스가 '날면서 테스트 하기' 원리를 따르지 않기 때문이다. 스페이스엑스에게 이 실패는 그 야말로 삼진아웃의 마지막 스트라이크였다. 6년간 주당 70~80시간씩 일해온 스페이스엑스의 직원 수백 명은 충격을 받았고, 이들은 캘리포니 아 호손의 공장에서 안절부절못하며 최고책임자 일론 머스크가 무슨 말 을 할지 기다렸다. 공장에는 절망만이 무겁게 감돌았다.

마침내 머스크가 관제센터에서 나왔다. 그때까지 고위 엔지니어들과 우주선 조종을 지휘하던 그는 기자들을 지빠르게 지나쳐, 지금 막 3회 연속으로 주요 전투에서 패배한 부대원들에게 다가갔다.

머스크는 그들에게 이 프로젝트가 어려울 수밖에 없음은 다들 잘 아는 사실이라고 했다. 그리고 그들이 하려 했던 것은 로켓과학이며, 팰컨 1호는 우주로 나아가는 데 성공하면서 전 세계 내로라하는 국가들도 실패했던 위업을 달성했다고 했다. 그러고는 깜짝 놀랄 말을 했다. 스페이스엑스가 2회 더 발사할 수 있도록 투자하겠다고 한 것이다. 작가 셰인 스노는 머스크가 부대원들에게 했던 말을 다음과 같이 묘사했다.

"그들은 오늘밤 일어난 일에서 교훈을 얻어 더 나은 로켓을 만들 것이다. 그리고 더 나은 로켓을 이용해 한층 더 나은 로켓을 만들 것이다. 이 로켓들이 언젠간 사람을 화성에 데려다줄 것이다."[33]

그러니, 이제 다시 일하러 갈 시간이라고 했다. 싱은 "한순간에, 공장을 가득 메웠던 절망과 패배의 에너지가 단호한 투지와 거대한 결심으로 바뀌었다. 사람들은 뒤를 돌아보지 않고 앞으로 나아가는 데 집중하기 시작했다"고 회상한다. 실패원인과 해법은 불과 몇 시간 만에 파악됐다. 쾨니스만이 "세 번째 비행과 네 번째 비행 사이에 그저 숫자 딱 하나만 바꿨다"고 했을 만큼 단순한 해법이었다.

그로부터 채 2달도 지나지 않아 스페이스엑스는 다시 발사대 위에 올랐다. 당시를 머스크의 대학친구이자 기업가인 아데오 레시Adeo Ressi는 다음과 같이 회상한다.

"모든 것이 그 발사에 달려 있었다. 일론은 돈을 모두 잃었지만, 이는 그의 재산보다 더 중요했다. 그건 그의 신용이었다. (…) 만일 네 번째도 실패한다면 하버드비즈니스스쿨의 사례연구에 부자가 로켓사업에 뛰어들었다가 쫄딱 망한 이야기가 포함될 터였다."

그러나 그 로켓은 실패하지 않았다. 2008년 9월 28일 스페이스엑스의 팰컨 1호는 세계 최초로 민간 우주선을 지구궤도에 올려놓았다.

스페이스엑스가 네 번째 시도에서 마침내 살아남자, 2010년 우주왕복선이 은퇴하기로 예정되어 있던 상황에서 미국의 우주프로그램을 계속 유지하길 고대하던 NASA 관계자들이 특히 큰 관심을 보였다. 팰컨 1호의 성공 이후 3달 뒤인 2008년 12월 NASA는 스페이스엑스와 16억 달러(약 1조 7,600억 원) 규모의 국제우주정거장 재보급 프로젝트 계약을 체결했다. 스페이스엑스로서는 생명줄을 건네받는 것이나 다름없었다. NASA 관계자가 머스크에게 전화해 이 소식을 알리자, 늘 딱딱하던 머스크에게서 전혀 다른 개성이 튀어나왔다.

"너무너무너무 사랑해요!"

소설가 스콧 피츠제럴드Scott Fitzgerald의 말을 바꿔 표현하면, 단 한 번의 실패와 최종적인 패배 사이에는 딱 하나의 차이가 존재한다.[34] 스페이스엑스의 이야기가 보여주듯, 한 번의 실패는 시작이지 끝이 아니다. 많은 이들이 팰컨 1호가 세 번 추락할 것을 두고, 비싼 장난감을 갖고 노는 부자 아마추어 집단이 저지른 실패라고 말한다. 그러나 팰컨 1호의 추락 세 번에 실패란 딱지를 붙이는 건 아직 끝나지도 않은 테니스경기를 끝났다고 말하는 것이나 마찬가지다. 위대한 테니스선수 안드레 애거시Andre Agassi는 이렇게 썼다.

"나는 역전승을 거둔 적이 정말 많다. 역전의 기회를 노리며 무섭게 따라붙는 상대도 많이 만났다. 그러니, 경기가 끝나기 전에 승패를 예단하는 건 좋은 생각이 아니다."[35]

시작은 굳이 대단하지 않아도 된다. 끝이 대단하기만 하면 된다.

픽사의 전 CEO 에드 캣멀Ed Catmull은 블록버스터 애니메이션들의 뿌리가 됐던 초기의 아이디어를 "못생긴 아기들"이라고 부른다. 성공한 블록버스터 영화들 모두가 "어색하고 미숙하고 볼품없고 불완전한 것들"에서 비롯됐다는 것이다.[36] 그러나 영화가 나올 때까지 실수투성이 초기 버전을 계속 붙들고 늘어진다면 그것은 결코 재앙이 아니다. 그저 일시적인 문제, 머지않아 해결될 문제일 뿐이다.

돌파구는 흔히 혁명적이 아니라 진화적이다. 아기가 걸음마를 배울 때 보통 첫 시도에서 모든 걸 성공하진 못한다. 그때 누구도 "기회는 한 번뿐이니, 어떻게든 그 첫걸음에 성공해야 할 거야"라고 말하지 않는다. 아기는 넘어지고 또 넘어지면서 몸을 어떻게 써야 할지 배운다. 넘어지지 않는 법을 배운 다음, 걷는 법을 익혀 간다.

과학자에게는 반복이 곧 전진이다. 어두운 방을 슬쩍 보는 것도 전진에 기여한다. 찾아낼 거라 생각했던 것이 없는 걸 확인하는 것도, 알려지지 않았단 사실조차 알려지지 않은 걸 알리는 것도, 전보다 더 나은 질문을 하는 것도 마찬가지다. 그 질문에 대한 답을 얻지 못하더라도 말이다.

배우 맷 데이먼Matt Damon은 소설 《마션 The Martian》을 각색한 영화에서 주인공 마크 와트니 역을 맡았다. 와트니는 우주비행사에게 죽음의 순간이 코앞에 닥쳤을 때 무엇을 할 것인지 가르친다.

"어느 순간, 모든 것이 나빠지면 '여기까지군, 난 이렇게 끝나는군'이라 말할 수 있다. (…) 모든 걸 실패로 받아들일 수도, 혹은 그럼에도 일을 하러 갈 수도 있다. (…) 산수를 하고, 문제를 해결하고, 그다음 문제를 해결하고, 또 그다음 문제를 해결하고. 이렇게 충분히 많은 문제를 해결하면, 집으로 돌아갈 수 있다."

이것이야말로 당신이 세상을 바꾸는 방법이다. 한 번에 한 문제씩.

한 번에 한 문제씩 풀며 세상을 바꿔나가려면 만족감은 나중으로 미뤄야 한다. 블로그 작가 셰인 패리시Shane Parrish는 사람이 살아가는 동안 접하는 것들 대부분은 "처음엔 좋지만 나중엔 나쁘다"37)고 썼다. 그것은 단기적으론 즐거움을 주지만, 장기적으론 고통을 준다. 돈을 저축하지 않고 지금 써버리는 것, 재생에너지 대신 화석연료를 사용하는 것, 물 대신 음료수를 마시는 것 모두 그런 범주에 속한다.

'처음에만 좋은' 결과에 초점을 맞추면 즉각적인 성공, 반짝 베스트셀러만 추구하게 된다. 우리는 지름길만 찾으며 자칭 전문가로부터 도움을 구한다. 이런 모습을 크리스 해드필드는 다음과 같이 묘사한다.

"연속되는 패배 속에 보여주던 불굴의 의지, 수년간의 끈질긴 노력에 박수를 쳐야 함에도, 이를 거들떠보지 않은 채 현란한 것, 극적인 기록 갱신을 보인 단거리경주 등에만 한눈을 판다."38)

그러나 인생을 앞서나가는 이들은 이런 관점을 뒤집는다. "진정한 이득은 처음엔 부정적이지만 나중엔 긍정적이 되는 일을 할 수 있는 사람에게 돌아갈 것"이라고 패리시는 썼다.39) 이들은 강박적으로 만족을 추구하는 세상에서, 만족을 지연시킨다. 로켓이 발사대에서 폭발했거나 시련을 만났거나 오디션에서 떨어졌다고 해서 멈추지 않는다. 단기적 차원이 아니라 장기적 차원에서 모든 것을 준비하고 조정한다.

오래 지속되는 변화를 만드는 데는 지름길이나 만병통치약이 없다. 벤처투자자 벤 호로위츠Ben Horowitz도 '은으로 만든 총알Silver Bullet(묘책)'보다 '납으로 만든 총알Lead Bullet(꾸준한 노력)'을 쓰라고 말한다.[40]

아웃풋에서 인풋으로

지금껏 경험했던 실패를 돌이켜보라. 당신이 보통 사람이라면 아마 나빴던 일, 즉 실패한 사업, 놓친 페널티킥, 망친 면접 등을 떠올릴 것이다. 그런데 애니 듀크Annie Duke가 자신의 책《결정, 흔들리지 않고 마음먹은 대로Thinking in Bets》에서 설명하듯이, 포커꾼은 "결정의 질과 결과의 질을 동일시하는" 경향을 '결과'라고 일컫는다.[41] 그러나 듀크가 주장하듯이 인풋의 질은 아웃풋의 질과 동일하지 않다.

좋은 결정도 나쁜 결과로 이어질 수 있으므로, 결과에 집중하는 것은 우리를 잘못된 길로 이끌 수 있다. 불확실한 상황에서는 결과를 원하는 대로 통제할 수 없다. 예측하지 못한 모래폭풍이 완벽히 설계된 화성탐사선을 못 쓰게 만들 수 있다. 완벽한 슛도 바람 때문에 골대를 벗어날 수 있다. 앙심을 품은 판사나 배심원이 소송결과를 뒤집기도 한다.

결과에만 몰두하자면, 좋은 결과로 이어진 나쁜 결정에 보상하고 나쁜 결과로 이어진 좋은 결정을 폐기하는 게 맞다. 그렇게 조직을 재편하거나 직원을 해고하고 좌천시킨다. 한 연구가 보여주듯이, 미국프로미식축구리그National Football League, 이하 NFL 감독들은 1점 차로 패했을 땐 라인업을 바꾸지만, 1점 차로 이겼을 때는 그러지 않는다. 그 작은 점수 차가 선수 성적의 좋지 않은 지표일 수 있는데도 그렇다.[42]

우리 대부분은 NFL 감독처럼 성공과 실패를 이분법으로 바라본다. 그러나 우리는 이분법의 세상에 살지 않는다. 성공과 실패를 가르는 건 흔히 종이 1장 차이다. DNA의 이중나선구조를 밝힌 연구자 제임스 왓슨James Watson도 "위대함 주변에는 늘 실패가 불편하게 어슬렁거린다"라고 썼다.[43] 어떤 시나리오에서 실패를 낳은 의사결정이 다른 시나리오에서는 얼마든지 위대한 성공을 낳을 수 있다.

그러므로, 목표는 통제할 수 있는 변수, 즉 아웃풋이 아닌 인풋에 집중하는 것이어야 한다. "이번 실패의 원인은 무엇일까?"라고 묻고, 인풋 요소들을 바로잡아야 하면 그렇게 해야 한다. 물론 그 질문만으론 충분치 않다. "이번 실패에서 잘된 점은 무엇일까?"라고도 물어야 한다.

파이어폰 실패에 대한 아마존의 반응을 생각해 보라. 수익성 등의 표준지표로 보자면 파이어폰은 재앙에 가까운 실패였다. 그러나 아마존은 결과를 넘어 다른 것을 보았다. 아마존의 앤디 재시Andy Jassy는 "새로운 프로젝트를 시도할 때 우리는 인풋을 본다. 멋진 팀을 고용했는가? 그 팀은 사려 깊은 아이디어를 가지고 있었나? 아이디어를 철저히 파고들었나? 시의적절하게 실행했나? 품질은 높았나? 기술은 혁신적이었나?"[44]라고 말한다. 설령 그 프로젝트가 실패하더라도 효과가 있던 인풋들을 잘 챙겨 추후 프로젝트에 활용할 수 있다. 재시는 "우리는 파이어폰 기술에서 배운 것뿐 아니라, 우리가 구축했던 모든 기술을 가져와 다른 서비스와 기능에 적용했다"고 밝혔다.

아마추어는 단기적인 결과를 내는 데 집중한다. 이와 달리, 프로는 즉각적인 결과가 나타나지 않더라도 인풋을 완벽하게 하려고 여러 해 노력한다. 테니스선수 마리아 샤라포바Maria Sharapova가 초짜 테니스선수가 저지르는 최악의 실수는 결과에 초점을 맞추는 것이라 했던 이유도 여기에 있다.[45] 샤라포바는 최대한 공을 지켜보며 인풋에 초점을 맞추라고 주의를 준다. 결과에 대한 압박감을 털어낼 때 기량을 더 잘 발휘할 수 있다. 이런 마음가짐을 가지면 성공은 목표가 아니라 결과가 된다.

자기계발서에서 자주 보는 질문 중 하나는 "절대 실패하지 않는다면, 무엇을 하겠는가?"이다. 이는 올바른 질문이 아니다. 베스트셀러 작가 엘리자베스 길버트Elizabeth Gilbert처럼 이 질문을 뒤집어야 한다.

"실패 가능성이 클 때 무엇을 하겠는가? 성공과 실패가 상관없을 만큼 좋아하는 게 무엇인가?"[46]

아웃풋에서 인풋으로 마음가짐을 바꾼다는 건 본질적인 가치를 추구한다는 뜻이다. 이때 인풋 자체가 보상이 된다. 인풋에 집중하게 되면 최종목표를 자유롭게 바꿀 수 있다. 목표는 집중에 도움되지만, 처음 설정한 경로에서 움직이려 하지 않는다면 이 또한 '터널시야Tunnel Vision(터널 입구에서 출구를 볼 때처럼 시야가 좁아지는 현상. 목표 외에 아무것도 보지 못하는 심리 상태를 일컫기도 한다 – 옮긴이)'를 만들 수밖에 없다.

예를 들어, 구글 글래스가 무의미한 제품으로 추락할 무렵 엑스는 전혀 다른 경로를 발견했다. 그것이 소비자용 제품이 아님을 깨달은 것이다. 실패에서 교훈을 얻은 엑스는 글래스를 비즈니스를 위한 도구로 재규정했다.[47] 이제 항공기에서 일하는 보잉 직원이나 환자의 진료차트를 보는 의사를 포함해 수많은 근로자가 구글글래스를 사용한다.[48]

제약업계의 또 다른 사례를 살펴보자. 1989년 화이자의 과학자들은 혈관을 확장해 협심증이나 고혈압을 치료해 줄 '실데나필 시트레이트Sildenafil Citrate'라는 신약을 개발했다. 그런데 1990년대 초 이 약은 임상실험 참가자로부터 애초의 목적에는 그다지 효과가 없는 대신, 흥미로운 부작용이 있음이 보고됐다. 얼마 지나지 않아, 연구자들은 초기 가설을 포기하고 대안을 따랐다. 그렇게 '비아그라'가 탄생했다.[49]

인풋에 집중하는 건 또 다른 장점이 있다. 아웃풋을 좇을 때는 참혹함과 희열이란 양극단의 감정을 오가게 되지만, 인풋을 좇을 땐 인풋을 수정하거나 완벽하게 만드는 것에 호기심을 갖게 된다.

실패는 흥미로운 것

마이크 니콜스Mike Nichols는 〈졸업 The Graduate〉을 비롯한 수많은 명작을 연출한 영화감독이다.[50] 사람들은 히트작만 기억하지만, 알고 보면 그의 영화 중엔 실패작이 많다. 니콜스는 이런 자신의 실패작들을 우연히 심야에 TV에서 마주칠 때마다 소파에 편안히 앉아 처음부터 끝까지 지켜본다. 이때 중요한 사실은 그가 절대로 하지 않는 것들이 있다는 점이다. 그는 민망해하지 않고, 외면하지도 않으며, 또 비평가들을 욕하지도 않는다. 움츠러들지 않는다. 눈을 피하지도 않는다. 그저 '저 장면이 왜 안 먹혔는지 흥미롭군'이라고 생각한다. '난 패배자야' '정말 끔찍히 못 만든 영화군'이라 생각지 않는다. 아무런 판단을 하지 않고, '똑같은 것이 어떨 땐 먹히고, 어떨 땐 안 먹힌다는 게 재밌군'이라고 생각한다.

니콜스의 이런 접근법은 실패에서 잘못된 요소를 제거하는 비결을 보여준다. 호기심은 실패를 흥미로운 것으로 만든다. 이 과정에서, 사물을 예전과 전혀 다르게 객관적으로 바라볼 정서적인 거리와 관점, 기회가 제공된다. 로자문드 잰더Rosamund Stone Zander와 벤저민 잰더Benjamin Zander는 《가능성의 기술The Art of Possibility》이란 멋진 책에서 이를 실천하는 방법을 제시한다. 바로, 무언가를 실패할 때마다 두 팔을 허공으로 뻗고 "얼마나 매혹적인가!"라고 말하는 것이다.[51]

미리 경고해 둘 말이 있다. 당신이 나와 그리 다르지 않다면, 아마도 처음 이걸 할 땐 투덜댈 것이다. 두 팔이 보이지 않는 매우 무거운 역기를 들어올리기라도 하는 양 아주 느리게 올라갈 것이다. "얼마나 매혹적인가!"라는 말은 기쁨보다는 심통 사나움에 가까울 것이다.

괜찮다. 어쨌든 해보라. 매혹의 영광을 누리며 몇 가지 질문도 해보자. "여기서 나는 무엇을 배울 수 있을까?" "이 실패가 실제로 내게 좋은 것이라면 어떨까?"

영감이 필요하다면 마이크 니콜스를 상상하라. 자기 인생 최대의 실패작이 TV에 방영돼 온 세상 사람들이 다 보고 있는데, 미소 짓고 고개를 끄덕이는 그를 떠올려라. 자기의 실패작을 호기심을 가지고서 바라보아야 다음에 더 나은 영화를 만들 수 있다는 그의 신념을 상상하라.

똑똑한 실패에 보상하라

실패는 발견과 혁신 그리고 장기적 성공으로 나아가는 입구다. 그러나 대부분의 조직은 자기가 저지른 실패에 대해 집단 기억상실증에 걸려 있다. 실수한 직원들이 자기 실수를 공유하길 두려워하는 탓에, 대부분의 실수는 은폐된다. 기업은 수익처럼 단기적이며 계량할 수 있는 지표에 따라 일 잘하는 것으로(즉, 성공한 것으로) 평가받은 직원에게는 두둑한 보너스와 더 좋은 사무실, 더 높은 직함을 줄 거란 메시지를 명시적으로든 암묵적으로든 전달한다. 아울러 실패하면 아무것도 얻지 못할 뿐 아니라 쫓겨날 수도 있다는 메시지도 함께 전달한다.

이런 동기부여 구조는 자신의 실패를 인정하고 공유하길 거부하려는 관성만 악화시킬 뿐이다. 성공을 보상하고 실패를 징계할 때, 직원은 실패를 최대한 감추고 성공을 최대한 과장한다. 그러면서 성공과 실패 사이에 존재하는 그 모든 것을 이분법으로만 규정하려 한다. NASA를 포함한 9개 연방기관의 소속 과학자를 대상으로 한 어느 설문조사에서, 응답자의 42%는 스스럼 없는 공개발언에 앙갚음이 뒤따를지 모른다고 두려워했다.[52] 어떤 기술기업에서도 응답한 직원 4만 명의 50%는 업무와 관련된 공개발언은 위험하다고 믿었다.[53]

그러나 실패는 귀중한 신호를 보낸다. 당신의 목표는 경쟁자보다 먼저 이런 신호를 포착하는 것이어야 한다. 1999년 화성극지착륙선 사고의 순간으로 잠깐 돌아가 보자. 앞서 나는 역추진 엔진을 성급하게 꺼버린 게 이 우주선의 추락이유일 가능성이 크다고 했지만, 이는 어디까지나 추정일 뿐 그때 거기서 무슨 일이 일어났는지는 아무도 모른다. 프로젝트 예산이 빠듯했던 탓에 우주선은 화성 표면으로 하강하는 동안 관제센터와 소통할 방법이 부족했다. 그때 깎여나간 예산에는 그 팀 그리고 미래의 모든 로켓과학자들이 그 1억 1,000만 달러(약 1,210억 원)의 사고에서 결정적으로 중요한 교훈을 뽑아낼 역량도 포함되어 있었다.[54] 이런 결과가 빚어진 일부 이유는 화성극지착륙선을 단일한 프로젝트로만 봤다는 데 있다. 그 프로젝트의 최고책임자가 그 우주선을 다수의 행성탐사선 중 하나로 보았다면 장기적인 학습에 꼭 필요했던 통신장비는 당연히 예산에 포함되었을 것이다.

NASA는 실패에서 많은 것을 배우고자 인류의 우주비행에서 나타났던 실수를 '비행규칙Flight Rules'이란 문서에 기록한다.[55] 이 문서는 미래를 인도하기 위한 것이다. 여기에는 1960년대 이후 우주비행 도중 나타났던 수천 가지의 문제와 그 해결책이 망라되어 있다. 각 실패의 개별적인 형태와 목적이 우주비행이라는 전체 이야기의 유기적인 부분이 되도록 구성되어 있다. 이 문서는 쓸데없는 데 시간을 낭비하지 않고 새로운 문제에 집중하게 해주지만, 여기에 담긴 규칙은 지침이 되어야지 수갑이 되어선 안 된다. 미래세대를 인도해야지 구속해선 안 된다는 것이다. 앞서 보았듯이 역사적 과정은 제1원리 사고를 방해하는 고루하고 케케묵은 규칙으로 고착될 수도 있다.

NASA의 '비행규칙'은 타인의 실수를 이해하는 데 최고의 촉매제가 된다. 실패에 대한 우리의 접근법은 위선적이다. 자신의 실패를 설명할 때는 외부적인 요인을 탓하면서, 남의 실패를 설명할 때는 내부적인 요인을 지적한다. 부주의했다거나 무능하다거나 조심성이 없었다면서. 타인의 실수를 목록으로 정리하는 이유가 무엇일까? 남의 실수가 배움의 위대한 원천이 될 수 있기 때문이다. 한 연구결과를 보면, 동료의 실수를 관찰한 심상외과의는 같은 수술에서 훨씬 훌륭한 성과를 냈다.[56] 동료가 저지른 실수에 집중해 이를 되풀이하지 않을 방법을 배운 것이다.

기업은 실패를 너그러이 포용하고 기록한다고 립서비스를 하지만, 실제로는 그렇지 않다. 기업의 고위 간부를 대상으로 실패에 대해 강연하다 보면, 실패를 포용하는 분위기가 엄청난 실패를 부를 거라고 말하는 이들을 쉽게 만난다. 경영진이 실패에 책임을 져야 할 부서를 징계하지 않으면, 조직에 규율도 사라지고 될 대로 되란 식의 문화가 만연해 결국 조직이 무너질 거란 주장이다.

이런 믿음은 연구결과와 동떨어져 있다. 직원들에게 질 높은 위험을 무릅쓰게 하면서도 무사안일주의가 발붙이지 못하도록 할 수 있다. 똑같은 실패나 실수가 부주의하게 반복되는 것까지 포용해선 안 되지만, 똑똑한 실패에 보상하고, 형편없는 성과에 제재를 가하며, 잘못될 가능성이 큰 일에선 실수가 나올 수밖에 없음을 분명히 하면 된다. 똑똑하게 실패하는 것이 아니라 실패에서 배우지 않는 것에는 당연히 책임을 지게 해야 한다. 에드 캣멀은 다음과 같이 썼다.

"실패에는 두 부분이 있다. 하나는 실패에 관련된 이들이 모두 실망하고 혼란스러워하고 부끄러워하는 사건 그 자체이고, 다른 하나는 그에 대한 우리 반응이다."

그는 우리가 첫 부분은 통제하지 않지만 두 번째 부분은 통제한다고 지적한 뒤, 이렇게 말한다.

"두려움과 실패를 떼어놓는 것, 즉 실수가 공포가 되지 않는 환경을 만드는 것을 목표로 삼아야 한다."[57]

똑똑한 실패에 보상한다는 건 이론적으로는 쉽지만 실천하기는 어렵다. 지금부터 이런 이상적인 환경을 어떻게 만들 수 있을지, 로켓과학과 비슷한 의료 분야를 예로 들어 살펴볼 참이다. 수술실에서 의사가 마주하는 문제는 우주선을 발사대에 올려놓은 상태에서 로켓과학자가 만나는 문제와 다르지 않다. 압박감은 계속 가중되고, 작은 실수만으로도 사람이 죽을 수 있다. 이런 환경에서 똑똑한 실패의 문화를 만들기는 대단히 어렵다. 그러나 아주 불가능한 것만은 아니다.

심리적 안전감이 중요한 이유

병원에서 일어나는 실수(예컨대 엉뚱한 환자에게 엉뚱한 약을 주는 것)는 충격적일 만큼 흔하다. 1995년 한 연구에 따르면, 병원에 입원한 환자 1인당 의료 실수는 1.4건이나 된다. 이런 실수 중 약 1%는 합병증을 유발해 환자의 건강에 해를 끼쳤다.[58]

하버드비즈니스스쿨의 에이미 에드먼슨Amy Edmondson 교수는 이런 실수의 원인을 조사하고 나섰다.[59] 에드먼슨이 보기에 "더 나은 의료팀이 실수를 더 적게 할까?"란 질문에 대한 답은 분명해 보였다. 더 성과 좋은 멤버와 리더로 구성된 팀이 당연히 실수를 적게 할 거라 여겼던 것이다.

이 예상은 빗나갔다. 오히려 정반대였다. 더 나은 팀이 실수를 더 많이 했다. 직관적 상식에 어긋나는 이런 결과를 어떻게 설명할 수 있을까? 에드먼슨은 연구조교를 파견해 현장에서 관찰하도록 했다.

이 조교는 더 나은 팀이 실제론 실수를 덜 한다는 사실을 발견했다. 많은 실수를 한 팀에서는 그것을 있는 그대로 보고하지 않았지만, 이 팀은 자신의 모든 실수를 다 보고했던 것이다. 자기가 한 실수를 공개해도 두려움보다는 안전감을 느끼는 개방적인 문화를 가지고 있던 팀은 보다 나은 의료 성적을 기록했다. 이들 팀은 팀원들이 실패를 스스럼없이 공유했으며 또 실수를 줄이려고 적극적으로 노력했다.

에드먼슨은 이런 분위기를 '심리적 안전감Psychological Safety'이라 이름 붙였다. 나는 이 용어를 처음 들었을 때 '그건 아니다'라고 생각했다. 그 용어를 듣는 순간 사람들이 회의실에 둘러앉아 서로 손을 잡고 감정을 공유하는 이미지가 떠올랐기 때문이다. 그러나 에드먼슨의 논문을 다 읽고서는 고개를 끄덕일 수밖에 없었다. 그녀가 내린 결론에 대한 증거는 바위처럼 단단했다. 그녀에 따르면, 심리적 안전감은 "야심찬 목표로 나아가는 과정에서 실수하거나 질문하거나 도움을 청한다 하더라도 처벌받거나 모욕당하지 않음을 확신하는 마음 상태"다.[60]

그 연구는 심리적 안전감이 혁신을 자극한다는 것을 보여준다.[61] 사람들이 자유로운 분위기에서 공개적으로 발언하고 까다로운 질문을 하고 설익은 생각을 스스럼없이 밝힐 때, 현 상태에 대해 문제를 제기하기란 한결 쉬워진다. 심리적 안전감은 또한 팀의 학습량을 증가시킨다.[62] 심리적으로 안전한 환경에서는 직원이 상관의 의심스러운 지시에 무조

건 복종하지 않고 의문을 제기한다.[63]

연구에서 최고 성적을 기록한 팀의 리더는 늘 앞장서서 행동하며 언제나 쉽게 소통할 수 있는 간호사 매니저로, 그는 개방적인 환경을 적극 주장한다. 인터뷰하는 동안 이 매니저는 "특정 수준의 실수율"이 팀에 존재할 수밖에 없으며, 그 실수를 밝혀내고 바로잡는 데는 "비처벌적인 환경"이 필수적이라고 설명했다. 팀에서 일하는 간호사들도 매니저의 말에 동의했다. 어떤 간호사는 "우리 팀원들은 실수를 어느 팀보다 기꺼이 인정하려 든다. 매니저가 그 실수를 변호하고 나서기 때문"이라고 말했다. 이 팀에서는 실수에 대한 책임을 자발적으로 떠안았다. 매니저에 따르면, "우리 팀 간호사들은 실수를 저지르면 남 탓이 아니라 자기 탓을 한다. 본인이 더 엄격하게 자신을 책망한다"[64]고 한다.

그런데 최악의 성적을 기록한 두 팀은 이 팀과 전혀 다른 문화를 가지고 있었다. 이들 팀에서는 실수가 곧바로 처벌로 이어졌다. 한 간호사는 채혈하다가 의도치 않게 환자에게 해를 끼치게 됐는데, 이를 확인한 그 팀의 매니저는 그녀를 "심판대"에 올렸다. 그녀는 이것이 "마치 나를 2살짜리 아이로 취급하는 것처럼 느껴졌다"고 말했다. 또 다른 간호사는 실수를 하면 "의사들이 거들먹거리면서 내 머리를 물어뜯는다"고 했다. 그런 경험은 "고등학교 시절 교장실에 불려가는 느낌"과 비슷하다고 했다. 그렇다 보니 실수를 하면 쉬쉬하며 숨기기 바빴다. 이는 당혹감과 괴로움으로부터 스스로를 지키기 위한 1차적인 반응이다. 그러나 이로 인해 그들은 장기적인 결과의 중요성(단 한 번의 의료 실수로도 환자가 사망하거나 심각한 합병증에 시달릴 수 있다)을 결과적으로 평가절하하게 되었다.

이런 환경은 악순환으로 이어졌다. 최악의 성적을 기록한 두 팀, 어느 팀보다도 개선이 절실한 이 팀들은 실수를 가장 적게 보고한다. 실수가 보고되지 않으니 개선 노력이 들어설 여지도 차단된다.

엑스는 실수 보고하기를 장려하기 위해 이례적인 방법을 동원했다.[65] 대부분의 기업에서 비틀거리는 프로젝트에 사망선고를 내리는 건 고위 경영진의 몫이다. 그러나 엑스의 직원에게는 자신의 프로젝트가 가망 없다고 판단할 때 스스로 폐기할 권한이 있다. 흥미로운 건 이렇게 자체 폐기를 한 팀에게는 보너스가 주어진다는 사실이다. 앞서, 엑스가 포그혼 프로젝트를 진행하다 폐기한 이야기를 기억할 것이다. 이 기술은 유망했지만 경제성이 부족해 폐기됐는데, 그 결정에 대해 애스트로 텔러는 전 사원이 모인 자리에서 이렇게 말했다.

"고맙습니다! 이 프로젝트를 폐기함으로써 이 팀은 이번 달 엑스에서 혁신을 가속화하는 데, 다른 어떤 팀보다 많은 일을 했습니다."[66]

실패한 팀에 보너스를 준다는 발상이 이상해 보일 수 있다. 실패를 너그러이 포용할 수는 있지만 실패했다고 보상까지 하기란 매우 힘든 일이다. 그런데 이 인센티브 구조에는 천재성이 숨어 있다. 되지도 않을 프로젝트를 지속하는데 훨씬 더 많은 돈과 자원이 소요된다는 사실 말이다.[67] 가망 없는 프로젝트에 쓰려 했던 소중한 자원을 더 가능성 있는 다른 문샷 프로젝트에 배치할 수 있기 때문이다. 이로써 끊임없이 똑똑한 실패를 하는 환경이 조성되고, 이 환경은 "자기 프로젝트를 중단하는 걸 전혀 두려워하지 않게 만든다"라고 엑스의 오비 펠튼은 설명한다.

아마존도 비슷한 접근법을 취한다. 실패한 프로젝트의 인풋 품질이 탁월할 경우, 이 팀은 징계받는 게 아니라 완전히 새로운 역할을 맡는 식으로 보상받는다. 그렇지 않으면 "훌륭한 인재가 새로운 프로젝트를 맡을 기회를 절대 잡지 못할 것"이라고 아마존의 앤디 재시는 말한다.[68]

이런 마음가짐은 경영 컨설턴트 톰 피터스Tom Peters가 했던 다음의 짧은 주문으로 해석된다.

"탁월한 실패에 상을 주고, 평범한 성공에 벌을 주어라."[69]

똑똑한 실패와 위험부담에 대한 지원은 확실해야 한다. 미래의 성공을 위해서는 똑똑한 실패가 필요하다는 것을, 이것이 징계받아선 안 된다는 것을, 그들의 경력이 거기서 끝나지 말아야 한다는 것을 직원들이 알아야 한다. 이런 메시지의 신호가 소음 속에 묻혀 직원들에게 전달되지 않는다면, 그들은 지나치게 조심할 것이고 실수를 덮으려 할 것이다.

심리적인 안전감에는 또 다른 요소가 있다. 직원이 자기 실수를 밝히고 공유하려 한다면, 리더 역시 그렇게 행동해야 한다.

자신의 실수를 널리 알릴 것

똑똑하고 경쟁심으로 똘똘 뭉친 사람이 자기 잘못을 인정하기란 쉽지 않다. 특히 아무도 자기 실수를 알아채지 못했을 땐 더욱 그렇다. 그러나 우주비행사의 세계에서는 자기 실수를 널리 알려 이를 모든 사람이 현미경으로 들여다보게 하는 걸 당연시한다.[70] 이들에겐 실수를 공개하는 것이 의무다. 자기 잘못을 인정할 때 다른 우주비행사의 목숨을 구할 수도 있기 때문이다.

목숨 걸린 일이 아니라도 자기 실수나 실패를 널리 알리면 학습이 쉬워지고 심리적 안전감이 높아진다. 내가 '유명한 실패Famous Failures'란 팟캐스트를 시작한 이유도 그것인데, 여기서 나는 실패에 관한 한 세계에서 가장 흥미로운 사람들을 인터뷰하며 그들이 자기가 한 실패에서 무엇을 배웠는지 듣는다. 충분히 예상할 수 있겠지만, 누군가를 이 팟캐스트에 초빙할 때 내가 해야 하는 말은 무척이나 특이하다.

"댄, 내가 실패자를 인터뷰하는 팟캐스트 하는 거 알지? 자네가 여기 출연하면 딱일 것 같은데."

놀랍게도, 내 부탁을 받은 사람 대부분이 기꺼이 출연하려고 했다. 그들은 많은 이들이 깨닫지 못하는 사실, 즉 의미 있는 일을 해낸 사람은 누구나 어떤 식으로든 실패한 적이 있음을 경험적으로 알기 때문이다. 이 팟캐스트에서 내가 인터뷰한 사람 중에는 내로라하는 거물도 많다. 일류 기업가, 올림픽 금메달리스트, 베스트셀러 작가 등. 인터뷰를 진행하며 나는 어느 순간 이들의 공통점을 깨달았다. 그들 모두가 '걸어다니는 실수 공장'이란 것이다. 심지어 천재로 불리는 사람도 예외는 아니었다.

아인슈타인도 자신의 가장 큰 실수에 대해 공공연하게 말하곤 했다. 천체물리학자 마리오 리비오는 "아인슈타인의 논문 20% 이상이 오류를 담고 있다"라고 썼다.[71] 속옷브랜드 스팽스의 창업자 사라 블레이클리Sara Blakely도 회사의 전 직원이 보는 자리에서 자신의 민망하기 짝이 없는 실수를 강조했다.[72] 픽사의 CEO였던 캣멀은 신입사원 오리엔테이션에서 자신이 저지른 실수를 대놓고 말한다. 이에 대해 그는 "우리가 성공했다고 해서 우리가 하는 일이 다 옳다고 생각하지 않길 바라기 때문"이라고 설명한다.[73] 경제학자 타일러 코웬Tyler Cowen은 2008년 경제위기를 앞둔 시점에 자기가 "미국경제가 잘못 돌아가고 있을 가능성을 얼마나 형편없이 평가절하했는지" 모른다고 털어놓으며, "내가 틀렸음을 후회하고, 내가 옳다고 과신한 걸 후회한다"[74]고 말했다.

이들이 사랑스럽게 보인다면 당신은 연구자들이 말하는 '아름다운엉망진창효과Beautiful Mess Effect'[75]라 부르는 것을 경험하는 셈이다. 자신의 약점을 드러내는 사람은 다른 사람들 눈에 바람직한 모습으로 비칠 수 있다. 그러나 조심할 점이 있다. 실패를 드러내기 전에 먼저 자기역량을 확실히 쌓아야 한다. 안 그러면 자기 신뢰도를 스스로 훼손해 '아름다운 사람'이 아니라 '엉망진창 실수꾼'으로 비칠 수 있다.[76]

아름다운엉망진창효과에도 불구하고 사람은 대부분 자기 잘못을 인정하는 걸 끔찍하게 여긴다. 바깥에 비치는 자기 이미지는 자아존중감과 거의 같은 말이다. 사람들은 자기를 부풀리며 불완전한 자기 모습을 우아하게 포장한다. 모난 부분을 둥글둥글하게 다듬고 부정적인 면은 빼버린 채 완벽한 이미지를 세상에 내보인다. 자기가 저지른 잘못을 이야기할 때조차 냉정하게 있는 그대로 말하지 않는다.

그럴 수 있다. 실패한 것도 괴로운데, 그 실패를 공표하는 건 얼마나 더 괴롭겠는가. 그러나 부정하고 회피하는 정반대 접근법은 사태를 악화시킬 뿐이다. 배우고 성장하려면 실패를 인정해야 한다.

이 조언은 특히 리더에게 중요하다. 사람들은 리더의 인식에 많이 의존하기에, 그의 행동에도 커다란 관심을 기울인다.[77] 여러 연구의 결과를 살펴보면 사람들은 리더가 나서서 변화를 이끌어주길 기대한다.[78] 리더가 자기 실패를 인정하지 않는데 직원이 위험을 감수하면서까지 리더에게 문제를 제기하거나 자신의 실수와 실패를 자발적으로 드러내길 기대할 수는 없다.

새로운 수술법을 도입한 최고의 심장수술팀을 보유한 16개 병원을 대상으로 한 논문이 있다.[79] 그 수술법은 기존 수술법을 완전히 뒤집은 것이었다. 모든 수술팀은 기존 습관을 버리고 완전히 다른 습관을 새로 들여야 했다. 그런데 이 중 새로운 수술법을 더 빨리 습득한 팀에게는 공통점이 있었다. 바로 그 팀의 리더가 자기도 얼마든지 실수할 수 있음을 기꺼이 인정한 것이었다. 한 리더는 팀원들에게 "얘기를 자주 해주세요. 내가 중요한 사항을 놓칠 수 있으니까"라고 말했다.[80] 어떤 리더는 "내가 망쳤어. 이번 수술에서 내 판단은 잘못된 거였어"라고 말하기도 했다.

이 메시지를 더 효과적으로 만든 건 '반복'이었다. 몸에 밴 행동은 한 차례의 간곡한 당부로는 절대 바뀌지 않는다. 팀원들은 동일한 메시지를 반복해 들어야만 리더의 잘못을 지적하며 심리적인 안전감을 느낀다. 어떤 수술팀의 한 팀원은 "비판을 면제받은 사람은 없다. 수술 책임자든 막내 인턴이든 잘못해서 지적받아야 한다면 당연히 그래야 한다"[81]고 말한다.

수술실에서든 이사회 회의실에서든 관제센터에서든 간에 원리는 똑같다. 성공으로 가는 길에는 움푹 팬 곳들이 널려 있다. 이런 곳이 아예 없는 것처럼 행동하기보다는 인정하는 편이 낫다.

우아하게 실패하는 방법

모든 실패가 같진 않다. 어떤 건 우아하고 어떤 건 추하다. 우아하게 실패하려면 로켓과학자처럼 테스트라는 도구를 활용해야 한다. 혁신정책을 전사적으로 시행하기 전, 정책이 실패하더라도 피해는 일부에만 국한되도록 한 사업부에서만 혹은 한 고객층만을 대상으로 실험할 수 있다. 예를 들어, 웨스틴과 쉐라톤 등의 브랜드를 소유한 스타우드호텔은 특정 향기를 브랜드와 접목한 시그니처 향기나 호텔 로비에서의 거실 체험 같은 새로운 아이디어의 실험실로 더블유호텔을 이용한다. 그리고 효과가 있는 경우에만 이 아이디어를 다른 호텔 브랜드에 적용한다.[82) 결국 효과가 없더라도 스타우드호텔 전체적으로는 손해가 제한적이다.

테스트는 비교적 안전한 환경에서 실패를 연습하는 것이다. 로켓과학자는 정기적으로 실패하지만, 대부분의 사람에게(특히 새로운 세대에게) 실패는 낯선 경험일 수 있다. 이와 관련해 제시카 베닛Jessica Bennett은 〈뉴욕타임스〉에 다음과 같이 썼다.

"스탠퍼드와 하버드의 교수들은 '박탈당한 실패Failure Deprived'란 용어를 만들었다. 요즘 학생들은 성적만 보자면 과거보다 뛰어나지만, 아주 사소한 어려움도 극복할 역량을 가지고 있지 않은 듯하다."[83)

이런 공포를 극복하는 데는 노출요법이 필요하다. 실패에 정기적으로 노출되어야 한다는 말이다. 실패를 예방주사라고 생각하라. 한 차례씩 실패를 경험할 때마다 끈기와 인내가 그만큼 축적되며, 자기가 흘리는 피에도 익숙해진다. 각 위기는 다음 위기에 대비하는 훈련과정이 된다.

그렇다고 해서 재앙적인 실패에 몸을 던져 넣자는 건 아니다. 스스로를 학대할 필요는 없다. 넘어져도 가시밭이 아니라 잔디밭에 넘어지자는 것이다. 처음 부르는 노래는 못 불러도 좋고, 초고는 형편없어도 된다(사실, 이는 내가 늘 나 자신에게 하는 말이기도 하다).

아이 키우는 부모라면 사라 블레이클리에게서 힌트를 얻을 수 있다. 그녀는 집집마다 돌아다니며 팩스를 팔다가 세계 최연소 자수성가한 억만장자가 되었다. 그녀는 자신의 성공요인을 어린 시절 아버지가 매주 꼭 던지던 질문 덕으로 돌린다.

"애야, 이번 주에는 어떤 실패를 했니?"

답을 못 하면 아버지는 실망하곤 했다. 아버지는 시도도 못 한 것이 실패보다 더 실망스러웠던 것이다.

우리는 흔히 실패하면 끝장이라고 생각한다. 그러나 자주 실패해 봐야 성공을 거둘 수 있다. 실패는 성공이 도착할 때까지 회피해야 할 대상이 아니라, 성공의 특성이다. 정기적으로 실패하는 습관을 들이지 않는다면, 재앙을 맞이할 것이다. 실패 없는 바로 그 지점에서 무사안일주의가 시작되기 때문이다.

9장) 성공이 곧 실패다

: 성공이 큰 재앙을 낳는 이유

> 네가 인생길에서 성공과 실패를 만날 때
> 이 두 녀석을 똑같이 대할 수만 있다면 (…)
> 지구와 그 안에 있는 모든 것이 너의 것이 되리라.
> - 러디어드 키플링Rudyard Kipling

"이리 와 로저, 와서 같이 보자고!"[1]

로저 보졸리Roger Boisjoly는 그럴 기분이 아니었다. 기계공학을 전공한 우주항공 분야 경력 25년의 베테랑 엔지니어인 그는 아폴로 달착륙선 프로젝트에 참여한 후, 모턴사이어콜이란 로켓추진체 제작업체에 입사했다. 거기서는 우주왕복선을 발사하는 '고체로켓추진체Solid Rocket Booster, 이하 SRB' 제작팀에서 일했다.

1985년 7월 보졸리는 장차 선견지명이 있던 것으로 밝혀질 메모를 정리했다. 상사에게 로켓추진체의 오링에 문제가 있음을 경고하는 내용이었다. 오링은 얇은 패킹용 고무밴드로 다단계의 추진체들이 결합하는 부분을 메워 가스가 바깥으로 유출되지 않도록 막아주는 부품으로, 추진체들의 연결부마다 2개 들어간다. 하나는 기본 오링, 다른 하나는 예비 오링이다. 그만큼 이 오링의 기능이 중요하다. 그전에 있던 여러 번의 발사에서 엔지니어들은 이 2개의 오링에 문제가 있음을 발견했다. 1985년 1월의 발사에서는 기본 오링이 잘못됐는데, 다행히 예비 오링이 제대로 작동한 덕에 사고를 막았다. 보졸리는 회수된 SRB 오링이 손상된 것을 발견하고는 상사에게 메모를 보내 즉시 조치를 요구했다. 그는 "여태껏 보지 못한 재앙이 일어날 겁니다. 인명피해가 발생할 거예요"라고 단호하게 경고했다.

그리고 6개월이 지난 1986년 1월 27일 저녁, 보졸리는 모턴사이어콜의 다른 엔지니어들과 함께 NASA 관계자들과 화상회의 도중 다음 날로 예정된 우주왕복선의 발사일정을 연기해야 한다고 또 한 번 경고음을 울렸다. 그날 저녁, 발사대가 위치한 케이프 커내버럴의 기온이 갑자기 영하로 내려갔기 때문이었다. 보졸리와 그의 동료들은 탄력을 유지해야 제 기능을 발휘하는 오링이 추운 날씨에선 부러질 수 있다고 주장했다. 그러나 경영진과 NASA 책임자 들은 이 의견을 묵살했다.

다음 날인 1월 28일 그의 동료들은 보졸리에게 회사 경영정보센터의 한 방에서 우주왕복선 챌린저의 발사 장면을 함께 지켜보자고 했다. 보졸리는 내키지 않았지만 결국 동료들과 나란히 앉았다. 당시 발사대 근처의 기상관측소에서 잰 기온은 2.2°C 정도였다. SRB가 있는(즉, 문제의 오링이 있는) 지점의 온도는 그보다 더 낮아서 -2.2°C 정도로 추정됐다.

카운트다운이 이어지는 동안 보졸리는 공포에 사로잡혔다. 오링이 잘못되기라도 하면 이륙하는 순간 사고가 날 것이었다. 이제, 진실의 순간이다. 카운트다운이 끝나고, SRB가 점화되었으며, 우주왕복선은 천천히 발사대를 박차고 올랐다. 그리고 얼마 뒤, 완전히 발사대를 떠났다. 보졸리는 깊은 안도의 한숨을 내쉬었다. 한 동료가 보졸리에게 속삭였다.

"걱정했는데 얼마나 다행이야!"

우주왕복선은 하늘로 계속 치솟아 올랐고, 관제센터에서는 우주선 승무원들에게 지시를 내렸다.

"출력을 높여라!"

곧바로 대답이 돌아왔다.

"알았다, 출력을 높인다."

이 말이 챌린저 승무원이 보낸 마지막 메시지였다. 비행을 시작하고 약 1분 후, 뜨거운 가스가 SRB들에서 새어 나오는 것이 확연히 보였다. 보졸리의 안도는 너무 일렀다. 7명의 승무원을 태운 우주왕복선은 연기 속에서 산산조각 났다. 이 모습은 역사적인 발사 장면을 지켜보려 TV 앞에 모였던 수백만 명의 뇌리에 생생히 박혔다. 민간인 여성으로는 최초의 우주왕복선 승무원이자, '우주에서의 수업'이란 재미있는 실험을 하기로 되어 있던 교사 크리스타 매콜리프Christa McAuliffe가 탑승해 있던 터라 특히 더 그랬다.

로널드 레이건Ronald Reagan 대통령이 특별위원회를 구성했다. 전직 검찰총장이자 국무부장관이던 윌리엄 로저스William Rogers의 이름을 따서 로저스위원회로 불렸던 이 위원회는 사고원인이 오링이라고 결론 내렸다. 청문회에서 리처드 파인만은 오링을 얼음물에 넣는 시연을 해 시청자를 전율시켰다. 얼음물에 들어간 오링은 챌린저 발사 당시와 비슷한 기온에서 가스 상태의 연료 누출을 전혀 막지 못했다.

NASA 문서는 오링 문제를 "허용될 수 있는 위험"으로 묘사했다. 한마디로, 아무 문제 없다는 것. 오링이 위험 수준의 손상을 입었음에도 몇차례의 비행이 이루어졌기에, NASA는 터널시야에 사로잡히고 말았다. NASA의 챌린저 책임자 로렌스 멀로이Lawrence Mulloy는 이렇게 설명했다.

"오링 관련 위험은 충분히 예상된 것이라, 다음 비행 전 해결해야 할 특이사항으로 판단되지 않았다."[2]

그러니까, 특이사항으로 판단해야 할 비정상이 정상으로 여겨졌던 것이다. 파인만은 NASA의 의사결정과정을 한마디로 "러시안 룰렛"이라고 했다. 여러 차례 우주왕복선이 발사됐지만 오링 관련 문제로 일이 잘못된 적이 한 번도 없었단 이유로, NASA는 "그 오링을 이제 딱 한 번만 더 사용할 것이므로 이번 비행에서는 기준을 조금 더 낮춰서 적용해도 아무런 문제가 없다"고 믿었던 것이다.[3]

그 모든 것을 지켜본 뒤 챌린저를 발사하지 말았어야 한다고 말하긴 쉽다. 뒤늦은 깨달음은, 결과가 피할 수 없는 것이었다며 문제를 단순화하는 경향이 있다. 그러나 뒤늦게나마 우리는 이런 사건에서 소중한 교훈을 얻어야 한다. 특히 챌린저호 참사와 이 장에서 다룰 사건들은 일상에서나 직장에서 흔히 동일한 행동패턴을 반복하며 나타나기 때문이다.

이 장에서는 바로 이런 교훈을 다룬다. 성공을 축하하는 일이 실패를 축하하는 일만큼이나 위험한 이유, 성공과 실패에 모두 '부검'이 반드시 뒤따라야 하는 이유를 밝힐 것이다. 왜 성공이 양의 가면을 쓴 늑대인지, 또 늑대가 장차 거대한 재앙으로 눈덩이처럼 커질 작은 실패를 숨기는 방식이 무엇인지 드러낼 것이다. 당신은 〈포천〉 선정 500대 기업이 스스로를 끊임없이 재창조해 가며 경쟁자보다 앞서나가는 법, 경쟁자들이 당신 기업을 죽이기 전에 선제적으로 스스로를 무너뜨리는 법을 배울 것이다. 챌린저 참사를 낳았던 것과 똑같은 오류가 2008년 주택시장 붕괴를 가져온 이유, 독일의 택시운전사와 로켓과학자의 공통점도 알게 될 것이다. 이 장을 다 읽고 나면 무사안일주의를 털어내고, 성공에서 교훈을 얻는 여러 전술을 깨닫게 될 것이다.

성공이 결코 좋은 교사가 아닌 이유

챌린저의 악몽이 있고 17년 후, 똑같은 일이 일어났다.

2003년 2월 1일 토요일 이른 아침, 우주왕복선 컬럼비아호는 우주에서 16일간 체류한 뒤 지구로 돌아오고 있었다.[4] 이 우주선이 음속의 약 23배 속도로 대기권을 뚫고 하강할 때 우주선 날개의 앞부분 온도는 대기와의 마찰로 약 1,370°C까지 올라간다. 이런 상황은 충분히 예상된 것이다. 그러나 전혀 예상치 못했던 것은 일련의 불규칙한 온도 판독이었다. 휴스턴 관제센터가 우주선과 교신을 시도했을 때 우주선 사령관이던 릭 허즈번드Rick Husband의 응답이 "그리고, 어, 휴…"까지밖에 들리지 않았다. 허즈번드가 두 번째로 시도한 응답 역시 앞부분은 잘리고 "알았다"만 들렸다. 그리고 1분 뒤 컬럼비아로부터 모든 신호가 끊겼다. 단순한 센서 오작동 때문일 거란 기대가 잠시 있었지만, TV로 방영된 컬럼비아의 폭발 영상으로 이 기대는 산산조각 나버렸다. 관제센터의 복귀비행

책임자였던 르로이 케인LeRoy Cain은 충격 속에 영상을 바라보며 주체할 수 없이 눈물을 흘렸다. 이런 상황에서 케인은 우주비행사고 발생 시 취해야 하는 절차에 따라 관제센터의 문을 잠그라고 지시했다.

챌린저는 대기권에 진입하던 중 폭발했다. 7명의 우주비행사가 탑승 중이었다. 파편은 약 5,180km²에 걸친 육지에 뿌려졌다. 사고의 주범은 "작은 아이스박스 크기의" 발포단열재 한 조각이었다.[5] 이 단열재는 발사 시 우주선 외부의 연료탱크에서 분리되며 우주선의 왼쪽 날개를 때렸다. 이 충격으로, 우주선이 대기권에 재진입할 때, 고열로부터 우주선을 보호하게 되어 있는 시스템이 손상을 입었다.

며칠 뒤, 프로젝트 책임자는 1980년대의 전임자들과 비슷한 투로 단열재 파편이 우주선 선체에 부딪쳐 충격을 주는 것은 발사 때마다 있던 일이라고 설명했다. 그러나 시간이 많이 지난 뒤 항공안전 전문가이자 컬럼비아사고조사위원회 위원이던 제임스 홀록James Hallock은 "그 현상은 예견됐을 뿐 아니라 용인됐다"고 설명했다. 그것은 공식적으로 "늘 있는" 사건으로 묘사됐는데, 이는 "이전에 경험하고 분석하고 이해한, 보고할 만한 문제"란 뜻이었다.[6]

그러나 이는 사후 판단일 뿐이었다. 사고가 일어나기 전 NASA에서는 그 문제를 충분히 이해하고 있지 않았다. NASA는 우주왕복선 발사과정에서 왜 단열재가 떨어져 나가는지, 이렇게 떨어져 나간 파편들이 임무의 안전성을 해치진 않는지, 예방법은 없는지 등에 대해 전혀 생각지 못했다. 홀록은 아주 단순한 질문 하나를 제기했다.

"대기권 재진입 시 발생하는 열로부터 우주선 날개를 보호하는 패널들은 얼마나 큰 힘이 작용해야 떨어져 나갈까?

NASA 규정으로는 이 패널들이 0.006푸트파운드(1푸트파운드는 1파운드를 1피트 들어올리는 데 필요한 운동에너지이다)의 운동에너지를 견뎌야 했다. 홀록은 파인만의 오링 시연을 연상시키는 실험을 했다. 연필 한 자루와 작은 저울을 사용하는 단순한 실험이었다. 그 결과, 약 15cm 높이에서 떨어지는 연필 하나만으로도 그 패널을 뜯어내기에 충분한 운동에너지가 발생한다는 사실을 확인했다. 즉, 그 패널은 NASA가 정한 기준보다 훨씬 강하게 만들어졌어야 했다. NASA는 임무 안전성을 해칠 만한 힘으로 우주선 선체에 충격을 줄 것이 아무것도 없다고 굳게 믿었으니, 얼마나 안일한 생각이었는지 알 수 있다.

홀록이 새롭게 밝힌 사실은 NASA의 확신에 의문을 제기했다. 컬럼비아가 사고를 당하기 약 3개월 전 우주왕복선 아틀란티스도 발사 때 선체에서 떨어져 나간 단열재의 충격을 받았다. 이에 따른 손상은 "그 어느 때보다 심각한 것"이었다.[7] 그런데 NASA는 진상을 조사하고 대책을 마련하기 위해 비행을 보류해야 했는데도 컬럼비아를 발사했던 것이다.

발사 다음 날, 엔지니어들은 발사 장면을 검토하는 통상적인 작업을 진행했다. 카메라가 여러 대 있긴 했지만, 해당 장면을 정확히 포착하기에는 카메라의 위치와 각도가 좋지 않았다. 기껏 찍힌 이미지조차 흐릿했다. 예산 문제로 카메라렌즈가 적절히 유지보수되지 못했던 것이다. 제한된 장비로 일해야 하는 엔지니어로서는 "분리된 단열재 파편이 비정상적으로 매우 크다. 역대 가장 크다"[8]라는 것 정도밖에 알아낼 수 없었다. 그들로서는 이런 말 말고는 달리 할 게 없었다.

NASA의 구조공학엔지니어 로드니 로차Rodney Rocha는 동영상 속 단열재 파편을 보고는 "화들짝 놀랐다."⁹⁾ 그는 상사 폴 셰크Paul Shack에게 이메일을 보내 우주비행사들이 우주유영을 해서 선체 밖으로 나간 뒤 충격받은 부분을 검사해야 하며, 필요하다면 수리도 해야 한다고 말했다. 로차는 나중에 다시 셰크에게 이메일을 보내어 NASA가 "긴급 도움을 외부 기관에 요청할" 수 있을지 물었다. 여기서 '외부 기관'이란 국방부였다. 국방부의 첩보위성들을 이용해 선체의 충격받은 부분들을 촬영, 손상된 부분을 조사하자는 것이었다. 로차는 손상된 부분을 고치고 우주선을 안전하게 지구로 귀환시키기 위해 동원할 수 있는 여러 선택권을 제시하며 각각의 개요를 설명했다. 즉, "나에게 문제점을 가져올 게 아니라 해결책을 가지고 오라"고 말하는 상사의 비위까지도 맞추려 했다.

그러나 셰크는 이를 묵살하며, NASA 지도부가 그 제안을 추진하지 않기로 했다고 말했다. 로차가 계속 압박했지만 셰크는 물러서지 않고 "이점에 관한 한 겁쟁이가 되고 싶지 않다"고 했다. NASA의 행정관 션 오키프Sean O'Keefe는 로차를 비롯한 엔지니어들에게 "단열재주의자"란 경멸적인 딱지를 붙였다. NASA 지도부는 단열재주의자들이 그저 절차에 따라 아무것도 아닌 걸로 경고벨을 울린다고 생각했다. 미션관리팀 책임자 린다 햄Linda Ham은 팀원들에게 이전의 여러 차례 비행에서 단열재가 우주선 선체에 충격을 가했음에도 비행이 성공했음을 상기시켰다.

"그때와 바뀐 게 아무것도 없다. 112회나 비행했지만 '안전비행'이 위협받은 적은 단 한 번도 없었다. (…) 우주왕복선은 아무런 추가 위험이 없는 상태에서 안전하게 비행할 수 있다."¹⁰⁾

이 메시지는 컬럼비아의 승무원들에게도 전달되었다. 우주비행사에게 전달된 이메일에서 발포단열재에 의한 선체 충격은 "전혀 언급할 필요가 없는 것"이라며, 혹시 기자로부터 질문받을 경우에 대비해 해당 사실을 일러주는 것뿐이라고 했다. NASA는 "이와 동일한 현상이 다른 여러 비행에서도 일어난 것을 확인했지만, 대기권 재진입 때 말썽이 생긴 적은 없었다"는 말도 덧붙였다.[11]

조지 버나드 쇼가 썼듯이 "과학은 (…) 자기가 목표를 달성했다고 상상하는 순간에만 위험해진다."[12] 챌린저 참사가 일어나기 전, NASA는 오링이 제대로 기능하지 못했음에도 여러 차례 우주왕복선을 발사했으며, 그동안 아무 문제도 일어나지 않았다. 컬럼비아 참사가 일어나기 전 단열재 파편이 선체를 때리는 일은 수도 없이 많았지만 아무런 문제도 없었다. 우주선 발사와 대기권 재진입이 성공할 때마다 현 상태에 대한 믿음은 점점 더 강화됐다.

성공은 양의 탈을 쓴 늑대다. 빌 게이츠의 말처럼 성공은 결코 "좋은 교사"가 아니다. 성공은 "똑똑한 사람이 자기는 절대로 지지 않을 것이란 생각에 사로잡히게 만들기" 때문이다.[13] 여러 연구결과도 이런 직관을 지지한다.[14] 한 '대표연구Representative Study(모집단을 충실히 반영하는 표본집단 대상연구─옮긴이)'에서는 4분기 동안 평균 이상의 예측력을 보인 금융분석가들이 점점 더 자기를 과신한 나머지 나중엔 본인 기준보다 덜 정확한 예측을 하게 되었음을 확인했다.[15]

문학비평가 시릴 코널리Cyril Connolly는 "신은 파괴하고 싶은 사람을 처음엔 유망하다고 치켜세운다"[16]고 했다. 성공했다고 생각하는 바로 그 순간, 우리는 배우거나 성장하길 중단한다. 남보다 앞서가고 있을 때 남의 말을 들으려 하지 않는다. 일이 계획대로 굴러가지 않으면 자기를 돌아보지 않고 남 탓을 한다. 성공은 자기의 손이 마이더스의 손이라고 믿게 만든다. 이렇게, 성공을 거둔 사람은 자기가 손만 대면 모든 것을 황금으로 바꿀 수 있다고 착각한다.

NASA는 아폴로계획으로 사람을 달에 올려놓았다. 이는 불가능에 가까운 프로젝트였지만 결국 성공했다. 아폴로계획의 성공으로 세상에서 가장 유능한 사람들의 정신이 무뎌졌으며 자만심이 잔뜩 부풀어 올랐다. 로저스위원회의 보고서에 따르면 상상하기도 어려웠던 아폴로의 성공 때문에 NASA에는 "우리는 무엇이든 할 수 있다"는 태도가 만연했다.[17]

그러나 명심할 점이 있다. 몇몇 잘못을 저지르면서도 여전히 성공을 이어갈 수 있다는 사실이다. 이것을 가리키는 용어가 '뜻밖의 행운Dumb Luck'이다. 설계에 결함이 있는 우주선도, 여러 조건이 그 결함을 유발하지 않는 한 화성에 안전하게 착륙할 수 있다. 축구경기에서도 잘못 찬 슛이 선수의 몸에 맞고 굴절되어 골망을 흔들 수 있다. 전략이 좋지 않았더라도 상황에 따라서 법이 우연히 내 편이 되면 승자가 될 수 있다.

그러나 성공은 이런 실수를 눈에 보이지 않게 감추는 방법을 가지고 있다. 승리와 성공을 자축할 때, 우리는 행운의 역할을 전혀 고려하지 않는다. 작가 엘윈 브룩스 화이트Elwyn Brooks White가 표현했듯이 "행운은 자수성가한 사람 앞에서 할 말이 아니다."[18] 우리는 자기가 현재 위치에 오른 것은 노력과 재능 덕분이라고 생각하기에, 행운이 자기 성공에 작용했다는 얘기를 도저히 받아들이지 못한다. 그러나 이것이 착각이란 사실을 깨닫지 못할 때, 우리는 장차 다가올 재앙의 밥이 되고 만다. 나쁜 의사결정과 위험 들이 계속해서 미래에 끼어들고, 한때 경험했던 성공은 좀처럼 우리 손을 잡아주지 않을 것이다.

신동이라 불리던 아이들이 나중에 흐트러지는 이유도, 미국경제의 반석으로 여겨지던 주택시장이 한순간에 폭삭 내려앉은 이유도, 여기에 있다. 코닥, 블록버스터, 폴라로이드가 한순간에 사라지고 만 것도 같은 이유다. 각각의 경우 모두 꺼질 수 없는 것이 꺼졌고 깨질 수 없는 것이 깨졌으며 파괴될 수 없는 것이 파괴됐다. 이 모두, 지금까지 거둔 성공이 미래에도 이어질 것이라고, 과거의 성공이 미래로 이어지는 길을 탄탄대로로 만들어줄 거라고 믿었기 때문이다.

자신의 성공을 이기고 살아남기란, 실패를 이기고 살아남기보다 훨씬 어렵다. 우리는 자신의 성공을, 트로이 목마로 불리는 크고 아름다운 목마를 선물로 내밀며 미소짓는 그리스인으로 여겨야 한다(그리스군은 군사를 숨겨둔 목마를 선물로 주는 전술로 트로이를 함락시켰다 – 옮긴이). 그리스군이 우리 목에 칼을 들이대기 전에 겸손해지는 법을 배워야 한다. 자신의 일을 계속 진행 중인 영속적인 일로 생각해야 한다.

계속 개선해 나가는 사람

우주탐사 초기에는 불확실성이 컸다. NASA는 신참이었고, NASA가 내놓은 제품들(머큐리, 제미니, 아폴로 등의 우주선)은 진행형이었다. 이에 대해 NASA의 수석엔지니어 밀턴 실베이라Milton Silveira도 "사실 우리가 무엇을 하고 있는지도 모를 지경이었다. 우리는 존경하는 이들에게 우리가 하는 일을 살펴봐 달라고 끊임없이 부탁했다. 그래야만 일을 제대로 하고 있는지 확인할 수 있었다"[19])라고 설명한다.

그런데 일련의 아폴로 프로젝트로 눈부신 성공을 거둔 뒤, NASA의 분위기와 태도가 바뀌었다. 워싱턴의 관료들이 자리를 꿰차고 들어오면서 덩치가 커진 NASA는 당연히 유인 우주비행을 해야 한다고 여기기 시작했다. 우주왕복선계획이 발표된 1972년 1월 리처드 닉슨Richard Nixon 대통령은 "이 우주왕복선은 (…) 우주여행을 일상적인 것으로 만들며 운송지의 범위를 가까운 우주로 혁명적으로 넓힐 것"이라고 선언했다.[20]) 애초 추산으로는 우주왕복선이 1년에 무려 50회나 재활용해 쓸 수 있는 것으로 기대됐으며,[21]) "쉽게 지상에 착륙시킨 다음 기수를 돌려 다시 이륙시킬 수 있는" 보잉747 고성능 버전쯤으로 여겨졌다.[22]) 우주선을 비행기로 보는 시선은 승객을 끌어들이기 더 쉽다는 이점이 있었다.

1982년 11월까지, 이 왕복선이 "안전하고 오류가 없어서 단순반복해 사용할 수 있는 일상적이고 비용상 효율적인 교통수단이 될 것"이라 예상하는 연구자도 있었다.[23]) NASA는 이 우주왕복선의 안전성을 확신한 나머지, 승무원을 위한 비상탈출장치가 군이 필요하겠느냐고까지 했다.[24]) 그리고 챌린저 프로젝트가 진행되던 당시에는 우주비행이 얼마나 일상적인 것으로 받아들여졌던지, 초등학교 교사 신분의 일반시민까지도 우주선 조종실 조수석에 앉았을 정도였다.

시간이 흐르며, NASA는 안전성과 신뢰성 측면에서 타협을 시작했다.

품질 분야를 담당하던 인력이 대거 잘려나갔다. 1970년 약 1,700명이던 인원이 챌린저 참사가 일어나던 1986년에는 505명으로 줄었으니, 그 사이 직원이 3분의 2 넘게 줄어든 셈이다. 앨라배마에 있는 마셜우주비행센터Marshall Space Flight Center가 특히 큰 타격을 입었는데, 로켓의 추진력을 책임지는 이 기관의 직원은 그동안 615명에서 88명으로 줄었다. 이런 감축은 "안전검사가 줄고 (…) 절차를 덜 신중하게 진행하며, 정상범위를 넘어선 특이사항을 덜 철저히 조사하고, 관련사항의 기록을 덜 꼼꼼히 한다"는 뜻이었다.[25]

루틴은 NASA에 일련의 표준화된 규칙과 절차를 불러왔다. 비행이 있을 때마다 그 규칙과 절차가 자동으로 적용됐다. 이런 루틴화는 이상 징후를 고려하지 않은 채 모든 것이 기존 프로그램에 따라 진행된다는 뜻이었다. NASA는 규칙과 절차의 준수가 더욱 바람직한 덕목으로 인정받는 관료조직으로 바뀌어갔다.

관료제도는 엔지니어와 관리자 사이의 단절을 낳았다. NASA 행정관들은 기름때를 마다치 않던 아폴로계획 시절의 접근법을 내팽개쳤다. 관리자는 예전처럼 비행기술에 깊이 관여하지 않았고, 자연히 엔지니어들과 멀어졌다. 연구개발에 집중하던 문화에서 생산 압박 아래 돌아가는 일반기업의 문화로 바뀌었다.[26] 엔지니어는 기름때 묻은 이들로, 대부분 관료들이 장밋빛 말만 했음에도 여전히 우주왕복선은 위험하고 실험적인 기술이라 믿었다.[27] 그러나 이런 메시지는 NASA 상부까지 전달되지 않았다.

잠깐, 챌린저 참사로 돌아가 보자. 발사 전날 밤, 추진체 제작업체 모턴사이어콜의 엔지니어들은 주위온도가 12℃ 미만이면 우주선을 발사하지 말아야 한다고 주장했다. 그러나 로렌스 멀로이는 이런 주장을 일축하면서 "발사 전날 밤 새로운 발사기준을 만들자고 하는 게 말이 되는 소립니까? 현재의 기준을 가지고 24회나 발사해서 모두 성공해 왔는데 말입니다!"[28]라고 했다. 지금껏 성공을 낳았던 규칙을 따르기만 하면 나쁜 일은 절대 일어날 수 없다는 게 멀로이의 논지였다.

어떤 행동을 판에 박힌 일상으로 대하는 순간, 우리는 이만하면 됐다는 심정으로 현실에 안주하게 되어버린다. 이런 일이 일어나지 않게 하려면 루틴이란 말을 사전에서 지우고, 모든 프로젝트(특히 성공해서 잘나가는 프로젝트라면 더욱 더)를 계속 진행 중인 일처럼 대해야 한다. 아폴로와 머큐리, 제미니 프로젝트를 하는 동안 NASA는 단 1명의 비행사도 잃지 않았다. 초기 우주탐사 시대에 발생한 유일한 인명사고는 지상의 아폴로 1호 우주선에서 발생한 화재 때 있었던 것으로, NASA 소속 우주비행사가 비행 중 사고로 사망한 것은 유인우주선을 일상적인 것으로 바라보기 시작한 뒤부터였다.

"우리는 우주라는 생각에 너무 익숙해졌다. 우리가 이제 막 첫걸음을 뗐을 뿐이란 사실을 잊어버렸는지도 모른다."[29]

챌린저 참사 후, 레이건 대통령이 했던 말이다.

사회심리학자 대니얼 길버트Daniel Gilbert는 "인간은 자기가 완성된 존재라고 착각하는 미완성의 존재"라고 설명한다.[30] 세계육상선수권 챔피언이던 모리스 그린Maurice Greene은 그런 실수를 저지르지 않았다. 그는 자신을 계속 발전하는 존재로 보면서, 세계챔피언이라 하더라도 2위 선수처럼 훈련해야 한다고 말하곤 했다.[31] 아쉽게 2등에 머물렀을 때나 실제론 1등이라도 2등이라 생각할 때 무사안일주의에 빠져들 가능성은 그만큼 줄어든다. 토씨 하나까지 외울 만큼 연설을 준비하고, 면접을 준비하고, 경쟁자보다 더 열심히 노력한다.

축구와 야구에서 모두 올스타로 선정됐던 유일한 선수 보 잭슨Bo Jackson은 홈런을 쳤을 때나 터치다운을 했을 때 흥분에 사로잡히지 않으려 애썼다. 그럴 때마다 잭슨은 "완벽하지 못했다"고 말하곤 했다.[32] 그는 메이저리그에서 첫 안타를 쳤을 때도 그 공을 기념품으로 가져가지 않았다. "그건 그냥 공일 뿐"이라는 게 그가 오랜 전통을 거부한 이유였다.[33] 축구선수 미아 햄Mia Hamm도 똑같은 마음가짐으로 경기에 임하면서 "많은 사람이 내가 세계 최고의 여자 축구선수라고 하지만, 나는 그렇게 생각지 않는다. 때문에 언젠가는 내가 그런 선수가 되지 않을까 생각한다"[34]라고 말했다. 워런 버핏의 사업 파트너 찰리 멍거도 직원채용 시 똑같은 방식으로 접근한다. "자기 아이큐가 160이라고 생각하는데 실제로 150이라면 재앙을 만들 수 있다. 차라리 실제 아이큐가 130이면서 120이라고 생각하는 편이 훨씬 낫다"[35]는 것이 그의 주장이다.

여러 연구결과도 이런 접근법을 지지한다. 대니얼 핑크Daniel Pink는 《언제 할 것인가When》에서 "어떤 경기에서든 간에 전반전에 앞서는 팀이 최종적으로 이길 가능성이 크다"[36]고 말한다. 그러나 예외가 있다. 동기부여가 현실의 여러 조건을 압도하는 경우다. 1만 8,000번 넘는 프로 농구 경기를 대상으로 한 어떤 연구에서는 상대 팀에게 약간 밀리는 성적으로 전반전을 마쳤을 때 이 팀이 역전승을 거둘 가능성이 커진다는 사실이 나타났다.[37] 이런 결과는 농구코트가 아니라 심리실험실이라는 통제된 환경에서도 똑같이 나타난다. 한 연구는 참가자들끼리 일대일 타이핑 시합을 하게 했다. 경기는 전반전과 후반전으로 진행됐고 전반전이 끝난 뒤 잠깐 쉬었다.[38] 그런데 이 쉬는 시간에 연구자들은 참가자들에게 매우 큰 점수 차(-50점)로 지고 있다고 하거나, 아주 약간(-1점) 지고 있다고 하거나, 동점이라고 하거나, 아주 약간(+1점) 이기고 있다고, 집단 별로 다르게 말했다. 그런데 아주 약간 지고 있다는 말을 들은 참가자들이 후반전에 가장 강력하게 분발하는 결과가 나타났다.

자기 이야기 속의 악당(NASA에게는 러시아, 아디다스에게는 나이키)이 자기를 앞서간다고 가정함으로써, 우리는 무사안일주의에 빠지지 않으려는 마음가짐을 강화할 수 있다. 신제품을 내놓으면서 다음 신제품은 무엇을 보완할지, 원고를 쓸 때도 초고의 잘못된 부분이 정확히 어딘지 찾아낼 수 있다.

현대사회는 완제품을 요구하지 않는다. 끊임없이 개선하는 제품을 원한다. 이런 세상에서는 영속적인 개선을 추구하는 사람이 승자가 된다.

성공을 방해하라

가수 마돈나는 자기 재창조의 달인이다. 그녀는 제각기 다른 제작자 및 작가 들과 협업하면서 시대와 함께 진화해 왔다.[39] 그 덕에 30년 넘게 슈퍼스타의 자리를 지켰다. 그러나 대기업은 마돈나가 아니다. 기업에서 특히 근본적인 변화의 바퀴는 느리게 굴러가기로 악명 높다.

그러나 어떤 대기업은 재창조에 성공했다. 한 번도 아니고 두 번이나, 그것도 기록적으로 짧은 시간에.

넷플릭스는 DVD를 우편으로 배송하는 방식으로 전통적인 비디오대여 모델을 파괴하며 시장에 첫발을 디뎠다. 그러나 시장을 독점하기 시작할 때조차도 리드 헤이스팅스는 경계심을 늦추지 않았다.[40] 앞서 설명했듯이, 더 나은 해결책을 얻기 위해 전술이 아니라 전략에 집중함으로써 질문의 틀을 새롭게 규정할 수 있다. 넷플릭스는 바로 이 원리를 적용해 자기가 DVD 배송사업을 하는 게 아님을 깨달았다. DVD 배송사업은 그저 전술일 뿐, 전략은 바로 영화배송 사업이었다. DVD 우편배송은 미디어 스트리밍을 비롯해 그 전략에 복무하는 수많은 전술 중 하나일 뿐이었다. 이에 따라 헤이스팅스는 "넷플릭스에서 내가 가장 두려워하던 것은 DVD에서의 성공이 스트리밍에서의 성공으로 도약하지 못하면 어떻게 하나 하는 것이었다"[41]라고 말했다. 그는 DVD가 머지않아 구닥다리가 될 것을 알고, 이런 변화에 선제적으로 대응하려 노력했다.

넷플릭스에게 스트리밍으로의 도약은 너무도 일찍 찾아왔다. 2011년 넷플릭스가 오로지 스트리밍 사업에만 집중하고 DVD 사업부는 별도의 독립업체로 떼어낸다고 발표했을 때 넷플릭스 고객들은 반발했다. 그러나 이 실수(따지고 보면 실수가 아니다)는 아무것도 하지 않고 가만히 있는 대안보다 훨씬 나은 선택이었다. 헤이스팅스는 DVD를 우편배송하는 사업부를 유지하면서도, 고객의 말에 귀를 기울여 필요한 것을 채택하며 스트리밍 플랫폼을 강화하는 길로 힘차게 나아갔다.

그런 다음 할리우드 대형 영화사들에게 영화사용료를 내는 방식 대신, 직접 제작에 나서는 또 다른 도약을 했다. 이 도약은 엄청난 성공을 안겨주었다. 제작한 콘텐츠의 성공률이 프로젝트를 포기하거나 제작한 콘텐츠가 실패한 비율보다 훨씬 높았다. 그러나 헤이스팅스의 눈에 이 비율은 나쁜 징조였다. 그는 "현재 우리의 성공률은 너무 높다. 실패율을 더 높여야 한다"고 말했다.[42]

성공률을 줄이겠다는 말이 터무니없이 들릴 수 있지만, 그는 엄청난 가능성에 도전하고 있다. 우리는 흔히 일상생활이나 직장생활에서 이런저런 일탈을 실수로 치부한다. 선택할 수만 있다면, 우리는 실패로 점철된 계곡을 지나기보다 아무런 방해 없이 최고성과를 거두는 쪽을 고를 것이다. 그러나 경영학자 심 시트킨이 설명하듯이 "판에 박힌 듯 방해받지 않은 성공은 잘나간다는 신호가 아니라 취약함의 표시다."[43]

챌린저호와 컬럼비아호 참사가 일러주듯이, 판에 박힌 듯 반복되는 성공은 장기적 문제의 조짐일 수 있다. 연구결과에 따르면 성공과 무사안일주의는 손잡고 나란히 걸어간다.[44] 우리는 성공했을 때 더는 힘겨운 노력을 하지 않는다. 만족감은 천장까지 차오르고 개척정신은 쪼그라든다. 기업의 고위경영진은 역사적으로 성공한 전략에서 벗어난다고 비판받는 경우가 거의 없다. 성공적이던 전략을 버리고 다른 전략을 선택해 실패할 때 받을 징계 위험이 훨씬 높다. 그러니, 새로운 모험을 하지 않는다. 그저 성공을 가져다주며 자신의 가치를 "입증한" 기존 공식을 답습해 실패하는 쪽을 선택한다. 이 전술은 잘 먹힌다. 정확하게 말해, 더 먹히지 않을 때까지만 잘 먹힌다.

스페이스엑스는 팰컨 1호를 사용해 3회나 발사했지만 모두 다 실패했고, 그 바람에 회사는 망할 위기까지 몰렸다. 그러나 그 실패들은 정신 번쩍 들게 하는 시금석이 되어 스페이스엑스가 무사안일주의 속에서 성장하는 것을 막았다. 이후 네 번째 시도부터 성공이 이어지자, 스페이스엑스는 자기 발등을 찍었다. 2015년 6월 팰컨 9호 로켓이 국제우주정거장으로 향하던 도중 폭발했다. 머스크는 스페이스엑스가 연속해서 성공을 거두었던 것이 문제였다며 "7년 만에 처음 만나는 실패다. 어느 정도는 회사가 무사안일주의에 빠져 있었다고 볼 수 있다"[45]고 지적했다.

무사안일주의를 떨쳐내려면 가끔 비닥으로 추락해야 한다. 포브스미디어의 CEO 스티브 포브스Steve Forbes도 "스스로 자기 자신을 망쳐라. 그렇지 않으면 다른 사람이 너를 망칠 것"이라고 했다.[46] 나쁜 실적이나 실패를 경험하지 않는다면(즉, 운이 좋아 몇 차례 성공을 거둔 뒤 자만심에 한껏 부풀었다면) 재앙적인 실패가 한꺼번에 닥칠 것이다. 전설적인 헤비급 권투선수였던 마이크 타이슨Mike Tyson도 "겸손하지 않으면 인생이 너에게 겸손함을 안겨줄 것"이라고 하지 않았던가.

겸손함을 유지하는 방법 중 하나는 아슬아슬하게 위기를 모면했던 실수에 주의를 기울이는 것이다.

니어미스를 부검하라

항공용어로 '니어미스Near Miss'는 하마터면 비행기들이 공중에서 접촉

할 뻔한 것을 가리킨다. 즉, 운이 좋아 간발의 차이로 실패하지 않았다는 뜻이다. 우리는 항공관제센터에서나 이사회장에서 모두 니어미스를 무시하는 경향이 있다. 연구결과에 따르면, 니어미스는 성공이라는 가면을 쓰고 성공으로 대우받는다.[47] 결과에 아무런 영향이 없어서다. 틀린 말은 아니다. 비행기가 충돌한 것도, 사업이 망한 것도 아니니까. 그렇게 "결과가 좋으면 다 좋다"거나 "피해가 없으니 잘못도 없다"는 말을 우리는 일상적으로 하면서 살아간다.

그런데 피해가 없더라도 잘못은 많을 수 있다. 오링이 탄력을 잃고 단열재 파편이 선체에 충격을 주었는데도, NASA는 우주왕복선을 여러 번 성공적으로 발사했다. 이전 프로젝트들은 실패하지 않았기에 사소한 '미스Miss'였지만, 다른 한편으론 운이 좋아 참사를 면했으니 '니어Near'이기도 했다.[48]

니어미스는 사람들이 현명치 못한 위험을 무릅쓰게 유도한다. 긴급사태가 아니라 니어미스가 무사안일주의를 만든다. 여러 연구결과를 보면 니어미스 정보가 있는 사람이 그렇지 않은 사람보다 위험한 의사결정을 더 많이 내린다.[49] 니어미스 후 실패위험이 남아 있는데도 불구하고 그에 대한 인간의 인지는 줄어든다.[50] NASA 지도부는 각각의 니어미스를 잠재적인 문제로 바라보지 않고, 오링 손상이나 단열재파편이 위험요인이 아니고 전체 프로젝트에 아무런 해가 되지 않는다는 자기확신을 확인하는 데이터로만 해석했다. 경고음을 울려대는 로켓과학자들은 그들에게 그저 거짓말쟁이 양치기 소년일 뿐이었다.

반대측 데이터는 재앙이 덮친 뒤에야 비로소 나타났다. 그때야 NASA

는 부검할 사람들을 불러 모으고, 또 여러 차례의 성공에 가려져 있던 그간의 경고들을 조사했다. 그러나 때는 이미 늦었다.

'부검Postmortem'은 원래 '죽은 뒤에'를 뜻하는 라틴어다. 의학용어로서 부검은 사망원인을 밝히려 시신을 해부하는 것을 뜻한다. 그런데 시간이 흐르며, 이 용어는 의학에서 경영으로 건너왔다. 기업은 일이 어떻게 틀어지고 실패했는지, 미래에 그런 일이 다시 일어나지 않도록 예방하려면 어떻게 해야 할지 판단하는 데 이를 사용한다. 그런데 이 비유에는 문제가 있다. 부검에는 사체나 망한 기업, 망친 경력 등이 전제된다. 죽음이란 발상은 오로지 치명적인 실패만이 철저한 조사가 필요하다는 걸 암시한다. 그러나 부검해야 할 치명적 재앙이 닥치기만 기다린다면, 소소한 실패와 니어미스, 즉 오랫동안 천천히 축적되는 만성적인 문제는 인지되지 않은 채 그냥 넘어가게 된다.

챌린저 참사와 컬럼비아 참사가 일어나기까지는 단 하나의 중대한 판단착오, 단 하나의 중대한 계산실수, 단 하나의 어처구니없는 직무태만도 없었다. 오히려, 사회학자 다이앤 본Diane Vaughan이 썼듯이 "겉보기에 전혀 해롭지 않은 우리의 의사결정이 조금씩 NASA를 재앙 쪽으로 밀어붙였다."[51] 이런 의사결정은 거대한 도약이 아니라 사소한 걸음이다.

대부분의 기업은 아기 걸음마처럼 작은 걸음과 희미한 신호, 즉 곧바로 결과에 영향 주지 않는 니어미스를 무시한 바람에 몰락의 길을 걸어간다. 예를 들어, 독일기업 머크는 자기가 개발한 진통제 바이옥스가 심장병과 연관 있다는 경고신호를 무시했다.[52] 코닥 경영진은 디지털 이미지가 자기를 뿌리째 흔들 수 있다는 신호를 무시했다. 블록버스터 영화

제작사들은 넷플릭스 모델에서 비롯되는 위협에 거의 관심을 기울이지 않았다. 서브프라임모기지 위기가 점점 고조된다는 신호는 2008년 미국 역사상 최악의 경기침체가 나타나기 전에 이미 나왔다.

4,600회의 궤도로켓 발사를 다룬 연구도 살펴보자. 이에 따르면, 로켓이 폭발하는 등 총체적 실패가 일어난 뒤에만 기관 차원의 학습이 이루어져 미래의 성공 가능성을 향상시켰다.[53] 발사용 로켓이 폭발하진 않고 제대로 작동하지 않았다든가 하는 사소한 실패 뒤에는 학습이나 개선 노력이 전혀 뒤따르지 않았다. 비즈니스스쿨의 두 교수 에이미 에드먼슨Amy Edmondson과 마크 캐넌Mark Cannon은 "작은 실패가 널리 포착되고 논의되고 분석되지 않을 때 대규모 실패를 예방하기 매우 어렵다"[54]고 설명한다.

니어미스는 단순한 이유로 인해 풍부한 자료원천이 된다. 이런 실수는 사고보다 훨씬 자주 일어난다는 점이다. 이에 따르는 비용도 그다지 크지 않다. 그러므로 니어미스를 면밀하게 살피기만 한다면, 실패에 뒤따르는 막대한 비용부담 없이도 결정적인 데이터를 확보할 수 있다.

니어미스에 관심을 기울이는 것은 로켓과학에서 특히 중요하다. 로켓은 1960년대에 일상적으로 폭발하긴 했지만, 실패하기보다 성공하는 경우가 훨씬 많았다. 현대의 로켓 발사 성공률은 90%를 웃돈다. 실패는 그야말로 예외적이다. 그러나 발사 때마다 동원해야 하는 자원의 규모가 어마어마하다. 수억 달러의 예산과 유인우주선의 경우 사람의 목숨도 걸려 있다. 게다가 우주공간에서 벌어지는 실패는 원인을 찾을 때 불완전한 증거만 남긴다. 많은 신호가 소음에 덮여서 그 실패를 지상에서 온전히 재현하기가 무척 어려워진다. 실패에서 얻을 학습기회가 적을수록 성공에서 배우는 것이 한층 중요해진다.

이는 역설로 이어진다. 우리는 실패가 치명적이지 않고 우아해서, 내 인생을 파괴하지 않길 바란다. 그러나 우아한 실패는 또한 포착하기 어려워, 면밀히 관찰하지 않으면 놓치기 일쑤다. 그 신호들을 최대한 빨리, 도저히 통제할 수 없는 눈덩이로 불어나기 전에 포착하는 것이 중요하다. 이는 부검이 최악의 날에 이루어지지 않도록 해야 한다는 뜻이다. 즉, 부검은 실패했을 때나 성공했을 때 모두 이루어져야 한다.

뉴잉글랜드 패트리어츠는 이 교훈을 2000년 NFL 드래프트에서 배웠다.[55] 드래프트는 프로구단들이 새로운 시즌을 맞기 전 신인선수를 선발하는 연례행사다. NFL에서 각 팀은 전체 7차 지명이 진행되는 동안 1회에 1명씩을 지명하게 되어 있다.

2000년 드래프트 6차 지명에서 패트리어츠는 장차 가장 위대한 쿼터백 중 하나로 꼽힐 선수 톰 브래디Tom Brady를 지명했다. 그는 패트리어츠 소속으로 슈퍼볼 우승컵을 6회 차지했으며 4회나 슈퍼볼 MVP로 선정됐는데, 이는 NFL 역사상 가장 빛나는 기록이다. 브래디에게는 2000년 드래프트에서 "역사상 최고의 선택Biggest Steal"이란 별명이 붙었으며, 패트리어츠 지도부는 드래프트의 마지막 단계에서 브래디라는 탁월한 선수를 꿰찬 일로 눈부신 전략을 구사했단 찬사를 들었다.[56] 이는 그 일에 대한 하나의 해석이다.

그런데 또 다른 해석이 있다. 이는 패트리어츠 지도부의 리더십을 질타한다. 브래디가 니어미스였다는 것이다. 패트리어츠는 오랫동안 브래디를 점찍어두었지만, 거의 마지막 순간까지 그를 지명하지 않았다(브래디는 254명의 선수 중 199번째로 지명됐으니, 결코 빠른 지명은 아니었다).[57] 전혀 새로운 결과가 빚어질 수도 있었다. 다른 팀이 패트리어츠보다 먼저 브래디를 지명할 수도 있었다는 것이다. 또 선발 쿼터백이 부상당하지 않았다면 브래디는 선발 라인업에 들지 못했을 것이다. 그렇다 보니 간발의 차이로 일이 잘못됐더라면, 패트리어츠 지도부는 선견지명을 가졌다고 찬사받는 게 아니라 멍청하다는 소리를 들었을 것이다.

만일 성공을 거두고 영광을 누릴 기회가 생긴다면 잠깐 멈추고 몇 가지 질문을 스스로에게 던져보라.

"이 성공에서 잘못된 부분은 무엇일까?" "이 성공에서 행운과 기회와 특권은 어떤 역할을 했을까?" "이 성공에서 무엇을 배울 수 있을까?"

이런 질문을 하지 않는다면 행운은 마침내 수명을 다하고 니어미스는 결정적 실패가 될 것이다.

눈치챘겠지만, 이 질문들은 8장에서 실패를 다루며 했던 질문들과 같다. 성공하든 실패하든, 아니 무슨 일이 일어나든 동일한 질문을 하고 동일한 과정을 밟는 것이 결과에 대한 압박감을 털어내는 한편 가장 중요한 것, 즉 인풋요소에 초점을 맞출 수 있는 방법이다.

구글의 문샷 공장 엑스에서 본보기를 찾아보자. 어떤 기술이 성공했을 때조차 제품을 작업했던 엔지니어는 실패한 구버전의 시제품을 면밀히 살핀다. 예를 들어, 자율운항 배송드론을 개발하던 '윙프로젝트Project Wing'팀은 수백 건의 모델을 폐기하고 마침내 최종설계에 착수했다. 전사 회의에서 이 팀은 다른 동료들에게 이 드론설계안의 문제점까지 모두 제시했는데, 훈련되지 않은 사람의 눈에 단순하고도 탁월한 설계로 보이던 것이 알고 보니 일련의 실패 및 니어미스 들에서 비롯된 것이었다.[58]

패트리어츠 지도부는 브래디를 지명한 것이 운이 좋았던 일임을 알고 있었다. 이들은 성과를 놓고 자화자찬하지 않았다. 그들은 브래디 사건을 실패한 스카우트로 규정하고, 실수를 개선하는 데 집중했다.

부검은 보이지 않던 실수를 끄집어내 바로잡는 데 유용하다. 그러나 문제가 있다. 부검하는 시점에 이미 결과를 알고 있다는 것이다. 사람들은 좋은 결과는 좋은 의사결정에서, 나쁜 결과는 나쁜 의사결정에서 비롯된다고 생각하는 경향이 있다. 자기가 성공했음을 알 때는 실수를 찾아내기 어렵고, 자기가 실패했음을 알 때는 책임전가를 피하기 어렵다. 결과가 눈에 보이지 않게 할 때에야 비로소 우리는 자신의 의사결정을 객관적으로 평가할 수 있다.

왜곡을 제거하는 결과 가리개

미래가 불안한 자동차경주팀이 있다. 이유를 알 수 없는 엔진고장이 여러 차례 있었기 때문이다. 24회의 경주에서 7회나 엔진이 말썽을 일으켜 차에 심각한 손상을 주었다. 엔진 책임자와 총책임자는 문제의 원인을 놓고 의견이 다르다.

엔진 책임자는 낮은 기온이 원인이라고 믿는다. 기온이 낮으면 실린더헤드와 블록이 서로 다른 비율로 팽창해 개스킷(이음매를 메우는 데 쓰는 얇은 판 모양의 패킹 −옮긴이)을 손상시켜 엔진이 꺼지게 만든다는 게 그의 주장이다. 그러나 총책임자는 어떤 온도에서든 엔진 꺼지는 현상이 나타났다며, 이에 동의하지 않는다. 총책임자는 운전자가 레이스 내내 목숨이 위태롭다는 점을 인정하면서도, 레이스를 할 때는 "한계점으로 설정했던 기준을 조금 더 밀어 올려야 한다. (…) 이기고 싶으면 위험을 감수해야 한다"고 주장한다. 그러면서 "누구도 편안히 우승컵을 들어올리지 않았다"고 덧붙인다.

오늘의 경주는 화려한 후원기회와 전국 중계방송을 제공한다. 그러나 날씨는 이상기온이란 말이 나올 정도로 추우며, 또 이제 한 번이라도 엔진이 말썽을 일으키면 팀의 명성에도 결정적인 오점이 생긴다.

자, 어떻게 하겠는가? 경주에 참가하겠는가 아니면 구경이나 하며 경주 끝나길 기다리겠는가?

이 시나리오는 두 교수 잭 브리튼Jack Brittain과 심 시트킨Sim Sitkin이 비즈니스스쿨 강의용으로 개발한 학습도구 "카터 레이싱Carter Racing" 사례연구의 뼈대다.[59] 학생들은 처음엔 혼자 고민하다가 나중엔 조별로 나뉘어 토론했다. 토론 전과 후, 모두 투표를 했는데 약 90%가 경기를 계속 진행하자는 쪽에 손을 들었다. 몇몇은 심지어 "배짱이 없으면 영광도 없다"는 표현까지 동원했다. 투표 후, 교수는 학생들에게 이렇게 말했다.

"여러분은 지금 우주왕복선 챌린저를 발사하기로 최종결정을 내렸습니다."

엔진이 말썽을 일으킨 횟수는 오링이 문제를 일으킨 횟수와 비슷했다. 비슷한 점이 더 있었다. 최종결정 시점이 코앞이란 것, 예산 압박을 받고 있단 것, 정보가 모호하고 불완전하다는 것이었다.

교수의 말에 학생 대부분은 충격을 받았고, 누군가는 화를 냈다. 교수의 속임수에 빠져 명백히 잘못되고 부도덕한 의사결정을 내렸다고 느꼈기 때문이다. 그러나 그 의사결정은, 적어도 결과에 대해 학생들이 모르는 상황에서는 훨씬 덜 명확해 보였다. 내게 결정권이 있었다면 챌린저 발사를 연기했을 것이다, 1차 지명에서 브래디를 선택했을 것이다, 블록버스터 영화사에 닥칠 재앙을 예견했을 것이다, 등의 말을 하기란 쉽지만, 실은 결과를 가려야만 후판단의 왜곡을 제거할 수 있는 법이다.

그런데 비즈니스스쿨 강의실이 아닌 현실에서 결과를 가린 상태로 분석하기란 쉽지 않다. 현실에서는 결과가 가려지지 않기 때문이다. 고양이가 케이지 바깥으로 나와버리면 이 고양이를 다시 케이지 안에 넣긴 어려워진다. 그러나 결과를 가린 채 분석할 수 있는 속임수가 있다. 바로, '사전부검 Premortem'이다.

사전부검이라는 효과적인 속임수

"나는 내가 어디서 죽을지 알고 싶어. 그러면 그곳에는 절대로 가지 않을 텐데."[60]

찰리 멍거가 자주 인용하는 말이다. 이런 접근법이 바로 사전부검이다.[61]

"사람이 자기 행동을 놓고 관찰자가 보듯이 바라보려 노력하는 2가지 경우가 있다. 첫 번째는 우리가 어떤 행동을 하려고 할 때이고, 두 번째는 어떤 행동을 하고 난 뒤다."[62]

애덤 스미스Adam Smith가 쓴 글인데, 사후부검은 두 번째 방식, 사전부검은 첫 번째 방식이다.

사전부검 방식에서는 어떤 행동을 하기 전, 즉 행동의 결과를 알지 못하는 시점에 그 행동을 조사한다. 로켓 발사 전, 매매 체결 전, 합병 완료 전, 미리 그 행동을 조사하며 결과를 예측한다. 사전부검에서는 미래로 시간여행을 떠나 프로젝트가 실패했다고 전제하고 사고실험을 한다. 그다음 "무엇이 잘못됐을까?" 하고 묻는다. 암울한 시나리오를 시각적으로 생생히 떠올림으로써 장차 일어날 수 있는 문제를 만나보고, 이를 피할 방법을 결정한다. 한 연구에서는 사전부검을 하게 되면 미래에 나타날 결과의 이유를 정확히 짚어내는 역량이 30% 증가한다는 결과가 나왔다.[63]

사전부검은 현재 설계 중안 제품에 초점을 맞출 수 있다. 그 제품이 실패할 것이라 설정한 후, 실패이유들을 파악한다. 제품테스트를 제대로 하지 않았을 수도, 시장설정을 정확히 하지 않았을 수도 있다.

구직자는 사전부검을 면접에 적용할 수 있다. 자신이 면접에서 탈락했다고 설정하고 그 이유를 최대한 많이 찾아낸다. 지각했을 수도, 이전 직장을 그만둔 이유가 면접관 마음에 들지 않았을 수도 있다. 그렇다면 이제는 면접에서 탈락하지 않을 대책을 마련할 수 있다.

사전부검은 4장에서 탐구했던 백캐스팅의 반대라고 보면 된다. 백캐스팅은 자신이 바라는 결과에서 시작하고, 사전부검은 바라지 않는 결과에서 시작한다. 사전부검은 어떤 행동을 하기 전에 무엇이 잘못될 수 있을지 생각하게 해준다. 그러면서 잠재적인 문제마다 확률값을 배정한다.[64] 어떤 일이 일어나기 전, 그와 관련된 불확실성을 계량화한다면(예를 들어, 신제품의 실패 가능성을 50%로 계량화할 수 있다) 그 뒤 어떤 실패가 이어지든 그 혹독함이 완화된다. 당신이 신제품의 성공 가능성을 100% 자신한다고 하자. 이 제품이 실패한다면 당신은 정신을 차리지 못할 것이다. 그러나 성공 가능성을 20%로 인식한 채 실패했다면, 이는 그 제품에 들어간 요소들이 모두 잘못되었단 뜻은 아니다. 모든 것을 올바르게 했음에도 실패할 수 있는데, 이때는 행운이나 그 외 다른 요소가 개입해 결과를 뒤집어놓은 것이다.

예를 들어, 머스크는 스페이스엑스를 창업하며 이 회사의 성공 가능성을 10% 미만으로 봤다.[65] 성공에 대한 확신이 그토록 낮았기에 친구들에게도 이 회사에 투자하지 말라고 했다. 그가 성공 가능성을 80%로 봤다면, 팰컨 1호 발사가 세 차례나 실패했을 때 회사를 계속 끌고 갈 마음이 거의 사라졌을 것이다. 스페이스엑스의 운명이 네 번째 발사 만에 긍정적으로 돌아섰을 때도 그는 이 접근법 덕분에 연속되는 성공 속에서 행운이 수행했던 역할을 생각할 수 있었다. 그는 "일이 조금이라도 기대와 다른 방향으로 전개됐다면 아마 나는 스페이스엑스를 포기했을 것"이라고 말한다.

사전부검은 누구나 쉽게 접근할 수 있는 것이어야 한다. 구글 엑스에서 이런 사전부검은 "미래에 잘못될까 걱정되는 것을 누구나 올릴 수 있는 한 사이트에 존재한다"라고 애스트로 텔러는 말한다.[66] 직원들은 누구나 특정 프로젝트나 회사 전체에 대해 자기가 염려하는 점을 지적할 수 있다. 이 접근법은 해당 사항에 대한 전반적인 지식체계를 구축하고,

매몰비용 편향에 빠지지 않게 지켜준다. 앞서 실행됐던 의사결정에 불확실성이 있었음을 안다면, 그 결정의 정당성을 의심하기란 한결 쉬워진다. 텔러도 "사람들은 이미 작은 그룹에서 이런 이야기를 하고 있을지 모른다. 그러나 큰소리로 분명하게, 자주 말하진 않을 거다. 비관주의자니 불평분자니 하는 딱지가 붙길 원하지 않기 때문"이라고 말한다.

NASA의 엔지니어 로드니 로차는 그런 딱지가 붙는 경험을 했다. 그는 단열재 파편으로 충격을 받고 손상입은 선체를 진단할 수 있게 추가 이미지를 제공해 달라고 반복해 요청했지만, NASA 지도부는 이를 묵살했다. 컬럼비아가 여전히 지구궤도를 돌고 있을 때 로차는 상사들에게 이메일을 썼다. 마지막 노력이었던 셈이다. 그는 "저의 부족한 기술적 소견으로는, 이것은 잘못된(그리고 무책임한) 것입니다. (…) 한 번 더 강조하지만 (…) 엄청난 재앙을 초래할 수 있습니다"라고 쓰면서, 마지막에는 "어디서든 볼 수 있는 NASA의 안전홍보 포스터를 기억하기 바랍니다. 이 포스터는 '안전하지 않다면, 안전하지 않다고 말하라'라고 되어 있습니다. 그렇습니다. 지금은 전혀 안전하지 않습니다"라고 덧붙였다.

하지만 이 이메일을 저장만 했을 뿐 '보내기'를 클릭하지 않았다. 로차는 나중에 조사관들에게 "명령계통을 건너뛰고 싶지 않았고" 또 "지도부의 판단을 따르는 것이 맞겠다"고 느꼈기 때문이라고 말했다.[67] 그가 그렇게 걱정한 데는 그만한 이유가 있었다. 챌린저 참사가 일어나기 6개월 전, 재앙을 경고하는 보고용 메모를 썼던 로저 보졸리가 내부자 고발의 대가를 톡톡히 치렀던 것이다. 챌린저 참사 뒤 보졸리는 로저스위원회에 불려나가 증언했는데, 그는 자기가 썼던 보고용 메모를 비롯한 여러 내부문건을 제시하며 자신의 경고를 회사가 전혀 들으려 하지 않았음을 입증했다. 그 뒤, 그는 회사의 무능함을 폭로했다는 이유로 동료와 상사들로부터 비난과 따돌림을 받았다.[68] 한때 친구였던 동료조차 "너 때문에 우리 회사가 망하면, 우리 아이들을 너희 집에 맡길 테니까 그렇게 알아"[69]라고 했다.

소풍 가서 스컹크가 되고 싶은 사람은 없다. 이런 스컹크는 몽둥이찜질을 당하기 딱 좋다. 창의성을 핵심덕목으로 삼는 조직에서조차 순응적 사고가 완고히 영향력을 행사하는 일은 드물지 않다. 역풍이 불지 모르는 상황에서는 모난 주장을 하며 나서기보다 자기검열을 하게 된다. 집단의 사고에 자기를 맞춘다.

연속되는 성공은 획일성의 경향을 강화한다. 현 상태에 대한 지나친 자신감을 강화하고, 지나친 자신감은 반대의견을 짓눌러버린다. 무사안일주의를 예방하기 위해 반대의견이 꼭 필요한 그 시점에 말이다. 집단사고 분야의 선도적 심리학자인 버클리대학교의 샬런 네메스Charlan Nemeth도 다음과 같이 썼다.

"소수의견은 중요하다. 다양한 관심과 생각을 자극하기 때문이다. (그 의견이 틀렸을 때조차) 이 의견은 질적으로 더 나은 기발한 해결책과 의사결정을 마련하는 데 기여할 수 있다."[70]

즉, 반대자들이 있을 때 우리는 가장 명백해 보이는 지배적 관점을 훌쩍 넘어 멀리까지 바라보게 된다.

슬프게도, 챌린저나 컬럼비아의 경우 이런 반대 목소리는 묵살되었다.[71] 부담은 고스란히 엔지니어들에게 돌아갔다. 자신의 우려를 명확하고 계량화할 수 있는 데이터로 자기가 직접 입증해야만 했다. 엔지니어들은 우주선이 안전하게 발사될 수 있다는 증거 혹은 안전하게 착륙할 수 있다는 증거를 요구했지만, 거꾸로 그것이 안전하지 않다는 것을 입증하란 요구를 받았던 것이다. 컬럼비아사고조사위원회의 로저 테트톨트Roger Tetrault는 엔지니어들을 대하는 NASA 지도부의 태도가 "그것이 잘못됐음을 내게 입증해라. 무언가 잘못됐음을 네가 입증한다면, 그때 가서 살펴보겠다"[72]는 식이었다고 말했다.

그러나 그 일은 거기서 끝나지 않았다. 엔지니어들은 자기 가설을 입증할 기회조차 봉쇄당했다. 예를 들어, 컬럼비아 프로젝트에서 지도부는 선체 손상부분을 정밀하게 살필 수 있도록 인공위성 사진을 추가로 확보해 달라는 엔지니어들의 요구를 묵살했다.

사전부검은 반대의견을 유기적으로 드러내는 강력한 수단이 될 수 있다. 이는 잘못된 결과를 전제하고 실패원인을 찾아보라고 주문하기 때문에 상부에 비판을 제기할 때 심리적인 안전감을 보장할 수 있다.

원인 이면의 원인

우주의 모든 재앙에는 통과의례적인 의식이 공통적으로 뒤따른다.

전문가로 사고위원회가 꾸려지고, 목격자를 소환하고, 관련 문서를 수집하고, 데이터를 분석하고, 새롭게 드러난 사실을 적시하고, 앞으로는 이러저러하게 해야 한다는 권고를 담은 칙칙한 보고서를 만든다.

이런 전통이 자리 잡은 것은 역사가 반복되기 때문이 아니다. 역사가 반복되는 경우는 매우 드물다. 결함 있는 오링이나 단열재 파편이 우주에서 또 다른 참사를 유발할 가능성은 매우 작다.

요식적인 절차가 반복되는 것은 역사가 가르치기 때문이다. 역사는 정보를 제공한다. 자세히 들여다보기만 하면 역사에서 소중한 교훈을 배울 수 있다. 그 통과의례적인 절차는 우리에게 잠시 멈추어 다시 평가하고 여러 사항들을 미세조정하며 교훈을 얻고 또 변화할 시간을 준다.

챌린저 참사에서는 로저스위원회 보고서가 2가지 문제를 지적했다. 하나는 기술적 차원의 문제, 또 하나는 인간적 차원의 문제였다. 기술적 차원의 문제는 적절히 기능하지 못한 오링, 인간적 차원의 문제는 오링이 낮은 온도에서 제 기능을 발휘하지 못할 수 있는데도 지독한 발사 결정을 내린 NASA 직원들이었다.

로저스위원회는 가장 시급한 1차 원인에 집중했다. 이는 명백하므로, 이를 공격하는 건 직관적으로 볼 때 당연하다. 이렇게 하면 파워포인트로 설명하거나 보도자료에 넣어 보내기 편하다. 이 원인들은 물리적으로 존재하거나 구체적인 이름을 가지고 있다. 오링의 경우 그 결함은 얼마든지 바로잡을 수 있고, 직원 문제도 책임을 지워 이들을 좌천하거나 해고함으로써 해결할 수 있다.

그러나 여기에는 문제가 있다. 로켓이든 기업이든 어떤 복잡한 시스템에서 실패가 발생했을 때 그 원인은 보통 복합적이다. 기술과 사람, 환경 등 수많은 요인이 결합해 그 실패가 빚어졌을 수 있다. 이런 상황에서 가장 시급한 1차 원인을 바로잡는다고 해서, 2차·3차 원인이 자동으로 바로잡히지 않는다. 이런 원인은 보통 눈에 보이는 원인과 달리 깊은 곳에 웅크리고 있으면서, 1차 원인이 문제를 일으키게 유도하고, 나중에는 스스로 1차 원인으로 등장하기도 한다.

챌린저 참사의 보다 근본적인 원인은 NASA의 어둡고 취약한 부분에 몸을 숨기고 있었다. 화학자 다이앤 본이 이 사건을 결정적으로 설명한 글에서 그 부분을 적나라하게 들췄다. 본은 로저스위원회가 내린 결론과 달리, 챌린저 참사의 원인은 관리자들이 주어진 일을 하지 않았기 때문이라고 설명한다. 규칙을 따르기만 했지, 규칙을 깨지 않았다는 것이다. 본은 '일탈의 정상화Normalization of Deviance'라는 용어로 그 병리적 문제를 묘사한다. NASA에 만연한 문화는 허용될 수 없는 위험을 안은 채 비행하는 것을 정상으로 용인해 왔다면서 "과거에 늘 통했던 문화적 차원의 이해, 규칙, 절차, 정상적 규범이 이번에는 통하지 않았다. 참사의 책임은 규칙을 어기는 타산적인 관리자가 아니라 획일성에 있었다"[73]라고 지적했다. NASA는 오링 문제만 안고 있었던 게 아니라 획일성 문제도 함께 가지고 있었던 것이다.

이런 근본적 원인에 대한 해결책은 매력적이지 않다. 획일성이라는 NASA 문화는 TV로 중계될 수 없다. 청문회장에서 획일성을 오링처럼 얼음물에 넣어 딱딱하게 굳는 과정을 시연해 보일 수는 없지 않은가.

게다가 2차·3차 원인들을 바로잡기는 더 어렵다. 거대한 관료조직 안에 만연한 병리적 문화현상을 치료하기보다 고체연료 발사체의 각 결합부에 들어간 오링을 희생양으로 몰아가는 일이(챌린저 참사 이후 NASA는 그렇게 했다) 한결 쉽다. 그러나 더 근본적인 원인들을 바로잡지 않은 채 방치한다면, 무서운 암은 언제든 재발한다. 우주비행사 샐리 라이드Sally Ride의 표현대로, 컬럼비아 참사에서 챌린저의 메아리가 들리는 이유가 여기에 있다. 챌린저와 컬럼비아 두 사고의 조사위원회에 유일하게 모두 참여했던 라이드는 두 참사가 기술적 오류는 달랐어도 문화적 오류는 비슷했다고 지적한다. 챌린저 참사의 숨은 원인은, 기술적 오류가 바로잡히고 NASA의 핵심의사결정권자들이 교체된 뒤에도 여전히 남아 있었다.

그 치료법은 치료가 끝났다는 착각을 불러일으키는 교묘한 속임수에 지나지 않았다. 1차 원인을 치료하면 2차·3차 원인까지 자동으로 제거될 거라는 허황한 믿음을 가질 때, 그 부차적인 원인들은 꼭꼭 숨어 있다가 나중에 커다란 재앙을 불러온다. 가장 명백한 오류를 바로잡는 행위는 해당 문제에 대한 어떤 조치를 할 만큼 했다는 확신과 만족감을 가져다준다. 그러나 이렇게 해선 영원히 끝나지 않는 '두더지 잡기' 게임만 이어질 뿐이다. 한 문제를 망치로 때리면, 또 다른 문제가 머리를 내민다.

우리는 이와 똑같은 행동을 일상에서나 직장에서 반복한다. 요통을 치료한다고 진통제를 먹는다. 시장점유율이 떨어질 때 경쟁자를 탓한다. 미국 마약문제의 원인으로 외국 마약 카르텔을 지목한다. 이슬람국가Islamic State, IS를 박멸하기만 하면 테러가 종식될 거라고 생각한다. 이렇듯 증상과 원인을 혼동하며 심층적 원인을 손도 대지 않고 내버려둔다. 진통제로는 요통 치료가 되지 않는다. 시장점유율이 떨어지는 건 경쟁자가 아닌 잘못된 사업전략 때문이다. 카르텔을 제거한다고 마약 수요가 없어지지 않는다. IS를 박멸해도 또 다른 과격단체가 나타난다.

'나쁜 녀석'을 없애면 흔히 '더 나쁜 녀석'이 나타난다. 가장 눈에 띄는 원인을 공격하는 과정에서 훨씬 지독한 해충이 생성되는 다윈의 과정이 진행되는 것이다. 해충이 돌아오면 우리는 과거에 썼던 살충제의 용량을 늘려서 쓴다. 그렇게 해놓고선 아무런 변화가 일어나지 않으면 "놀랍다, 충격이다!"라고 말한다.

철학자이자 평론가인 조지 산타야나George Santayana가 했던 다음 말은 역사적으로 끔찍했던 사건을 묘사하는 모든 박물관에 적용될 수 있다.

"과거를 기억하지 못하는 사람은 운명적으로 그 과거를 반복할 수밖에 없다."74)

기억하는 것만으로는 충분치 않다. 우리가 역사에서 잘못된 메시지를 받아들일 경우, 역사는 자기기만의 교재가 된다. 1차적 원인을 넘어 멀리까지 바라보려는 힘든 노력을 할 때만 비로소 역사에서 교훈을 얻을 수 있다. 우리가 대면할지도 모르는 것을 두려워할 때는 특히 더 그렇다. 1차적인 원인만 바로잡는 행위는 또 다른 부작용을 낳는다. 이는 문제를 해결하기보다는 오히려 악화시킨다.

안전성의 불안전성

나는 아침형 인간이 아니다. 아침마다 반복되는 전투에 대비해 나는 알람시간을 30분이나 이르게 설정하곤 한다. 그 뒤, 어떤 일이 일어나는 지는 말하지 않아도 잘 알 것이다. 내게는 '스누즈버튼Snooze Button(알람 연장 버튼−옮긴이)'이라는 게 있다. 경제학 용어를 빌려 표현하자면, 끊임 없이 스누즈버튼을 눌러댐으로써 나는 그 30분이라는 시간을 '저축'하 는 게 아니라 '소비'한다.

스누즈버튼과 나 사이의 애증관계를 설명할 수 있는 현상이 하나 있 다. 이는 미식축구에서 선수보호 목적으로 딱딱한 헬멧을 사용하는 제도 가 도입된 뒤, 선수들의 머리·목 부상이 늘어난 이유, 1980년대 자동차 가 미끄러지는 현상을 방지하고자 개발됐던 ABS 브레이크가 도입됐는 데도 자동차사고가 줄어들지 않은 이유, 횡단보도 표시가 보행자를 반드 시 더 안전하게 지켜주지 않는 이유도 설명해 준다. 어떤 경우에는 횡단 보도 표시 때문에 오히려 더 많은 사상자가 발생하기도 한다.

심리학자 제럴드 와일드Gerald Wilde는 이 현상을 '위험항상성Risk Homeostasis' 이라 부른다.[75] 위험을 낮추려는 여러 조치가 오히려 위험을 높인다는 말이다. 뮌헨에서 3년간 진행됐던 연구를 살펴보자.[76] 한 무리의 택시운 전사 집단에게 ABS가 장착된 택시가, 나머지 집단에게는 일반 택시가 제공됐다. 이들은 동일한 요일, 동일한 시간대에 일했다. 기상조건도 같 았다. 또, 운전사들은 자신의 택시에 ABS 브레이크가 장착되어 있는지 아닌지를 알고 있었다.

그런데 이 두 집단 사이에는 사고율에서 이렇다 할 차이가 드러나지 않았다. 다만, 1가지 차이가 통계상 유의미한 수준으로 드러났다. ABS 브 레이크가 장착된 집단의 운전이 훨씬 부주의했다. 앞차 꽁무니에 바짝 따라붙고, 주행속도로 빨랐으며, 차선 변경도 위험하게 했다. 일촉즉발 의 위기상황이 잦았다. 역설적이게도, 안전성을 강화하려는 조치가 오히

려 안전하지 못한 운전습관을 강화한 것이다.[77]

챌린저 프로젝트에서도 안전조치가 역효과를 냈다. 관리자들은 오링이 "최악의 경화 수준의 3배까지 너끈히 버틸 수 있는" 충분한 '안전마진'을 확보하고 있다고 믿었다.[78] 게다가 별도의 안전장치까지 마련돼 있어서, 기본 오링이 잘못되더라도 예비 오링이 벌어진 틈새를 메워 기화된 연료가 새지 않게 해줄 거라고들 믿었다.[79] 그렇게, 잘못될 리 없단 인식이 강화되면서 결국 참사가 발생하고 말았다. 이 로켓과학자들은 ABS 브레이크 달린 택시의 운전사들과 다르지 않았다.

'안전성'은 실제보다 더 안전하다는 느낌을 주었다. 그에 따른 행동변화는 안전조치에서 비롯되는 편익을 모두 제거해 오히려 덜 안전해져 버렸다. 이처럼, 때때로 추는 반대로 흔들리기도 한다. 이 역설은 안전벨트를 맬 필요가 없다는 뜻이 아니다. ABS 브레이크가 장착되지 않은 차를 타야 한다는 뜻도, 횡단보도 표시가 없는 곳에서 무단횡단을 하라는 뜻도 아니다. 예비 오링이나 ABS 브레이크가 사고를 막지 못할 수도 있다는 생각을 해야 하며, 헬멧을 쓰고 미식축구를 하더라도 상대가 태클을 시도할 땐 머리를 보호해야 한단 뜻이다.

당신이 높은 곳에서 떨어질 때, 안전그물은 당신을 안전하게 받아줄 것이다. 그러나 하필 그 자리에만 안전그물이 설치되어 있지 않을 수도 있음을 명심하고 늘 조심해야 한다.

마치는 글

여기에 닻을 내려선 안 된다

위로 더 위로, 환희가 불타는 푸르름 속으로,
바람이 휘몰아치는 그 높은 곳으로 나는 여유롭게 올라갔네.
종달새나 독수리조차 닿은 적 없는 바로 그곳으로
그리고 나는 고요하면서도 들뜬 마음으로 감히 아무도 범접하지 못했던
우주의 성지를 밟았고, 또 손을 내밀어 신의 얼굴을 만졌다네.
– 존 매기John Magee

애니메이션 〈심슨 가족The Simpsons〉의 에피소드 '딥스페이스호머Deep Space Homer'에서 호머 심슨은 TV 채널을 이리저리 돌리다 우연히 우주왕복선 발사 장면을 본다. 두 해설자가 단조로운 톤으로 우주선 승무원들이 작은 나사못에 미치는 무중력효과를 어떻게 알아볼지 설명하자 호머는 곧 흥미를 잃고 채널을 돌리려 한다. 그때 배터리가 떨어져 리모컨이 작동하지 않는다. 그러자 아들 바트가 고함을 지른다.

"우주선 발사는 이제 좀 그만해! 채널을 바꿔 줘, 채널을 바꾸라고!"

그러나 TV 화면은 NASA로 이어지고, 우주선 발사와 관련 있는 로켓과학자가 행정관에게 심각한 문제가 있다고 설명한다. 그 문제는… 우주왕복선 중계방송 시청률이 역대 최저치라는 것이다.

이 에피소드가 방송된 1994년에는 인간의 우주탐험 전성기가 이미

먼 과거의 기억이 되어 있었다. 라이트 형제가 1903년 인류 최초의 동력 비행을 한 뒤, 1969년 인간의 발이 달 표면을 디디기까지 현기증 나는 65년의 세월이 걸렸다. 그러나 그 후 50년간 우리는 우주 바라보기를 멈췄다. 달에 깃발을 꽂고 돌아오고, 국제우주정거장 방문자를 지구궤도에 올려놓는 일만 반복해 왔다. 아폴로 우주비행사들이 달까지 약 38만 5,000km의 여행을 용감히 수행한 것을 보았던 많은 이에게 우주비행사가 약 386km 상공에 떠 있는 우주정거장으로 날아가는 것을 보는 건 "콜럼버스가 이비자로 항해하는 것을 바라보는 것" 정도로밖에 느껴지지 않았다.[1]

정치인들은 우주비행을 정치적 목적으로 이용해 NASA의 목을 단두대에 올렸다. 존 F. 케네디가 야심찬 계획을 발표했지만 다음 대통령은 이를 취소했다. 우주여행 예산은 정치적 바람에 따라 늘어났다 줄어들기를 반복했다. 그 결과, NASA에는 명확한 비전이 사라졌다. 닐 암스트롱은 죽기 직전인 2012년 NASA가 직면한 곤란한 상태를 에둘러 표현하려고 야구계의 전설 요기 베라Yogi Berra를 언급했다.

"자기가 어디로 가고 있는지 모르는 사람은 그곳에 제대로 가지 못한다."[2]

NASA가 2011년 우주정거장에 갈 수 있는 유일한 수단인 우주왕복선을 대안 없이 은퇴시킨 뒤, 우리는 우리가 어디로 갈지 몰랐다. 남아 있던 우주왕복선들을 발사대에서 떼어내 박물관에 보내고, 미국 우주비행사들은 러시아의 로켓을 빌려타고 조수석에 앉아 우주정거장으로 가야만 했다. 그런데 이 요금은 1인당 8,100만 달러(약 891억 원)나 됐다.

스페이스엑스의 팰컨 9호 로켓을 발사하는 데 드는 총비용보다 2,000만 달러(약 220억 원)나 비싼 요금이었다.[3] 역설적이게도, 러시아인을 이길 목적으로 설립됐던 NASA가 러시아인에 의존하는 신세가 되어버린 것이다. 2014년 러시아가 크림 반도를 합병한 데 대해 미국이 러시아에 제재조치를 취하자, 러시아의 우주프로젝트 책임자 드미트리 로고진Dmitry Rogozin은 "미국은 트램펄린을 사용해 우주정거장으로 가야 할 것"이라며 미국에 보복을 가하겠다고 위협했다.[4]

　　NASA의 시설은 이런 상태를 생생히 보여주는 상징적 실체가 됐다. 2014년 5월 극미중력 환경을 시뮬레이션하는 거대한 실내수영장인 중성부력실험실에서 우주비행사들이 훈련하는 사진이 여러 장 트위터에 올라갔는데, 이는 그 사진들이 실제로 보여주지 않은 것 때문에 유명해졌다. 그 사진들에 빠져 있던 건, 그 수영장의 많은 부분이 비상경계선으로 둘러처져 있었으며 또 그 부분은 석유공급사들에게 임대되어 석유시추 시설에서 일하는 직원들이 생존훈련을 받는 용도로 사용된다는 사실이었다.[5] 또 있었다. 전날 그곳에서는 어떤 기업의 파티가 벌어져 그 수영장이 그 파티의 배경으로 사용되었다. 케네디우주센터의 발사대 39A는 아폴로계획들에서 달을 향해 우주선을 발사했던 역사적인 발사대 두 곳 중 하나였지만, 거의 버려지다시피 한 채 민간에 임대되고 있었다.[6] 2019년 3월에는 인류 최초로 여성이 우주유영을 하기로 계획되어 있었지만, 이 행사에서 우주유영 적임자로 선발된 두 여성에게 딱 맞는 우주복이 없다는 이유로 그 행사는 취소됐다.[7]

　　영화 〈아폴로 13〉에서는 한 국회의원이 우주선 사령관이던 짐 로벨에게, 미국인이 달에 먼저 발을 디뎌 이미 러시아인을 이겼는데 군이 이런 프로젝트를 계속해야 하는 이유가 뭐냐고 물었다. 그러자 톰 행크스가 연기한 로벨은 다음과 같이 대답한다.

"콜럼버스가 신대륙에서 돌아온 후, 아무도 신대륙을 다시 찾지 않았다고 상상해 보시죠."

많은 사람이 그랬겠지만 NASA는 내가 우주탐험에 깊이 빠져든 이유 그 자체였다. 수십 년간 NASA라는 머리글자는 '로켓과학자처럼 생각하기'의 표준이었다. 그러나 이 기관은 신세계로 가는 길을 연 뒤 인간의 우주비행 배턴을 다른 여러 곳에 넘겨주었다. 컬럼비아 참사의 여파로 우주왕복선 프로젝트가 여전히 좌초 상태였던 2004년 스페이스십원이 최초의 민간 유인우주선으로 등장해 성공했다.[8] 그런데 그 우주왕복선이 공식 은퇴한 뒤 NASA는 스페이스엑스와 보잉을 상대로 미국인 우주비행사를 국제우주정거장으로 데려다줄 로켓 계약을 체결했다. 스페이스엑스는 상징적 차원에서, 케네디우주센터의 발사대 39A에서 로켓을 발사하기 시작했다.[9] 또 다른 민간우주기업 블루오리진은 2개의 로켓을 독자적으로 개발, 우주개발의 길을 닦고 있었다. 블루오리진은 또한 달착륙선을 만들고 있었는데, 이는 화물을 달로 실어나를 수 있었다. 비록 NASA가 인간을 지구궤도 너머로 쏘아올릴 로켓 개발작업을 하고 있긴 했지만 NASA의 이런 노력은 예산 부족에 시달렸고 일정도 계속 뒤로 밀렸다. 이에 따라 비평가들은 우주발사시스템에 "날지 않는 로켓"이란 별명까지 붙였다.[10]

영화 〈오즈의 마법사 The Wizard of Oz〉의 한 장면에서 흑백 세상에서만 살던 도로시는 집 밖으로 나감으로써 화려한 색깔로 가득한 세상을 처음 본다. 그 생생한 색깔을 보자 도로시는 그 뒤로 그 색깔들을 보지 않을 수 없게 된다. 다시는 예전의 흑백 세상으로 돌아갈 수 없었기 때문이다.

그러나 우리가 사는 세상은 이런 식으로 작동하지 않는다. 우주기관들은 혼자 내버려두면 퇴행의 길을 걸어간다. 작가는 시들해진다. 배우에게서는 흥이 빠진다. 인터넷 백만장자는 왕관의 무게를 이기지 못하고 쓰러진다. 젊고 민첩한 기업은 자기가 대체하려 했던 바로 그 관료주의 조직이 되고 만다. 이렇게, 우리는 다시 흑백 세상으로 돌아간다.

한 차례의 임무가 끝났다고 해서 여행은 끝나지 않는다. 그럴 수 없다. 바로 그 시점에, 실질적인 일이 시작되어야 한다. 성공이 무사안일주의를 불러올 때, 즉 신세계를 발견했으니 또 그곳을 찾아갈 일은 없다고 되뇔 때, 우리는 예전 자아의 그림자가 되고 만다.

제프 베이조스는 주주에게 연례편지를 보낼 때마다 "지금은 첫날입니다"란 문장을 넣는다. 이를 수십 년 반복하자 누군가가 그에게 둘째 날은 어떨 것 같냐고 질문했고, 베이조스는 연례편지에서 이렇게 답했다.

"둘째 날은 정체되는 날입니다. 이 날에는 무관심이, 극심한 쇠퇴가, 또 죽음이 뒤따릅니다. 따라서 늘 첫날이어야 합니다."[11]

로켓과학의 마음가짐은 늘 오늘을 첫날로 여기는 것, 흑백 세상에 끊임없이 색깔을 입히는 것이다. 계속해서 사고실험을 하고, 문샷을 단행하며, 자기가 틀렸음을 입증하고, 불확실성과 춤추며, 문제의 틀을 재규정하고, 날면서 테스트하며, 제1원리에서 출발해야 한다. 아무도 가지 않은 길을 가면서, 거친 바다를 헤치며 항해해야 하고, 거친 하늘을 날아야 한다. 시인 월트 휘트먼Walt Whitman도 말하지 않았던가.

"가게가 아무리 달콤하더라도, 쉼터가 아무리 안락하더라도, 항구가 아무리 안전하더라도, 바다가 아무리 평온하더라도, 우리는 여기에 닻을 내려선 안 된다."[12]

결국 숨겨진 시나리오는 없다. 비법도 없다. 세상을 바꿀 힘은 곳곳에 널려 있어서 아무나 잡으면 임자가 된다. 로켓과학자처럼 생각하는 법을 익히고 장기적으로 로켓과학자의 생각을 키워나가기만 하면, 상상할 수 없는 것을 상상할 수 있는 것으로 바꿀 수 있으며, 공상과학을 실현할 수 있고, 두 손을 뻗어 신의 얼굴을 만질 수 있을 것이다.

휘트먼의 시를 한 번 더 인용하자면, 화려한 연극은 계속되고 당신 역시 한 편의 시가 될 것이다.

새로운 시.

완전히 새로운 이야기.

당신의 이야기.

그 이야기는 무엇을 말할까?

감사의 글

이 책은 내 예전 상사이자 화성표면탐사로버 프로젝트의 연구책임자였던 스티브 스퀘어스가 없었다면 세상에 존재하지 못했을 것이다. 스티브가 무슨 까닭으로 지구 반대편에서 온 이 우스꽝스러운 이름의 깡마른 어린 대학생에게 선뜻 일자리를 줬는지는 모르지만, 그가 내게 그 자리를 준 건 정말 고마운 일이었다. 코넬대학교의 그 프로젝트 팀원들과 함께 일할 수 있었던 건 무한한 영광이었으며, 그들에게 느끼는 고마운 마음은 영원히 지워지지 않을 것이다.

내 인생행로를 더 나은 방향으로 돌려준 멘토들이 있다. 애덤 그랜트가 그중 하나다. 2017년 10월 나는 상업출판이란 낯선 영역에서 헤매고 있었는데, 애덤이 내게 자기 에이전트 리처드 파인을 소개해 주었다. 그리고 이틀도 지나지 않아, 리처드와 나는 손을 잡기로 했고 그 약속은 이 책의 출판에 이르는 일련의 사건들로 이어졌다. 아낌없이 주는 애덤은 자신의 첫 책 《기브 앤 테이크: 주는 사람이 성공한다 *Give and Tak: Why Helping Others Drives Our Successe*》에서 자기가 설파한 내용을 온전히 드러냈다. 그는 내 인생에 지울 수 없는 영향을 주었다. 그의 멘티이자 친구가 된 건 더할 나위 없는 행운이다.

애덤은 리처드를 '세계 최고의 출판 에이전트'라고 소개했다. 그저 농담으로 한 말이 아니었다. 리처드는 이 책을 적극 지지했고 머릿속에 모호하게 떠도는 생각들을 매력적으로 풀어내도록 이끌어 주었다. 리처드가 든든하게 받쳐준다는 생각에, 원고를 쓰는 내내 마음이 편안했다. 알렉시스 헐리와 엘리사 로스스타인을 비롯한 잉크웰 출판사의 모든 식구에게도 진심으로 고마운 마음을 전한다.

책 출판에 대해 멋진 조언을 해준 많은 멘토 및 동료 들에게도 고마운 마음을 전한다. 수전 케인, 팀 페리스, 세스 고딘, 줄리언 거스리, 라이언 홀리데이, 아이작 리드스카이, 바바라 오크리, 그레첸 루빈, 셰인 스노 등이 그들이다. 대니얼 핑크에게는 특히 더 고맙다. 그는 포틀랜드에서 커피를 함께 마시면서 책 출판에 대한 101가지 소중한 교훈을 일러주었으며 이 책의 부제목도 지어주었다.

〈퍼블릭어페어스 *PublicAffairs*〉의 훌륭한 편집자 벤저민 애덤스도 고마운데, 이 책에 담긴 창의력의 중요한 조력자 역할을 해주었다. 멜리사 베로네시, 린제이 프래드코프, 미구엘 세르반테스, 피트 게르소 등 〈퍼블릭어페어스〉 식구들과 함께 작업하는 과정은 내게 커다란 즐거움이었다.

패트리샤 보이드와 같은 유능한 교열 담당자와 함께 일한 것도 행운이었다. 그녀는 마법의 빨간펜으로 이 책의 거의 모든 문장을 매끄럽게 다듬어주었다.

인터뷰에 응해준 모든 이에게도 고맙단 인사를 전한다. 마크 애들러, 피터 아티아, 나탈리아 베일리, 오비 펠튼, 팀 페리스, 패트릭 리너웨그, 제이미 웨이도, 줄리 주오 그리고 이름을 밝히지 않겠다고 했던 여러 사람들과 이들을 만나도록 다리가 되어준 디나 카플란, 바야 보이스도 고맙다. 사실 확인에 도움을 준 엑스의 대변인 리비 리와 스페이스엑스의 홍보책임자 제임스 글리슨에게도 감사를 전한다.

초고를 읽고 많은 논평을 해준 니콜라스 노렌과 크리스텐 스톤에게는 특히 고맙다. 크리스텐은 우리 집 거실에 앉아 마음에 드는 부분을 큰 소리로 읽어줬는데, 그걸 들으며 나는 청중이 자기 노래 부르는 걸 들을 때 가수가 어떤 마음일지 조금이나마 짐작할 수 있었다.

이 책을 만드는 과정에 멋진 사람들이 함께해 주어 얼마나 다행인지 모른다. 연구조사를 맡아준 켈리 멀다빈은 편집에도 도움을 주었다. 브렌든 사이벨과 샌드라 쿠지노 터틀, 데비 앤드롤리아는 수도 없이 많은 사실 및 출처 확인을 해주었다(그럼에도 오류가 남아 있다면 순전히 내 실수 때문이다). 마이클 로데릭은 소중한 마케팅 및 비즈니스 카운슬링을 제공함으로 하마터면 저지를 뻔했던 실수들을 하지 않게 해주었다. 브랜디 버노스키와 유능한 그의 팀은 이 책 및 나의 다른 콘텐츠를 위해 아름다운 웹페이지를 만들어주었다.

내 팟캐스트 '유명한 실패'의 청취자 및 뉴스레터 〈위클리 컨트레리언 *Weekly Contrarian*〉의 구독자들도 고맙다(당신도 weeklycontrarian.com에 함께해 주길 바란다). 내 가장 열렬한 독자들의 모임 '이너서클Inner Circle' 회원들에게는 그들에게 내 새로운 아이디어를 시험해 볼 수 있게 해주어 특별히 감사하다는 말을 전하고 싶다.

우리의 보스턴테리어 아인슈타인은 자기 이름에 걸맞게 호기심도 많고 재치도 넘친다. 온갖 장난감으로 집을 어질러주고 우리 가슴이 기쁨으로 뛰놀도록 해준 이 녀석도 고맙다.

나의 부모님 유르다너와 타세틴은 내게 인생 최초의 천체망원경을 사주셨으며, 외아들을 지구 반대편에 보내는 일이 쉽지 않은 결정이었음에도 내가 미국에서 공부할 수 있도록 격려해 주셨다.*Hayatim boyunca beni desteklediğiniz için çok teşekkür ederim.*

마지막으로 나의 아내이자 나의 가장 친한 친구, 나의 첫 독자, 내 모든 것의 첫 번째인 케이시에게 고맙다는 말을 하고 싶다. 작가 커트 보니컷Kurt Vonnegut은 "딱 한 사람만을 즐겁게 해주기 위해 글을 써라"라고 했는데, 내게 그 딱 한 사람은 케이시다. 이 책의 모든 발상을 놓고 나와 함께 얘기해 주어 고맙고, 초고와 그 뒤의 수정고까지 모두 읽어줘 고맙고, 내가 한 농담에 웃어줘 고맙고, 또 좋을 때나 나쁠 때나 한결같이 곁에 있어줘 고맙다. 그녀가 없었다면 내 작은 발자국들이 모여 커다란 도약이 되는 일도 없었을 것이다.

주

들어가는 글

1. NASA, "First American Spacewalk," National Aeronautics and Space Administration (hereafter cited as NASA), June 3, 2008, www.nasa.gov/multimedia/imagegallery/image_feature_1098.html.
2. Bob Granath, "Gemini's First Docking Turns to Wild Ride in Orbit," NASA, March 3, 2016, www.nasa.gov/feature/geminis-first-docking-turns-to-wild-ride-in-orbit.
3. Rod Pyle, "Fifty Years of Moon Dust: Surveyor 1 Was a Pathfinder for Apollo," NASA Jet Propulsion Laboratory, California Institute of Technology, June 2, 2016, www.jpl.nasa.gov/news/news.php?feature=6523; David Kushner, "One Giant Screwup for Mankind," *Wired*, January 1, 2007, www.wired.com/2007/01/nasa.
4. Stanley A. McChrystal et al., *Team of Teams: New Rules of Engagement for a Complex World* (New York: Portfolio, 2015), 146.
5. Robert Kurson, *Rocket Men: The Daring Odyssey of Apollo 8 and the Astronauts Who Made Man's First Journey to the Moon* (New York: Random House, 2018), 48, 51.
6. Kurson, Rocket Men, 48, 51.
7. John F. Kennedy, address at Rice University, Houston, September 12, 1962.
8. Andrew Chaikin, "Is SpaceX Changing the Rocket Equation?," *Air and Space Magazine*, January 2012, www.airspacemag.com/space/is-spacex-changing-the-rocket-equation-132285884/?page=2.
9. Kim Dismukes, curator, "The Amazing Space Shuttle," NASA, January 20, 2010, https://spaceflight.nasa.gov/shuttle/upgrades/upgrades5.html.
10. Lyrics to Elton John's "Rocket Man (I Think It's Going to Be a Long, Long Time)" can be found on the Genius website, https://genius.com/Elton-john-rocket-man-i-think-its-going-to-be-a-long-long-time-lyrics.

11. Stuart Firestein, *Ignorance: How it Drives Science* (New York: Oxford University Press, 2012), 83.

12. Carl Sagan, *Broca's Brain: Reflections on the Romance of Science* (New York: Random House, 1979), 15.

13. Nash Jenkins, "After One Brief Season, *Cosmos* Makes Its Final Voyage," *Time*, June 9, 2014, https://time.com/2846928/cosmos-season-finale.

14. Ben Zimmer, "Quants," *New York Times Magazine*, May 13, 2010, www.nytimes.com/2010/05/16/magazine/16FOB-OnLanguage-t.html.

15. Marshall Fisher, Ananth Raman, and Anna Sheen McClelland, "Are You Ready?," *Harvard Business Review*, August 2000, https://hbr.org/2000/07/are-you-ready.

16. Bill Nye, *Everything All at Once: How to Unleash Your Inner Nerd, Tap into Radical Curiosity, and Solve Any Problem* (Emmaus, PA: Rodale Books, 2017), 319.

17. Carl Sagan and Ann Druyan, *Pale Blue Dot: A Vision of the Human Future in Space* (New York: Random House, 1994), 6.

1장_ 불확실성과 춤출 시간

1. Lunar and Planetary Institute, "What is ALH 84001?," Universities Space Research Association, 2019, www.lpi.usra.edu/lpi/meteorites/ The_Meteorite.shtml.

2. Vincent Kiernan, "The Mars Meteorite: A Case Study in Controls on Dissemination of Science News," *Public Understanding of Science* 9, no. 1 (2000):15–41.

3. "Ancient Meteorite May Point to Life on Mars," CNN, August 7, 1996, www.cnn.com/TECH/9608/06/mars.life.

4. "Pres. Clinton's Remarks on the Possible Discovery of Life on Mars (1996)," video, YouTube, uploaded July 2, 2015, www.youtube.com/watch?v=pHhZQWAtWyQ.

5. David S. McKay et al., "Search for Past Life on Mars: Possible Relic Biogenic Activity in Martian Meteorite ALH84001," *Science*, August 16, 1996, https://science.sciencemag.org/content/273/5277/924.

6. Michael Schirber, "The Continuing Controversy of the Mars Meteorite," *Astrobiology Magazine*, October 21, 2010, www.astrobio.net/mars/the-continuing-controversy-of-the-mars-meteorite; Jasen Daley, "Scientists Strengthen Their Case That a Martian Meteorite Contains Signs of Life," *Popular Science*, June 25, 2010, www.popsci.com/science/article/2010-06/life-mars-reborn.

7. Peter Ray Allison, "Will We Ever... Speak Faster Than Light Speed?," BBC,

March 19, 2015, www.bbc.com/future/story/20150318-will-we-ever-speak-across-galaxies.

8. Jet Propulsion Laboratory, "Past Missions: Ranger 1–9," NASA, www2.jpl.nasa.gov/missions/past/ranger.html.

9. R. Cargill Hall, "The Ranger Legacy," in *Lunar Impact: A History of Project Ranger*, NASA History Series (Washington, DC: NASA, 1977; website updated 2006), https://history.nasa.gov/SP-4210/pages/Ch_19.htm.

10. Steve W. Squyres, *Roving Mars: Spirit, Opportunity, and the Exploration of the Red Planet* (New York: Hyperion, 2005), 239–243, 289.

11. Yuval Noah Harari, *21 Lessons for the 21st Century* (New York: Spiegel & Grau, 2018).

12. 페르마의 마지막 정리를 다룬 이 절은 다음 저작들을 토대로 했다. Stuart Firestein, *Ignorance: How It Drives Science* (New York: Oxford University Press, 2012); Simon Singh, *Fermat's Last Theorem: The Story of a Riddle That Confounded the World's Greatest Minds for 358 Years* (London: Fourth Estate, 1997); NOVA, "Solving Fermat: Andrew Wiles," interview with Andrew Wiles, PBS, October 31, 2000, www.pbs.org/wgbh/nova/proof/wiles.html; Gina Kolata, "At Last, Shout of 'Eureka!' in Age-Old Math Mystery," *New York Times*, June 24, 1993, www.nytimes.com/1993/06/24/us/at-last-shout-of-eureka-in-age-old-math-mystery.html; Gina Kolata, "A Year Later, Snag Persists in Math Proof," *New York Times*, June 28, 1994, www.nytimes.com/1994/06/28/science/a-year-later-snag-persists-in-math-proof.html; John J. Watkins, *Number Theory: A Historical Approach* (Princeton, NJ: Princeton University Press, 2014), 95 (2013); Bill Chappell, "Professor Who Solved Fermat's Last Theorem Wins Math's Abel Prize, NPR, March 17, 2016, www.npr.org/sections/thetwo-way/2016/03/17/470786922/professor-who-solved-fermat-s-last-theorem-wins-math-s-abel-prize.

13. Kolata, "At Last, Shout of 'Eureka!' "

14. "Origins of General Relativity Theory," *Nature*, July 1, 1933, www.nature.com/articles/132021d0.pdf.

15. David J. Gross, "The Discovery of Asymptotic Freedom and the Emergence of QCD," Nobel Lecture, December 8, 2004, www.nobelprize.org/uploads/2018/06/gross-lecture.pdf.

16. US Department of Defense, "DoD News Briefing: Secretary Rumsfeld and Gen. Myers," news transcript, February 12, 2002, https://archive.defense.gov/Transcripts/Transcript.aspx?TranscriptID=2636; CNN, "Rumsfeld / Knowns," video of Rumsfeld statement on February 12, 2002, YouTube, uploaded March 31, 2016, www.youtube.com/watch?v=REWeBzGuzCc.

17. Donald Rumsfeld, author's note in *Known and Unknown: A Memoir* (New York: Sentinel, 2010), available at papers.rumsfeld.com/about/page/authors-note.

18. Errol Morris, "The Anosognosic's Dilemma: Something's Wrong but You'll Never Know What It Is (Part 1)," *New York Times*, June 20, 2010, https://opinionator.blogs.nytimes.com/2010/06/20/the-anosognosics-dilemma-1.

19. Daniel J. Boorstin, *The Discoverers: A History of Man's Search to Know His World and Himself* (New York: Random House, 1983).

20. Mario Livio, *Brilliant Blunders: From Darwin to Einstein—Colossal Mistakes by Great Scientists That Changed Our Understanding of Life and the Universe* (New York: Simon & Schuster, 2013), 140.

21. Derek Thompson, *Hit Makers: The Science of Popularity in an Age of Distraction* (New York: Penguin, 2017).

22. Sir A. S. Eddington, *The Nature of the Physical World* (Cambridge: Cambridge University Press, 1948), available at http://henry.pha.jhu.edu/Eddington.2008.pdf.

23. Brian Clegg, *Gravitational Waves: How Einstein's Spacetime Ripples Reveal the Secrets of the Universe* (Icon Books, 2018), 150–152; Nola Taylor Redd, "What Is Dark Energy?," Space.com, May 1, 2013, www.space.com/20929-dark-energy.html.

24. NASA, "Dark Energy, Dark Matter," NASA Science, updated July 21, 2019, https://science.nasa.gov/astrophysics/focus-areas/what-is-dark-energy.

25. James Clerk Maxwell, *The Scientific Letters and Papers of James Clerk Maxwell*, vol. 3, 1874–1879 (New York: Cambridge University Press 2002), 485.

26. George Bernard Shaw, toast to Albert Einstein, October 28, 1930.

27. Albert Einstein, *Ideas and Opinions: Based on Mein Weltbild* (New York: Crown, 1954), 11.

28. Alan Lightman, *A Sense of the Mysterious: Science and the Human Spirit* (New York: Pantheon Books, 2005).

29. 스티브 스쿼어스에 관한 내용은 다음 저작들을 토대로 했다. Squyres, *Roving Mars*; University of California Television, "Roving Mars with Steve Squyres: Conversations with History," video, YouTube, uploaded August 18, 2011, www.youtube.com/watch?v=NI6KEzsb26U&feature=youtu.be; Terri Cook, "Down to Earth With: Planetary Scientist Steven Squyres," *Earth Magazine*, June 28, 2016, www.earthmagazine.org/article/down-earth-planetary-scientist-steven-squyres.

30. Steven Spielberg, in *Spielberg*, documentary film (HBO, 2017).

31. Richard Branson, "Two-Way Door Decisions," Virgin, February 26, 2018, www.virgin.com/richard-branson/two-way-door-decisions.

32. Ernie Tretkoff, "Einstein's Quest for a Unified Theory," *American Physical Society News*, December 2005, www.aps.org/publications/apsnews/200512/history.cfm; Walter Isaacson, *Einstein: His Life and Universe* (New York: Simon & Schuster, 2007).

33. Jim Baggott, "What Einstein Meant by 'God Does Not Play Dice,' " *Aeon*, November 21, 2018, https://aeon.co/ideas/what-einstein-meant-by-god-does-not-play-dice.

34. Tretkoff, "Einstein's Quest."

35. Kent A. Peacock, "Happiest Thoughts: Great Thought Experiments in Modern Physics," in *The Routledge Companion to Thought Experiments*, ed. Michael T. Stuart, Yiftach Fehige, and James Robert Brown, Routledge Philosophy Companions (London and New York: Routledge/ Taylor & Francis Group, 2018).

36. A. B. Arons and M. B. Peppard, "Einstein's Proposal of the Photon Concept: A Translation of the Annalen der Physik Paper of 1905," *American Journal of Physics* 33 (May 1965): 367, www.informationphilosopher.com/solutions/scientists/einstein/AJP_1905_photon.pdf.

37. Charles Darwin, *On the Origin of Species by Means of Natural Selection* (New York: D. Appleton and Company, 1861), 14.

38. John R. Gribbin, *The Scientists: A History of Science Told Through the Lives of Its Greatest Inventors* (New York: Random House, 2004).

39. Richard P. Feynman, *The Pleasure of Finding Things Out: The Best Short Works of Richard P. Feynman* (New York: Basic Books, 2005) (emphasis in original).

40. 윌리엄 허셜의 천왕성 발견에 관한 내용은 다음 저작들을 토대로 했다. Emily Winterburn, "Philomaths, Herschel, and the Myth of the Self-Taught Man," *Notes and Records of the Royal Society of London* 68, no. 3 (September 20, 2014): 207–225, www.ncbi.nlm.nih.gov/pmc/articles/PMC4123665; Martin Griffiths, "Music(ian) of the Spheres: William Herschel and the Astronomical Revolution," *LabLit*, October 18, 2009, www.lablit.com/article/550; Ken Croswell, *Planet Quest: The Epic Discovery of Alien Solar Systems* (New York: Free Press, 1997), 34–41; Clifford J. Cunningham, *The Scientific Legacy of William Herschel* (New York: Springer Science+Business Media, 2017), 13–17; William Sheehan and Christopher J. Conselice, *Galactic Encounters: Our Majestic and Evolving Star-System, From the Big Bang to Time's End* (New York: Springer, 2014), 30–32.

41. William Herschel, *The Scientific Papers of Sir William Herschel*, vol. 1 (London: Royal Society and the Royal Astronomical Society, 1912), xxix–xxx.

42. Ethan Siegel, "When Did Isaac Newton Finally Fail?," *Forbes*, May 20, 2016, www.forbes.com/sites/startswithabang/2016/05/20/when-did-isaac-newton-

finally-fail/#8c0137648e7e; Michael W. Begun, "Einstein's Masterpiece," *New Atlantis*, fall 2015, www.thenewatlantis.com/publications/einsteins-masterpiece.

43. Ethan Siegel, "Happy Birthday to Urbain Le Verrier, Who Discovered Neptune with Math Alone," *Forbes*, March 11, 2019, www.forbes.com/sites/startswithabang/2019/03/11/happy-birthday-to-urbain-le-verrier-who-discovered-neptune-with-math-alone/#6674bcd7586d.

44. Clegg, *Gravitational Waves*, 29.

45. Clegg, *Gravitational Waves*, 29.

46. Isaacson, *Einstein: His Life and Universe*.

47. T. C. Chamberlin, "The Method of Multiple Working Hypotheses," *Science*, May 1965, http://arti.vub.ac.be/cursus/2005-2006/mwo/chamberlin1890science.pdf.

48. Isaac Asimov, "The Relativity of Wrong," *Skeptical Inquirer* 14 (fall 1989):35–44.

49. Thomas S. Kuhn, *Structure of Scientific Revolutions* (Chicago: University of Chicago Press, 1962), xxvi.

50. Howard Wainer and Shaun Lysen, " That's Funny… A Window on Data Can Be a Window on Discovery," *American Scientist*, July 2009, www.americanscientist.org/article/thats-funny.

51. 양자역학 발견에 대해서는 다음을 참조하라. John D. Norton, "Origins of Quantum Theory," online chapter in Einstein for Everyone course, University of Pittsburgh, fall 2018, www.pitt.edu/~jdnorton/teaching/HPS_0410/chapters/quantum_theory_origins. 엑스레이에 대해서는 다음을 참조하라. Alan Chodos, ed., "November 8, 1895: Roentgen's Discovery of X-Rays," This Month in Physics History series, *American Physical Society News* 10, no. 10 (November 2001), www.aps.org/publications/apsnews/200111/history.cfm. DNA에 대해서는 다음을 참조하라. Leslie A. Pray, "Discovery of DNA Structure and Function: Watson and Crick," *Nature Education* 1, no. 1 (2008): 100, www.nature.com/scitable/topicpage/discovery-of-dna-structure-and-function-watson-397. 산소에 대해서는 다음을 참조하라. Julia Davis, "Discovering Oxygen, a Brief History," *Mental Floss*, August 1, 2012, http://mentalfloss.com/article/31358/discovering-oxygen-brief-history. 페니실린에 대해서는 다음을 참조하라. Theodore C. Eickhoff, "Penicillin: An Accidental Discovery Changed the Course of Medicine," *Endocrine Today*, August 2008, www.healio.com/endocrinology/news/print/endocrine-today/%7B15afd2a1-2084-4ca6-a4e6-7185f 5c4cf b0%7D/penicillin-an-accidental-discovery-changed-the-course-of-medicine.

52. Andrew Robinson, Einstein: A Hundred Years of Relativity (Princeton, NJ: Princeton University Press, 2015), 75.

53. 명왕성 발견을 다룬 이 절은 다음 저작들을 토대로 했다. Croswell, Planet Quest;

Michael E. Brown, *How I Killed Pluto and Why It Had It Coming* (New York: Spiegel & Grau, 2010); Kansas Historical Society, "Clyde Tombaugh," modified January 2016, www.kshs.org/kansapedia/clyde-tombaugh/12222; Alok Jha, "More Bad News for Downgraded Pluto," *Guardian*, June 14, 2007, www.theguardian.com/science/2007/jun/15/spaceexploration.starsgalaxiesandplanets; David A. Weintraub, *Is Pluto a Planet? A Historical Journey through the Solar System* (Princeton, N.J.: Princeton University Press, 2014), 144.

54. NASA, "Eris," NASA Science, https://solarsystem.nasa.gov/planets/dwarf-planets/eris/in-depth.

55. Paul Rincon, "Pluto Vote 'Hijacked' in Revolt," BBC, August 25, 2006, http://news.bbc.co.uk/2/hi/science/nature/5283956.stm.

56. Robert Roy Britt, "Pluto Demoted: No Longer a Planet in Highly Controversial Definition," *Space.com*, August 24, 2006, www.space.com/2791-pluto-demoted-longer-planet-highly-controversial-definition.html.

57. A. Pawlowski, "What's a Planet? Debate over Pluto Rages On," CNN, August 24, 2009, www.cnn.com/2009/TECH/space/08/24/pluto.dwarf.planet/index.html.

58. American Dialect Society, "'Plutoed' Voted 2006 Word of the Year," January 5, 2007, www.americandialect.org/plutoed_voted_2006_word_of_the_year.

59. "My Very Educated Readers, Please Write Us a New Planet Mnemonic," *New York Times*, January 20, 2015, www.nytimes.com/2015/01/20/science/a-new-planet-mnemonic-pluto-dwarf-planets.html.

60. ABC7, "Pluto Is a Planet Again—At Least in Illinois," ABC7 Eyewitness News, March 6, 2009, https://abc7chicago.com/archive/6695131.

61. Laurence A. Marschall and Stephen P. Maran, *Pluto Confidential: An Insider Account of the Ongoing Battles Over the Status of Pluto* (Dallas: Benbella Books, 2009), 4.

62. Smithsonian National Air and Space Museum, "Exploring the Planets," https://airandspace.si.edu/exhibitions/exploring-the-planets/online/discovery/greeks.cfm.

63. Ralph Waldo Emerson, *The Essential Writings of Ralph Waldo Emerson* (New York: Modern Library, 2000), 261.

64. *In the Shadow of the Moon*, directed by Dave Sington (Velocity/Think Film, 2008), DVD.

65. Virginia P. Dawson and Mark D. Bowles, eds., *Realizing the Dream of Flight* (Washington, DC: NASA History Division, 2005), 237.

66. Mary Roach, *Packing for Mars: The Curious Science of Life in the Void* (New York: W.W. Norton, 2010).

67. Chris Hadfield, *An Astronaut's Guide to Life on Earth: What Going to Space*

Taught Me About Ingenuity, Determination, and Being Prepared for Anything (New York: Little, Brown and Company, 2013).

68. Caroline Webb, *How to Have a Good Day: Harness the Power of Behavioral Science to Transform Your Working Life* (New York: Crown Business, 2016), 258.

69. Anne Fernald and Daniela K. O'Neill, "Peekaboo Across Cultures: How Mothers and Infants Play with Voices, Faces, and Expectation," in *Parent-Child Play: Descriptions and Implications*, ed. Kevin MacDonald (Albany: State University of New York Press, 1993).

70. Fernald and O'Neill, "Peekaboo Across Cultures."

71. W. Gerrod Parrott and Henry Gleitman, "Infants' Expectations in Play: The Joy of Peek-a-boo," *Cognition and Emotion* 3, no. 4 (January 7, 2008), www.tandfonline.com/doi/abs/10.1080/02699938908412710.

72. James Luceno and Matthew Stover, *Labyrinth of Evil, Revenge of the Sith, and Dark Lord: The Rise of Darth Vader*, The Dark Lord Trilogy: Star Wars Legends (New York: DelRey Books, 2011), 562–563.

73. 리던던시에 대해서 보다 더 많은 것을 알고 싶으면 다음을 참조하라. Shane Parrish, "An Introduction to the Mental Model of Redundancy (with Examples)," Farnam Street (blog), July 2011, https://fs.blog/2011/07/mental-model-redundancy.

74. SpaceX, "Falcon 9," www.spacex.com/falcon9; Andrew Chaikin, "Is SpaceX Changing the Rocket Equation?," *Air and Space Magazine*, January 2012, www.airspacemag.com/space/is-spacex-changing-the-rocket-equation-132285884/?no-ist=&page=2.

75. Tim Fernholz, *Rocket Billionaires: Elon Musk, Jeff Bezos, and the New Space Race* (Boston: Houghton Mifflin Harcourt, 2018); Dan Leone, "SpaceX Discovers Cause of October Falcon 9 Engine Failure," *SpaceNews*, December 12, 2012, https://spacenews.com/32775spacex-discovers-cause-of-october-falcon-9-engine-failure.

76. Hadfield, *Astronaut's Guide.*

77. James E. Tomayko, "Computers in the Space Shuttle Avionics System," in *Computers in Spaceflight: The NASA Experience* (Washington, DC: NASA, March 3, 1988), https://history.nasa.gov/computers/Ch4-4.html; United Space Alliance, LLC, "Shuttle Crew Operations Manual," December 15, 2008, www.nasa.gov/centers/johnson/pdf/390651main_shuttle_crew_operations_manual.pdf.

78. Scott Sagan, "The Problem of Redundancy Problem: Why More Nuclear Security Forces May Produce Less Nuclear Security," *Risk Analysis* 24, no. 4 (2004): 938, http://citeseerx.ist.psu.edu/viewdoc/download?doi=10.1.1.128.351

5&rep=rep1&type=pdf.

79. NASA, "NASA Will Send Two Robotic Geologists to Roam on Mars," NASA press release, June 4, 2003, https://mars.nasa.gov/mer/newsroom/press releases/20030604a.html.
80. University of California Television, "Roving Mars with Steve Squyres."
81. A. J. S. Rayl, "Mars Exploration Rovers Update: Spirit Mission Declared Over, Opportunity Roves Closer to Endeavour," *Planetary Society*, May 31, 2011, www.planetary.org/explore/space-topics/space-missions/mer-updates/2011/05-31-mer-update.htm.
82. Stephen Clark, "Scientists Resume Use of Curiosity Rover's Drill and Internal Lab Instruments," *Spaceflight Now*, June 5, 2018, https://spaceflightnow.com/2018/06/05/scientists-resume-use-of-curiosity-rovers-drill-and-internal-lab-instruments.
83. Neel V. Patel, "The Greatest Space Hack Ever: How Duct Tape and Tube Socks Saved Three Astronauts," *Popular Science*, October 8, 2014, www.popsci.com/article/technology/greatest-space-hack-ever.

2장_ 제1원리에서 출발하라

1. 일론 머스크를 다루는 첫 번째 절은 다음 저작들을 토대로 했다. Tim Fernholz, *Rocket Billionaires: Elon Musk, Jeff Bezos, and the New Space Race* (Boston: Houghton Mifflin Harcourt, 2018); Ashlee Vance, *Elon Musk: Tesla, SpaceX, and the Quest for a Fantastic Future* (New York: Ecco, 2015); Chris Anderson, "Elon Musk's Mission to Mars," *Wired*, October 21, 2012, www.wired.com/2012/10/ff-elon-musk-qa/all; Tim Fernholz, "What It Took for Elon Musk's SpaceX to Disrupt Boeing, Leapfrog NASA, and Become a Serious Space Company," *Quartz*, October 21, 2014, https://qz.com/281619/what-it-took-for-elon-musks-spacex-to-disrupt-boeing-leapfrog-nasa-and-become-a-serious-space-company; Tom Junod, "Elon Musk: Triumph of His Will," *Esquire*, November 15, 2012, www.esquire.com/news-politics/a16681/elon-musk-interview-1212; Jennifer Reingold, "Hondas in Space," *Fast Company*, February 1, 2005, www.fastcompany.com/52065/hondas-space; "Elon Musk Answers Your Questions! SXSW, March 11, 2018," video, YouTube, uploaded March 11, 2018, www.youtube.com/watch?v=OoQARBYbkck; Tom Huddleston Jr., "Elon Musk: Starting SpaceX and Tesla Were 'the Dumbest Things to Do,' " CNBC, March 23, 2018, www.cnbc.com/2018/03/23/elon-musk-spacex-and-tesla-were-two-of-the-dumbest-business-ideas.html.

2. Reingold, "Hondas in Space."

3. Adam Morgan and Mark Barden, *Beautiful Constraint: How to Transform Your Limitations into Advantages, and Why It's Everyone's Business* (Hoboken, NJ: Wiley, 2015), 36–37.

4. Darya L. Zabelina and Michael D. Robinson, "Child's Play: Facilitating the Originality of Creative Output by a Priming Manipulation," *Psychology of Aesthetics, Creativity, and the Arts* 4, no. 1 (2010): 57–65, www.psychologytoday. com/files/attachments/34246/zabelina-robinson-2010a.pdf.

5. Robert Louis Stevenson, *Robert Louis Stevenson: His Best Pacific Writings* (Honolulu: Bess Press, 2003), 150.

6. Yves Morieux, "Smart Rules: Six Ways to Get People to Solve Problems Without You," *Harvard Business Review*, September 2011, https://hbr.org/2011/09/smart-rules-six-ways-to-get-people-to-solve-problems-without-you.

7. Jeff Bezos, Letter to Amazon Shareholders, 2016, Ex-99.1, SEC.gov, www.sec. gov/Archives/edgar/data/1018724/000119312517120198/d373368dex991.htm.

8. Andrew Wiles, quoted in Ben Orlin, "The State of Being Stuck," Math with Bad Drawings (blog), September 20, 2017, https://mathwithbaddrawings. com/2017/09/20/the-state-of-being-stuck.

9. Micah Edelson et al., "Following the Crowd: Brain Substrates of Long-Term Memory Conformity," Science, July 2011, www.ncbi.nlm.nih.gov/pmc/articles/ PMC3284232; Tali Sharot, *The Influential Mind: What the Brain Reveals About Our Power to Change Others* (New York: Henry Holt and Co., 2017), 162–163.

10. Gregory S. Berns et al., "Neurobiological Correlates of Social Conformity and Independence During Mental Rotation," *Biological Psychiatry* 58, no. 3 (2005): 245–253.

11. Astro Teller, "The Secret to Moonshots? Killing Our Projects," *Wired*, February 16, 2016, www.wired.com/2016/02/the-secret-to-moonshots-killing-our-projects.

12. Terence Irwin, *Aristotle's First Principles* (New York: Oxford University Press, 1989), 3.

13. *New World Encyclopedia*, s.v. "methodic doubt," updated September 19, 2018, www.newworldencyclopedia.org/entry/Methodic_doubt.

14. 스페이스엑스가 제1원리 사고를 사용한 방식에 관한 내용은 다음 저작들을 토대로 했다. Junod, "Elon Musk: Triumph of His Will"; Anderson, "Elon Musk's Mission to Mars"; Andrew Chaikin, "Is SpaceX Changing the Rocket Equation?," *Air and Space Magazine*, January 2012, www.airspacemag.com/space/is-spacex-changing-the-rocket-equation-132285884/?no-ist=&page=2; Johnson Space Center Oral History Project, https://historycollection.jsc.nasa.gov/

JSCHistoryPortal/history/oral_histories/oral_histories.htm; Reingold, "Hondas in Space"; Fernholz, "Disrupt Boeing, Leapfrog NASA"; Fernholz, *Rocket Billionaires.*

15. Tom Junod, "Elon Musk: Triumph of His Will," *Esquire*, November 15, 2012, www.esquire.com/news-politics/a16681/elon-musk-interview-1212.

16. Johnson Space Center Oral History Project, "Michael J. Horkachuck," interviewed by Rebecca Wright, NASA, November 6, 2012, https://historycollection.jsc.nasa.gov/JSCHistoryPortal/history/oral_histories/C3PO/HorkachuckMJ/HorkachuckMJ_1-16-13.pdf.

17. 로켓의 재사용 가능성에 관한 내용은 다음 저작들을 토대로 했다. Fernholz, *Rocket Billionaires*; Tim Sharp, "Space Shuttle: The First Reusable Spacecraft," *Space.com*, December 11, 2017, www.space.com/16726-space-shuttle.html; Chaikin, "Changing the Rocket Equation?"; "Elon Musk Answers Your Questions!"; Loren Grush, "Watch SpaceX Relaunch Its Falcon 9 Rocket in World First," *Verge*, March 31, 2017, www.theverge.com/2017/3/31/15135304/spacex-launch-video-used-falcon-9-rocket-watch; SpaceX, "X Marks the Spot: Falcon 9 Attempts Ocean Platform Landing," December 16, 2014, www.spacex.com/news/2014/12/16/x-marks-spot-falcon-9-attempts-ocean-platform-landing;Loren Grush, "SpaceX Successfully Landed Its Falcon 9 Rocket After Launching It to Space," Verge, December 21, 2015, www.theverge.com/2015/12/21/10640306/spacex-elon-musk-rocket-landing-success.

18. Fernholz, *Rocket Billionaires*, 24.

19. SpaceX, "X Marks the Spot."

20. Elizabeth Gilbert, *Eat Pray Love: One Woman's Search for Everything* (New York: Viking, 2006).

21. Alan Alda, "62nd Commencement Address," Connecticut College, New London, June 1, 1980, https://digitalcommons.conncoll.edu/commence/7.

22. Nassim Nicholas Taleb, *Antifragile: Things That Gain from Disorder* (New York: Random House, 2012), 308.

23. 스티브 마틴을 다루는 이 절은 다음을 참고로 했다. *Born Standing Up: A Comic's Life* (New York: Scribner, 2007), 111–113.

24. Dawna Markova, *I Will Not Die an Unlived Life: Reclaiming Purpose and Passion* (Berkeley, CA: Conari Press, 2000).

25. Anaïs Nin, *The Diary of Anaïs Nin*, ed. Gunther Stuhlmann, vol. 4, 1944–1947 (New York: Swallow Press, 1971).

26. Shellie Karabell, "Steve Jobs: The Incredible Lightness of Beginning Again," *Forbes*, December 10, 2014, www.forbes.com/sites/shelliekarabell/2014/12/10/steve-jobs-the-incredible-lightness-of-beginning-again/#35ddf596294a.

27. Henry Miller, *Henry Miller on Writing* (New York: New Directions, 1964), 20.

28. 알리니아에 대해서는 다음 저작들을 토대로 했다. Sarah Freeman, "Alinea 2.0: Reinventing One of the World's Best Restaurants: Why Grant Achatz and Nick Kokonas Hit the Reset Button," *Eater.com*, May 19, 2016, https://chicago.eater.com/2016/5/19/11695724/alinea-chicago-grant-achatz-nick-kokonas; Noah Kagan, "Lessons From the World's Best Restaurant," OkDork (blog), March 15, 2019, https://okdork.com/lessons-worlds-best-restaurant;"No. 1: Alinea," Best Restaurants in Chicago, *Chicago Magazine*, July 2018, www.chicagomag.com/dining-drinking/July-2018/The-50-Best-Restaurants-in-Chicago/Alinea.

29. "No. 1: Alinea."

30. Robert M. Pirsig, *Zen and the Art of Motorcycle Maintenance: An Inquiry into Values* (New York: Morrow, 1984), 88.

31. Emma Court, "Who Is Merck CEO Kenneth Frazier," *Business Insider*, April 17, 2019, www.businessinsider.com/who-is-merck-ceo-kenneth-frazier-2019-4.

32. Adam Grant, *Originals: How Non-Conformists Move the World* (New York: Viking, 2016).

33. Lisa Bodell, *Kill the Company: End the Status Quo, Start an Innovation Revolution* (Brookline, MA: Bibliomotion, 2016).

34. Al Pittampalli, "How Changing Your Mind Makes You a Better Leader," *Quartz*, January 25, 2016, https://qz.com/598998/how-changing-your-mind-makes-you-a-better-leader.

35. David Mikkelson, "NASA's 'Astronaut Pen,'" *Snopes*, April 19, 2014, www.snopes.com/fact-check/the-write-stuff.

36. Albert Einstein, *On the Method of Theoretical Physics* (New York, Oxford University Press, 1933).

37. Carl Sagan, *The Demon-Haunted World: Science as a Candle in the Dark* (New York: Random House, 1995; repr., Ballantine, 1997), 211.

38. TVTropes, "Occam's Razor," https://tvtropes.org/pmwiki/pmwiki.php/Main/OccamsRazor.

39. David Kord Murray, *Borrowing Brilliance: The Six Steps to Business Innovation by Building on the Ideas of Others* (New York: Gotham Books, 2009).

40. Peter Attia, interview with author, August 2018.

41. Mary Roach, *Packing for Mars: The Curious Science of Life in the Void* (New York: W.W. Norton, 2010), 189.

42. Chaikin, "Changing the Rocket Equation?"

43. Fernholz, *Rocket Billionaires*, 83.

44. Fernholz, *Rocket Billionaires*, 83.

45. Chris Hadfield, *An Astronaut's Guide to Life on Earth: What Going to Space*

Taught Me About Ingenuity, Determination, and Being Prepared for Anything (New York: Little, Brown and Company, 2013).

46. Richard Hollingham, "Soyuz: The Soviet Space Survivor," *BBC Future*, December 2, 2014, www.bbc.com/future/story/20141202-the-greatest-spacecraft-ever.

47. E. F. Schumacher, *Small Is Beautiful: Economics As If People Mattered* (New York: Harper Perennial, 2010).

48. Kyle Stock, "The Little Ion Engine That Could," *Bloomberg Businessweek*, July 26, 2018, www.bloomberg.com/news/features/2018-07-26/ion-engine-startup-wants-to-change-the-economics-of-earth-orbit.

49. Stock, "Little Ion Engine."

50. Tracy Staedter, "Dime-Size Thrusters Could Propel Satellites, Spacecraft," *Space. com*, March 23, 2017, www.space.com/36180-dime-size-accion-thrusters-propel -spacecraft.html.

51. Keith Tidman, "Occam's Razor: On the Virtue of Simplicity," *Philosophical Investigations*, May 28, 2018, www.philosophical-investigations.org/2018/05/occams-razor-on-virtue-of-simplicity.html.

52. Sarah Freeman, "Alinea 2.0: Reinventing One of the World's Best Restaurants: Why Grant Achatz and Nick Kokonas Hit the Reset Button," *Chicago Eater*, May 19, 2016, https://chicago.eater.com/2016/5/19/11695724/alinea-chicago-grant-achatz-nick-kokonas.

53. Richard Duppa et al., *The Lives and Works of Michael Angelo and Raphael* (London: Bell & Daldy 1872), 151.

54. Jeffrey H. Dyer, Hal Gregersen, and Clayton M. Christensen, "The Innovator's DNA," *Harvard Business Review*, December 2009, https://hbr.org/2009/12/the-innovators-dna.

55. H. L. Mencken, *Prejudices: Second Series* (London: Jonathan Cape, 1921), 158, https://archive.org/details/prejudicessecond00mencuoft/page/158.

56. Alfred North Whitehead, *The Concept of Nature: Tarner Lectures Delivered in Trinity College* (Cambridge: University Press, 1920), 163.

3장_ 마음이 마음껏 뛰어놀 수 있게

1. 알베르트 아인슈타인의 사고실험을 다른 첫 번째 절은 다음 저작들을 토대로 했다. Walter Isaacson, "The Light-Beam Rider," *New York Times*, October 30, 2015; Albert Einstein, "Albert Einstein: Notes for an Autobiography," *Saturday Review*, November 26, 1949, https://archive.org/details/EinsteinAutobiography; Walter Isaacson, *Einstein: His Life and Universe* (New York: Simon & Schuster,

2007); Albert Einstein, *The Collected Papers of Albert Einstein*, vol. 7, *The Berlin Years: Writings, 1918–1921* (English translation supplement), trans. Alfred Engel (Princeton, NJ: Princeton University, 2002), https://einsteinpapers.press.princeton.edu/vol7-trans/152; Kent A. Peacock, "Happiest Thoughts: Great Thought Experiments in Modern Physics," in *The Routledge Companion to Thought Experiments*, ed. Michael T. Stuart, Yiftach Fehige, and James Robert Brown, Routledge Philosophy Companions (London and New York: Routledge/Taylor & Francis Group, 2018).

2. Isaacson, *Einstein: His Life and Universe*, 27.

3. Letitia Meynell, "Images and Imagination in Thought Experiments," in *The Routledge Companion to Thought Experiments*, ed. Michael T. Stuart, Yiftach Fehige, and James Robert Brown, Routledge Philosophy Companions (London and New York: Routledge/Taylor & Francis Group, 2017) (internal quotation marks omitted).

4. James Robert Brown, *The Laboratory of the Mind: Thought Experiments in the Natural Sciences* (New York: Routledge, 1991; reprint 2005).

5. John J. O'Neill, *Prodigal Genius: The Life of Nikola Tesla* (New York: Cosimo, 2006), 257.

6. Nikola Tesla, *My Inventions: The Autobiography of Nikola Tesla* (New York: Penguin, 2011).

7. Walter Isaacson, *Leonardo da Vinci* (New York: Simon & Schuster, 2017), 196.

8. Albert Einstein, *Ideas and Opinions* (New York: Bonanza Books, 1954), 274.

9. Shane Parrish, "Thought Experiment: How Einstein Solved Difficult Problems," Farnam Street (blog), June 2017, https://fs.blog/2017/06/thought-experiment-how-einstein-solved-difficult-problems.

10. NASA, "The Apollo 15 Hammer-Feather Drop," February 11, 2016, https://nssdc.gsfc.nasa.gov/planetary/lunar/apollo_15_feather_drop.html.

11. Rachel Feltman, "Schrödinger's Cat Just Got Even Weirder (and Even More Confusing)," *Washington Post*, May 27, 2016, www.washingtonpost.com/news/speaking-of-science/wp/2016/05/27/schrodingers-cat-just-got-even-weirder-and-even-more-confusing/?utm_term=.ed0e9088a988.

12. Sergey Armeyskov, "Decoding #RussianProverbs: Proverbs With the Word 'Nos[e],' " Russian Universe (blog), December 1, 2014, https://russianuniverse.org/2014/01/12/russian-saying-2/#more-1830.

13. Brian Grazer and Charles Fishman, *A Curious Mind: The Secret to a Bigger Life* (New York: Simon & Shuster, 2015; reprinted 2016), 11.

14. Todd B. Kashdan, "Companies Value Curiosity but Stifle It Anyway," *Harvard Business Review*, October 21, 2015, https://hbr.org/2015/10/companies-value-

curiosity-but-stifle-it-anyway.

15. George Bernard Shaw, Quotable Quotes, *Reader's Digest*, May 1933, 16.
16. 즉석사진에 대해서는 다음 저작들을 토대로 했다. Christopher Bonanos, Instant: The Story of Polaroid (New York: Princeton Architectural Press, 2012), 32; Warren Berger, *A More Beautiful Question: The Power of Inquiry to Spark Breakthrough Ideas* (New York: Bloomsbury USA, 2014), 72–73; American Chemical Society, "Invention of Polaroid Instant Photography," www.acs.org/content/acs/en/education/whatischemistry/landmarks/land-instant-photography.html#invention_of_instant_photography.
17. Jennifer Ludden, "The Appeal of 'Harold and the Purple Crayon,' " NPR, May 29, 2005, www.npr.org/templates/story/story.php?storyId=4671937.
18. Peter Galison, *Einstein's Clocks, Poincaré's Maps: Empires of Time* (New York: W.W. Norton, 2003).
19. Isaacson, *Leonardo Da Vinci*, 520.
20. David Brewster, *Memoirs of the Life, Writings, and Discoveries of Sir Isaac Newton* (Edinburgh: Thomas Constable and Co., 1855), 407.
21. James March, "Technology of Foolishness," first published in *Civiløkonomen* (Copenhagen, 1971), www.creatingquality.org/Portals/1/DNNArticleFiles/63463 1045269246454the%20technology%20of%20foolishness.pdf.
22. 이 연구는 다음에 요약되어 있다. Darya L. Zabelina and Michael D. Robinson, "Child's Play: Facilitating the Originality of Creative Output by a Priming Manipulation," *Psychology of Aesthetics, Creativity, and the Arts* 4, no. 1 (2010): 57–65, www.psychologytoday.com/files/attachments/34246/zabelina-robinson-2010a.pdf.
23. Zabelina and Robinson, "Child's Play."
24. Massachusetts Institute of Technology, "The MIT Press and the MIT Media Lab Launch the Knowledge Futures Group," press release, September 25, 2018, https://mitpress.mit.edu/press-news/Knowledge-Futures-Group-launch; MIT Media Lab, "Lifelong Kindergarten: Engaging People in Creative Learning Experiences," press release, www.media.mit.edu/groups/lifelong-kindergarten/overview.
25. Isaacson, *Leonardo da Vinci*, 353–354.
26. Bureau of Labor Statistics, "American Time Use Survey," 2017, www.bls.gov/tus/a1_2017.pdf.
27. Timothy D. Wilson et al., "Just Think: The Challenges of the Disengaged Mind," *Science*, February 17, 2015, www.ncbi.nlm.nih.gov/pmc/articles/PMC4330241.
28. Edward O. Wilson, *Consilience: The Unity of Knowledge* (New York: Alfred A. Knopf, 1998), 294.

29. William Deresiewicz, lecture at US Military Academy, West Point, October 2009; subsequently published as an essay: William Deresiewicz, "Solitude and Leadership," *American Scholar*, March 1, 2010.

30. Teresa Belton and Esther Priyadharshini, "Boredom and Schooling: A Cross-Disciplinary Exploration," *Cambridge Journal of Education*, December 1, 2007, www.ingentaconnect.com/content/routledg/ccje/2007/00000037/00000004/art00008.

31. Taki Takeuchi et al., "The Association Between Resting Functional Connectivity and Creativity," *Cerebral Cortex* 22 (2012): 2921–2929; Simone Kühn et al. "The Importance of the Default Mode Network in Structural MRI Study," *Journal of Creative Behavior* 48 (2014): 152–163, www.researchgate.net/publication/259539395_The_Importance_of_the_Default_Mode_Network_in_Creativity-A_Structural_MRI_Study; James Danckert and Colleen Merrifield, "Boredom, Sustained Attention and the Default Mode Network," *Experimental Brain Research* 236, no. 9 (2016), www.researchgate.net/publication/298739805_Boredom_sustained_attention_and_the_default_mode_network.

32. David Kord Murray, *Borrowing Brilliance: The Six Steps to Business Innovation by Building on the Ideas of Others* (New York: Gotham Books, 2009).

33. Benedict Carey, "You're Bored, but Your Brain Is Tuned In," *New York Times*, August 5, 2008, www.nytimes.com/2008/08/05/health/research/05mind.html.

34. Alex Soojung-Kim Pang, *Rest: Why You Get More Done When You Work Less* (New York: Basic Books, 2016), 100.

35. David Eagleman, *The Brain: The Story of You* (Edinburgh, UK: Canongate Books, 2015).

36. Edwina Portocarrero, David Cranor, and V. Michael Bove, "Pillow-Talk: Seamless Interface for Dream Priming Recalling and Playback," Massachusetts Institute of Technology, 2011, http://web.media.mit.edu/~vmb/papers/4p375-portocarrero.pdf.

37. David Biello, "Fact or Fiction? Archimedes Coined the Term 'Eureka!' in the Bath," *Scientific American*, December 8, 2006, www.scientificamerican.com/article/fact-or-fiction-archimede/?redirect=1.

38. "Ken952," "Office Shower," video, YouTube, uploaded August 23, 2008, www.youtube.com/watch?v=dHG_bjGschs.

39. "Idea For Hubble Repair Device Born in the Shower," *Baltimore Sun*, November 30, 1993, www.baltimoresun.com/news/bs-xpm-1993-11-30-1993334170-story.html.

40. Denise J. Cai et al., "REM, Not Incubation, Improves Creativity by Priming Associative Networks," *Proceedings of the National Academy of Sciences* 106,

no. 25 (June 23, 2009): 10,130–10,134, www.pnas.org/content/106/25/10130. full.

41. Ben Orlin, "The State of Being Stuck," Math With Bad Drawings (blog), September 20, 2017, https://mathwithbaddrawings.com/2017/09/20/the-state-of-being-stuck.

42. NOVA, "Solving Fermat: Andrew Wiles," interview with Andrew Wiles, PBS, October 31, 2000, www.pbs.org/wgbh/nova/article/andrew-wiles-fermat.

43. Judah Pollack and Olivia Fox Cabane, *Butterfly and the Net: The Art and Practice of Breakthrough Thinking* (New York: Portfolio/Penguin, 2017), 44–45.

44. Cameron Prince, "Nikola Tesla Timeline," Tesla Universe, https://teslauniverse. com/nikola-tesla/timeline/1882-tesla-has-ac-epiphany.

45. Damon Young, "Charles Darwin's Daily Walks," *Psychology Today*, January 12, 2015, www.psychologytoday.com/us/blog/how-think-about-exercise/201501/charles-darwins-daily-walks.

46. Pang, *Rest*, 100.

47. Melissa A. Schilling, *Quirky: The Remarkable Story of the Traits, Foibles, and Genius of Breakthrough Innovators Who Changed the World* (New York: Public Affairs, 2018).

48. Cal Newport, "Neil Gaiman's Advice to Writers: Get Bored," Cal Newport website, November 11, 2016, www.calnewport.com/blog/2016/11/11/neil-gaimans-advice-to-writers-get-bored.

49. Stephen King, *On Writing: A Memoir of the Craft* (New York: Scribner, 2000).

50. Mo Gawdat, *Solve for Happy: Engineering Your Path to Joy* (New York: North Star Way, 2017), 118.

51. Rebecca Muller, "Bill Gates Spends Two Weeks Alone in the Forest Each Year. Here's Why," *Thrive Global*, July 23, 2018, https://thriveglobal.com/stories/bill-gates-think-week.

52. Phil Knight, *Shoe Dog: A Memoir by the Creator of Nike* (New York: Scribner, 2016).

53. Rainer Maria Rilke, *Letters to a Young Poet* (New York: Penguin, 2012), 21.

54. Scott A. Sandford, "Apples and Oranges: A Comparison," *Improbable Research* (1995), www.improbable.com/airchives/paperair/volume1/v1i3/air-1-3-apples. php.

55. Waqas Ahmed, *The Polymath: Unlocking the Power of Human Versatility* (West Sussex, UK: John Wiley & Sons, 2018).

56. Andrew Hill, " The Hidden Benefits of Hiring Jacks and Jills of All Trades," *Financial Times*, February 10, 2019, www.ft.com/content/e7487264-2ac0-11e9-88a4-c32129756dd8.

57. Jaclyn Gurwin et al., "A Randomized Controlled Study of Art Observation Training to Improve Medical Student Ophthalmology Skills," *Ophthalmology* 125, no. 1 (January 2018): 8–14, www.ncbi.nlm.nih.gov/pubmed/28781219.

58. John Murphy, "Medical School Won't Teach You to Observe—But Art Class Will, Study Finds," *MDLinx*, September 8, 2017, www.mdlinx.com/internal-medicine/article/1101 (emphasis in original).

59. François Jacob, "Evolution and Tinkering," *Science*, June 10, 1977.

60. Gary Wolf, "Steve Jobs: The Next Insanely Great Thing," *Wired*, February 1, 1996, www.wired.com/1996/02/jobs-2.

61. Albert Einstein, *Ideas and Opinions: Based on Mein Weltbild* (New York: Crown, 1954).

62. P. W. Anderson, "More Is Different," *Science*, August 4, 1972, available at www.tkm.kit.edu/downloads/TKM1_2011_more_is_different_PWA.pdf.

63. D. K. Simonton, "Foresight, Insight, Oversight, and Hindsight in Scientific Discovery: How Sighted Were Galileo's Telescopic Sightings?," *Psychology of Aesthetics, Creativity, and the Arts* (2012); Robert Kurson, *Rocket Men: The Daring Odyssey of Apollo 8 and the Astronauts Who Made Man's First Journey to the Moon* (New York: Random House, 2018).

64. Isaacson, *Leonardo Da Vinci*.

65. Sarah Knapton, "Albert Einstein's Theory of Relativity Was Inspired by Scottish Philosopher," (London) *Telegraph*, February 19, 2019, www.msn.com/en-ie/news/offbeat/albert-einsteins-theory-of-relativity-was-inspired-by-scottish-philosopher/ar-BBTMyMO.

66. Sir Charles Lyell, *Principles of Geology: Modern Changes of the Earth and Its Inhabitants* (New York: D. Appleton and Co., 1889).

67. Murray, *Borrowing Brilliance*.

68. Murray, *Borrowing Brilliance*.

69. Ryan Holiday, *Perennial Seller: The Art of Making and Marketing Work That Lasts* (New York: Portfolio/Penguin, 2017), 35; Tim Ferriss, "Rick Rubin on Cultivating World-Class Artists (Jay Z, Johnny Cash, etc.), Losing 100+ Pounds, and Breaking Down the Complex," episode 76 (podcast), *The Tim Ferriss Show*, https://tim.blog/2015/05/15/rick-rubin.

70. Matthew Braga, "The Verbasizer Was David Bowie's 1995 Lyric-Writing Mac App," *Motherboard*, January 11, 2016, https://motherboard.vice.com/en_us/article/xygxpn/the-verbasizer-was-david-bowies-1995-lyric-writing-mac-app.

71. Amy Zipkin, "Out of Africa, Onto the Web," *New York Times*, December 17, 2006, www.nytimes.com/2006/12/17/jobs/17boss.html.

72. 나이키 '와플 트레이너'에 관한 내용은 다음 저작들을 토대로 했다. Knight, *Shoe*

Dog; Chris Danforth, "A Brief History of Nike's Revolutionary Waffle Trainer," *Highsnobiety*, March 30, 2017, www.highsnobiety.com/2017/03/30/nike-waffle-trainer-history; Matt Blitz, "How a Dirty Old Waffle Iron Became Nike's Holy Grail," *Popular Mechanics*, July 15, 2016, www.popularmechanics.com/technology/gadgets/a21841/nike-waffle-iron.

73. Riley Black, "Thomas Henry Huxley and the Dinobirds," *Smithsonian*, December 7, 2010, www.smithsonianmag.com/science-nature/thomas-henry-huxley-and-the-dinobirds-88519294.

74. William C. Taylor and Polly Labarre, "How Pixar Adds a New School of Thought to Disney," *New York Times*, January 29, 2006, www.nytimes.com/2006/01/29/business/yourmoney/how-pixar-adds-a-new-school-of-thought-to-disney.html; Ed Catmull and Amy Wallace, *Creativity, Inc.: Overcoming the Unseen Forces That Stand in the Way of True Inspiration* (Toronto: Random House Canada, 2014).

75. Frans Johansson, *The Medici Effect: What Elephants and Epidemics Can Teach Us About Innovation* (Boston: Harvard Business School Press, 2017).

76. Steve Squyres, *Roving Mars: Spirit, Opportunity, and the Exploration of the Red Planet* (New York: Hyperion, 2005); University of California Television, "Roving Mars with Steve Squyres: Conversations with History," video, YouTube, uploaded August 18, 2011, www.youtube.com/watch?v=NI6KEzsb26U&feature=youtu.be.

77. Squyres, *Roving Mars*.

78. Ethan Bernstein, Jesse Shoreb, and David Lazer, "How Intermittent Breaks in Interaction Improve Collective Intelligence," *Proceedings of the National Academy of Sciences* 115, no. 35 (August 28, 2018): 8734–8739, www.pnas.org/content/pnas/115/35/8734.full.pdf; HBS [Harvard Business School] Communications, "Problem-Solving Techniques Take On New Twist," *Harvard Gazette*, August 15, 2018, https://news.harvard.edu/gazette/story/2018/08/collaborate-on-complex-problems-but-only-intermittently.

79. Bernstein, Shoreb, and Lazer, "Intermittent Breaks."

80. Bernstein, Shoreb, and Lazer, "Intermittent Breaks."

81. Isaac Asimov, "On Creativity," 1959, first published in *MIT Technology Review*, October 20, 2014.

82. Dean Keith Simonton, *Origins of Genius: Darwinian Perspectives on Creativity* (New York: Oxford University Press, 1999), 125.

83. *Encyclopaedia Britannica*, s.v. "Alfred Wegener," updated April 5, 2019, www.britannica.com/biography/Alfred-Wegener.

84. Joseph Sant, "Alfred Wegener's Continental Drift Theory," *Scientus*, 2018, www.

scientus.org/Wegener-Continental-Drift.html.

85. Mario Livio, *Brilliant Blunders: From Darwin to Einstein—Colossal Mistakes by Great Scientists That Changed Our Understanding of Life and the Universe* (New York: Simon & Schuster, 2013), 265.

86. Albert Einstein, "Zur Elektrodynamik bewegter Körper" [On the electrodynamics of moving bodies], *Annalen der Physik* 17, no. 10 (June 30, 1905).

87. Shunryu Suzuki and Richard Baker, *Zen Mind, Beginner's Mind* (Boston: Shambhala, 2006), 1.

88. Suzuki and Baker, *Zen Mind, Beginner's Mind*.

89. Alison Flood, "JK Rowling Says She Received 'Loads' of Rejections Before Harry Potter Success," *Guardian*, March 24, 2015, www.theguardian.com/books/2015/mar/24/jk-rowling-tells-fans-twitter-loads-rejections-before-harry-potter-success.

90. "Revealed: The Eight-Year-Old Girl Who Saved Harry Potter," (*London*) *Independent*, July 3, 2005, www.independent.co.uk/arts-entertainment/books/news/revealed-the-eight-year-old-girl-who-saved-harry-potter-296456.html.

4장_ 문샷 사고의 힘

1. 룬 프로젝트를 다루는 이 절은 다음 저작들을 토대로 했다. "Google Launches Product Loon," *New Zealand Herald*, June 15, 2013, www.nzherald.co.nz/internet/news/article.cfm?c_id=137&objectid=10890750; "Google Tests Out Internet-Beaming Balloons in Skies Over New Zealand," (*San Francisco*) SFist, June 16, 2013, http://sfist.com/2013/06/16/google_tests_out_internet-beaming_b.php; Derek Thompson, "Google X and the Science of Radical Creativity," *Atlantic*, November 2017, www.theatlantic.com/magazine/archive/2017/11/x-google-moonshot-factory/540648/; Loon.com, "Loon: The Technology," video, YouTube, uploaded June 14, 2013, www.youtube.com/watch?v=mcw6j-QWGMo&feature=youtu.be; Alex Davies, "Inside X, the Moonshot Factory Racing to Build the Next Google," *Wired*, July 11, 2018, www.wired.com/story/alphabet-google-x-innovation-loon-wing-graduation; Steven Levy, " The Untold Story of Google's Quest to Bring the Internet Everywhere—by Balloon," *Wired*, August 13, 2013, www.wired.com/2013/08/googlex-project-loon.

2. Chris Anderson, "Mystery Object in Sky Captivates Locals," *Appalachian News-Express*, October 19, 2012, www.news-expressky.com/news/article_f 257128c-1979-11e2-a94e-0019bb2963f4.html.

3. Thompson, "Radical Creativity."

4. Telefónica, " Telefónica and Project Loon Collaborate to Provide Emergency Mobile Connectivity to Flooded Areas of Peru," Telefónica, May 17, 2017, www.telefonica.com/en/web/press-office/-/telefonica-and-project-loon-collaborate-to-provide-emergency-mobile-connectivity-to-flooded-areas-of-peru.

5. Alastair Westgarth, " Turning on Project Loon in Puerto Rico," *Medium*, October 20, 2017, https://medium.com/loon-for-all/turning-on-project-loon-in-puerto-rico-f 3aa41ad2d7f.

6. Robert Kurson, *Rocket Men: The Daring Odyssey of Apollo 8 and the Astronauts Who Made Man's First Journey to the Moon* (New York: Random House, 2019), 17.

7. *In the Shadow of the Moon*, directed by Dave Sington (Velocity/ Think Film, 2008), DVD.

8. Jade Boyd, "JFK's 1962 Moon Speech Still Appeals 50 Years Later," Rice University News, August 30, 2012, http://news.rice.edu/2012/08/30/jf ks-1962-moon-speech-still-appeals-50-years-later.

9. Gene Kranz, *Failure Is Not an Option: Mission Control from Mercury to Apollo 13 and Beyond* (New York: Simon & Schuster, 2000), 56.

10. Kranz, *Failure Is Not an Option*.

11. Mo Gawdat, *Solve for Happy: Engineering Your Path to Joy* (New York: North Star Way, 2017).

12. James Carville and Paul Begala, *Buck Up, Suck Up… and Come Back When You Foul Up: 12 Winning Secrets from the War Room* (New York: Simon & Schuster, 2003), 89–90.

13. Abraham Maslow, quoted in Jim Whitt, *Road Signs for Success* (Stillwater, OK: Lariat Press, 1993), 61.

14. Seth Godin, *The Icarus Deception: How High Will You Fly?* (New York: Portfolio/Penguin, 2012).

15. Shane Snow, *Smartcuts: The Breakthrough Power of Lateral Thinking* (New York: HarperBusiness, 2014), 180, Kindle.

16. Pascal-Emmanuel Gobry, "Facebook Investor Wants Flying Cars, Not 140 Characters," *Business Insider*, July 301, 2011, www.businessinsider.com/founders-fund-the-future-2011-7.

17. Jennifer Reingold, "Hondas in Space," *Fast Company*, October 5, 2005, www.fastcompany.com/74516/hondas-space-2.

18. Astro Teller, "The Head of 'X' Explains How to Make Audacity the Path of Least Resistance," *Wired*, April 15, 2016, www.wired.com/2016/04/the-head-of-x-explains-how-to-make-audacity-the-path-of-least-resistance/#.2vy7nkes6.

19. Lisa Bodell, *Kill the Company: End the Status Quo, Start an Innovation*

Revolution (Brookline, MA: Bibliomotion, 2016), 128–129.

20. David J. Schwartz, *The Magic of Thinking Big*, Touchstone hardcover edition (New York: Touchstone, 2015), 9.

21. Dana Goodyear, "Man of Extremes: Return of James Cameron," *New Yorker*, October 19, 2009, www.newyorker.com/magazine/2009/10/26/man-of-extremes.

22. Chantal Da Silva, "Michelle Obama Tells A Secret: 'I Have Been at Every Powerful Table You Can Think Of ... They Are Not That Smart,' " *Newsweek*, December 4, 2018, www.newsweek.com/michelle-obama-tells-secret-i-have-been-every-powerful-table-you-can-think-1242695.

23. 꿀벌의 학습 능력에 대해서는 다음을 참조하라. Hamida B. Mirwan and Peter G. Kevan, "Problem Solving by Worker Bumblebees *Bombus impatiens* (Hymenoptera: Apoidea)," *Animal Cognition* 17 (September 2014): 1053–1061. On bees' ability to teach, see Kristin Hugo, "Intelligence Test Shows Bees Can Learn to Solve Tasks from Other Bees," *News Hour*, PBS, February 23, 2017, www.pbs.org/newshour/science/intelligence-test-shows-bees-can-learn-to-solve-tasks-from-other-bees.

24. Maurice Maeterlinck, *The Life of the Bee*, trans. Alfred Sutro (New York: Dodd, Mead and Company, 1915), 145–146.

25. David Deutsch, *The Beginning of Infinity: Explanations That Transform the World* (London: Allen Lane, 2011).

26. John D. Norton, "How Einstein Did Not Discover," *Physics in Perspective*, 258 (2016) www.pitt.edu/~jdnorton/papers/Einstein_Discover_final.pdf.

27. Richard W. Woodman, John E. Sawyer, and Ricky W. Griffin, " Toward a Theory of Organizational Creativity," *Academy of Management Review* 18, no. 2 (April 1993): 293; Scott David Williams, "Personality, Attitude, and Leader Influences on Divergent Thinking and Creativity in Organizations," *European Journal of Innovation Management* 7, no. 3 (September 1, 2004): 187–204; J. P. Guilford, "Cognitive Psychology's Ambiguities: Some Suggested Remedies," *Psychological Review* 89, no. 1 (1982): 48–59, https://psycnet.apa.org/record/1982-07070-001.

28. Ting Zhang, Francesca Gino, and Joshua D. Margolis, "Does 'Could' Lead to Good? On the Road to Moral Insight," *Academy of Management Journal* 61, no. 3 (June 22, 2008), https://journals.aom.org/doi/abs/10.5465/amj.2014.0839.

29. E. J. Langer and A. I. Piper, "The Prevention of Mindlessness," *Journal of Personality and Social Psychology* 53, no. 2 (1987): 280–287.

30. Louise Lee, "Managers Are Not Always the Best Judge of Creative Ideas," *Stanford Business*, January 26, 2016, www.gsb.stanford.edu/insights/managers-

are-not-best-judge-creative-ideas.

31. Justin M. Berg, "Balancing on the Creative Highwire: Forecasting the Success of Novel Ideas in Organizations," *Administrative Science Quarterly*, July 2016, www.gsb.stanford.edu/faculty-research/publications/balancing-creative-highwire-forecasting-success-novel-ideas.

32. "Everything You Know About Genius May Be Wrong," *Heleo*, September 6, 2017, https://heleo.com/conversation-everything-know-genius-may-wrong/15062.

33. Alex Soojung-Kim Pang, *Rest: Why You Get More Done When You Work Less* (New York: Basic Books, 2016), 44.

34. Naama Mayseless, Judith Aharon-Perez, and Simone Shamay-Tsoory, "Unleashing Creativity: The Role of Left Temporoparietal Regions in Evaluation and Inhibiting the Generation of Creative Ideas," *Neuropsychologia* 64 (November 2014): 157–168.

35. I. Bernard Cohen, "Faraday and Franklin's 'Newborn Baby,' " *Proceedings of the American Philosophical Society* 131, no. 2 (June 1987): 77–182, www.jstor.org/stable/986790?read-now=1&seq=6#page_scan_tab_contents.

36. 2003년 화성표면탐사로버 프로젝트에 대해서는 다음을 참조하라. Jet Propulsion Laboratory, California Institute of Technology, "Spacecraft: Airbags," NASA, https://mars.nasa.gov/mer/mission/spacecraft_edl_airbags.html. 2008년 피닉스 프로젝트에 대해서는 다음을 참조하라. NASA, "NASA Phoenix Mission Ready for Mars Landing," May 13, 2008, press release, www.nasa.gov/mission_pages/phoenix/news/phoenix-2008050813.html.

37. Adam Steltzner and William Patrick, *Right Kind of Crazy: A True Story of Teamwork, Leadership, and High-Stakes Innovation* (New York: Portfolio/Penguin, 2016), 137.

38. Arnold Schwarzenegger, with Peter Petre, *Total Recall: My Unbelievably True Life Story* (New York: Simon & Schuster, 2012), 53.

39. Arnold Schwarzenegger, "Shock Me," Arnold Schwarzenegger website, July 30, 2012, www.schwarzenegger.com/fitness/post/shock-me.

40. Bernard D. Beitman, "Brains Seek Patterns in Coincidences," *Psychiatric Annals* 39, no. 5 (May 2009): 255–264, https://drjudithorloff.com/main/wp-content/uploads/2017/09/Psychiatric-Annals-Brains-Seek-Patterns.pdf.

41. Norman Doidge, *The Brain's Way of Healing: Remarkable Discoveries and Recoveries from the Frontiers of Neuroplasticity* (New York: Penguin Books, 2015).

42. Paul J. Steinhardt, "What Impossible Meant to Feynman," *Nautilus*, January 31, 2019, http://m.nautil.us/issue/68/context/what-impossible-meant-to-feynman.

43. Alok Jha, "Science Weekly with Michio Kaku: Impossibility Is Relative,"

Guardian (US edition), June 14, 2009, www.theguardian.com/science/audio/2009/jun/11/michio-kaku-physics-impossible.

44. Andrea Estrada, "Reading Kafka Improves Learning, Suggests UCSB Psychology Study," *UC Santa Barbara Current*, September 15, 2009, www.news.ucsb.edu/2009/012685/reading-kafka-improves-learning-suggests-ucsb-psychology-study.

45. Adam Morgan and Mark Barden, *A Beautiful Constraint: How to Transform Your Limitations into Advantages, and Why It's Everyone's Business* (Hoboken, NJ: Wiley, 2015).

46. Travis Proulx and Steven J. Heine, "Connections from Kafka: Exposure to Meaning Threats Improves Implicit Learning of an Artificial Grammar," *Psychological Science* 20, no. 9 (2009): 1125–1131.

47. Bill Ryan, "What Verne Imagined, Sikorsky Made Fly," *New York Times*, May 7, 1995, www.nytimes.com/1995/05/07/nyregion/what-verne-imagined-sikorsky-made-fly.html.

48. Mark Strauss, "Ten Inventions Inspired by Science Fiction," *Smithsonian Magazine*, March 15, 2012, www.smithsonianmag.com/science-nature/ten-inventions-inspired-by-science-fiction-128080674.

49. Tim Fernholz, *Rocket Billionaires: Elon Musk, Jeff Bezos, and the New Space Race* (Boston: Houghton Mifflin Harcourt, 2018), 69.

50. Dylan Minor, Paul Brook, and Josh Bernoff, "Data From 3.5 Million Employees Shows How Innovation Really Works," *Harvard Business Review*, October 9, 2017, https://hbr.org/2017/10/data-from-3-5-million-employees-shows-how-innovation-really-works.

51. Neil Strauss, "Elon Musk: The Architect of Tomorrow," *Rolling Stone*, November 15, 2017, www.rollingstone.com/culture/culture-features/elon-musk-the-architect-of-tomorrow-120850.

52. Snow, *Smartcuts*.

53. Tom Junod, "Elon Musk: Triumph of His Will," *Esquire*, November 15, 2012, www.esquire.com/news-politics/a16681/elon-musk-interview-1212.

54. Michael Belfiore, "Behind the Scenes with the World's Most Ambitious Rocket Makers," *Popular Mechanics*, September 1, 2009, www.popularmechanics.com/space/rockets/a5073/4328638.

55. Junod, "Musk: Triumph of His Will."

56. Andrew Chaikin, "Is SpaceX Changing the Rocket Equation?," *Smithsonian*, January 2012, www.airspacemag.com/space/is-spacex-changing-the-rocket-equation-132285884/?no-ist=&page=2.

57. Sam Altman, "How to Be Successful," Sam Altman (blog), January 24, 2019,

http://blog.samaltman.com/how-to-be-successful.

58. X, "Obi Felten, Head of Getting Moonshots Ready for Contact with the Real World," https://x.company/team/obi.

59. Davies, "Inside X, the Moonshot Factory."

60. Thompson, "Radical Creativity."

61. Jessica Guynn, "Google's Larry Page Will Try to Recapture Original Energy as CEO," *Los Angeles Times*, January 22, 2011, www.latimes.com/business/la-xpm-2011-jan-22-la-fi-google-20110122-story.html.

62. Leah Binkovitz, "Tesla at the Smithsonian: The Story Behind His Genius," *Smithsonian*, June 27, 2013, www.smithsonianmag.com/smithsonian-institution/tesla-at-the-smithsonian-the-story-behind-his-genius-3329176; Jill Jonnes, *Empires of Light: Edison, Tesla, Westinghouse, and the Race to Electrify the World* (New York: Random House, 2003).

63. Obi Felten, "Watching Loon and Wing Grow Up," LinkedIn, August 1, 2018, www.linkedin.com/pulse/watching-loon-wing-grow-up-obi-felten.

64. Obi Felten, interview with author, July 2019.

65. Obi Felten, "Living in Modern Times: Why We Worry About New Technology and What We Can Do About It," LinkedIn, January 12, 2018, www.linkedin.com/pulse/living-modern-times-why-we-worry-new-technology-what-can-obi-felten.

66. Astro Teller, "The Secret to Moonshots? Killing Our Projects," *Wired*, February 16, 2016, www.wired.com/2016/02/the-secret-to-moonshots-killing-our-projects/#.euwa8vwaq.

67. Astro Teller, "The Head of 'X' Explains How to Make Audacity the Path of Least Resistance," *Wired*, April 15, 2016, www.wired.com/2016/04/the-head-of-x-explains-how-to-make-audacity-the-path-of-least-resistance/#.2vy7nkes6.

68. Davies, "Inside X, the Moonshot Factory."

69. Thompson, "Radical Creativity"; Obi Felten, "How to Kill Good Things to Make Room for Truly Great Ones," X (blog), March 8, 2016, https://blog.x.company/how-to-kill-good-things-to-make-room-for-truly-great-ones-867f b6ef 026; Davies, "Inside X, the Moonshot Factory."

70. Thompson, "Radical Creativity."

71. Felten, "How to Kill Good Things."

72. Steven Levey, "The Untold Story of Google's Quest to Bring the Internet Everywhere—By Balloon," *Wired*, August 13, 2013, www.wired.com/2013/08/googlex-project-loon.

73. Chautauqua Institution, "Obi Felten: Head of Getting Moonshots Ready for Contact with the Real World, X," video, YouTube, uploaded June 30, 2017,

www.youtube.com/watch?v=PotKc56xYyg&feature=youtu.be.

74. Mark Holmes, "It All Started with a Suit: The Story Behind Shotwell's Rise to SpaceX, *Via Satellite*, April 21, 2014, www.satellitetoday.com/business/2014/04/21/it-all-started-with-a-suit-the-story-behind-shotwells-rise-to-spacex.

75. Max Chafkin and Dana Hull, "SpaceX's Secret Weapon Is Gwynne Shotwell," *Bloomberg Businessweek*, July 26, 2018, www.bloomberg.com/news/features/2018-07-26/she-launches-spaceships-sells-rockets-and-deals-with-elon-musk.

76. Eric Ralph, "SpaceX to Leverage Boring Co. Tunneling Tech to Help Humans Settle Mars," Teslarati, May 23, 2018, www.teslarati.com/spacex-use-boring-company-tunneling-technology-mars; CNBC, "SpaceX President Gwynne Shotwell on Elon Musk and the Future of Space Launches," video, YouTube, uploaded May 22, 2018, https://youtu.be/clhXVdjvOyk.

77. 보링컴퍼니에 대해서는 다음 저작들을 토대로 했다. Boring Company, "FAQ," www.boringcompany.com/faq; Elon Musk, " The Future We're Building—and Boring," TED talk, April 2017, www.ted.com/talks/elon_musk_the_future_we_re_building_and_boring.

78. *Back to the Future*, by Robert Zemeckis and Bob Gale and directed by Robert Zemeckis (Universal Pictures, 1985). The quote was uttered by the character Emmet "Doc" Brown as he and his friends prepare to blast off to another time-traveling adventure.

79. Laura Bliss, "Dig Your Crazy Tunnel, Elon Musk!," *City Lab*, December 19, 2018, www.citylab.com/transportation/2018/12/elon-musk-tunnel-ride-tesla-boring-company-los-angeles/578536.

80. Boring Company, "Chicago," www.boringcompany.com/chicago.

81. Boring Company, "Las Vegas," www.boringcompany.com/lvcc.

82. Antoine de Saint-Exupéry, *The Wisdom of the Sands* (New York: Harcourt, Brace and Company, 1950), 155.

83. "Alan Kay, Educator and Computing Pioneer," TED speaker personal profile, March 2008, www.ted.com/speakers/alan_kay.

84. 아마존의 백캐스팅 활용에 대해서는 다음 저작들에 의존했다. Jeff Dyer and Hal Gregersen, "How Does Amazon Stay at Day One?," *Forbes*, August 8, 2017, www.forbes.com/sites/innovatorsdna/2017/08/08/how-does-amazon-stay-at-day-one/#62a21bb67e4d; Ian McAllister, answer to submitted question: "What Is Amazon's Approach to Product Development and Product Management?," *Quora*, May 18, 2012, www.quora.com/What-is-Amazons-approach-to-product-development-and-product-management; Natalie Berg and Miya Knights, *Amazon: How the World's Most Relentless Retailer Will Continue to*

Revolutionize Commerce (New York: Kogan Page, 2019), 10.

85. Derek Sivers, "Detailed Dreams Blind You to New Means," Derek Sivers website, March 18, 2018, https://sivers.org/details.

86. Astro Teller, " Tackle the Monkey First," X, the Moonshot Factory, December 7, 2016, https://blog.x.company/tackle-the-monkey-first-90fd6223e04d.

87. Thompson, "Radical Creativity."

88. Kathy Hannun, " Three Things I Learned from Turning Seawater into Fuel," X, the Moonshot Factory, December 7, 2016, https: //blog.x.company/three-things-i-learned-from-turning-seawater-into-fuel-66aeec36cfaa.

89. 포그혼 프로젝트에 관한 내용은 다음 저작들을 토대로 했다. Hannun, "Turning Seawater into Fuel"; Teller, " Tackle the Monkey First"; Thompson, "Radical Creativity."

90. George Bernard Shaw, Man and Superman (Westminster: Archibald Constable & Co., 1903), 238.

91. Burt Rutan, quoted in Peter Diamandis, "True Breakthroughs = Crazy Ideas + Passion," *Tech Blog*, May 2017, www.diamandis.com/blog/true-breakthroughs-crazy-ideas-passion.

5장_ 질문에 관한 질문

1. 화성착륙에 대한 묘사는 다음 저작들을 토대로 했다. Steve Squyres, *Roving Mars: Spirit, Opportunity, and the Exploration of the Red Planet* (New York: Hyperion, 2005), 79–80; Adam Steltzner and William Patrick, *Right Kind of Crazy: A True Story of Teamwork, Leadership, and High-Stakes Innovation* (New York: Portfolio/Penguin, 2016); Jet Propulsion Laboratory, California Institute of Technology, "Spacecraft: Aeroshell," NASA, https://mars.nasa.gov/mer/mission/spacecraft_edl_aeroshell.html; NASA Jet Propulsion Laboratory, California Institute of Technology, "Spacecraft: Aeroshell—RAD Rockets," https://mars.nasa.gov/mer/mission/spacecraft_edl_radrockets.html; Integrated Teaching and Learning Program, College of Engineering, University of Colorado Boulder, "Lesson: Six Minutes of Terror," Teach Engineering, July 31, 2017, www.teachengineering.org/lessons/view/cub_mars_lesson05.

2. Amar Toor, "NASA Details Curiosity's Mars Landing in 'Seven Minutes of Terror' Video," *Verge*, June 26, 2012, www.theverge.com/2012/6/26/3117662/nasa-mars-rover-curiosity-seven-minutes-terror-video.

3. 거리에 대해서는 다음을 참조하라. NASA, "Mars Close Approach to Earth: July 31, 2018," NASA, https://mars.nasa.gov/allaboutmars/nightsky/mars-close-

approach; Tim Sharp, "How Far Away Is Mars?," Space.com, December 15, 2017, www.space.com/16875-how-far-away-is-mars.html. 화성의 공전 속도에 대해서는 다음을 참조하라. NASA, "Mars Facts," NASA, https://mars.nasa.gov/allaboutmars/facts/#?c=inspace&s=distance.

4. John Maynard Keynes, *The General Theory of Employment, Interest, and Money* (New York: Harcourt, Brace, 1936).

5. Dan Meyer, "Rough-Draft Thinking & Bucky the Badger," dy/dan (blog), May 21, 2018, https://blog.mrmeyer.com/2018/rough-draft-thinking-bucky-the-badger.

6. Thomas Wedell-Wedellsborg, "Are You Solving the Right Problems?," *Harvard Business Review*, February 2017, https://hbr.org/2017/01/are-you-solving-the-right-problems.

7. Paul C. Nutt, "Surprising but True: Half the Decisions in Organizations Fail," *Academy of Management Executive* 13, no. 4 (November 1999): 75–90.

8. Nutt, "Surprising but True."

9. Merim Bilali, Peter McLeod, and Fernand Gobet, "Why Good Thoughts Block Better Ones: The Mechanism of the Pernicious Einstellung (Set) Effect," *Cognition* 108, no. 3 (September 2008): 652–661, https://bura.brunel.ac.uk/bitstream/2438/2276/1/Einstellung-Cognition.pdf.

10. NASA, Step-by-Step Guide to Entry, Descent, and Landing https://mars.nasa.gov/mer/mission/tl_entry1.html.

11. Hal Gregersen, "Bursting the CEO Bubble," *Harvard Business Review*, April 2017, https://hbr.org/2017/03/bursting-the-ceo-bubble.

12. Charles Darwin, *The Correspondence of Charles Darwin: 1858–1859*, ed. Frederick Burkhardt and Sydney Smith (New York: Cambridge University Press, 1985).

13. Werner Heisenberg, *Physics and Philosophy: The Revolution in Modern Science* (New York: Harper, 1958).

14. Ahmed M. Abdulla et al., "Problem Finding and Creativity: A Meta-Analytic Review," *Psychology of Aesthetics, Creativity, and the Arts* (August 9, 2018), https://psycnet.apa.org/record/2018-38514-001.

15. Jacob W. Getzels and Mihaly Csikszentmihalyi, *The Creative Vision: Longitudinal Study of Problem Finding in Art* (New York: Wiley, 1976).

16. NASA, "Mariner Space Probes," https://history.nasa.gov/mariner.html.

17. NASA, "Viking 1 and 2," https://mars.nasa.gov/programmissions/missions/past/viking.

18. NASA, "Viking Mission Overview," www.nasa.gov/redplanet/viking.html.

19. Squyres, *Roving Mars.*

20. Squyres, *Roving Mars*, 90.

21. NASA, Girl with Dreams Names Mars Rovers "Spirit" and "Opportunity," (June 8, 2003) www.nasa.gov/missions/highlights/mars_rover_names.html.

22. Squyres, *Roving Mars*, 145.

23. Squyres, *Roving Mars*, 122.

24. 스피릿과 오퍼튜너티의 화성착륙에 대한 묘사는 주로 다음을 토대로 했다. Squyres, *Roving Mars*; University of California Television, "Roving Mars with Steve Squyres: Conversations with History," video, YouTube, uploaded August 18, 2011, www.youtube.com/watch?v=NI6KEzsb26U&feature=youtu.be.

25. John Callas, "A Heartfelt Goodbye to a Spirited Mars Rover," NASA, May 25, 2011, https://mars.nasa.gov/news/1129/a-heartfelt-goodbye-to-a-spirited-mars-rover.

26. NASA, "NASA's Record-Setting Opportunity Rover Mission on Mars Comes to End," press release, February 13, 2019, www.nasa.gov/press-release/nasas-record-setting-opportunity-rover-mission-on-mars-comes-to-end.

27. World Health Organization, "Preterm Birth," February 19, 2018, www.who.int/en/news-room/fact-sheets/detail/preterm-birth.

28. Cheryl Bird, "How an Incubator Works in the Neonatal ICU," *Verywell Family*, November 6, 2018, www.verywellfamily.com/what-is-an-incubator-for-premature-infants-2748445.

29. Bird, "Neonatal ICU"; Kelsey Andeway, "Why Are Incubators Important for Babies in the NICU?," *Health eNews*, July 23, 2018, www.ahchealthenews.com/2018/07/23/incubators-important-babies-nicu.

30. Elizabeth A. Reedy, "Care of Premature Infants," University of Pennsylvania School of Nursing, www.nursing.upenn.edu/nhhc/nurses-institutions-caring/care-of-premature-infants; Vinnie DeFrancesco, "Neonatal Incubator—Perinatology," *ScienceDirect*, 2004, www.sciencedirect.com/topics/nursing-and-health-professions/neonatal-incubator.

31. 유아용 임브레이스워머에 관한 내용은 다음 저작들을 토대로 했다. Snow, *Smartcuts*; Adam Morgan and Mark Barden, *A Beautiful Constraint: How to Transform Your Limitations into Advantages, and Why It's Everyone's Business* (Hoboken, NJ: Wiley, 2015); Embrace home page, www.embraceinnovations.com.

32. Stanford University, "Design for Extreme Affordability—About," https://extreme.stanford.edu/about-extreme.

33. Neil Gaiman, *The Sandman*, vol. 2, *The Doll's House*, 30th anniv. ed., issues 9–16 (Burbank, CA: DC Comics, 2018).

34. Peter Attia, interview with author, August 2018. 35. Tina Seelig, "The $5 Challenge!," *Psychology Today*, August 5, 2009, www.psychologytoday.com/us/

blog/creativityrulz/200908/the-5-challenge.

35. Tina Seelig, "The $5 Challenge!," *Psychology Today*, August 5, 2009, www. psychologytoday.com/us/blog/creativityrulz/200908/the-5-challenge.

36. Alexander Calandra, "Angels on a Pin," *Saturday Review*, December 21, 1968. The story also appeared in *Quick Takes: Short Model Essays for Basic Composition*, ed. Elizabéth Penfield and Theodora Hill (New York: HarperCollins College Publishers, 1995), and can be found at https://kaushikghose.files.wordpress. com/2015/07/angels-on-a-pin.pdf.

37. Robert E. Adamson, "Functional Fixedness as Related to Problem Solving: A Repetition of Three Experiments," *Journal of Experimental Psychology* 44, no. 4 (October 1952): 288–291, www.dtic.mil/dtic/tr/fulltext/u2/006119.pdf.

38. Will Yakowicz, "This Space-Age Blanket Startup Has Helped Save 200,000 Babies (and Counting)," *Inc.*, May 2016, www.inc.com/magazine/201605/will-yakowicz/embrace-premature-baby-blanket.html.

39. Patrick J. Gallagher, "Velcro," International Trademark Association, April 1, 2004, www.inta.org/INTABulletin/Pages/VELCRO.aspx.

40. Tony McCaffrey, "Innovation Relies on the Obscure: A Key to Overcoming the Classic Problem of Functional Fixedness," *Psychological Science* 23, no. 3 (February 7, 2012): 215–218, https://journals.sagepub.com/doi/abs/10.1177/0956797611429580.

41. Ron Miller, "How AWS Came to Be," *TechCrunch*, July 2, 2016, https://techcrunch.com/2016/07/02/andy-jassys-brief-history-of-the-genesis-of-aws.

42. Larry Dignan, "All of Amazon's 2017 Operating Income Comes from AWS," *ZDNet*, February 1, 2017, www.zdnet.com/article/all-of-amazons-2017-operating-income-comes-from-aws.

43. Randy Hofbauer, "Amazon-Whole Foods, 1 Year Later: 4 Grocery Experts Share Their Insights," *Progressive Grocer*, June 18, 2018, https://progressivegrocer. com/amazon-whole-foods-1-year-later-4-grocery-experts-share-their-insights.

44. NASA, "Sputnik and the Dawn of the Space Age," NASA, October 10, 2007, https://history.nasa.gov/sputnik/.

45. GPS의 기원에 관한 내용은 다음 저작들을 토대로 했다. Steven Johnson, *Where Good Ideas Come From: The Natural History of Innovation* (New York: Riverhead Books, 2011); Robert Kurson, *Rocket Men: The Daring Odyssey of Apollo 8 and the Astronauts Who Made Man's First Journey to the Moon* (New York: Random House, 2018); William H. Guier and George C. Weiffenbach, "Genesis of Satellite Navigation," *Johns Hopkins APL Technical Digest*, 18, no. 2 (1997): 178–181, www.jhuapl.edu/Content/techdigest/pdf/V18-N02/18-02-Guier.pdf.; Alan Boyle, "Sputnik Started Space Race, Anxiety," *NBC News*, October 4,

1997, www.nbcnews.com/id/3077890/ns/technology_and_science-space/t/sputnik-started-space-race-anxiety/#.XOtOsi2ZPBI.

46. *Chicago Daily News* editorial cited in Kurson, *Rocket Men.*

47. Shane Parrish, "Inversion and the Power of Avoiding Stupidity," Farnam Street (blog), October 2013, https://fs.blog/2013/10/inversion; Ray Galkowski, "Invert, Always Invert, Margin of Safety," January 9, 2011, http://amarginofsafety.com/2011/01/09/456.

48. David Kord Murray, *Borrowing Brilliance: The Six Steps to Business Innovation by Building on the Ideas of Others* (New York: Gotham Books, 2009).

49. Murray, *Borrowing Brilliance.*

50. Warren Berger, *A More Beautiful Question: The Power of Inquiry to Spark Breakthrough Ideas* (New York: Bloomsbury USA, 2014); Patagonia, "Don't Buy This Jacket, Black Friday and *the New York Times*," November 25, 2011, www.patagonia.com/blog/2011/11/dont-buy-this-jacket-black-friday-and-the-new-york-times.

51. Patagonia, "Don't Buy This Jacket."

52. 딕 포스베리에 관한 내용은 다음 저작들을 근거로 삼았다. Richard Hoffer, Something in the Air: American Passion and Defiance in the 1968 Mexico City Olympics (New York: Free Press, 2009); James Clear, "Olympic Medalist Dick Fosbury and the Power of Being Unconventional," James Clear (blog), https://jamesclear.com/dick-fosbury; Tom Goldman, "Dick Fosbury Turned His Back on the Bar and Made a Flop a Success," NPR, October 20, 2018, www.npr.org/2018/10/20/659025445/dick-fosbury-turned-his-back-on-the-bar-and-made-a-flop-a-success.

53. Kerry Eggers, "From Flop to Smashing High Jump Success," *Portland Tribune*, July 22, 2008, https://pamplinmedia.com/component/content/article?id=71447.

54. Rod Drury, "Why Pitching a Really Bad Idea Isn't the End of the World," *Fortune*, March 23, 2016, http://fortune.com/2016/03/22/how-to-motivate-team.

55. Gregersen, "Bursting the CEO Bubble."

6장_ 자기를 반증하고 또 반증하고

1. 화성기후궤도선에 관한 내용은 다음 저작들을 토대로 했다. Steve Squyres, *Roving Mars: Spirit, Opportunity, and the Exploration of the Red Planet* (New York: Hyperion, 2005); James Oberg, "Why the Mars Probe Went off Course," IEEE Spectrum, December 1, 1999, https://spectrum.ieee.org/aerospace/robotic-exploration/why-the-mars-probe-went-off-course; Edward Euler, Steven Jolly,

and H. H. "Lad" Curtis, "The Failures of the Mars Climate Orbiter and Mars Polar Lander: A Perspective from the People Involved," *American Astronautical Society,* February 2001, http://web.mit.edu/16.070/www/readings/Failures_MCO_MPL.pdf; "Mars Climate Orbiter Mishap Investigation Board Phase I Report," NASA, November 10, 1999, https://llis.nasa.gov/llis_lib/pdf/1009464main1_0641-mr.pdf; House Committee on Science, Space, and Technology, "Testimony of Thomas Young, Chairman of the Mars Program Independent Assessment Team Before the House Science Committee," press release, SpaceRef, April 12, 2000, www.spaceref.com/news/viewpr.html?pid=1444.

2. NASA, "Mars Facts," https://mars.nasa.gov/allaboutmars/facts/#?c=inspace&s=distance; Kathryn Mersmann, "The Fact and Fiction of Martian Dust Storms," NASA, September 18, 2015, www.nasa.gov/feature/goddard/the-fact-and-fiction-of-martian-dust-storms.

3. NASA Jet Propulsion Laboratory, "NASA's Mars Climate Orbiter Believed to Be Lost," NASA, September 23, 1999, www.jpl.nasa.gov/news/news.php?feature=5000.

4. Robert M. Pirsig, *Zen and the Art of Motorcycle Maintenance: An Inquiry into Values* (New York: Morrow, 1984), 6.

5. Jeremy A. Frimer, Linda J. Skitka, and Matt Motyl, "Liberals and Conservatives Are Similarly Motivated to Avoid Exposure to One Another's Opinions," *Journal of Experimental Social Psychology* 72 (September 2017): 1–12, www.sciencedirect.com/science/article/pii/S0022103116304024.

6. Crystal D. Oberle et al., "The Galileo Bias: A Naive Conceptual Belief That Influences People's Perceptions and Performance in a Ball-Dropping Task," *Journal of Experimental Psychology, Learning, Memory, and Cognition* 31, no. 4 (2005): 643–653.

7. Brendan Nyhan et al., "Effective Messages in Vaccine Promotion: A Randomized Trial," *Pediatrics* 133, no. 4 (April 2014), http://pediatrics.aappublications.org/content/133/4/e835.long.

8. 화성기후궤도선의 실종에 관한 내용은 다음 저작들을 토대로 했다. Squyres, *Roving Mars*; Oberg, "Mars Probe Went off Course"; Euler, Jolly, and Curtis, "Failures of the Mars Climate Orbiter"; Mars Climate Orbiter Mishap Investigation Board Phase I Report, November 10, 1999, https://llis.nasa.gov/llis_lib/pdf/1009464main1_0641-mr.pdf; House Committee on Science, Space, and Technology, " Testimony of Thomas Young"; Mark Adler, interview with author, August 2018.

9. Oberg, "Mars Probe Went off Course."

10. Oberg, "Mars Probe Went off Course."

11. Richard P. Feynman, as told to Ralph Leighton and edited by Edward Hutchings,

"Surely You're Joking, Mr. Feynman!" Adventures of a Curious Character (New York: W. W. Norton & Company, 1985), 343.

12. Sarah Scoles, *Making Contact: Jill Tarter and the Search for Extraterrestrial Intelligence* (New York: Pegasus Books, 2017).

13. John Noble Wilford, "In 'Contact,' Science and Fiction Nudge Close Together," *New York Times*, July 20, 1997, www.nytimes.com/1997/07/20/movies/in-contact-science-and-fiction-nudge-close-together.html?mtrref=www.google.com.

14. T. C. Chamberlin, " The Method of Multiple Working Hypotheses," *Science* (old series) 15, no. 92 (1890), reprinted in Science, May 7, 1965, available at http://arti.vub.ac.be/cursus/2005-2006/mwo/chamberlin1890science.pdf.

15. 화성극지착륙선에 관한 내용은 다음 저작들을 토대로 했다. NASA, "About the Deep Space Network," https://deepspace.jpl.nasa.gov/about; Dawn Levy, "Scientists Keep Searching for a Signal from Mars Polar Lander," NASA, February 1, 2000, https://mars.jpl.nasa.gov/msp98/news/mpl000201.html; Squyres, *Roving Mars*; NASA, "Listening for Mars Polar Lander," *NASA Science*, January 31, 2000, https://science.nasa.gov/science-news/science-at-nasa/2000/ast01feb_1; Natasha Mitchell, "Sweet Whispers from Mars Could Be Polar Lander," *ABC Science*, January 28, 2000, www.abc.net.au/science/articles/2000/01/28/96225.htm.

16. Levy, "Scientists Keep Searching."

17. Squyres, *Roving Mars*, 68.

18. Squyres, *Roving Mars*, 70.

19. Francis Bacon, *Novum Organum* (1902), 24.

20. Levy, "Scientists Keep Searching."

21. Kenneth L. Corum and James F. Corum, "Nikola Tesla and the Planetary Radio Signals," 2003, www.teslasociety.com/mars.pdf.

22. Chamberlin, "Multiple Working Hypotheses."

23. Robertson Davies, *Tempest-Tost* (New York: Rinehart, 1951).

24. Chamberlin, "Multiple Working Hypotheses."

25. F. Scott Fitzgerald, " The Crack-Up," *Esquire*, February, March, and April 1936 and reprinted March 7, 2017, www.esquire.com/lifestyle/a4310/the-crack-up/#ixzz1Fvs5lu8w.

26. Sarah Charley, "What's Really Happening During an LHC Collision?," *Symmetry*, June 30, 2017, www.symmetrymagazine.org/article/whats-really-happening-during-an-lhc-collision.

27. Charley, "LHC Collision?"

28. Charley, "LHC Collision?"

29. Bill Demain, "How Malfunctioning Sharks Transformed the Movie Business," *Mental Floss*, June 20, 2015, https://mentalfloss.com/article/31105/how-steven-

spielbergs-malfunctioning-sharks-transformed-movie-business.

30. Robert Cialdini, *Pre-Suasion: A Revolutionary Way to Influence and Persuade* (New York: Simon & Schuster, 2016), 22.

31. Daniel Simmons and Christopher Chabris, "Selective Attention Test," video, YouTube, uploaded March 10, 2010, www.youtube.com/watch?v=vJG698U2Mvo.

32. Daniel Simmons and Christopher Chabris, "Gorilla Experiment," Invisible Gorilla website, 2010, www.theinvisiblegorilla.com/gorilla_experiment.html; Christopher Chabris and Daniel Simmons, *The Invisible Gorilla: And Other Ways Our Intuitions Deceive Us* (New York: Crown, 2010).

33. Euler, Jolly, and, Curtis, "Failures of the Mars Climate Orbiter."

34. Sir Arthur Conan Doyle, "Adventure 1: Silver Blaze," in *The Memoirs of Sherlock Holmes* (New York, 1894).

35. P. C. Wason, "On the Failure to Eliminate Hypotheses in a Conceptual Task," *Quarterly Journal of Experimental Psychology* 12, no. 3 (July 1, 1960): 129–140, https://pdfs.semanticscholar.org/86db/64c600fe59acfc48fd22bc8484485d5e7337.pdf.

36. "Peter Wason," obituary, (*London*) Telegraph, April 22, 2003, www.telegraph.co.uk/news/obituaries/1428079/Peter-Wason.html.

37. Alan Lightman, *Searching for Stars on an Island in Maine* (New York: Pantheon Books, 2018).

38. Chris Kresser, "Dr. Chris Shade on Mercury Toxicity," *Revolution Health Radio*, May 21, 2019, https://chriskresser.com/dr-chris-shade-on-mercury-toxicity.

39. Gary Taubes, "Do We Really Know What Makes Us Healthy?," *New York Times*, September 16, 2007, www.nytimes.com/2007/09/16/magazine/16epidemiology-t.html.

40. Carl Sagan, *The Demon-Haunted World: Science as a Candle in the Dark* (New York: Random House, 1995; reprint Ballantine, 1997), 211.

41. Vox, "Why Elon Musk Says We're Living in a Simulation," video, YouTube, uploaded August 15, 2016, www.youtube.com/watch?v=J0KHiiTtt4w.

42. Hal Gregersen, "Bursting the CEO Bubble," *Harvard Business Review*, April 2017, https://hbr.org/2017/03/bursting-the-ceo-bubble.

43. Shane Parrish, "How Darwin Thought: The Golden Rule of Thinking," Farnam Street (blog), January 2016, https://fs.blog/2016/01/charles-darwin-thinker.

44. Michael Lewis, " The King of Human Error," *Vanity Fair*, November 8, 2011, www.vanityfair.com/news/2011/12/michael-lewis-201112.

45. Lewis, "King of Human Error."

46. Charles Thompson, "Harlan's Great Dissent," *Kentucky Humanities* 1 (1996), https: //louisville.edu/law/library/special-collections/the-john-marshall-harlan-

collection/harlans-great-dissent.

47. Thompson, "Harlan's Great Dissent."

48. Walter Isaacson, *Leonardo da Vinci* (New York: Simon & Schuster, 2017), 435.

49. Gregersen, "Bursting the CEO Bubble."

50. Emmanuel Trouche et al., "The Selective Laziness of Reasoning," *Cognitive Science* 40, no. 6 (November 2016): 2122–2136, www.ncbi.nlm.nih.gov/pubmed/26452437.

51. Elizabeth Kolbert, "Why Facts Don't Change Our Minds," *New Yorker*, February 19, 2017, www.newyorker.com/magazine/2017/02/27/why-facts-dont-change-our-minds.

52. "Peter Wason," obituary.

53. James Robert Brown, *The Laboratory of the Mind: Thought Experiments in the Natural Sciences* (New York: Routledge, 1991), 20.

54. Manjit Kumar, *Quantum: Einstein, Bohr, and the Great Debate About the Nature of Reality* (New York: W.W. Norton, 2009); Carlo Rovelli, *Seven Brief Lessons on Physics*, trans. Simon Carnell and Erica Segre (New York: Riverhead Books, 2016).

55. Thomas Schelling, "The Role of War Games and Exercises," in *Managing Nuclear Operations*, ed. A. Carter, J. Steinbruner, and C. Zraket (Washington, DC: Brookings Institution, 1987), 426–444.

56. John D. Barrow, Paul C. W. Davies, and Charles L. Harper Jr., eds., *Science and Ultimate Reality: Quantum Theory, Cosmology, and Complexity* (New York: Cambridge University Press, 2004), 3.

57. David Foster Wallace, "This Is Water," commencement address at Kenyon College, Gambier, OH, May 21, 2005.

58. Errol Morris, "The Anosognosic's Dilemma: Something's Wrong but You'll Never Know What It Is," Opinionator, *New York Times*, June 24, 2010, https://opinionator.blogs.nytimes.com/2010/06/24/the-anosognosics-dilemma-somethings-wrong-but-youll-never-know-what-it-is-part-5.

59. Stanford Graduate School of Business, "Marc Andreessen on Change, Constraints, and Curiosity," video, YouTube, uploaded November 14, 2016, www.youtube.com/watch?v=P-T2VAcHRoE&feature=youtu.be.

60. Chip Heath and Dan Heath, *Decisive: How to Make Better Choices in Life and Work* (New York: Crown Business, 2013).

61. Shane Parrish, "The Work Required to Have an Opinion," Farnam Street (blog), April 2013, https://fs.blog/2013/04/the-work-required-to-have-an-opinion.

62. Rovelli, *Seven Brief Lessons on Physics*, 21.

7장_ 날면서 테스트하라

1. healthcare.gov를 다룬 첫 번째 절은 다음 저작들을 토대로 했다. Sharon LaFraniere and Eric Lipton, "Officials Were Warned About Health Site Woes," *New York Times*, November 18, 2013, www.nytimes.com/2013/11/19/us/politics/administration-open-to-direct-insurance-company-signups.html; Frank Thorp, "'Stress Tests' Show Healthcare.gov Was Overloaded," NBC News, November 6, 2013, www.nbcnews.com/politics/politics-news/stress-tests-show-healthcare-gov-was-overloaded-flna8C11548230; Amy Goldstein, "HHS Failed to Heed Many Warnings That HealthCare.gov Was in Trouble," *Washington Post*, February 23, 2016, www.washingtonpost.com/national/health-science/hhs-failed-to-heed-many-warnings-that-healthcaregov-was-in-trouble/2016/02/22/dd344e7c-d67e-11e5-9823-02b905009f99_story.html?noredirect=on&utm_term=.b81dd6679eee; Wyatt Andrews and Anna Werner, "Healthcare.gov Plagued by Crashes on 1st Day," *CBS News*, October 1, 2013, www.cbsnews.com/news/healthcaregov-plagued-by-crashes-on-1st-day; Adrianne Jeffries, "Why Obama's Healthcare.gov Launch Was Doomed to Fail," Verge, October 8, 2013, www.theverge.com/2013/10/8/4814098/why-did-the-tech-savvy-obama-administration-launch-a-busted-healthcare-website; "The Number 6 Says It All About the HealthCare.gov Rollout," NPR, December 27, 2013, www.npr.org/sections/health-shots/2013/12/27/257398910/the-number-6-says-it-all-about-the-healthcare-gov-rollout; Kate Pickert, "Report: Cost of HealthCare.Gov Approaching $1 Billion," *Time*, July 30, 2014, http://time.com/3060276/obamacare-affordable-care-act-cost.

2. Marshall Fisher, Ananth Raman, and Anna Sheen McClelland, "Are You Ready?," *Harvard Business Review*, August 2000) https://hbr.org/2000/07/are-you-ready.

3. Fisher, Raman, and McClelland, "Are You Ready?"

4. Richard Feynman, Messenger Lectures, Cornell University, BBC, 1964, www.cornell.edu/video/playlist/richard-feynman-messenger-lectures/player.

5. NASA Jet Propulsion Laboratory, "The FIDO Rover," NASA, https://www-robotics.jpl.nasa.gov/systems/system.cfm?System=1.

6. NASA, "Space Power Facility," www1.grc.nasa.gov/facilities/sec.

7. 화성표면탐사로버 프로젝트를 위한 에어백 테스트에 관한 내용은 다음 저작들을 토대로 했다. Steve Squyres, *Roving Mars: Spirit, Opportunity, and the Exploration of the Red Planet* (New York: Hyperion, 2005); Adam Steltzner and William Patrick, *Right Kind of Crazy: A True Story of Teamwork, Leadership, and High-Stakes Innovation* (New York: Portfolio/Penguin, 2016).

8. NASA, "Calibration Targets," https://mars.nasa.gov/mer/mission/instruments/

calibration-targets.

9. "Interview with Bill Nye: The Sundial Guy," *Astrobiology Magazine*, October 8, 2003, www.astrobio.net/mars/interview-with-bill-nye-the-sundial-guy.

10. Donella Meadows, *Thinking in Systems: A Primer* (White River Junction, VT: Chelsea Green Pub., 2008), 12.

11. Kim Lane Scheppele, "The Rule of Law and the Frankenstate: Why Governance Checklists Do Not Work," *Governance: An International Journal of Policy, Administration, and Institutions* 26, no. 4 (October 2013): 559–562, https://onlinelibrary.wiley.com/doi/pdf/10.1111/gove.12049.

12. Lorraine Boissoneault, "The True Story of the Reichstag Fire and the Nazi Rise to Power," *Smithsonian Magazine*, February 21, 2017, www.smithsonianmag.com/history/true-story-reichstag-fire-and-nazis-rise-power-180962240; John Mage and Michael E. Tigar, " The Reichstag Fire Trial, 1933–2008: The Production of Law and History," *Monthly Review*, March 1, 2009, http://monthlyreview.org/2009/03/01/the-reichstag-fire-trial-1933-2008-the-production-of-law-and-history.

13. 화성극지착륙선의 설계문제에 관한 내용은 다음을 토대로 했다. Squyres, Roving Mars, 63–64.

14. US Department of Health and Human Services, Office of Inspector General, "An Overview of 60 Contracts That Contributed to the Development and Operation of the Federal Marketplace," August 2014, https://oig.hhs.gov/oei/reports/oei-03-14-00231.pdf.

15. 공군 소속 지원자들을 대상으로 한 테스트들 관련 내용은 다음을 토대로 했다. Mary Roach, *Packing for Mars: The Curious Science of Life in the Void* (New York: W.W. Norton, 2010).

16. AviationCV.com, "G-Force Process on Human Body," *Aerotime News Hub*, January 13, 2016, www.aviationcv.com/aviation-blog/2016/2721.

17. The discussion on Ham the Chimp is based on Roach, *Packing for Mars*.

18. Roach, *Packing for Mars*.

19. NASA, "Selection and Training of Astronauts," https://science.ksc.nasa.gov/mirrors/msfc/crew/training.html.

20. NASA, "Zero-Gravity Plane on Final Flight," October 29, 2004, www.nasa.gov/vision/space/preparingtravel/kc135onfinal.html.

21. NASA, "Selection and Training of Astronauts."

22. Eric Berger, "Why Is NASA Renting Out Its Huge Astronaut Pool? To Keep the Lights Turned On," *Ars Technica*, February 8, 2017, https://arstechnica.com/science/2017/02/as-it-seeks-to-pare-costs-nasa-opens-its-historic-facilities-to-private-companies.

23. Chris Hadfield, *An Astronaut's Guide to Life on Earth: What Going to Space Taught Me About Ingenuity, Determination, and Being Prepared for Anything* (New York: Little, Brown and Company, 2013).

24. Roach, *Packing for Mars.*

25. Robert Kurson, *Rocket Men: The Daring Odyssey of Apollo 8 and the Astronauts Who Made Man's First Journey to the Moon* (New York: Random House, 2018).

26. NASA, "Selection and Training of Astronauts."

27. Kurson, *Rocket Men.*

28. Craig Nelson, *Rocket Men: The Epic Story of the First Men on the Moon* (New York: Viking, 2009).

29. Hadfield, *An Astronaut's Guide.*

30. *In the Shadow of the Moon,* directed by Dave Sington (Velocity/ Think Film, 2008), DVD.

31. Michael Roberto, Richard M. J. Bohmer, and Amy C. Edmondson, "Facing Ambiguous Threats," *Harvard Business Review*, November 2006, https://hbr.org/2006/11/facing-ambiguous-threats; Rebecca Wright et al., *Johnson Space Center Oral History Project* (Washington, DC: NASA, January 8, 1999), https://history.nasa.gov/SP-4223/ch6.htm.

32. Neel V. Patel, "The Greatest Space Hack Ever," *Popular Science*, October 8, 2014, www.popsci.com/article/technology/greatest-space-hack-ever#page-2.

33. 존 로버츠의 변론 준비 전략에 관한 내용은 다음 저작들을 토대로 했다. Roger Parloff, "On History's Stage: Chief Justice John Roberts Jr.," *Fortune*, June 3, 2011, http://fortune.com/2011/01/03/on-historys-stage-chief-justice-john-roberts-jr; Bryan Garner, "Interviews with United States Supreme Court Justices," in *Scribes Journal of Legal Writing* (Lansing, MI, 2010), 7, https://legaltimes.typepad.com/files/garner-transcripts-1.pdf; Charles Lane, "Nominee Excelled as an Advocate Before Court," *Washington Post*, July 24, 2005, www.washingtonpost.com/wp-dyn/content/article/2005/07/23/AR2005072300881_2.html.

34. 아멜리아 분의 훈련에 관한 내용은 다음 저작들을 토대로 했다. Tom Bilyeu, "How to Cultivate Toughness: Amelia Boone on Impact Theory," video, YouTube, uploaded March 7, 2017, www.youtube.com/watch?v=_J49oG5MnN4; Marissa Stephenson, "Amelia Boone Is Stronger than Ever," *Runner's World*, June 19, 2018, www.runnersworld.com/runners-stories/a20652405/amelia-boone-is-stronger-than-ever; "Altra Signs Amelia Boone—World Champion Obstacle Course Racer and Ultrarunner," *Endurance Sportswire*, January 18, 2019, www.endurancesportswire.com/altra-signs-amelia-boone-world-champion-obstacle-

course-racer-and-ultrarunner; Melanie Mitchell, "Interview with OCR World Champion Amelia Boone," *JackRabbit*, December 12, 2017, www.jackrabbit. com/info/blog/interview-with-ocr-world-champion-amelia-boone.

35. Tough Mudder, "World's Toughest Mudder," https://toughmudder.com/events/ 2019-worlds-toughest-mudder; Simon Donato, " Ten Tips on How to Beat the World's Toughest Mudder," *Huffington Post*, December 6, 2017, www.huffpost. com/entry/ten-tips-on-how-to-beat-t_b_8143862.

36. Roberto, Bohmer, and Edmondson, "Facing Ambiguous Threats."

37. 아이폰에 관한 내용은 다음을 토대로 했다. Derek Thompson, *Hit Makers: The Science of Popularity in an Age of Distraction* (New York: Penguin, 2018), 232–233.

38. 조지 갤럽에 관한 내용은 다음을 토대로 했다. Thompson, *Hit Makers*.

39. Amy Kaufman, "Chris Rock Tries Out His Oscar Material at the Comedy Store," *Los Angeles Times*, February 26, 2016, www.latimes.com/entertainment/ la-et-mn-chris-rock-oscars-monologue-comedy-store-20160226-story.html.

40. Jess Zafarris, "Jerry Seinfeld's 5-Step Comedy Writing Process," *Writer's Digest*, May 13, 2019, www.writersdigest.com/writing-articles/by-writing-genre/humor/ jerry-seinfelds-5-step-comedy-writing-process; Daniel Auld, "What Does UX and Stand-Up Comedy Have in Common? More Than You Realize," UX Collective, August 1, 2018, https://uxdesign.cc/what-does-ux-and-stand-up-comedy-have-in-common-more-than-you-realise-d18066aeaecf.

41. Entrepreneurship.org, "Field Observations with Fresh Eyes: Tom Kelley(IDEO)," video, YouTube, uploaded June 24, 2011, www.youtube.com/watch?v= tvkivmyKgEA.

42. Paul Bennett, "Design Is in the Details," TED talk, July 2005, www.ted.com/ talks/paul_bennett_finds_design_in_the_details.

43. Art Kleiner, "The Thought Leader Interview: Tim Brown," *Strategy + Business*, August 27, 2009, www.strategy-business.com/article/09309?gko=84f90.

44. Kleiner, "Tim Brown."

45. "Ideo on *60 Minutes and CBS This Morning*," video, IDEO, April 2013, www. ideo.com/post/ideo-on-60-minutes-and-cbs-this-morning.

46. Joe Rogan, "Neil deGrasse Tyson," episode 919, video, Joe Rogan Experience Podcast, February 21, 2017, http://podcasts.joerogan.net/podcasts/neil-degrasse-tyson.

47. 〈사인펠드〉에 관한 내용은 다음을 토대로 했다. Thompson, *Hit Makers*.

48. 클레버 한스에 관한 내용은 다음을 토대로 했다. Stuart Firestein, *Ignorance: How It Drives Science* (New York: Oxford University Press, 2012), 94–95.

49. Tim Ferriss, "Cal Fussman Corners Tim Ferriss," episode 324 (transcript), *The*

Tim Ferriss Show, https://tim.blog/2018/07/05/the-tim-ferriss-show-transcripts-cal-fussman-corners-tim-ferriss; Tim Ferriss, interview with author, May 2019.

50. 허블우주망원경에 관한 내용은 다음 저작들을 토대로 했다. Arthur Fisher, "The Trouble with Hubble," *Popular Science*, October 1990; Lew Allen et al., " The Hubble Space Telescope Optical Systems Failure Report," NASA, November 1990, https://ntrs.nasa.gov/archive/nasa/casi.ntrs.nasa.gov/19910003124.pdf; NASA, "About the Hubble Space Telescope," updated December 18, 2018, www.nasa.gov/mission_pages/hubble/story/index.html; Nola Taylor Redd, "Hubble Space Telescope: Pictures, Facts & History," *Space.com*, December 15, 2017, www.space.com/15892-hubble-space-telescope.html; NASA, "Hubble's Mirror Flaw," www.nasa.gov/content/hubbles-mirror-flaw.

51. Ozan Varol, "Julie Zhuo on Becoming a Facebook Manager at 25, Overcoming the Impostor Syndrome, and Staying in the Discomfort Zone," Famous Failures (podcast), March 25, 2019, https://ozanvarol.com/julie-zhuo.

8장_ 실패가 곧 성공이다

1. Suzanne Deffree, "1st US Satellite Attempt Fails, December 6, 1957," EDN Network, December 6, 2018, www.edn.com/electronics-blogs/edn-moments/4402889/1st-US-satellite-attempt-fails--December-6--1957.

2. Richard Hollingham, "The World's Oldest Scientific Satellite Is Still in Orbit," BBC, October 6, 2017, www.bbc.com/future/story/20171005-the-worlds-oldest-scientific-satellite-is-still-in-orbit.

3. Loyd S. Swenson Jr, James M. Grimwood, and Charles C. Alexander, "Little Joe Series," in *This New Ocean: A History of Project Mercury* (Washington, DC: NASA, 1989), https://history.nasa.gov/SP-4201/ch7-7.htm.

4. NASA, "MR-1: The Four-Inch Flight," in *This New Ocean: A History of Project Mercury* (Washington, DC: NASA, 1989), https://history.nasa.gov/SP-4201/ch9-7.htm.

5. Jeffrey Kluger, "On TIME's Podcast 'Countdown:' The Flight That Nearly Took Neil Armstrong's Life," *Time*, July 31, 2017, http://time.com/4880012/neil-armstrong-apollo-gemini-nasa.

6. FailCon, "About FailCon," http://thefailcon.com/about.html; FuckUp Nights, https://fuckupnights.com.

7. Shane Snow, *Smartcuts: The Breakthrough Power of Lateral Thinking* (New York: HarperBusiness, 2014), Kindle.

8. Gene Kranz, *Failure Is Not an Option: Mission Control From Mercury to*

Apollo 13 and Beyond (New York: Simon & Schuster, 2009), 12.

9. Jennifer Reingold, "Hondas in Space," *Fast Company*, February 1, 2005, www.fastcompany.com/52065/hondas-space.

10. Chuck Salter, "Failure Doesn't Suck," *Fast Company*, May 1, 2007, www.fastcompany.com/59549/failure-doesnt-suck.

11. Hans C. Ohanian, *Einstein's Mistakes: The Human Failings of Genius* (New York: W.W. Norton & Company, 2009).

12. Jillian D'Onfro, "Jeff Bezos: Why It Won't Matter If the Fire Phone Flops," *Business Insider*, December 2, 2014, www.businessinsider.com/jeff-bezos-on-big-bets-risks-fire-phone-2014-12.

13. D'Onfro, "If the Fire Phone Flops."

14. Derek Thompson, "Google X and the Science of Radical Creativity," *Atlantic*, November 2017, www.theatlantic.com/magazine/archive/2017/11/x-google-moonshot-factory/540648.

15. Astro Teller, "The Head of 'X' Explains How to Make Audacity the Path of Least Resistance," *Wired*, April 15, 2016, www.wired.com/2016/04/the-head-of-x-explains-how-to-make-audacity-the-path-of-least-resistance.

16. Adele Peters, "Why Alphabet's Moonshot Factory Killed Off a Brilliant Carbon-Neutral Fuel," *Fast Company*, October 13, 2016, www.fastcompany.com/3064457/why-alphabets-moonshot-factory-killed-off-a-brilliant-carbon-neutral-fuel.

17. Adam Grant, *Originals: How Non-Conformists Move the World* (New York: Viking, 2017), 37.

18. Grant, *Originals*.

19. Grant, *Originals*.

20. Grant, *Originals*.

21. Emma Brockes, "Tom Hanks: 'I've Made a Lot of Movies That Didn't Make Sense—or Money,' " *Guardian*, October 14, 2017, www.theguardian.com/film/2017/oct/14/tom-hanks-movies-didnt-make-sense-or-money-interview-short-stories.

22. Paul Gompers et al., "Performance Persistence in Entrepreneurship," *Journal of Financial Economics* 96 (2010): 18–32.

23. K. C. Diwas, Bradley R. Staats, and Francesca Gino, "Learning from My Success and from Others' Failure: Evidence from Minimally Invasive Cardiac Surgery," *Management Science* 59, no. 11 (June 14, 2013): 2413–2634, https://pubsonline.informs.org/doi/abs/10.1287/mnsc.2013.1720.

24. Steve Squyres, *Roving Mars: Spirit, Opportunity, and the Exploration of the Red Planet* (New York: W.W. Norton, 2005), 10.

25. University of California Television, "Roving Mars with Steve Squyres: Conversations with History," video, YouTube, uploaded August 18, 2011, www.youtube.com/watch?v=NI6KEzsb26U&feature=youtu.be; Dian Schaffhauser, "Steven Squyres Doesn't Mind Failure: An Interview with the Scientist Behind the Mars Rovers," MPUG [Microsoft Project User Group], February 9, 2016, www.mpug.com/articles/steven-squyres-interview.

26. Squyres, *Roving Mars*, 138.

27. Squyres, *Roving Mars*, 156–163.

28. Squyres, *Roving Mars*, 203–217.

29. Stephen Jay Gould, *The Panda's Thumb: More Reflections in Natural History* (New York: W. W. Norton & Company, 1980; reissued paperback, 1992), 244.

30. B. C. Forbes, "Why Do So Many Men Never Amount to Anything?," *American Magazine*, January 1921.

31. T. H. White, *The Once and Future King* (New York: Penguin Group, 2011).

32. 팰컨 1호에 관한 내용은 다음 저작들을 토대로 했다. Tim Fernholz, *Rocket Billionaires: Elon Musk, Jeff Bezos, and the New Space Race* (Boston: Houghton Mifflin Harcourt, 2018); Snow, *Lateral Thinking* ; Chris Bergin, "Falcon I Flight: Preliminary Assessment Positive for SpaceX," *Spaceflight.com*, March 24, 2007, www.nasaspaceflight.com/2007/03/falcon-i-flight-preliminary-assessment-positive-for-spacex; Tim Fernholz, "What It Took for Elon Musk's SpaceX to Disrupt Boeing, Leapfrog NASA, and Become a Serious Space Company," *Quartz*, October 21, 2014, https://qz.com/281619/what-it-took-for-elon-musks-spacex-to-disrupt-boeing-leapfrog-nasa-and-become-a-serious-space-company; Max Chafkin, "SpaceX's Secret Weapon Is Gwynne Shotwell," *Bloomberg Quint*, July 26, 2018, www.bloombergquint.com/businessweek/she-launches-spaceships-sells-rockets-and-deals-with-elon-musk; Elon Musk, "Falcon 1, Flight 3 Mission Summary," SpaceX, August 6, 2008, www.spacex.com/news/2013/02/11/falcon-1-flight-3-mission-summary; Dolly Singh, "What Is It Like to Work with Elon Musk?," *Slate*, August 14, 2013, https://slate.com/human-interest/2013/08/elon-musk-what-is-it-like-to-work-for-the-spacex-tesla-chief.html; Tom Junod, "Elon Musk: Triumph of His Will," *Esquire*, November 15, 2012, www.esquire.com/news-politics/a16681/elon-musk-interview-1212.

33. Snow, *Lateral Thinking*.

34. F. Scott Fitzgerald, *Tender Is the Night* (1934; repr., New York: Scribner's, 1977).

35. Andre Agassi, *Open: An Autobiography* (New York: Vintage Books, 2010), 372.

36. Ed Catmull, *Creativity, Inc.: Overcoming the Unseen Forces That Stand in the Way of True Inspiration* (New York: Random House, 2014).

37. Shane Parrish, "Your First Thought Is Rarely Your Best Thought: Lessons on

Thinking," Farnam Street (blog), February 2018, https://fs.blog/2018/02/first-thought-not-best-thought.

38. Chris Hadfield, *An Astronaut's Guide to Life on Earth: What Going to Space Taught Me About Ingenuity, Determination, and Being Prepared for Anything* (New York: Little, Brown and Company, 2013).

39. Parrish, "Your First Thought."

40. Ben Horowitz, "Lead Bullets," Andreessen Horowitz, November 13, 2011, https://a16z.com/2011/11/13/lead-bullets.

41. Annie Duke, *Thinking in Bets: Making Smarter Decisions When You Don't Have All the Facts* (New York: Portfolio/Penguin, 2018).

42. Lars Lefgren, Brennan Platt, and Joseph Price, "Sticking with What (Barely) Worked: A Test of Outcome Bias," *Management Science* 61 (2015): 1121–1136.

43. James D. Watson, *A Passion for DNA: Genes, Genomes, and Society* (Cold Spring Harbor, NY: Cold Spring Harbor Laboratory Press, 2001), 44.

44. Jeff Dyer and Hal Gregersen, "How Does Amazon Stay at Day One?," *Forbes*, August 8, 2017, www.forbes.com/sites/innovatorsdna/2017/08/08/how-does-amazon-stay-at-day-one/#36d005d67e4d.

45. Tim Ferriss, "Maria Sharapova," episode 261 (transcript), *Tim Ferriss Show*, May 30, 2018, https://tim.blog/2018/05/30/tim-ferriss-show-transcript-maria-sharapova.

46. Elizabeth Gilbert, *Big Magic: Creative Living Beyond Fear* (New York: Riverhead Books, 2015), 259.

47. Steven Levy, "Google Glass 2.0 Is a Startling Second Act," *Wired*, July 18, 2017, www.wired.com/story/google-glass-2-is-here.

48. Heather Hargreaves, "How Google Glass Will Change How You Do Business," *Entrepreneur Handbook*, March 25, 2019.

49. Ian Osterloh, "How I Discovered Viagra," *Cosmos*, April 27, 2015, https://cosmosmagazine.com/biology/how-i-discovered-viagra; Jacque Wilson, "Viagra: The Little Blue Pill That Could," CNN, March 27, 2013, www.cnn.com/2013/03/27/health/viagra-anniversary-timeline/index.html.

50. 마이크 니콜스에 관한 내용은 다음을 토대로 했다. Gilbert, *Big Magic*, 246.

51. Rosamund Stone Zander and Benjamin Zander, *The Art of Possibility: Transforming Professional and Personal Life* (Boston: Harvard Business School Press, 2000), 31.

52. Union of Concerned Scientists, "Voices of Federal Scientists: Americans' Health and Safety Depends on Independent Science," January 2009, 2, www.ucsusa.org/sites/default/files/legacy/assets/documents/scientific_integrity/Voices_of_Federal_Scientists.pdf.

53. Jennifer J. Kish-Gephart et al., "Silenced by Fear," *Research in Organizational Behavior* 29 (December 2009): 163–193, www.researchgate.net/publication/238382691_Silenced_by_fear.

54. NASA, "Mars Polar Lander Fact Sheet," https://mars.nasa.gov/msp98/lander/fact.html.

55. Hadfield, *Astronaut's Guide*, 81–83.

56. Diwas, Staats, and Gino, "Learning from My Success."

57. Ed Catmull and Amy Wallace, Creativity, *Inc.: Overcoming the Unseen Forces That Stand in the Way of True Inspiration* (Toronto: Random House Canada, 2014), 123.

58. David W. Bates et al., "Relationship Between Medication Errors and Adverse Drug Events," *Journal of General Internal Medicine* 10, no. 4 (April 1995): 199–205, www.ncbi.nlm.nih.gov/pubmed/7790981.

59. Amy C. Edmondson, "Learning from Mistakes Is Easier Said than Done: Group and Organizational Influences on the Detection and Correction of Human Error," *Journal of Applied Behavioral Science* 32, no. 1 (1996): 5–28.

60. Amy C. Edmondson, "Managing the Risk of Learning: Psychological Safety in Work Teams," in *International Handbook of Organizational Teamwork and Cooperative Learning*, ed. Michael A. West, Dean Tjosvold, and Ken G. Smith (West Sussex, UK: John Wiley & Sons, 2003).

61. Neil Robert Anderson, "Innovation in Top Management Teams," *Journal of Applied Psychology* 81, no. 6 (December 1996): 680–693; Amy C. Edmondson, Richard Bohmer, and Gary Pisano, "Learning New Technical and Interpersonal Routines in Operating Room Teams," in *Research on Managing Groups and Teams: Technology*, ed. B. Mannix, M. Neale, and T. Griffith (Stamford, CT: JAI Press, 2000) 3: 29–51; Amy C. Edmondson, Richard Bohmer, and Gary Pisano, "Disrupted Routines: Team Learning and New Technology Implementation in Hospitals," *Administrative Science Quarterly* 46 (December 2001): 685–716; Charlene D'Andrea-O'Brien and Anthony Buono, "Building Effective Learning Teams: Lessons from the Field," *Society for the Advancement of Management Journal* 61, no. 3 (1996).

62. Amy C. Edmondson, "Psychological Safety and Learning Behavior in Work Teams," *Administrative Science Quarterly* 44, no. 2 (June 1999): 350–383.

63. Edmondson, Bohmer, and Pisano, "Interpersonal Routines in Operating Room Teams."

64. Edmondson, "Learning from Mistakes."

65. Derek Thompson, "Google X and the Science of Radical Creativity," *Atlantic*, November 2017, www.theatlantic.com/magazine/archive/2017/11/x-google-

moonshot-factory/540648.

66. Astro Teller, "The Head of 'X' Explains How to Make Audacity the Path of Least Resistance," *Wired*, April 15, 2016, www.wired.com/2016/04/the-head-of-x-explains-how-to-make-audacity-the-path-of-least-resistance/#.2vy7nkes6.

67. Obi Felten, "How to Kill Good Things to Make Room for Truly Great Ones," X Blog, March 8, 2016, https://blog.x.company/how-to-kill-good-things-to-make-room-for-truly-great-ones-867fb6ef026.

68. Dyer and Gregersen, "How Does Amazon Stay at Day One?"

69. Tom Peters, *The Circle of Innovation: You Can't Shrink Your Way to Greatness* (New York: Vintage Books, 1999), viii.

70. Hadfield, *An Astronaut's Guide*, 79–80.

71. Mario Livio, B*rilliant Blunders: From Darwin to Einstein—Colossal Mistakes by Great Scientists That Changed Our Understanding of Life and the Universe* (New York: Simon & Schuster, 2013), 266.

72. Hal Gregersen, "Bursting the CEO Bubble," *Harvard Business Review*, April 2017, https://hbr.org/2017/03/bursting-the-ceo-bubble.

73. Catmull and Wallace, *Creativity, Inc.*

74. Tyler Cowen, "My Biggest Regret," *Econ Journal Watch*, May 2017, https://pingpdf.com/pdf-econ-journal-watch-142-may-2017.html.

75. Anna Bruk, Sabine G. Scholl, and Herbert Bless, "Beautiful Mess Effect: Self–Other Differences in Evaluation of Showing Vulnerability," *Journal of Personality and Social Psychology* 115, no. 2 (2018): 192–205, https://psycnet.apa.org/record/2018-34832-002.

76. Elliot Aronson, Ben Willerman, and Joanne Floyd, "The Effect of a Pratfall on Increasing Interpersonal Attractiveness," *Psychonomic Science* 4, no. 6 (June 1966): 227–228, https://link.springer.com/article/10.3758/BF03342263; Emily Esfahani Smith, "Your Flaws Are Probably More Attractive than You Think They Are," *Atlantic*, January 9, 2019, www.theatlantic.com/health/archive/2019/01/beautiful-mess-vulnerability/579892.

77. Tom R. Tyler and E. Allan Lind, "A Relational Model of Authority in Groups," *Advances in Experimental Social Psychology* 25 (1992): 115–191.

78. Edmondson, Bohmer, and Pisano, "Disrupted Routines."

79. Edmondson, Bohmer, and Pisano, "Disrupted Routines."

80. Edmondson, Bohner, Pisano, "Speeding Up Team Learning."

81. Edmondson, Bohner, Pisano, "Speeding Up Team Learning."

82. Lisa Bodell, *Kill the Company: End the Status Quo, Start an Innovation Revolution* (Brookline, MA: Bibliomotion, 2016), 130.

83. Jessica Bennett, "On Campus, Failure Is on the Syllabus," *New York Times*, June

24, 2017, www.nytimes.com/2017/06/24/fashion/fear-of-failure.html.

9장_ 성공이 곧 실패다

1. 챌린저 참사에 관한 내용은 다음 저작들을 토대로 했다. Trudy E. Bell and Karl Esch, "The Fatal Flaw in Flight 51-L," *IEEE Spectrum*, February 1987, https://ieeexplore.ieee.org/document/6448023; Doug G. Ware, "Engineer Who Warned of 1986 Challenger Disaster Still Racked with Guilt, Three Decades On," UPI, January 28, 2016, www.upi.com/Top_News/US/2016/01/28/Engineer-who-warned-of-1986-Challenger-disaster-still-racked-with-guilt-three-decades-on/4891454032643; Douglas Martin, "Roger Boisjoly, 73, Dies; Warned of Shuttle Danger," *New York Times*, February 3, 2012, www.nytimes.com/2012/02/04/us/roger-boisjoly-73-dies-warned-of-shuttle-danger.html; Shaun Usher, "The Result Would Be a Catastrophe," *Letters of Note*, October 27, 2009, www.lettersofnote.com/2009/10/result-would-be-catastrophe.html; Andy Cox, "Weather's Role in the Challenger Accident," Weather Channel, January 28, 2015, https://weather.com/science/space/news/space-shuttle-challenger-weather-role; Chris Bergin, "Remembering the Mis-takes of Challenger," NASA, January 28, 2007, www.nasaspaceflight.com/2007/01/remembering-the-mistakes-of-challenger.

2. William H. Starbuck and Frances J. Milliken, "Challenger: Fine-Tuning the Odds Until Something Breaks," *Journal of Management Studies* 25, no. 4 (1988): 319–340, https://papers.ssrn.com/sol3/papers.cfm?abstract_id=2708154.

3. James Gleick, "NASA's Russian Roulette," *Baltimore Sun*, December 15, 1993, www.baltimoresun.com/news/bs-xpm-1993-12-15-1993349207-story.html.

4. 컬럼비아 참사에 관한 내용은 다음 저작들을 토대로 했다. Michael Roberto et al., "Columbia's Final Mission," Harvard Business School Case Collection, March 2005, www.hbs.edu/faculty/Pages/item.aspx?num=32162; Tim Fernholz, *Rocket Billionaires: Elon Musk, Jeff Bezos, and the New Space Race* (Boston: Houghton Mifflin Harcourt, 2018); Elizabeth Howell, "Columbia Disaster: What Happened, What NASA Learned," *Space.com*, February 1, 2019, www.space.com/19436-columbia-disaster.html; Robert Lee Hotz, "Decoding Columbia: A Detective Story," *Los Angeles Times*, December 21, 2003, www.latimes.com/nation/la-sci-shuttle21dec21-story.html; Anna Haislip, "Failure Leads to Success," NASA, February 21, 2007, www.nasa.gov/offices/nesc/press/070221.html.

5. Fernholz, *Rocket Billionaires*, 73.

6. Amy C. Edmondson et al., " The Recovery Window: Organizational Learning Following Ambiguous Threats," in *Organization at the Limit: Lessons from the Columbia Disaster*, ed. William H. Starbuck and Moshe Farjoun (Malden, MA: Blackwell Pub., 2009).

7. Roberto et al., "Columbia's Final Mission."

8. Roberto et al., "Columbia's Final Mission."

9. Roberto et al., "Columbia's Final Mission."

10. Roberto et al., "Columbia's Final Mission."

11. Roberto et al., "Columbia's Final Mission."

12. George Bernard Shaw, *The Doctor's Dilemma* (New York: Brentano's, 1911).

13. Bill Gates, with Nathan Myhrvold and Peter Rinearson, *The Road Ahead* (New York: Penguin Books, 1995).

14. Daniel Kahneman and Dan Lovallo, "Timid Choices and Bold Forecasts: A Cognitive Perspective on Risk Taking," *Management Science* 39, no. 1 (January 1993): 17–31, http://bear.warrington.ufl.edu/brenner/mar7588/Papers/kahneman-lovallo-mansci1993.pdf.

15. Gilles Hilary and Lior Menzly, "Does Past Success Lead Analysts to Become Overconfident?," *Management Science* 52, no. 4 (April 2006): 489–500.

16. Cyril Connolly, *Enemies of Promise* (Boston, Little, Brown and Company, 1938).

17. Boyce Rensberger and Kathy Sawyer, "Challenger Disaster Blamed on O-Rings, Pressure to Launch," *Washington Post*, June 10, 1986, www.washingtonpost.com/archive/politics/1986/06/10/challenger-disaster-blamed-on-o-rings-pressure-to-launch/6b331ca1-f544-4147-8e4e-941b7a7e47ae.

18. E. B. White, *One Man's Meat* (New York and London, Harper & Brothers, 1942), 273.

19. William H. Starbuck and Frances J. Milliken, "Challenger: Changing the Odds Until Something Breaks," in *Organizational Realities: Studies of Strategizing and Organizing*, ed. William H. Starbuck and Moshe Farjoun (Malden, MA: Blackwell Pub., 2009).

20. NASA, "President Nixon's 1972 Announcement on the Space Shuttle," https://history.nasa.gov/stsnixon.htm (emphasis added).

21. Steven J. Dick II, "Historical Background: What Were the Shuttle's Goals and Possible Configurations?," NASA, April 5, 2001, https://history.nasa.gov/sts1/pages/scota.html.

22. Michael Roberto, Richard M. J. Bohmer, and Amy C. Edmondson, "Facing Ambiguous Threats," *Harvard Business Review*, November 2006, https://hbr.org/2006/11/facing-ambiguous-threats.

23. Starbuck and Milliken, "Challenger: Changing the Odds."

24. Roberto et al., "Columbia's Final Mission."

25. 인원 감축 관련 정보를 다음에서 확인했다. Starbuck and Milliken, "Challenger: Changing the Odds."

26. Diane Vaughan, testimony in "Columbia Accident Investigation Board Public Hearing," Houston, April 23, 2003, http://govinfo.library.unt.edu/caib/news/report/pdf/vol6/part08.pdf.

27. Vaughan, testimony.

28. Starbuck and Milliken, "Challenger: Changing the Odds."

29. Ronald W. Reagan, "Explosion of the Space Shuttle Challenger Address to the Nation, January 28, 1986," NASA, https://history.nasa.gov/reagan12886.html.

30. Daniel Gilbert, *Stumbling on Happiness* (New York: A. A. Knopf, 2006).

31. Tom Fordyce, "How Greene Nearly Walked Away," *BBC Sport*, July 29, 2004, http://news.bbc.co.uk/sport2/hi/athletics/3934337.stm.

32. Ryan Holiday, *Ego Is the Enemy* (New York: Portfolio, Penguin, 2016) (emphasis in original).

33. Holiday, *Ego Is the Enemy*.

34. Mia Hamm with Aaron Heifetz, *Go for the Goal: A Champion's Guide to Winning in Soccer and Life* (New York: Harper, 1999).

35. Whitney Tilson, "Warren Buffett's New Words of Wisdom," *Daily Beast*, May 3, 2009, www.thedailybeast.com/warren-buffetts-new-words-of-wisdom.

36. Daniel Pink, *When: The Scientific Secrets of Perfect Timing* (New York: Riverhead Books, 2018).

37. Jonah Berger and Devin Pope, "Can Losing Lead to Winning?," *Management Science* 57, no. 5 (May 2011), https://pubsonline.informs.org/doi/abs/10.1287/mnsc.1110.1328.

38. Berger and Pope, "Can Losing Lead to Winning?"

39. Tanya Sweeney, "Happy 60th Birthday to Madonna, the Queen of Reinvention: How She Continues to Pave the Way for Women Everywhere," *Independent*, August 12, 2018, www.independent.ie/entertainment/music/happy-60th-birthday-to-madonna-the-queen-of-reinvention-how-she-continues-to-pave-the-way-for-women-everywhere-37201633.html.

40. 넷플릭스에 관한 내용은 다음 저작들을 토대로 했다. Scott D. Anthony and Evan I. Schwartz, "What the Best Transformational Leaders Do," *Harvard Business Review*, May 8, 2017, https://hbr.org/2017/05/what-the-best-transformational-leaders-do; Bill Taylor, "How Coca-Cola, Netflix, and Amazon Learn from Failure," *Harvard Business Review*, November 10, 2017, https://hbr.org/2017/11/how-coca-cola-netflix-and-amazon-learn-from-failure.

41. Reed Hastings, "Reed Hastings: Here's Why We're Splitting Netflix in Two and

Calling the DVD Business 'Qwikster,'" *Business Insider*, September 19, 2011.

42. Bill Taylor, "Coca-Cola, Netflix, and Amazon."

43. Sim B. Sitkin, "Learning Through Failure: The Strategy of Small Losses," *Research in Organizational Behavior* 14 (1992): 231–266.

44. Sim B. Sitkin and Amy L. Pablo, "Reconceptualizing the Determinants of Risk Behavior," *Academy of Management Review* 17, no. 1 (1992).

45. Jeff Stone, "Elon Musk: SpaceX 'Complacency' Contributed to Falcon 9 Crash, Falcon Heavy Rocket Debuts in 2016," *International Business Times*, January 21, 2015, www.ibtimes.com/elon-musk-spacex-complacency-contributed-falcon-9-crash-falcon-heavy-rocket-debuts-2017809.

46. Steve Forbes, tweet on Twitter, January 2, 2015, https://twitter.com/steveforbesceo/status/551091006805118977?lang=en.

47. Robin L. Dillon and Catherine H. Tinsley, "How Near-Misses Influence Decision Making Under Risk: A Missed Opportunity for Learning," *Management Science* 54, no. 8 (2008), https://pubsonline.informs.org/doi/abs/10.1287/mnsc.1080.0869.

48. Dillon and Tinsley, "Near-Misses."

49. Dillon and Tinsley, "Near-Misses."

50. Dillon and Tinsley, "Near-Misses."

51. Diane Vaughan, *The Challenger Launch Decision: Risky Technology, Culture, and Deviance at NASA* (Chicago: University of Chicago Press, 1996), 410.

52. Roberto, Bohmer, and Edmondson, "Facing Ambiguous Threats."

53. Peter M. Madsen and Vinit Desai, "Failing to Learn? The Effects of Failure and Success on Organizational Learning in the Global Orbital Launch Vehicle Industry," *Academy of Management Journal* 53, no. 3 (November 30, 2017), https://journals.aom.org/doi/10.5465/amj.2010.51467631.

54. Mark D. Cannon and Amy C. Edmondson, "Failing to Learn and Learning to Fail (Intelligently): How Great Organizations Put Failure to Work to Innovate and Improve," *Long Range Planning* 38, no. 3 (March 2004): 299–319.

55. 톰 브래디와 뉴잉글랜드 패트리어츠에 관한 내용은 다음을 토대로 했다. Holiday, *Ego Is the Enemy*.

56. Cork Gaines, "How the Patriots Pulled Off the Biggest Steal in NFL Draft History and Landed Future Hall of Famer Tom Brady," *Business Insider*, September 10, 2015, www.businessinsider.com/patriots-tom-brady-draft-steal-2015-1.

57. Josh St. Clair, "Why Tom Brady Is So Good, According to Former NFL Quarterbacks," *Men's Health*, January 30, 2019, www.menshealth.com/entertainment/a26078069/tom-brady-super-bowl-2019-talent.

58. Derek Thompson, "Google X and the Science of Radical Creativity," *Atlantic*, November 2017, www.theatlantic.com/magazine/archive/2017/11/x-google-moonshot-factory/540648.

59. Jack Brittain and Sim B. Sitkin, "Facts, Figures, and Organizational Decisions: Carter Racing and Quantitative Analysis in the Organizational Behavior Classroom," *Journal of Management Education* 14, no. 1 (1990): 62–81, https://journals.sagepub.com/doi/abs/10.1177/105256298901400108.

60. "Simply Great: Charlie Munger's Speech to the Harvard School, June 1986—'Invert, Always Invert,' " *BizNews*, June 13, 1986, www.biznews.com/thought-leaders/1986/06/13/charlie-mungers-speech-to-the-harvard-school-june-1986.

61. Gary Klein, "Performing a Project Premortem," *Harvard Business Review*, September 2007, https://hbr.org/2007/09/performing-a-project-premortem.

62. Adam Smith, *The Theory of Moral Sentiments* (London: A. Millar, 1759).

63. Deborah J. Mitchell, J. Edward Russo, and Nancy Pennington, "Back to the Future: Temporal Perspective in the Explanation of Events," *Journal of Behavioral Decision Making* 2, no. 1 (January–March 1989): 25–38, https://onlinelibrary.wiley.com/doi/abs/10.1002/bdm.3960020103.

64. Annie Duke, *Thinking in Bets: Making Smarter Decisions When You Don't Have All the Facts* (New York: Portfolio/Penguin, 2018).

65. "Elon Musk Answers Your Questions! SXSW, March 11, 2018," video, YouTube, uploaded March 11, 2018, www.youtube.com/watch?v=OoQARBYbkck.

66. Astro Teller, "The Head of 'X' Explains How to Make Audacity the Path of Least Resistance," *Wired*, April 15, 2016, www.wired.com/2016/04/the-head-of-x-explains-how-to-make-audacity-the-path-of-least-resistance.

67. Scott Snook and Jeffrey C. Connor, " The Price of Progress: Structurally Induced Inaction," in *Organization at the Limit: Lessons from the Columbia Disaster*, ed. William H. Starbuck and Moshe Farjoun (Malden, MA: Blackwell Pub., 2009).

68. Roger M. Boisjoly, "Ethical Decisions—Morton Thiokol and the Space Shuttle Challenger Disaster," May 15, 2006, www.onlineethics.org/Resources/thiokolshuttle/shuttle_post.aspx#publicationContent.

69. Douglas Martin, "Roger Boisjoly, 73, Dies; Warned of Shuttle Danger," *New York Times*, February 3, 2012, www.nytimes.com/2012/02/04/us/roger-boisjoly-73-dies-warned-of-shuttle-danger.html.

70. Charlan Jeanne Nemeth, "Differential Contributions of Majority and Minority Influence," *Psychological Review* 93, no. 1 (January 1986): 23–32, www.researchgate.net/publication/232513627_The_Differential_Contributions_of_

Majority_and_Minority_Influence.

71. Vaughan, testimony.

72. Roberto, Bohmer, and Edmondson, "Facing Ambiguous Threats."

73. Vaughan, *The Challenger Launch Decision*, 386.

74. George Santayana, *The Life of Reason: Reason in Common Sense* (New York, C. Scribner's Sons, 1905).

75. Gerald J. S. Wilde, "Risk Homeostasis: A Theory About Risk Taking Behaviour," http://riskhomeostasis.org/home; Malcolm Gladwell, "Blowup," *New Yorker*, January 14, 1996.

76. M. Aschenbrenner and B. Biehl, "Improved Safety Through Improved Technical Measures? Empirical Studies Regarding Risk Compensation Processes in Relation to Anti-Lock Braking Systems," in *Challenges to Accident Prevention: The Issue of Risk Compensation Behavior*, Rüdiger M. Trimpop and Gerald J. S. Wilde (Groningen, Netherlands: STYX, 1994), https://trid.trb.org/view/457353.

77. Gerald J. S. Wilde, *Target Risk 3: Risk Homeostasis in Everyday Life* (2014), available at http://riskhomeostasis.org, 93–94.

78. Starbuck and Milliken, "Challenger: Changing the Odds."

79. Starbuck and Milliken, "Challenger: Changing the Odds."

마치는 글

1. Ross Anderson, "Exodus," *Aeon*, September 30, 2014, https://aeon.co/essays/elon-musk-puts-his-case-for-a-multi-planet-civilisation.

2. Paul Harris, "Neil Armstrong's Death Prompts Yearning for America's Past Glories," *Guardian*, August 27, 2012, www.theguardian.com/science/2012/aug/26/neil-armstrong-passing-us-yearning-glory.

3. Marina Koren, "What's So Special About the Next SpaceX Launch," *Atlantic*, March 1, 2019, www.theatlantic.com/science/archive/2019/03/nasa-prepares-pivotal-spacex-launch-iss/583906; Brad Tuttle, "Here's How Much It Costs for Elon Musk to Launch a SpaceX Rocket," *Money.com*, February 6, 2018, http://money.com/money/5135565/elon-musk-falcon-heavy-rocket-launch-cost.

4. Maria Stromova, " Trampoline to Space? Russian Official Tells NASA to Take a Flying Leap," ABC News, April 29, 2014, www.nbcnews.com/storyline/ukraine-crisis/trampoline-space-russian-official-tells-nasa-take-flying-leap-n92616.

5. Eric Berger, "Adrift: As NASA Seeks Next Mission, Russia Holds the Trump Card," *Houston Chronicle*, 2014, www.houstonchronicle.com/nasa/adrift/1.

6. Reuters, "NASA Puts Shuttle Launch Pad in Florida Up for Lease," May 23,

2013, www.reuters.com/article/us-usa-space-launchpad/nasa-puts-shuttle-launch-pad-in-florida-up-for-lease-idUSBRE94M16520130523?feedType=RSS.

7. Jacey Fortin and Karen Zraick, "First All-Female Spacewalk Canceled Because NASA Doesn't Have Two Suits That Fit," *New York Times*, March 25, 2019, www.nytimes.com/2019/03/25/science/female-spacewalk-canceled.html.

8. 이 이야기를 탁월하게 풀어내는 책으로는 다음을 참조하라. Julian Guthrie, *How to Make a Spaceship: A Band of Renegades, an Epic Race, and the Birth of Private Spaceflight* (New York: Penguin 2016).

9. "SpaceX Signs 20-Year Lease for Historic Launch Pad 39A," *NBC News*, April 15, 2014, www.nbcnews.com/science/space/spacex-signs-20-year-lease-historic-launch-pad-39a-n81226.

10. Amy Thompson, "NASA's Supersize Space Launch System Might Be Doomed," *Wired*, March 14, 2019, www.wired.com/story/nasas-super-sized-space-launch-system-might-be-doomed.

11. Jeff Bezos, letter to Amazon Shareholders, 2016 Ex-99.1, SEC.gov, www.sec.gov/Archives/edgar/data/1018724/000119312517120198/d373368dex991.htm (italics in original).

12. Walt Whitman, *Song of the Open Road* (New York: Limited Editions Club, 1990).

이경식 옮김

서울대학교 경영학과와 경희대학교 대학원 국문학과를 졸업했다. 옮긴 책으로《두 번째 산》《플랫폼 제국의 미래》《거짓말하는 착한 사람들》《신호와 소음》《소셜 애니멀》, 쓴 책으로《1960년생 이경식》《청춘아 세상을 욕해라》《나는 아버지다》외 다수가 있다. 오페라 〈가락국기〉, 영화 〈개 같은 날의 오후〉 〈나에게 오라〉, 연극 〈춤추는 시간 여행〉 〈동팔이의 꿈〉, TV드라마 〈선감도〉 등의 각본을 썼다.

문샷

1판 1쇄 인쇄 2020년 11월 5일
1판 1쇄 발행 2020년 11월 9일

지은이 오잔 바롤
옮긴이 이경식

발행인 양원석 **책임편집** 김효선
디자인 THIS COVER **영업마케팅** 조아라, 신예은, 김보미

펴낸 곳 ㈜알에이치코리아
주소 서울시 금천구 가산디지털2로 53, 20층 (가산동, 한라시그마밸리)
편집문의 02-6443-8863 **도서문의** 02-6443-8800
홈페이지 http://rhk.co.kr
등록 2004년 1월 15일 제2-3726호

ISBN 978-89-255-9169-8 (03320)

THINK LIKE A ROCKET SCIENTIST
THINK LIKE A ROCKET SCIENTIST
THINK LIKE A ROCKET SCIENTIST
THINK LIKE A ROCKET SCIENTIST
THINK LIKE A ROCKET SCIENTIST
THINK LIKE A ROCKET SCIENTIST
THINK LIKE A ROCKET SCIENTIST
THINK LIKE A ROCKET SCIENTIST
THINK LIKE A ROCKET SCIENTIST
THINK LIKE A ROCKET SCIENTIST
THINK LIKE A ROCKET SCIENTIST
THINK LIKE A ROCKET SCIENTIST
THINK LIKE A ROCKET SCIENTIST
THINK LIKE A ROCKET SCIENTIST
THINK LIKE A ROCKET SCIENTIST
THINK LIKE A ROCKET SCIENTIST
THINK LIKE A ROCKET SCIENTIST
THINK LIKE A ROCKET SCIENTIST
THINK LIKE A ROCKET SCIENTIST
THINK LIKE A ROCKET SCIENTIST